国家社科基金一般项目“数字时代互联网平台算法推荐的著作权问题研究”（项目编号：23BFX081）阶段性成果

互联网平台的中介责任

民商法手册系列

倪朱亮 陈珈瑜 编译

INTERMEDIARY RESPONSIBILITIES *of* INTERNET PLATFORMS

当代中国出版社
Contemporary China Publishing House

图书在版编目(CIP)数据

互联网平台的中介责任／倪朱亮，陈珈瑜编译．--
北京：当代中国出版社，2024.3
ISBN 978-7-5154-1332-7

Ⅰ．①互… Ⅱ．①倪… ②陈… Ⅲ．①网络公司－中介组织－企业责任－研究 Ⅳ．①F490.6

中国国家版本馆CIP数据核字(2024)第046196号

出版人 王 茵
责任编辑 邓颖君 沈秋彤
责任校对 贾云华 康 莹
印刷监制 刘艳平
封面设计 郝志燕
出版发行 当代中国出版社
地 址 北京市地安门西大街旌勇里8号
网 址 http://www.ddzg.net
邮政编码 100009
编 辑 部 (010)66572744
市 场 部 (010)66572281 66572157
印 刷 中国电影出版社印刷厂
开 本 710毫米×1000毫米 1/16
印 张 21印张 1插页 251千字
版 次 2024年3月第1版
印 次 2024年3月第1次印刷
定 价 88.00元

编译序

互联网平台作为社会主体之一，除了主动参与社会不同领域活动，还以平台中介的形式，直接或间接与权利人、用户之间形成有别于传统社会中人与人之间的关系，同时产生了诸多需要治理的平台法律问题。从 20 世纪 90 年代电子商务和互联网的繁荣发展直至今天，法律改革达到了顶峰。原有的规则在平台、用户与权利人之间达成的"旧"平衡是否仍然适合，是需要深入分析的问题。其中，重新调整互联网平台中介责任，是最近互联网平台治理中辩论的主要焦点。鉴于互联网平台治理的重要性，我们不妨多种视角、多种立场、多种法域，探讨互联网平台的中介责任，毕竟兼听则明！

遵循多维度研究的理念，本书围绕互联网平台中介责任涉及的几个基本法理问题，针对互联网平台中介责任的性质、监管模式的变化、监管义务的设置以及中介责任对基本权利的影响等方面，择选七篇论文形成上、中、下三篇，以飨读者。

上篇"互联网平台中介责任的法理思辨"包括三篇论文，它们分别是美国哥伦比亚大学法学院罗纳德·曼和赛斯·巴尔茨利教授发表在《威廉与玛丽法律评论》的《互联网中介责任的承诺》，英国贝尔法斯特女王大学法学院吉安卡洛·弗罗西奥教授发表于《牛津知识产权法律与实践杂志》的《从水平监管到垂直监管：欧洲互联网平台中介责任的地震》与 2022 年哈特出版社出版的《合宪性社交媒体》中的《国家干预中的监管转变：从中介责任到中介义务》。

《互联网中介责任的承诺》一文基于现实主义的假设,认为政府对互联网的监管是不可避免的,因此,需要明确如何实施更适合互联网的监管制度。也正是在此基础之上,该文建设性地提出,互联网平台中介责任并不以平台被动性为豁免前提条件,而是根据成本分配理论,将规制不法行为的责任分配给经济成本最低的人。监管也不应受困于特定监管方案,而是从政策制定者对消除不当行为的社会效益出发,综合考虑互联网中介平台与用户在合规上的成本。《从水平监管到垂直监管:欧洲互联网平台中介责任的地震》一文将研究对象聚焦于欧盟,深入分析欧盟委员会希望引入垂直监管模式的过滤义务,以取代《电子商务指令》中的水平监管模式。垂直监管模式是以一种主动监管义务,将会导致基于过失归责的责任制度向严格的无过错归责的责任制度转变。这种系统性的转变违背了公众共识,缺乏基于实证的正当理由。这项改革可能会引发政策上的地震,破坏欧盟法律体系的一致性。《国家干预中的监管转变:从中介责任到中介义务》与《从水平监管到垂直监管:欧洲互联网平台中介责任的地震》一脉相承,均是弗罗西奥教授针对欧盟监管法律体系变革产生的原因与后果展开的研究成果。在《国家干预中的监管转变:从中介责任到中介义务》一文中,弗罗西奥教授认为互联网平台中介责任到中介义务的变化,取决于理论、市场与技术的变化。鉴于公共执法缺乏技术与资源支撑,私人执法的推行挑战了法治与大量基本性权利。

中篇"互联网平台监管义务之争"有两篇论文均来自弗罗西奥教授。一篇是发表于《卡多佐艺术与娱乐法杂志》的《欧盟版权改革面临的问题:过滤义务之争》,另一篇是发表于《知识产权、信息技术与电子商务法杂志》的《无监督义务的消亡——无法驯服的怪物的故事》。前文指出欧盟《数字单一市场版权指令(草案)》存在的不足,导致与在《国家干预中的监管转变:从中介责任到中介义务》一文中提及的欧盟法律体系的冲突问题。该文从基本权利的角度考察了过滤和监督措施的适当性，考虑了财产权的执行与竞争的基本权利（如言论自由、商业和隐私自由）之间的比例性，进而提出一项替代提案：通过执行责任规定或利润分配的安排，从平台经济的病毒式传播中为创作者创造价值，同时限制对用户权利的负面外部性，从而更务实地参与技术变革。后文认为我们正在目睹无监督义务的消亡，监督将完全通过自动侵权评估系统进行处理，正当程序与基本保障受到算法执法的破坏。

下篇“互联网平台中介责任对基本权利的影响”相比较上、中两篇，将研究落脚点置于对基本权利的影响层面。在《中介责任与基本权利》一文中，作者克里斯托夫·盖格和吉安卡洛·弗罗西奥指出互联网平台的中介责任影响三重相互竞争的基本权利，从而加剧了在线中介监管责任的难题。最后一篇是由圣约翰大学法学院副教授克罗尼克发表于《哈佛法律评论》的《新的管理者：管理网络言论的人、规则与程序》。作者通过原始采访、查阅存档材料与内部文件等，指出互联网平台的在线执法的不透明性，并且指出平台正在塑造并允许公众参与新的数字与民主文化。

互联网平台中介责任是一个不断发展的问题，它随着技术不断演变，但又不会完全超脱原有法律体系而自成一派。因此，围绕互联网平台中介责任的研究，不仅要充分考虑行业与技术的变迁，还要思考互联网平台中介责任相关的法律架构与原则，回归到立法的初衷。

鉴于篇幅与译者能力所限，择选文章难免存在个人偏见。失之偏颇，还望海涵！

目　录

上篇　互联网平台中介责任的法理思辨

中篇　互联网平台监管义务之争

上篇　互联网平台中介责任的法理思辨

互联网中介责任的承诺

[美]罗纳德·曼　赛斯·巴尔茨利*

互联网改变了传播经济学,引发了一场关于联邦、州和国际政府在监管互联网相关行为方面适当作用的激烈辩论。许多人认为,互联网通信应该进行繁琐的自我监管,因为这种通信不能或不应该成为政府监管的对象。这种方法的倡导者更喜欢围绕互联网通信设立一个无监管区,这主要是基于未经审查的观点,即互联网活动在某种程度上与广泛的监管豁免有根本的不同。与此同时,互联网推动的一些活动无疑违反了广泛共享的规范和法律规则。出于这种担忧,各州立法机构开始针对特定情况制定针对互联网的法律,因为他们很少或根本不相信互联网需要特殊待遇的说法。

本文从现实主义的假设开始,即政府对互联网的监管是不可避免的。因此,本文不是关注互联网是否应该受到监管这一天真的问题,而是讨

---

* 罗纳德·曼教授是美国哥伦比亚大学法学院教授;赛斯·巴尔茨利是霍兰特·奈特(Holland & Knight)律师事务律师。原文发表于《威廉与玛丽法律评论》2005 年第 47 卷第 1 期。

论如何以与类似线下行为的方法相一致的监管方式与互联网相关的活动。本文还假设互联网最显著的特征是它将中介插入关系中，而这些关系本来可以并且以前也可以直接在现实环境中进行。现有的责任架构通常将传统的基于过错的责任规则与广泛的互联网特定责任豁免相结合。这些豁免的前提是，在许多情况下，中介平台的行为完全是被动的。随着时间的推移，这产生了大量的诉讼，这些诉讼中主要有关版权作品盗版侵权情形，并以中介过错来判断中介参与被控行为的程度而需承担的责任。

本文认为，中介平台的普遍作用并不需要以被动为前提的宽泛的免责方案，而是需要更深思熟虑地制定原则，以确定何时以及如何将对不法行为的责任分配给经济成本最低的规避者。互联网的兴起带来了三个变化，这使得中介平台在互联网上比以前在线下更有可能成为成本最低的规避者：(1)识别大型交易的特定中介平台的可能性增加；(2)信息成本降低，这使得中介平台更容易监控最终用户的行为；(3)增加了匿名性，这使得针对最终用户的补救措施通常不那么有效。因此，在中介平台能够切实控制合同的情况下，建议认真注意三种不同的中介责任方案的可能性：传统的损害赔偿责任、(中介平台必须在适当通知后删除冒犯性内容)删除方案以及(中介平台必须避免给某些当事方的交易提供便利)“热门名单”计划。

本文第三部分运用框架分析了几种网络侵权行为的中介责任的性质。本文质疑任何特定监管方案的适当性，承认任何特定提案的技术和上下文偶然性。由于任何此类计划都将给无辜的最终用户带来成本，因此选择特定的监管水平应取决于政策制定者对消除不当行为的社会效益的看法，同时考虑到中介平台和无辜用户的合规成本。尽管如此，本文还是提出了三点分析。首先，对等分发网络对相关活动的实用性是一个重要的考虑因素，因为这些网络破坏了监管计划的有效性，从而使监管变得不那么有用。其次，互联网支付中介的高度集中的市场结构使得依赖支付中介作为一种监管手段特别有效，因为非法行为者很难转移到新的支付工具。最后,关于安全危害,如病毒、垃圾邮件、网络"钓鱼"和黑客攻击,本文得出结论,在这些情况下增加中介责任不太可能是有益的,因为市场激励似乎导致中介在没有责任威胁的情况下采取实质性努力解决这些问题。

导言

思考法律在电子商务中的作用,就是要考虑政府监管和私营部门行动自由之间的平衡。将这种平衡与 1994 年互联网的商业化及其此后的快速增长相结合,就出现了一个异常活跃的政策问题。黛博拉·斯帕尔在她的《统治海浪》一书中恰当地描述了这个问题,她认为社会对重要发现的反应遵循周期性的历史模式。[1] 从 15 世纪"葡萄牙航海家"亨利王子的统治开始,到 20 世纪互联网的兴起,她举例说明了利用这些技术的社会通常经历的四个阶段:创新阶段、商业化阶段、创造性无政府状态的阶段与规则阶段。[2] 创新阶段是发现的爆发点。莫尔斯发明的电报就是一个例证。[3] 商业化阶段是开拓者或海盗(两者称法取决于读者观点与立场)进入新领域探索、开发市场潜力的阶段。比如,斯帕尔(Spar)以 17 世纪海盗利用新发现的大西洋贸易路线为例来论证此观点。[4] 创造性无政府状态的阶段是普通商业的需求与迄今为止开拓者的自由精神变得紧张的阶段。[5] 斯帕尔对这一阶段所举示最好的例子是早年

---

〔1〕 DEBORA L. SPAR, RULING THE WAVES: CYCLES OF DISCOVERY, CHAOS, AND WEALTH FROM THE COMPASS TO THE INTERNET 10 – 11 (2001).

〔2〕 Id. at 11 ("技术前沿的生活经历了四个不同的阶段:创新、商业化、创造性的无政府状态和规则。").

〔3〕 Id. at 11 – 12.

〔4〕 Id. at 12 – 15.

〔5〕 Id. at 15 – 18.

的无线电广播，当竞争和完全不受管制的电台以重叠的频率广播时，听众很难听到任何电台。[6] 最后阶段，即规则阶段，由于不可避免地会出现商业企业无法自己压制无政府状态，他们呼吁将政府干预作为为不受控制的开拓者带来秩序和利润的最佳工具。[7]

利用这一框架，互联网正处于第三阶段。有许多早期参与者，他们的生意为互联网的发展提供了主要动力，以及赋予这些行为者广泛行动自由，或豁免他们遵守管辖网络空间外类似行为的法律规则。例如，思考一下《通信规范法》(CDA)[8]和《数字千年版权法》(DMCA)[9]授予互联网服务提供商(ISP)的豁免权、《互联网免税法案》授予的新税收保护[10]、不受监管的对等音乐共享的兴起、以及对私人间支付提供商缺乏监管。

然而，每一种情况都与压力的日益反弹有关，因为各方认为这些豁免对他们不利，因此寻求建立更严格的监管制度。这种反弹是一种表明一个行业已经发展到监管不当地步的主要迹象。本文思考了如何实施更适合互联网环境的监管制度。[11] 但基本问题是，

---

〔6〕 Id. at 157 – 59.

〔7〕 Id. at 18 – 22.

〔8〕 47 U. S. C. A. § 230(c)(1) (2004) (使 CDA 的某些要求不适用于 ISP).

〔9〕 17 U. S. C. A. § 512 (2004) (免除互联网服务提供商因传输侵犯版权的材料而承担的金钱救济责任).

〔10〕 Internet Tax Freedom Act, Pub. L. No. 105 – 277, tit. 11, 112 Stat. 2681 – 719 (1998). 这项暂停对互联网接入征税的规定自最初颁布以来已经延长了两次，最近一次是在 2004 年 12 月颁布的《互联网税收非歧视法》。Pub. L. No. 108 – 435, 118 Stat. 2615 (2004). 因此，国家和地方对互联网接入服务的征税将至少在 2007 年 10 月之前得到阻止。See Bush Signs IDEA, Internet Tax Bills, CONGRESS DAILY, Dec. 3, 2004, at 8. For general discussion of the Internet Tax Freedom Act, see Arthur J. Cockfield, Designing Tax Policy for the Digital Biosphere: How the Internet Is Changing Tax Laws, 34 CONN. L. REv. 333, 363 – 65 (2002); U. S. House Clears Tax Ban on Internet Service, WALL ST. J., Nov. 22, 2004, at AS.

〔11〕 当然，在每一个案例中，第一个问题都是，为什么受到伤害的企业无法独自解决问题。例如，考虑到明显的市场压力促使主要互联网服务提供商禁止发送未经请求的商业电子邮件的人，无论这可能有多烦人，政府为什么要对其进行监管？这个问题激发了这篇文章在第三部分 B 中表达的关于这种监管的选择性。

尽管互联网无疑提高了美国公司的效率、简化了与远方朋友之间的沟通方式,并改变了我们购物、预订旅行安排以及提供和享受娱乐的方式,但它也为那些喜欢利用这些优势违反法律的人提供了同样的沟通便利,提高了他们的违法效率,更重要的是,提供了可匿名性。针对一种普遍存在的侵权行为,即基于互联网的版权作品盗版,法律上的反应之所以尤其强烈,也许是因为这一活动严重威胁了仅有唯一固有版权作品控制的新兴行业。因此,无数的记者和法律评论均致力于寻找防止互联网盗版的方法。然而,互联网盗版仍在继续,并有望从最近的低迷中恢复过来〔12〕,因为软件开发人员和用户在不断适应和发展,以避免法律制度试图控制其活动。

盗版不是本文的重点,部分原因是根除盗版需要更多地致力于社会工作而不是法律改革。〔13〕 相反,本文的重点是互联网用于非法目的的一些其他常见用途,这些用途受到的关注要少得多。例如,赌徒每天都出现在禁止赌博的司法管辖区,在纸牌游戏和体育比赛中下注数百万美元。尽管互联网的使用可以说不会影响赌博的非法性〔14〕,但这种活动几乎不受任何措施的限制。此外,互联网使监管社会无法接受的言论形式和违反《第一修正案》之间的平衡变得更加困难,导致儿童色

〔12〕 事实上,一些行业专家认为,美国唱片业协会(RIAA)诉讼的效力是短暂的。See Carolyn Said, Studios to Sue Pirates; Film Industry Fights Illegal File Sharing, S. F. CHRON., Nov. 5, 2004, at C1 (“当RIAA 提起一系列诉讼时,我们已经看到文件共享减少了一个月到一个半月;然后又回来了,“跟踪在线共享文件的洛斯加托斯 BayTSP 的发言人吉姆·格雷厄姆说。”). 但也有证据表明,诉讼在某些情况下取得了长期成功。See File-Sharing Website Ceases Operations, L. A. TIMES, Dec. 21, 2004, at C3(报道称,在对100 名此类网站的运营商提起诉讼后,托管名为 Bit Torrent 的流行文件共享程序链接的所有网站都被完全关闭)。然而,比特洪流系统是否能从这次挫折中恢复还有待观察。事实上,定位 t 的不太集中的解释。

〔13〕 许多人会认为,在这种情况下,基本的商业模式必须转变,以满足监管制度的限制。事实上,有理由相信,互联网促进的商业模式有着实质性的好处。See JOHN ALDERMAN, SONIC BOOM: NAPSTER, MP3, AND THE NEW PIONEERS OF MUSIC 185 –87 (2001) (列出了在线音乐共享的增长所引发的一些新的商业可能性); Chris Anderson, The Long Tail, WIRED, Oct. 2004 (描述了提供更广泛产品的能力如何使电子商务商家能够从在线下零售环境中无法盈利的书籍、音乐和电影中提取利润)。

〔14〕 See infra notes 12 –28.

情等材料的泛滥。同样,互联网的匿名性使得买卖假冒商品、在购买管辖区内不合法获得的药品以及其他形式的违禁品变得更加容易。此外,美国人每年花费数十亿美元和数百万小时来对抗通过互联网传播的计算机病毒。[15]

尽管互联网在许多方面改善了我们的生活,但它也引发了难以约束的有害行为。在不限制互联网潜力的情况下控制这种行为无疑是一个有价值的目标。本文提出,应对这些问题的驱动力不可避免地涉及互联网供应商(ISPs)和其他互联网中介平台,主要是支付中介平台(PI)(如 PayPal)以及拍卖中介平台(如 Bay)。尽管传统上潜在不法行为中的中介被视为被动渠道,并且其使用者免受规范的责任,若对这些中介直接采取监管手段往往并不切实际。类似的非法行为的主要困难是犯罪者普遍缺乏财产责任,而互联网的兴起给监管机构带来了新的挑战,使非法行为者更容易隐藏自己的身份,并将自己定位在美国执法官员无法触及或影响的司法管辖区。[16]

同时,互联网中介平台往往在令监管机构感到沮丧的合法行为中发挥着关键作用。事实上,互联网中介平台往往直接从现实环境中被禁止的交易中获利。当然,政策制定者并没有忽视利用互联网中介来控制客户不当行为的可能性。早在 1995 年,时任总统克林顿成立的一个特别工作组就建议对互联网服务提供商施加严格的责任,以此来控

〔15〕 据估计,2003 年病毒的总成本为 550 亿美元。Compressed Data, TORONTO STAR, Jan. 17, 2004, at D4 (“全球第三大反病毒软件制造商趋势科技股份有限公司(Trend Micro Inc.)昨日表示,2003 年,计算机病毒攻击给全球企业造成的损失估计为 550 亿美元(美国),今年这一数字还会上升。”).

〔16〕 有关互联网的跨国性造成的管辖权问题的有趣讨论,参见 Joel Reidenberg, Technology and Internet Jurisdiction, 153 U. PA. L. REV. (forthcoming 2005)(讨论互联网公司对管辖权的攻击,并认为随着计算机变得更加相互依赖,技术将使人们的判例 6n 更加清晰,并且随着技术更容易允许互联网公司有目的地利用管辖权).

制互联网的一些危险。[17] 最近，州检察长和烟酒枪炮及爆炸物管理局(ATF)与主要信用卡公司达成协议，防止互联网非法销售香烟。[18] 为了解决处方药网上销售的问题，国会也提出了类似的倡议[19]，并且宾夕法尼亚州通过了一项法令，如果不是被认为违宪，将要求互联网服务提供商封锁儿童色情网站的访问[20]。私主体根据侵权法的原则追诉中间人。例如，在最近针对 Grokster[21]和 eBay[22]的诉讼中，原告将注意力转向互联网中介平台，试图遏制对其业务产生不利影响的行为。

然而，到目前为止，法律未能对有效监管中介平台活动的方式作出回应。相反，如上所述，就国会已经解决的问题而言，它制定了法律来使中介平台免于承担责任。[23] 尽管国家监管机构需要更积极行

〔17〕 See BRUCE A. LEHMAN & RONALD H. BROWN, INFORMATION INFRASTRUCTURE TASK FORCE, INTELLECTUAL PROPERTY AND THE NATIONAL INFORMATION INFRASTRUCTURE 114 - 24 (1995)(讨论支持和反对为互联网服务提供商侵犯版权的替代责任一般规则制定例外并拒绝这种方法的论点)，参见 http://www.uspto.gov/web/offices/com/doc/ipnii/ipnii.pdf.

〔18〕 See New York Hits Online Sellers of Cigarettes, N. Y. TIMES, Feb. 12, 2005, at B1(描述纽约州打击网上香烟销售的努力)；新闻稿，酒精、烟草、枪支和爆炸物管理局、总检察长和 ATF 宣布与信用卡公司联合倡议，防止通过互联网非法销售香烟(2005年3月17日)，http://www.atf.gov/press/fy05press/031705Internetcigsalesinitiative.htm. 这些事实证明，这些协议非常有效。事实证明，这些协议非常有效。Bob Tedeschi, Now that Credit Card Companies Won't Handle Online Tobacco Sales, Many Merchants Are Calling It Quits, N. Y. TIMES, Apr. 4, 2005, at C5.

〔19〕 See Gilbert M. Gaul & Mary Pat Flaherty, Google to Limit Some Drug Ads, WASH. POST, Dec. 1, 2003, at Al.

〔20〕 See infra notes 181 - 200 and accompanying text.

〔21〕 Metro-Goldwyn-Mayer Studios, Inc. v. Grokster Ltd., 125 S. Ct. 2764 (2005)(对以促进产品侵权使用为目的分销产品的制造商追究版权侵权的第三方责任).

〔22〕 Hendrickson v. eBay Inc., 165 F. Supp. 2d 1082, 1094 (C. D. Cal. 2001)(finding that eBay was protected under section 512(c)(3) of the Digital Millennium Copyright Act for assisting in the sale of infringing material when notice of the infringement was not specific enough).

〔23〕 Joel Reidenberg 特别强调了国会对广泛的法定豁免的偏好与中介平台可以解决一些最突出问题的便利性之间的不一致。See Joel R. Reidenberg, States and Internet Enforcement, 1 U. OTTAWA L. & TECH. J. 213, 223 - 25 (2003)(注意到互联网中介平台的早期豁免以及寻找针对中介平台的执行机制的必要性).

动,但正如本文所讨论的,现有的许多正式立法活动要么面临诉讼[24],要么在多个司法管辖区之间的协调工作中遇到了问题[25]。希望本文对监管成本和收益的关注能够指导监管机构制订更容易抵御司法攻击的详细且具体的规则。由于认识到州和联邦监管机构的不同选区和目标[26],本文的分析还应促进联邦当局的合作,这将是为推动现有州举措的问题提供有效解决方案所必需的。同时,本文将阐明试图保持互联网生产力的技术人员的公正关切,以促进更敏感、更委婉的干预。[27] 因此,除其他事项外,本文的分析表明,人们普遍倾向于采取主动行动,对具体界定的行为给予中介"避风港",而不是笼统地规定赔偿责任。[28]

学者们以各种方式对这些可能性进行了追踪。例如,道格·利

---

〔24〕 最突出的例子是 Center for Democracy & Technology v. Pappert, 337 F. Supp. 2d 606, 663 (使宾夕法尼亚州一项旨在限制成人内容访问的针对媒体的法规无效)。对该诉讼的公正评估是,州监管机构过于激进和麻木不仁的执法导致了监管举措的失败,如果以不道德的态度实施,该举措本可以幸存下来。

〔25〕 例如,将各州在管制香烟销售方面取得的相对成功(见前注 19 和随附文本)与马萨诸塞州在执行其不同寻常但明显合法的武器法方面遇到的持续困难进行比较;参见 Press Release, Massachusetts Attorney General, AG Reilly Obtains Court Order Prohibiting Online Sales by Weapons Dealers (Sept. 10, 2004) (讨论针对在线武器经销商的多次法律诉讼), http://www. ago. state. ma. us/sp. cfm? pageid =986&id =1289。

〔26〕 有关州和联邦监管机构对公司治理的不同观点的平行强调,请参阅 Mark J. Roe, Delaware's Politics, 118 HARV. L. REV. 2491 (2005)。

〔27〕 有关过度侵入性干预风险的一般性讨论,请参阅 JonathanZittrain, The Future of the Internet-and How to Save It (2005)(未发表的手稿,作者存档)。有关当前的一些示例,请参阅 Katie Dean, Techies Blast Induce Act, WIRED, July 23, 2004 (讨论拟议的诱导侵犯版权法,将对"诱导"用户从事非法文件共享的设备制造商施加责任),参见 http://www. wired. com/news/politics/0, 1283, 64315, 00. html? tw—wn tophead _ 2; Michael Geist, Do We Want FCRBased, Surveillance-Ready Web? Say No to Big Brother Plan for Internet, TORONTO STAR, Mar. 7, 2005, at D1 (谴责加拿大提出的"合法访问"倡议,该倡议要求所有 ISP 促进实时拦截互联网通信).

〔28〕 例如,全国总检察长协会呼吁赋予各州在联邦法院采取行动的权利,以获得全国范围内针对中介平台的禁令救济,从而阻止未经许可的在线药店。See Press Release, National Association of Attorneys General, Kansas Attorney General Carla Stovall Testifies on Illegal Online Pharmacies, State-Federal Cooperation to Protect Consumer (undated), http://www. naag. org/legislationlstovallonline-pharm. php (last visited Sept. 21, 2005). 最后一次访问是 2005 年 9 月 21 日)。最近对中介平台的努力预示着针对中介平台的类似立法举措。

希特曼在与比尔·兰德斯和埃里克·波斯纳合著的论文中认为,传统的侵权法原则可能将更大程度的责任强加给中介平台。[29] 本文尽管赞同利希特曼的大部分分析,但采取了不同的策略,因为在很大程度上本文抛弃了利希特曼所建立的传统侵权原则。在本文看来,传统侵权法的规范性基础并不像本条对中介责任的成本和利益提出的更直接、更具体的关注那样,而是建立适当行为标准的有用手段。如本文所指出的,对传统侵权法过错概念的关注必然会将注意力转移到责任的主观规范问题上,而不是关注有效的监管设计问题。

其他学者也考虑了中间人可能是某些形式的互联网相关商业行为中成本最低的规避者。例如,阿萨夫·哈姆达尼讨论了对互联网服务提供商实施网络错误严格责任的许多问题。[30] 同样,库马尔·卡蒂亚尔在网络犯罪方面的工作讨论了对互联网提供商(ISP)施加责任作为回应的可能性。[31] 然而,总的来说,卡蒂亚尔未能理解根据特定情况调整补救措施如何改变或消除中介责任的许多最突出和最有力的问题。例如,哈姆达尼详细地分析了在严格责任和基于疏忽的责任之间做出选择的理由,但他的框架表明,在损害赔偿制度过于昂贵的情况下,不应存在"守门人"责任。[32] 如第二部

---

〔29〕 Douglas Lichtman & William Landes, Indirect Liability for Copyright Infringement: An Economic Perspective, 16 HARV. J. L. & TECH. 395, 404 – 05 (2003); Doug Lichtman & Eric Posner, Holding Internet Service Providers Accountable 3 (Univ. Chi. L. Sch., John M. Olin Law & Econ. Working Paper No. 217, 2004), http://www. ssrn. com/abstract =573502.

〔30〕 Assaf Hamdani, Who's Liable for Cyberwrongs?, 87 CORNELL L. REV. 901, 916 – 21 (2002).

〔31〕 Neal Kumar Katyal, Criminal Law in Cyberspace, 149'U. PA. L. REV. 1003, 1095 – 101 (2001). For a similar discussion of Internet gambling, see Jonathan Gottfried, The Federal Framework for Internet Gambling, 10 RICH. J. L. & TECH. 26, 11 74 – 81 (2004), http:/law. richmond. edu/jolt/vlOi3/article26. pdf,

〔32〕 哈姆达尼最接近于考虑替代制度的是一段简短的段落,暗示立法者可能会实施具体的监督标准,而不是损害赔偿责任。Hamdani, supra note 31, at 934 – 35.

分之(二)所述,还存在其他操作上不那么侵入性的监管替代方案,如“通知—删除”和“热门名单”计划,在许多情况下,这可能会损害哈姆达尼合理关注的成本。同样,卡蒂亚尔的感性讨论集中在“应有的谨慎”原则应指导中介监管的观点上。[33] 他不认为对中介的有效监管必须抛弃“双重谨慎”的概念。

总之,本文的基本论点是,现在是互联网成长的时候了,国会和依赖互联网的企业应该接受一个成熟的监管方案,以最具成本效益的方式限制非法互联网行为的社会成本。[34] 本文的第一部分通过描述互联网的技术结构、充当互联网日记的参与者以及现有的责任制度为下文奠定了基础,这些制度在很大程度上是基于过错的。第二部分介绍了一个新的建议,该建议完全基于确定成本最低的规避者的经济原则。在一个明显的例外论[35]的论点中,本文认为,互联网的具体特征使得中介责任相对比传统线下更具吸引力,因为中介易于识别,中介对最终用户的监控相对容易,以及直接规范最终用户行为则相对困难。然后,本部分讨论了中间赔偿责任可行的情况,以及区分三种不同赔偿责任制度,即传统的损害赔偿制度、必须在适当通知后删除冒犯性内容的删除制度和“热门名单”制度的可取性特征,其中中介平台必须避免为与某些当事方的交易提供便利。第三部分将该建议适用于四类内容危害,即违禁品、赌博、儿童色情和盗版以及安全危害的一般类别。尽管有学者已经广泛地讨

[33] Katyal, supra note 32, at 1095 - 101.

[34] 这是一种很快在学者中获得青睐的情绪。E. g., Michael Geist, Revise Rules to Foster Competition, Protect Privacy, TORONTO STAR, Mar. 21, 2005, at C3.

[35] 尽管本文的论点倾向于为互联网提出特殊规则,但第二部分 A 通过以互联网的特定特征为基础来证明这些特殊规则的合理性。正如下面的讨论应该明确指出的那样,本文通常更赞同这样的观点,即传统的监管分析原则足以应对互联网的特殊功能。有关应用传统原则的有力论据,请参阅 Jack Goldsmith in works such as Against Cyberanarchy, 65 U. CHI. L. REV. 1199, 1233 - 37 (1998). 事实上,本条的一个主要动机是认为,现有的基于互联网的赔偿责任例外在保护在更传统的背景下是非法的行为方面走得太远了。

论了对与盗版有关的中介平台施加责任的利弊，但相对较少关注中介平台在其他情况下可以发挥的作用，也几乎没有关注中介平台的具体特征及其特定业务，这使得在特定情况下的监管越来越无效。

一、互联网与不当行为

（一）互联网的点对点结构（End to End）

互联网本质上是一系列通过复杂的电缆系统连接的计算机。最初，美国政府构想并设计了供军事和大学研究人员使用的互联网。[36] 当互联网的使用仅限于军队时，军事承包商、大学研究人员或军方本身管理计算机之间的连接。但是，随着互联网适应了公共使用，私营公司出现了，提供了连接私人计算机之间的网络链接。[37]

今天，互联网是一个由私人拥有的网络组成的网络，使用一种称为传输控制协议（TCP）/互联网协议（IP）的通用计算机语言进行通信。[38] 当互联网用户通过互联网请求数据时，用户的请求首先从用户的计算机路由到计算机连接的网络，然后通过线路连接到保存请求内容的计算机所连接的网络，最后连接到包含请求内容的电脑。这些组成互联网的独立网络可以使用多种不同的传输语言进行操作。互联网的结构和 TCP/IP 在网络之间传输的通用性允许这些不同的网络相互通信。拉里·莱斯格将这种结构描述为利用端到端（E2E）原理，将网络的智能置于非智能管道的末端，从而使网

〔36〕 See generally JANET ABBATE, INVENTING THE INTERNET 36 – 39 (1999)（描述国防部下属的高级研究项目管理局在 1960 年代和 1970 年代创建分组交换和远程计算机的互连）.

〔37〕 See id. at 195 – 200.

〔38〕 Lawrence B. Solum & Minn Chung, The Layers Principle: Internet Architecture and the Law, 79 NOTRE DAME L. REV. 815, 821 (2004).

络能够轻松发展并适应不断变化和改进的技术。[39] 莱斯格认为，这一设计对适当类型的互联网法规有着强烈的影响，甚至限制这些法规。[40] 本文同意莱斯格的观点，即损害互联网端到端结构的法规是以限制未来互联网应用创新而增加成本。然而，本文并不认为端到端原则是不可侵犯的，而是认为在更大的成本效益分析中，仅仅确认侵入性法规的成本就足够了。[41]

（二）互联网参与者

尽管之前的学者已经在莱斯格的见解之上，将互联网分解为可能以不同方式予以监管的不同层次[42]，本文认为，关键在于认识到大部分可监管活动可能发生在传输的末端而不是中间。然而，这并不意味着互联网传输的各方与一个毫无特征的黑盒子进行互动，从而超出法律或监管的范畴。[43] 相反，这意味着一个敏感的监管框

---

〔39〕 LAWRENCE LESSIG, THE FUTURE OF IDEAS: THE FATE OFTHE COMMONS INA CONNECTED WORLD 34 – 35 (2001). 尽管 Lessig 最初并没有构想到 E2E 原则，但他已经抓住了这个想法，并雄辩地提出了互联网结构对互联网监管的逻辑含义。

〔40〕 See, e. g., Mark A. Lemley & Lawrence Lessig, The End of End-to-End: Preserving the Architecture of the Internet in the Broadband Era, 48 UCLA L. REV. 925, 942 – 43 (2001)（认为 E2E 原则表明，不应允许有线宽带 ISP 强迫客户订阅特定内容以获得互联网服务）.

〔41〕 关于类似的直觉，见 Zittrain, supra note 28, at 107 – 08. Canadian regulators have determined that violating the end-to-end principle is justified by the need for regulating Internet conduct. 加拿大监管机构认定，违反端到端原则是有理由的，因为有必要监管互联网行为。他们的“合法访问”倡议将要求互联网服务提供商和未来的电子通信提供商设计他们的网络，以便他们能够收集有关客户的数据，并在法律要求时拦截传输。See Geist, supra note 28. For general information on the Canadian initiative, see SUMMARY OF SUBMISSIONS TO THE LAWFUL ACCESS CONSULTATION (Nevis Consulting Group ed., 2003), http://canada. justice. gc. calen/cons/laalIsummary/] as_report_042803_e. pdf.

〔42〕 See, e. g., Solum & Chung, supra note 39; Kevin Werbach, A Layered Model for Internet Policy, 1 J. TELECOMM. & HIGH TECH. L. 37, 59 (2002).

〔43〕 For example, consider the Canadian “lawful access” initiative. See supra note 42.

架必须从了解位于互联网传输端点的不同类型的参与者开始,这些参与者正在为发送、请求和接收这些传输的最终用户的行为提供便利。以下各部分进行了粗略的分类。

1. 主要不法行为人

主要不法分子通过互联网提供或接收违反版权、儿童色情、赌博、商标和其他主题法律的内容或产品。例如,赌博网站的所有者通过互联网提供内容,允许访问者违反赌博法。在交易的另一方面,赌博网站的访问者接收内容,并以违反赌博法的方式与内容进行互动。同样,将恶意互联网蠕虫引入网络的人通过在网络上放置内容的方式操作,从而威胁到可以访问互联网的计算机。

2. 互联网中介

早期互联网见证了许多关于互联网将如何导致广泛去中介化的普遍主张〔44〕,冲突各方获得了直接相互处理的能力。然而,现实恰恰相反。在底层,互联网的技术需要以两种方式在交互方之间插入中介。首先,互联网上的所有通信必须涉及互联网本身,以及促成特定通信所需的各方,但那些充分参与互联网传输的相对较少的实体除外,它们可以直接相互连接。更重要的是,就本文而言,互联网上的商业交易需要使用其他中介平台。在商业交易中,必须使用支付中介,因为这种交易不能使用现金支付。拍卖中介也经常被用来将各方聚集在一起。本文不能指望描述当前环境下促进互联网商务的所有中介,更不用说将来会出现的中介了。然而,就目前而言,将重点放在三类企业上将是有益的。这些类别包括最普遍和最有趣的中介类型:互联网提供商(ISP)、支付中介和拍卖中介。

〔44〕 See, e. g., Andrew L. Shapiro, Digital Middlemen and the Architecture of Electronic Commerce, 24 OHIO N. U. L. REv. 795, 795 - 97 (1998).

(1)互联网服务提供商

互联网服务提供商在互联网交易的每个阶段都是必要的。[45]对最终用户来说,互联网服务提供商是负责使访问互联网内容成为可能的实体。最终用户不关心哪家公司提供在全国范围内传输数据的物理网络,也不关心确保数据路由到正确位置的协议。但是,认识到上下文敏感性对于适当监管设计的重要性、区分互联网服务提供商在常见互联网活动中扮演的不同角色十分重要。

就本文而言,区分互联网提供商在互联网交易中可能扮演的三个不同角色,即基础服务提供商、来源互联网服务提供商和目的地互联网服务提供商是有意义的。基础服务提供商,包括那些仅在传输级别运行的提供商,与传输端点上的任何参与者都没有直接关系。基础服务提供商对这篇文章不太感兴趣,因为配置它们的网络以区分它们携带的不同类型的数据将产生较高成本、面临较大困难。[46]

目的地网络服务提供者为通过互联网请求内容的最终用户服务。这些网络服务提供者是向最终用户收取互联网服务费用并提供应用程序(例如连接到万维网的能力)的实体。因此,它们充当最终用户通往互联网上一切的网络关卡。网络服务提供者所有的

---

〔45〕 正如 Jonathan Bick 所解释的:即使是最简单的互联网交易,也通常涉及用户的计算机、互联网服务提供商的接入计算机、区域路由器、政府骨干计算机、另一个区域路由器、另一互联网服务提供方的计算机和内容提供商的计算机。因此,即使在最简单的交易中,也有比用户或内容提供商多得多的中介。Jonathan D. Bick, Why Should the Internet Be Any Different?, 19 PACE L. REV. 41, 63-64 (1998).

〔46〕 早期的作者似乎也持这种观点,认为难以理解 ISP 网络上传输的数据是互联网基本传输协议的产物,根据该协议,这些数据以任何特定文件的分解包的形式出现。See LESSIG, supra note 40, at 34; Solum & Chung, supra note 39, at 829. 然而,对本条的评论认为,这一观点被夸大了。首先,主干网提供商似乎可以很容易地识别数据包路由到的 IP 地址。更普遍地说,本条草案的读者很容易想象出一种技术,它将允许骨干提供商识别通过其网络的某些类型的内容。正如本文的大部分分析一样,技术变革可能会改变最佳监管策略。然而,在大多数情况下,主干级的监管可能会涉及所有交通的成本,这将超过可合理归因于其的好处。

设备能够作为将网络连接到互联网主干网并将应用程序数据转换为可以与主干网一起传输,作为这些设备所有者的网络服务提供者能够很好地阻止对互联网上可用数据的访问或防止有害数据(如蠕虫、病毒或垃圾邮件)的传输。

本文的一个前提是,当前政府无法控制互联网的许多危害,这是因为它短视地关注内容来源互联网服务提供商,即这些互联网服务提供商授予限制非法内容提供企业访问的权限。[47] 出于监管目的,目的地互联网服务提供商和来源互联网服务提供商之间存在两个重要区别。第一个区别是实质性的:为普通终端用户提供服务的目的地互联网服务提供商不太可能直接参与网络行为或了解主要客户。相反,来源互联网服务提供商可能以多种方式参与,这些方式既与评估将不当行为"归咎"来源互联网服务提供商的"公平性"有关(这是现有司法原则中的主要问题),也与评估来源互联网服务提供商如何有效地充当阻止不当行为的"守门人"有关(本文的首要问题)。例如,一个不仅提供访问而且提供可怕材料所在服务器的来源互联网服务提供商可能比只提供访问的来源互联网服务提供商更适合监控活动。

然而,第二个区别在本文中更为重要:希望为普通终端用户提供服务的目的地互联网服务提供商不能轻易地将自己从用户所在地区的政府管辖范围中移除。相比之下,愿意为非法行为提供便利的来源互联网服务提供商可以将自己排除在不禁止相关行为的限制之外。例如,愿意为互联网赌场提供便利的来源服务提供商可以在当

〔47〕 Jonathan Zittrain 最能说明这一点。See Jonathan Zittrain, Internet Points of Control, 44 B. C. L. REV. 653, 661 - 62 (2003).

地法律允许此类活动的任何地方提供服务[48],从而使这些实体处于大多数执法机构的范围之外[49]。但是,为俄亥俄州的客户提供链接以访问安提瓜的互联网赌场的目的地互联网服务提供商必须出现在俄亥俄州,即使只是如电缆或路由器等以本地服务器的形式。

(2)支付中介

支付中介平台为互联网交易各方之间的资金转移提供便利。由于大多数互联网交易不涉及交易各方之间的面对面互动,因此通常必须招募一些中介平台,使买方能够可靠地将资金转移给卖方。例如,当互联网用户因在互联网上购物或访问对其进行的活动收取费用的网站而负债时,支付中介平台会参与交易完成所需的一连串事件。因此,如果一个人访问服务器位于安提瓜的赌博网站,并注册一个账户,便于他们可以参加互联网扑克游戏的账户。他将向网站提供某种形式的安全保障,以确保偿还任何赌债。通常情况下,网站只需将信用卡存档即可。或者,网站可以使用他的银行卡提前转账或以其他方式确保他的潜在赌博损失得到弥补。在实践中,信用卡公司或银行是这个人行为的必要参与者。

本文的监管分析在很大程度上依赖于现有互联网支付中介平台的特殊性。最重要的是,市场高度集中在占主导地位的信用卡网

---

[48] 在这种结构中,存在并且已经存在一场国际竞相,通过减少某些国家建立的法律障碍来吸引企业到某些国家。在互联网赌博的背景下,这场比赛的赢家可以说是英属西印度群岛的安提瓜小岛。See U. S. GEN. ACCOUNTING OFFICE, INTERNETGAMBLING: AN OVERVIEW OF THE ISSUES 52 (2002) (列出在安提瓜或巴布达注册的88个互联网赌博网站中的35个,但没有报告在这些网站上发生的互联网赌博的百分比), available at http://www. gao. gov/ new. items/d0389. pdf [hereinafter GAO REPORT]; Don Yaeger, Bucking the Odds, SPORTS ILLUSTRATED, Jan. 8, 2001, at R1 ("大约有850个网络赌博网站......[在安提瓜]估计网络上所有游戏URL的80%可以追溯到108平方英里岛上的服务器。").

[49] 事实上,美国甚至在世界贸易组织对安提瓜和巴布达国家提起诉讼,以遏制互联网赌博业务在这些小岛国的扩散。See Herb ies Helps Antigua in WTO Outsourcing Victory, LAWYER, Apr. 5, 2004, at 10. 最近的WTO决定似乎足够广泛,至少允许美国对互联网赌博进行一些监管,但该决定肯定没有支持这种监管。See Fox Butterfield, U. S. Limits on Internet Gambling Are Backed, N. Y. TIMES, Apr. 8, 2005, at C14.

络手中，新进入者面临着很高的、也许是无法克服的进入壁垒。[50] 在某些时候，立法者通常会以公共利益之名，加强对拥有极全市场控制力的网络中介平台的监管及义务。可以肯定的是，早期的预测是一种被称为电子货币的新型货币将被创造出来，以促进互联网交易。尽管如此，这些技术还没有获得任何重要的用户基础，也没有理由认为它们在可预见的未来会获得更大的用户基础。[51] 互联网交易最常见的新支付机制是点对点（P2P）技术[52]，如 PayPal，它允许非商业个人接收付款，但即使是这个市场也迅速变得高度集中。[53] 对商业模式涉及收款的互联网参与者来说，集中和屏障保护的模式为监管干预提供了一个非常明显的“瓶颈”：加拿大的互联网药房如果不接受美国公民可能使用的支付设备，就无法向美国公民出售药品。[54]

（3）拍卖中介

最后一种主要类型的中介是拍卖中介，它通过一个网站来匹配买家和卖家，该网站充当一个传播设备，以促进远程各方之间的销售。尽管存在其他竞争对手，但 eBay 是这个价值数十亿美元的行业中的主导者和典型参与者，因此毫不奇怪，大多数投诉的目标未能采取行动防止非法商品拍卖。[55]

---

〔50〕 2002 年，超过 80% 的互联网交易使用信用卡。Ronald J. Mann, Regulating Internet Payment Intermediaries, 82 TEx. L. REV. 681, 681 (2004).

〔51〕 See RONALD J. MANN & JANE K WINN, ELECrRONIC COMMERCE 576 (2d ed. 2005).

〔52〕 在这种情况下，P2P 与更常见的使用相同的首字母缩略词来描述盗版情况下讨论的对等文件共享是不同的。

〔53〕 See Mann, supra note 51, at 683 - 84.

〔54〕 认识到这种情况，经济合作与发展组织（经合组织）一度甚至考虑利用支付中介平台对互联网商业征税。然而，面对这些中间人的反对，这一提议失败了。See Arthur J. Cockfield, Transforming the Internet into a Taxable Forum: A Case Study in E-Commerce Taxation, 85 MINN. L. REV. 1171, 1257 (2001).

〔55〕 See MANN & WINN, supra note 52, at 300, 305 - 07.

(三)现有的(基于过失的)责任方案

一般来说,主要不法行为人是能够最有效地防止与互联网相关不当行为的行为人。例如,当一个网络蠕虫病毒被发布到互联网上时,最容易防止危害的人是编写并发布该蠕虫病毒的人。网络赌博要想成功,就必须有一个赌徒和一个赌博网站。如果两者都缺失,赌博就不会出现。因此,如果能够直接控制这两个参与者中的任何一个,那么网络赌博造成的社会危害就可以预防。这种直接的方法是法律传统上所追求的道路。

但是,试图通过控制主要不法行为者来防止不当行为的监管并不总是有效的,尤其是当个人能够证明自己有罪,或者由于交易量大、每笔交易价值低而起诉效率低下时。因此,显而易见,直接监管在网络上分享受版权保护作品的个人或用户,尚不能减少不法行为。[56] 互联网的兴起只会加剧这一问题,因为即使是从事大量行为的有偿付能力的不法行为者也更容易通过匿名或转移到相关决策者影响之外的司法管辖区来逃避责任。

当针对主要不法行为者的措施无效时,决策者必须在允许被禁止行为的危害继续不受控[57]和确定替代监管策略之间作出选择。概括地说,现有的正式政策回应是沿着两种途径进行的,这两种途

[56] 关于解决这一问题的一些创新方法, see WILLIAM W. FISHER III, PROMISES TO KEEP (2004); Mark A. Lemley & R. Anthony Reese, Reducing Digital Copyright Infringement Without Restricting Innovation, 56 STAN. L. REV. 1345, 1396 – 99 (2004)。

[57] 正如这篇文章下面所讨论的,一种现实的可能性是,负责任的政策制定者已经确定了一个宣布行为非法的制度,只是因为该行为实际上无法被禁止。在这种情况下,政策制定者对提高执法效率没有兴趣。许多人认为 P2P 文件共享是或应该是这样一个领域。

径都在很大程度上导致中间人免于承担相对广泛的赔偿责任。[58] 首先,在各种情况下,法院应用传统的基于过错的侵权原则来评估中介人的行为。尽管存在相对恶劣的行为导致责任的情况[59],但即使不是大多数,也有许多情况免除了中间人的责任。[60] 其次,在法院认为中介平台可能对主要不法行为者的行为负有实质责任的情况下,国会进行了干预,通过给予中介平台广泛的责任豁免来推翻这些案件。[61] 由于法院对这些法令的解释很宽泛,以致有可能为中介平台提供较大的保护,甚至超出了促使其颁布的背景需求。[62] 尽管相似之处并不完美,但其他司法管辖区似乎也在采取

---

〔58〕 正如本条自始至终强调的那样,各种情况下的监管机构已与中介平台达成非正式协议,中介平台自愿同意合作。这些协议中的大多数似乎并没有反映出中间人的观点,即他们可能会在诉讼中被迫提供这种合作,而是反映出一种观点,即不合作将导致正式的立法监管:和解不是在现有法律的阴影下进行的,而是在潜在法律的阴影之下进行的。这似乎是为什么 PayPal 希望避免繁琐的州许可要求,似乎比 Visa 和 MasterCard 等实体对这些努力反应更积极的原因之一。关于 PayPal 的国家监管待遇的废除,see Mann, supra note 51, at 682。

〔59〕 SeeA & M Records, Inc. v. Napster, Inc., 114 F. Supp. 2d 896, 911 – 12 (N. D. Cal. 2000).

〔60〕 这篇文章没有对这一学说的正确性发表看法,但指出这是本文论文的背景之一。关于尖锐的批评,see Lichtman & Landes, supra note 30 and accompanying text。

〔61〕 这一行动最明显的例子可以在《通信礼仪法》的历史上找到。国会直接回应了 the ISP liability found in Stratton Oakmont, Inc. v. Prodigy Services Co., 23 Media L. Rep. (BNA) 1794 (N. Y. Sup. Ct. May 24, 1995), by including immunity for ISPs in the CDA, 47 U. S. C. § 230(c)(1) (2000) (免除 ISP 作为"其他信息内容提供商提供的任何信息的发布者或发言人"的责任),案件发生时,该案件尚待审理。James P. Jenal, When Is a User Not a "User"? Finding the Proper Role for Republication Liability on the Internet, 24 LOY. L. A. ENT. L. REV. 453, 459 (2004). 同样,编纂于《美国法典》第17卷第512节的《数字千年版权法》(DMCA)第二章解决了互联网服务提供商对用户侵犯版权的责任问题上的紧张关系,法院对此问题采取了相反的做法。17 U. S. C. § 512 (2000). Compare Playboy Enters., Inc. v. Frena, 839 F. Supp. 1552, 1556 – 59 (M. D. Fla. 1993) (finding liability), with Religious Tech. Ctr. v. Netcom On-Line Commc'n Servs., Inc., 907 F. Supp. 1361, 1372 (N. D. Cal. 1995) (refusing to find liability).

〔62〕 Perfect 10, Inc. v. CCBill, LLC, 340 F. Supp. 2d 1077, 1091 – 92 (C. D. Cal. 2004) (认为 DMCA 保护支付中介免受版权侵权索赔); Gentry v. eBay, Inc., 121 Cal. Rptr. 2d 703 (Cal. App. 2002) (认为加拿大海关总署使 eBay 免于因协助销售假冒商品而受到索赔).

类似的方法。[63] 这些途径不仅具有反射性和不加反思的恐惧,即承认中介平台的责任可能对互联网商务造成灾难性的影响,而且短视地持有这样一种观点,即互联网中介平台固有的被动性使得将主要不法行为者的行为强加给他们的责任在规范上是不合适的。这一观点的缺陷在于,它概括了中介平台的被动性,但没有考虑到中介平台在不考虑其可责备性的情况下可能是最有效的监管执法来源。

---

〔63〕 除了一些小的例外,其他国家也认为对互联网中介平台的广泛责任豁免是对司法责任调查结果的适当回应。英国议会在 Godfrey v. DemonInternet Ltd. (2001 Q. B. 201(1999))一案中,王室法官裁定一名互联网服务提供商作为出版商对用户在公告板上发表的诽谤言论承担普通法责任后,未采取任何行动。See Mitchell P. Goldstein, Service Provider Liability for Acts Committed by Users: What You Don't Know Can Hurt You, 18 J. COMPUTER & INFO. L. 591, 640 (2000)(声明议会正在审查该决定). In the United States, section 230 of the CDA apparently would prevent such a finding of liability. 47 U. S. C. § 230 (2000). 同样,法国法院认定互联网服务提供商应对用户的非法行为负责。在一起案件中,巴黎高等法院裁定雅虎!因违反禁止在雅虎用户之后出售纳粹物品的法律而承担责任!拍卖网站发布了非法材料。See UEJF & LICRA v. Yahoo! Inc. France, [T. G. I] [ordinary courtof original jurisdiction] Paris, May 22, 2000, available at http://www. juriscom. net/txt/jurisfr/cti/yauctions2000522. htm; see also UEJF & LICRA v. Yahoo! Inc., [T. G. I] [ordinary court of original jurisdiction] Paris, Nov. 20, 2000, available at http://www. cdt. org/speech/international/00120yahoofrance. pdf(讨论了 5 月 22 日的命令,并驳回了雅虎关于由于技术限制而无法执行该命令的说法)。这是对雅虎的一个很好的总结!). See Reidenberg, supra note 24, at 215 – 17. In 2000, however, the European Parliament passed Council Directive 2000/31/EC, 2000 O. J. (L 178) 1, available at http://europa. eu. int/eur-lexpri/enoj/dat/2000Al_1781_17820000717 enOO010016. pdf, 在许多方面模仿 DMCA,当 ISP 仅充当受版权保护的材料的转移渠道时,以及当版权侵权是由于临时存储引起时,向 ISP 提供豁免权。Id. at art. 12, 13. 此外,该指令禁止成员国对互联网服务提供商施加一般监督义务。Id. at art. 15. 该指令反对英国和法国的做法,并要求这些国家以与国会对 StrattonOakmont(23 Media L. Rep. (BNA) 1794)和 Netcom(907 F. Supp. 1361)的回应大致相同的方式做出法定回应。当然,法院总是可以自由地将该指令或该指令下的国家立法解释为不适用于手头的案件。加拿大还通过了类似于 DMCA 的立法,给予互联网服务提供商豁免权。加拿大《版权法》规定一个人在向公众传播作品或其他主题方面的唯一行为是提供另一个人传播作品或其主题所需的电子通信手段,而该人并不向公众传播该作品或其他题材。R. S. C., ch. C – 42, § 2.4 (1)(b) (1997) (Can.). 加拿大最高法院对该条款的解释是,当 ISP 仅作为"渠道"时,免除其责任。Soc'y of Composers, Authors and Music Publishers of Can. v. Canadian Assoc. of Internet Providers, 240 D. L. R. 193, 92 (Can. 2004). 该案中的法院还将该法规解释为要求类似于 DMCA 的撤销条款。

Perfect 10 公司的诉讼,则是依据侵权原则向互联网中介平台施加责任方面无效的一个突出例子。[64] Perfect 10 公司拥有大量的可以说是色情[65]照片的版权,这些照片是它通过印刷期刊和网站开发获得的。[66] 显然,由于这些照片具有重要的商业价值,在未经 Perfect 10 公司同意的情况下,它们经常出现在大量网站上,从而公然侵犯了 Perfect 10 公司根据版权法享有的权利。[67] 在这些案件中,被告公开争夺知识产权的行为主要是拍摄相对不为人知的 Perfect 10 公司模特的照片,并在照片上附上一张广受认可的名人的照片,比如杰西卡·辛普森。[68]

为了保护其知识产权,Perfect 10 公司提起了几项单独的诉讼。最直接需要负责的被告可能是赛博网络公司,这家公司运营着一个通过信用卡账户验证客户年龄的系统。[69] 在其各种活动中,赛博网络公司经营着一个由私人运营的互联网网站组成的联盟,提供色情材料。[70] 为了促进这个网络的发展,赛博网络公司向客户收取月费,并向这些客户提供可用于访问超过 30 万个私人经营的色情网站的密码。[71] Perfect 10 公司声称赛博公司对直接、间接和替代

---

〔64〕 本文对 perfect 10 公司诉讼的描述不仅借鉴了诉讼中发表的各种意见,还借鉴了 PACER 的诉状。

〔65〕 "色情"一词在本文中被松散地用来指代市场上声称具有普遍色情吸引力的材料。没有努力区分受或不受《第一修正案》保护的材料,也没有努力区分根据适用的州和联邦法律合法或不合法的内容。第三部分的讨论仅限于儿童色情制品,以避免更广泛地监管成人相关业务所固有的棘手问题。See Ashcroft v. ACLU, 535 U. S. 564 (2002)(由分裂的法院对这些问题的审议).

〔66〕 Perfect 10, Inc. v. Cybernet Ventures, Inc. (Cybernet 1), 167 F. Supp. 2d 1114, 1117 – 18 (C. D. Cal. 2001).

〔67〕 Perfect 10, Inc. v. Cybernet Ventures, Inc. (Cybernet I1), 213 F. Supp. 2d 1146, 1163 – 64 (C. D. Cal. 2002).

〔68〕 Cybernet 1, 167 F. Supp. 2d at 1118, 1125.

〔69〕 Cybernet II, 213 F. Supp. 2d at 1157 – 58. The system's utility generally rests on the not entirely accurate assumption that minors are not holders of credit card accounts. See id.

〔70〕 Id. at 1158 – 59.

〔71〕 Id.

性的版权侵权行为,以及直接与间接的商标侵权行为负责。[72] 尽管 Perfect 10 公司在其中许多索赔中败诉,但地区法院得出结论,赛博网络公司参与其网络中网站的版权侵权行为足以证明对共同和间接侵犯版权、纵容和教唆不公平竞争的索赔的初步禁令救济是合理的。[73]

然而,本文更感兴趣的是 Perfect 10 公司对 Visa、MasterCard 和谷歌的诉讼。[74] 例如,Perfect 10 公司声称,Visa 和其他为信用卡交易提供便利的公司应对共同侵犯版权的行为负责,因为它们使赛博网络公司能够安全运营。[75] 除此以外,Visa 和 MasterCard 清楚地意识到赛博网络公司活动的可疑性质,因为赛博网络公司交易的高退款率促使两家网络公司将赛博网络公司归入高风险商户类别。[76] 尽管意见不明确,但是诉状清楚地表明,将赛博网络公司归入该类别的一个后果是,Visa 和 MasterCard 向赛博网收取的费用高于正常费用。[77]

在对现行法律的完全合理的适用中,法院在驳回针对 Visa 和

---

〔72〕 Id. at 1165 – 89.

〔73〕 Id. at 1168 – 69, 1171, 1174, 1184, 1186 – 87.

〔74〕 Perfect 10 还对一些不太知名的中介平台提起诉讼,其中包括一组相关实体,包括互联网服务提供商、支付中介平台和搜索引擎提供商。在大多数情况下,诉讼中的分析都集中在版权法的细节上,而这些细节对本文的目的并不感兴趣。例如,法院驳回了 Perfect 10 基于 Perfect 10 未能发送符合 DMCA 的通知而提出的一些索赔,驳回了其他因未能证明该实体终止重复侵权人的权利中存在任何缺陷而提出的索赔,并允许基于被告未能提交任何此类保单而提起一些诉讼。Perfect 10, Inc. v. CCBill, LLC, 340 F. Supp. 2d 1077, 1086 – 103 (C. D. Cal. 2004).

〔75〕 Perfect 10, Inc. v. Visa Intl Serv. Ass'n, No. C04 – 0371 JW, 2004 WL 1773349, at *1 – 2 (N. D. Cal. Aug. 5, 2004).

〔76〕 Id. at *2.

〔77〕 Complaint at 12 – 19, Perfect 10, Inc. v. Visa Intl Serv. Ass'n, 2004 WL 1773349 (N. D. Cal. 2004) (No. C 04 – 0371 JW).

MasterCard 的诉讼方面几乎没有什么困难。[78] 法院严重依赖 Visa 和 MasterCard 服务的内容中立性：

> 与赛博网络公司不同，被告提供内容中立的服务。被告不推广使用其服务的网站。被告也没有像赛博网络公司那样，在使用被告服务之前，商家必须遵守特定内容的规定。被告并不认为某些商家是特定质量产品的供应商。被告只关心网站的财务方面，而不是其内容。[79]

对这些案例的分析应该完全不同。法院的做法是免除 Visa 的责任，并谴责赛博网络公司，因为 Visa 参与不当行为的程度远低于赛博网络公司。就股权而言，Visa 拥有“清白”的双手，而赛博网络公司则不然。在一个旨在迫使不良行为者向受害方提供赔偿的法律体系中，这可能是有道理的。更好的问题是，尽管不容易进行司法分析，但 Visa 或赛博网络是否为阻止相关版权侵权的最佳一方。在这一点上，Visa 可能处境更好，因为在现实世界中，如果不接受 Visa 支付，任何助长侵权的网站都无法作为营利的商业企业生存。[80] 这并不意味着赛博网络公司应该免除传统的版权责任，如果它对行为的参与足够直接。然而，这确实意味着应该考虑对 Visa 和 MasterCard 单独承担一种责任形式，这种责任不是取决于被动程

---

〔78〕 针对谷歌的诉讼尚未解决。谷歌现在面临着法国新闻机构法新社提出的类似诉讼。See Lisa Baertlein, Agence France Presse Sues Over Google News, REUTERS, Mar. 18, 2005, available at http://www. reuters. comlnewsArticle. jhtml? type = InternetNews&storylD = 7949422.

〔79〕 Perfect 10, Inc., 2004 WL 1773349 at ＊3.

〔80〕 本条假设任何规则都同样适用于万事达卡、Visa 和领先的支付中介平台，因此有利于 Perfect 10 的裁决将阻止网站接受任何主要提供商的付款。在一定程度上，法院这样做是因为它认为针对支付中介平台的裁决不会对赛博网的业务产生影响。如果不能访问少数占主导地位的支付中介平台之一，Cybernet 将极不可能作为一个合适的实体生存下来。

度,而是取决于支付提供商与被质疑行为之间的结构关系。

二、无过错责任:作为“守门人”的互联网中介

(一)基本前提

本部分的基本前提是,上述回应是一个错误的转折。从根本上说,本文认为,用中介平台的规则来应对与互联网相关的不当行为是不够的,这些规则普遍指向规范性和过错相关的责任和参与概念。本文提出“寻找成本最低的规避者”的标准并不新颖。此外,在某些情况下,通过间接将责任强加给中间人来最有效地惩罚不当行为的想法,也不是什么新鲜事。这一观点与雷尼尔·克拉克曼(Reinier Kraakman)在 20 世纪 80 年代写的两篇关于“守门人”责任的论文有密切联系。[81] 为了理解这个想法的重要性,有必要研究“守门人”制度的独特性,以及它适合互联网的原因。

1.“守门人”责任的性质

第一点是最简单的一点,也是上面已经强调的一点:根据“守门人”的理由施加责任与对中间人的责任、参与或支持水平的规范评估无关。相反,它完全取决于不当行为的社会成本与中介平台制裁不当行为有效性之间的平衡。[82] 这并不表示在中介平台直接参与不当行为情况下施加责任是不恰当的。例如,在纳普斯特(Napster)案中,人们可以像第九巡回法院那样对事实进行公正的评估得出结

〔81〕 Reinier H. Kraakman, Corporate Liability Strategies and the Costs of Legal Controls, 93 YALE L. J. 857 (1984) [hereinafter Kraakman, Corporate Liability Strategies]; Reinier H. Kraakman, Gatekeepers: The Anatomy of a Third-Party Enforcement Strategy, 2 J. L. ECON. & ORG. 53 (1986) [hereinafter Kraakman, Gatekeepers].

〔82〕 有关这个微积分的更多信息,请参阅下文第三部分。

论，即纳普斯特通过P2P方式参与了文件的非法共享[83]，以至于有理由对纳普斯特案的不当行为承担责任。[84] 然而，“守门人”的调查将转向纳普斯特案是否能够可靠地防止文件非法共享的问题。正如本文下面所讨论的，对纳普斯特案施加“守门人”责任可能是无效的，因为纳普斯特的任何行动都不可能阻止文件非法共享。[85]

可以肯定地说，确定中介责任适当性的关键在于中介能够发现并防止不当行为的合理性。[86] 具体而言，由于分析的前提是将责任强加于确定中介是因为他们是有关不当行为的最小成本避免者，因此适当性的判定不仅要求“守门人”能够发现犯罪，而且要求它们能够在经济上发现和预防犯罪。因此，如果对特定中介平台的监管的唯一效果是激励非法行为者不断转向更难以捉摸的中介平台，而不影响潜在的不当行为，那么监管的成本很可能是完全损失。这表明，评估最佳监管策略的核心因素必须是各种中介平台的市场结构：拥有足够市场力量来防止非法行为者转向替代者的中介平台比那些现有替代者更好。因此，继续上面的例子，将注意力和监管资源集中在纳普斯特、Grokster及其后代等实体上，只有在人们能够合理地相信根除这些实体将阻止盗版的情况下，才有意义。相反，在非法行为直接取决于获得这些中介平台设施的情况下，对Visa和MasterCard等主要支付中介平台的关注尤其有效。

---

〔83〕 这是假设根据《版权法》，《美国法典》第17卷第107(2000)节，很少的个人音乐交易构成合理使用，这一结论并不完全清楚。

〔84〕 See A&M Records, Inc. v. Napster, Inc., 239 F.3d 1004, 1019–23 (9th Cir. 2001).

〔85〕 正如讨论所强调的那样，这篇文章并没有表明Napster根本不可能停止其网络上的文件共享。从总体上看，Napster显然已经消除了其网络上绝大多数非法文件共享。这篇文章的观点是更系统的，即消除Napster和Grokster对减缓非法文件共享几乎没有什么作用，在内容提供商干预互联网架构的能力没有显著提升的情况下，非法文件共享将继续在越来越难以捉摸的网络上进行。关于此类干预风险的警示说明，see Zittrain, supra note 28.

〔86〕 Kraakman, Corporate Liability Strategies, supra note 82, at 889–92; Kraakman, Gatekeepers, supra note 82, at 53–54.

重点不是对潜在的技术反应做出明确的评估(这也将超出本文作者的能力),而且在任何情况下,评估的准确性都是短暂的。[87] 相反,重点是只有在不可避免的成本与不当行为的实际减少(而不是不当行为再分配)之间相平衡,利用中介平台的策略才有意义。[88]

2."守门人"责任与互联网

第二点是一个明显的例外主义论点,即"守门人"责任在现代互联网环境中比在传统的线下环境中更有可能系统、有效。[89] 这是正确的,原因有三。首先,从第一部分对互联网结构的讨论中可以清楚地看出,互联网上特定类型的不当行为往往会通过一个容易识别的中介或中介类别进行,并且对那些希望从事不正当行为的人来说,避免这样的中介是不可能以合理的成本实现的:希望在互联网上购买违禁品的客户将与描述或提供违禁品的网站互动,并可能使用某种形式的支付媒介来付款。当然,这相较线下现实产生了实质性的变化。在线下现实中,违禁品卖家不需要建立一个可以自由

---

〔87〕 例如,人们可以现实地认为,互联网服务提供商甚至消费者自己的电脑很快就能监控互联网服务提供商客户使用的特定应用程序。See Zittrain, supra note 28, at 70 – 71. 如果这听起来难以置信,那就考虑一下传统观点,即复印机制造商不能制造他们的机器来防止私人版权侵权。例如,See, e. g. , Lichtman & Landes, supra note 30, at 409 ("尽管生产复印机的公司可能无法直接阻止盗版,但他们可以很容易地在价格中增加一笔小额费用,这笔费用反过来可以用来补偿受损害的版权持有人。")。。但是,随着技术的不断进步,当人们了解到正在实施的新技术时,这种传统智慧就会受到质疑,比如美国财政部用于打击伪造货币的技术。这项技术使数字扫描仪能够在扫描货币时识别货币。然后,扫描程序会覆盖扫描,并将用户引导到包含货币图像使用信息的网站。Ted Bridis, Low-Quality Images of New $50 Bill Offered; Making Digital Copies Is Getting More Difficult, TELEGRAPH HERALD (Dubuque, IA), Oct. 10, 2004, at B13. 显然,制造一台能够识别一幅不应该复制的特定图像的扫描仪要比制造一台可以检测数百万件版权作品中任何一件的复印机容易得多。然而,问题是,技术进步永远不应被低估。

〔88〕 See Doron Teichman, The Market for Criminal Justice: Federalism, Crime Control and Jurisdictional Competition, 103 MICH. L. REV. 1831 (2005)(主张对美国刑事司法系统进行全面改革,以消除试图将犯罪转移到邻近司法管辖区的地方司法管辖区之间的竞争).

〔89〕 oel Reidenberg 指出,如果非法活动"通过网关点引导",中介执法可能会"更有效率"。Reidenberg, supra note 24, at 224. 然而,他并没有像这篇文章那样关注为什么会这样的系统性原因。

进入的营业场所,而且所有无法可追踪的现金支付都是交易的标准方式。

其次,信息技术的进步使中介平台更经济有效地密切地监控使用其网络的人的活动。随着监控活动变得越来越便宜,不可避免地变得相对[90]更需要依赖这种监控,作为其根除不可监控活动的最便宜方法。[91]

最后,互联网培养的相对匿名性使得针对主要不法行为者的措施不如在实体环境中有效。例如,从谷歌等提供商那里获得一个相对匿名的电子邮件账户,用于商业行为,比在现实世界中获得一个邮局邮箱更容易。这并不是说匿名在现实世界是不可能的,或者在网络世界是完美的,只是在线从事相对匿名的行为比现实中更容易。但是,随着针对某些活动引入中介平台,这种匿名性显著降低。网络中介提供,无论是互联网服务提供商的通信网络、支付中介的支付系统,还是拍卖中介的拍卖系统,都要求这些网络的用户在不同程度上是可识别的。网络服务提供者向可识别的账户持有人提供服务。目前广泛使用的电子支付系统需要与可识别账户进行转账,而拍卖中介平台获取个人信息以方便拍卖的顺利进行并确保付款。因此,当这些类型的中介平台参与打击某项活动时,他们为提供服务而收集的信息会自动降低交易的匿名性。

(二)主题变奏曲

关于“守门人”和中介责任的传统讨论是基于这样一种隐含的

---

〔90〕 这一条只是表明它变得相对更可取。正如强调的那样,在许多情况下,监控成本可能会使大规模监控变得不合理,除非是在严重不当行为的情况下。

〔91〕 这一点怎么强调都不为过。正如过去几年的技术似乎让监控变得更容易一样,不久的将来的技术可能会让不法分子更容易避免监控。如下所述,这种情况很可能发生在文件共享领域,P2P 技术的进步使得定位和识别资源丰富的文件共享者以及帮助他们的人变得困难。然而,这种情况是否会一直如此尚不清楚。See Zittrain, supra note 28, at 72 – 73.

假设,即标准的损害赔偿将用来引导中介减少受中介控制的不当行为。因此,文献中的主要主题之一是"守门人"的责任是否应该受到限制或基于疏忽或过失的问题。[92] 然而,对各种类型的互联网中介平台进行更具体的评估表明,应该考虑更广泛的政策选择:传统的侵权损害赔偿救济,比如DMCA中的"通知—删除"规则,以及常见于银行监管的"热门名单"制度。

传统的侵权救济给中介带来了很大的风险,因为根据具体情况,如果中介未能采取足够的措施来发现和控制不当行为,就会使中介面临损害。[93] 如果丧失偿付能力的风险不容易预测或控制,该补救措施就很可能会产生不利的附带影响,例如过度威慑。[94] 当补救措施适用于中介无法完全避免的不当行为时,这个问题尤其严重。例如,考虑一个制度,在该制度中,网络服务提供者对其客户参与的所有文件非法共享的版权侵权负责。如果监控技术使网络使服务提供商能够检测到部分但不是全部相关行为,那么通过限制服务或提高价格,追究网络服务提供者承担不当行为的严格责任可能会对所有用户产生严重的不利影响。相反,由于损害补救措施只适用于事后,因此,它存在无法影响情形,即无法影响不负经济责任的中介平台的行为。下面讨论的具有更客观的事前要求计划,将更有效地确定不负责任的中介平台,并减弱它们促进交易的能力。

第二个可能的补救措施是"通知—删除"规则。典型的例子是,《版权法》第512条中编纂的DMCA条款[95],通常规定相关中

---

[92] See, e. g., Assaf Hamdani, Gatekeeper Liability, 77 S. CAL. L. REV. 53 (2003).

[93] 当然,如果补救措施是固定数额的法定罚款,这个问题可以得到缓解。在这种情况下,关键问题是如何设定罚款,以提供适当的激励。

[94] 例如,网络法学者通常担心,对媒体的客户行为追究任何责任都会导致匿名帖子被禁止,这将对互联网政治产生不利影响。See, e. g., Henry H. Perritt, Jr., Property and Innovation in the Global Information Infrastructure, 1996 U. CHI. LEGAL F. 261, 325.

[95] 17 U. S. C. § 512(c) (2000).

介平台在收到不当行为的充分通知后有义务立即删除涉嫌非法的内容。[96] 尽管该方案确实要求中介平台承担相应义务,但是它带来的责任风险相对较小,因为只要中介平台遵守适格的删除通知,它通常就会隐含地免除经济责任。[97] 因此,这种回应成本较低,可以被证明是对社会成本低于损害赔偿的问题的回应。

同时,这种应对措施的效果较差,因为它没有寻求中间人的帮助来识别和清除非法材料。蒂芙尼和 eBay 之间的纠纷说明了这个问题。[98] 假设,看起来情况很可能是这样,eBay 非常愿意从其拍卖网站上删除任何可以被蒂芙尼识别为 eBay 虚假声称是蒂芙尼商标产品的材料的帖子。然而,eBay 每年仍可能出售数百万美元的假冒蒂芙尼产品,这仅仅是因为蒂芙尼很难快速识别出每一件假冒产品,从而阻止拍卖成功。蒂芙尼可能会认为 eBay 可以比蒂芙尼更有效地识别这些拍卖,并希望 eBay 有义务这样做。在这种情况下,删除措施,而不是损害补救措施,对蒂芙尼几乎没有帮助。

最后的回应是常见于金融行业的"热门名单"方案。一般来说,在这种类型的计划中,可靠者(如政府)会确定一份非法行为者名单。多年来,在其最常见的应用中,联邦政府一直禁止银行向支

---

〔96〕 Id. 当然,这样一个系统的设计或多或少是有效的。例如,DMCA 可能会通过激励中介平台在收到毫无根据的通知后删除材料,并向信息被删除的一方提供过于繁重的审查报复,从而产生过高的成本。

〔97〕 Id. 一种尚未在法院解决的可能性仍然是,即使中介在事后遵守了撤销通知,中介也可能对直接参与最初的张贴负有传统责任。See CoStar Group, Inc. v. LoopNet, Inc., 373 F. 3d 544, 556 (4th Cir. 2004).

〔98〕 See generally Psst, Wanna Buy a Cheap Bracelet?, ECONOMIST, July 3, 2004, at 13 (描述了蒂芙尼公司和 eBay 之间的争议,并得出结论,由于监督拍卖和核实拍卖物品是否真实存在巨大困难,要求 eBay 承担责任是错误的).

持恐怖活动的实体名单上的任何实体进行汇款。[99] 该计划可能为中介平台提供最可预测的责任敞口,因为他们的义务纯粹是部长级的。事实上,由于信息技术的进步,这些名单可能会被自动[100]审查,中介平台的违规行为可能很罕见。当然,这项计划比“删除”计划更进一步,将监督的负担从中间人身上转移开。在这方面,政府必须花费足够的资源来识别非法行为者,甚至在犯罪交易开始之前就要开展。[101] 因此,只有在非法交易可能具有易于识别和相对稳定的地点的情况下,这种对策才有用。

当然,本文只提供了一个简单的选项列表。人们可以很容易地想象将各种选择的特征结合在一起的反应。最明显的是,上述框架没有具体说明如果不遵守删除或“热门名单”要求,将采取什么补救措施。对这种失败的补救措施可以调整为仅适用于豁免权的丧失,这是现有 DMCA 规定的制度下的结果,也可以更广泛地适用于非法活动的次要责任,或者可能适用于某种中间制裁,例如罚款金额低于非法活动的罚款金额。

---

〔99〕 为了应对2001年9月11日的恐怖袭击,布什总统的行政命令规定,向最初由行政命令列出并随后由国务卿列出的某些人转让财产是非法的。Exec. Order No. 13, 224, 66 Fed. Reg. 49,079 (Sept. 25, 2001). 如今,财政部下属的外国资产控制办公室保留了一份被禁止银行为其提供交易便利的指定外国国民名单。有关这些法规的更多信息, see OFFICE OF FOREIGN ASSET CONTROL, FOREIGNASSETS CONTROLREGULATIONS FOR THE FINANCIAL COMMUNITY 5 - 43 (2005) [hereinafter OFAC REPORT], available at http://www.treas.gov/offices/enforcement/ofac/regulations/tl lfacbk.pdf.

〔100〕 指定人员名单可以以各种电子形式下载,以增加金融中介平台将所需屏蔽集成到其现有系统中的难度。See Office of Foreign Assets Control, SDN and Blocked Persons, http://www.treas.gov/officeslenforcement/ofac/sdn/ (last visited Sept. 21, 2005).

〔101〕 该文本假设,监管机构不会授权私人实体指定那些被列入“热门名单”的实体,并且在这一点上的监管决定将根据提供合理通知和审查机会的程序做出。没有提供这些保障措施的系统成本会更高,因此不太合理。

(三)分析框架

毫无疑问,前述内容会让一些人感到对向中介平台施加责任的价值过于乐观,以及对中介平台和依赖其服务的人承担责任的成本漠不关心。然而,这并不是因为本文不知道或不考虑这些成本,而是因为在本文能够描述决策者应该如何使用该工具之前,有必要描述拟议责任的结构和前提,并且也不应该将讨论视为对根据现行法律裁判的法官的直接批评。本文所设想的责任方案显然不是普通法发展过程中容易采用的类型。本文的框架工作旨在为立法者和监管机构提供素材,而不是为法官提供素材。[102] 希望本文的分析能够带来明确的法定计划或监管举措。除此以外,要求法院轻松实施中间责任的一般指令可能会掩盖司法理论,即所有行为者都有义务尽可能停止所有不当行为。正如波斯纳法官最近解释的那样,这样一个无界的原则会造成不必要的破坏。[103] 相比之下,本文希望目前正在寻找工具来应对与互联网相关的冒犯性行为的国家监管机构能参考本文阐明的框架,以便他们寻求并获得日益增多的将反映对其补救措施所施加成本的适当敏感性的非正式回应。

此外,本文并没有对消除第三部分中讨论的任何形式的不当行为所带来的社会利益发表任何看法,而相关决策者应该做出判断。例如,本文没有对限制假冒商品的销售、共享受版权保护的音乐和传播儿童色情制品所能获得的相对社会利益表示怀疑。在每一种情况下,这些收益,无论是什么,都必须与构成中介责任的成本进行权衡。正如上面的讨论所强调的那样,相关利益是消除不当行为的价值,而特定责任计划实际上将消除不当行为。

---

〔102〕 关于批评法官根据现有盗版法律制度制定的原则的分析, see Lichtman & Landes, supra note 30, at 404 – 10(认为广泛的 ISP 豁免与传统的侵权责任规则不一致).

〔103〕 Cuyler v. United States, 362 F.3d 949, 955 – 56 (7th Cir. 2004).

与此同时,这些制度中任何一种的成本都可能是巨大的。〔104〕现有文献阐述侧重于两大类成本。众所周知,对中介平台施加责任会影响他们向客户提供的服务和价格。〔105〕如果监管大幅增加,例如那些从互联网平台提供的服务中获得的净收益低于新施加的成本的客户,将停止使用"守门人"服务。在某些情况下,特别是当"守门人"的责任成本显著增加时,问题可能会失控,因此唯一剩下的客户将是那些以高回报的方式使用"守门人"服务的客户。〔106〕在剩下的人主要是那些实施有针对性行为的人的情况下,监管的最终效果可能会适得其反。〔107〕

另一个问题是,"守门人"责任可能会破坏"守门人"提供的服务的市场平衡。具体而言,始终存在一种风险,即对中介平台施加额外负担会使贵重商品和服务的供应受到抑制。〔108〕在存在与目标行为相邻的法律行为令人不寒而栗的巨大风险的情况下,这将是特别有问题的。如下文所述,在文件共享内容中,在很难确定任何特定的文件共享行为是否非法的情况下,这可能会使中间人的使用变得不那么合理,而在赌博环境中,在许多情况下,几乎所有流向参与者的流量都可能涉及非法行为。要求中介平台作出这些主观决定不仅会给必须做出这些决定的中介平台带来成本,而且会给其行为可能被错误过滤的人带来成本。至少在本文讨论的某些情况下,监管对具有积极社会价值行为直接和间接的影响〔109〕,必须作为任何

---

〔104〕 有关全面性的讨论,见 Hamdani, supra note 92, at 63 - 82。

〔105〕 See Kraakman, Corporate Liability Strategies, supra note 82, at 891 - 92 ("企业将……以熟悉的方式支付额外责任的风险。如果外部守门人无法转移其责任风险,他们将收取高风险保费。"); Kraakman, Gatekeepers, supra note 82, at 77, 93 - 94.

〔106〕 这就是哈姆达尼详细讨论的"瓦解"市场的问题。See Hamdani, supra note 92, at 74 - 76.

〔107〕 Id. at 76 - 80.

〔108〕 Id. at 76 - 77.

〔109〕 阿萨夫·哈姆达尼强调,这个问题将特别严重,因为中介平台将充分内化因未能以足够的活力进行过滤而面临的制裁,但不会内化过度过滤的社会成本。Id. at 73.

监管举措的成本进行计算。[110] 因此,本文强调,在任何特定情况下,本文所述任何特定制度的成本可能超过实施该制度可能产生的收益,在这种情况下,不应支持新制度。

但任何监管国家的前提都是,社会能够成功地将负担强加给那些可提供大量社会福利的行为者,同时也不会过度阻止这些人提供服务。当地方、州和联邦政府对私人行为者施加税收负担时,这一点就很明显了。税收是企业的额外负担,但在税收设计良好的情况下,社会既可以通过企业提供应税商品和服务,也可以通过政府使用税收而受益。

总之,本文提出了一种传统的成本效益计算方法,其中决策者应该评估特定中介责任方案的广义成本。如果这些成本超过了收益,那么特定形式的中介责任或许是合适的。如果他们没有评估特定中介责任的广义成本,那么新的责任就不合适了。

三、对特定行为类型的应用

通过具体的例子可以更好地看出,为了负责任地争取中介平台来遏制互联网上的不当行为所需的细微差别。就本部分而言,有两类不当行为作为例子是有效的:错误传播内容和违反安全规定。第一类广泛包括利用互联网提供违反适用法律的材料。本文关注的例子是贩运非法或假冒商品、网络赌博、儿童色情和共享受版权保护的文件。第二类包括安全领域,如病毒、黑客和垃圾邮件,它们威胁着

---

〔110〕 索尼娅·卡蒂亚尔(Sonia Katyal)撰写了大量关于《美国版权法》第512条规定的社会成本的文章,她认为,版权持有人因在数字环境中难以保护其财产而感到沮丧,因此经常骚扰个人,从而限制合法活动。Sonia K. Katyal, Privacy vs. Piracy, 7 YALE J. L. & TECH. 222, 281-90 (2004). 这些代表了在评估拟议立法的成本和收益时应考虑的成本的一个子集。

计算机系统的完整性,而这些系统对于我们的现代经济至关重要。

(一)内容的传播

在互联网时代,监管内容的基本问题是,内容可以存在于世界上任何可以连接到互联网的计算机中。因此,禁止传播特定内容的法规往往无法触及那些在非法场所提供内容的人。政策制定者可以通过多种方式来应对这种情况:要么接受现行法律被广泛的互联网行为所默认的现状,要么通过完全放弃监管而使监管无效化,要么采用一种比针对主要不法行为更有效的新监管体系。本小部分中的分析并不主张针对本文所针对的特定类型的不当行为提供任何上述选择。相反,本文的目的更为温和:说明特定情况的特征,这些特征可能使特定形式的中介责任或许可成为限制不当行为的有用手段。

1. 走私违禁品和假冒产品

最简单的问题是违禁品和假冒产品的问题。举上面讨论的突出例子[111],蒂芙尼与 eBay 就 eBay 销售假冒蒂芙尼商品一事发生了长期纠纷。然而,其他明显的问题也引起了监管机构的注意:向美国居民销售主要来自加拿大零售商的药品[112]且未经美国食品药品监督管理局(FDA)批准使用,以及销售违反当地和联邦税法的香烟[113]是不可销售的。

在某些方面,这些情况比下文中讨论的情况更容易处理,因为大部分渠道可能涉及将产品运往产品销售明显非法的司法管辖区内的地址。[114] 因此,例如,人们可以很容易地看到,马萨诸塞州应

---

〔111〕 见上文附注 99。

〔112〕 See Gaul & Flaherty, supra note 20.

〔113〕 See supra note 19.

〔114〕 不涉及实物运输的行为更难处理,这既是因为非法行为是否真的发生在目标管辖区这一门槛问题(例如,我们如何确切地决定网络赌博发生在哪里?),也是因为中介平台难以设计出切实可行的方法来识别与监管管辖权。

该能够禁止将枪支运往位于马萨诸塞州的地址。[115] 仅限于此类运输的规定将不具有包容性,因为即使产品最终在马萨诸塞州分销,该规定也不会禁止向马萨诸塞州以外的地址发货。此外,该规则可能过于包容,因为一些运往马萨诸塞州的货物可能是为了在英联邦以外使用。然而,禁止此类货物运输的实际计划正在进行中,特别是在马萨诸塞州以外的州,禁止有针对性的行为,并对无辜的第三方施加相对较小的成本:要求想要购买在马萨诸塞州非法枪支的人提供英联邦以外的邮寄地址并不过分。即使在枪支或葡萄酒等监管不统一的情况下,简化销售税项目[116]的类比也表明,在当前技术下,负责任的零售商应该能够避免将违禁品运输到被禁止的司法管辖区。

然而,在某些情况下,对零售商的直接执法将是无效的。例如,一个司法管辖区可能面临大量规模较小、相对不负责任的零售商,因此直接强制执行在实践中成本高昂。其他例子包括零售商利用eBay等拍卖网站提供的相对匿名性的情况,或者零售商位于美国以外的司法管辖区,不会与相关州监管机构合作的情况。重要的是,即使在这些情况下,初级零售商的商业模式通常涉及产品的零售销售,以换取一次性补偿。除此以外,这通常涉及一个网站的存在,在这个网站上,产品的性质和可用性对所有人来说都是显而易见的,至少在一个有效搜索引擎的时代是这样。这对政策响应的设计有几个影响。最明显的是,这意味着中介平台通常能够发现并控制这种行为。本文将在接下来的内容中讨论最简单和最常见的拍卖中介和支付中介。

---

〔115〕 See Press Release, Massachusetts Attorney General, supra note 26.

〔116〕 See Streamlined Sales Tax Project (Jan. 2005), http://www.streamlinedsalestax.org/execsum0O105.pdf. For discussion, see Cockfield, supra note 10, at 386 – 88, 397 – 98.

(1)目标拍卖中介平台

拍卖中介平台与假冒商标商品问题尤其相关——上述其他违禁品问题往往涉及违反当地监管制度的离岸产品的供应商。相比之下,eBay 是一家在国内拥有大量假冒商品销售设施的实体。在这种情况下,eBay 可以明确发现并禁止在其网站上销售许多假冒蒂芙尼的产品。[117] 真正的问题是,蒂芙尼是否应该像 DMCA 规定的删除制度那样,承担定位假冒产品并引起 eBay 注意的责任,或者是否应该首先由 eBay 承担找到这些产品并将其删除的责任。

从上述角度来看,相关的政策考虑是显而易见的。一方面,有人可能会认为 eBay 在一开始就更适合识别这些产品。eBay 比蒂芙尼更善于搜索和监控其市场,而在区分真正的蒂芙尼产品和假冒产品方面,eBay 可能不如蒂芙尼有效。[118] 将这项任务从蒂芙尼转移到 eBay 的净收益,即节省成本和增加对不当行为的检测,是在这种情况下中介责任的潜在好处。然而,这种收益的大小很难量化,因为它在一定程度上取决于对不当行为的检测而增加的社会价值。另一方面,将这项任务转移到 eBay 的成本是 eBay 给所有用户带来的负担。除此以外,这些负担可能会通过设置额外的步骤来降低无辜用户的帖子的可用性,从而削弱 eBay 网站的功能。

如果清除违禁品或假冒产品的社会效益足够高,那么实施损害

---

[117] 蒂芙尼公司投诉销售的产品被错误地宣传为蒂芙尼公司的产品,以及似乎带有假冒蒂芙尼标志但未进行广告宣传的产品。See Psst, Wanna Buy a Cheap Bracelet?, supra note 99, at 13. 第一类显然可以通过广告文案的文本搜索来检测。如果没有可以直观地搜索特定商标的搜索引擎,第二类将更难检测。开发这样一个搜索引擎——当然是合理的,现有的技术——可能会转移适当的责任点。

[118] 事实上,假设监控是根除 eBay 违禁品的成本最低的方法,可能是一个错误的观点。例如,可以想象,如果 eBay 要求客户提供保证金以确保他们遵守适用的违禁品限制,那么 eBay 的业务可能会降低净负担。鉴于许多 eBay 商家的规模较小且假定缺乏流动性,这似乎不是最佳方案。然而,重点是,在评估不同补救措施的相对成本方面,eBay 显然比蒂芙尼更有利。

赔偿制度可能是合理的。根据该制度,eBay 和其他中介平台将对这种行为承担最大责任。然而,鉴于 eBay 在遵守删除所有假冒产品的任务方面将面临的困难,因此,采用某种删除制度可能更合理。例如,eBay 有义务为提出适当要求的著名商标[119]所有者删除所有假冒产品的制度。[120] 同样,允许 eBay 将这些成本转移给内容所有者可能是有道理的,特别是如果合规成本足够高,就可能会改变 eBay 为所有客户提供的服务的定价。例如,eBay 可以被允许向蒂芙尼等内容所有者收取"合理费用",因为它们遵守了法律要求删除假冒产品。[121]

---

〔119〕 这并不像听起来那么模糊,因为"著名标记"是《美国法典》第 15 卷第 1125 (C)节(2000 年)第 43 条中定义的艺术术语。

〔120〕 这将不同于现有的 DMCA 删除制度,因为内容所有者的通知不会确定要删除的特定产品,而是要检查的特定标记。

〔121〕 这将更直接地将消除危害的成本与从消除危害中受益的实体联系起来。是否应该这样做取决于人们对底线的看法:Tiffany&Co. 是否有权享有一个没有因易趣业务而导致的商标稀释的世界,还是易趣有权拥有一个可以自由连接买家和卖家的世界? 最重要的是,从经济角度来看,为什么人们可以将蒂芙尼公司的风险视为 eBay 新业务创造的外部性,而 eBay 应该被迫将其内部化,以确保其业务增加净社会价值? 从这个角度来看,一种可能的观点是,要求商标所有人支付合理的合规成本是合适的,以确保商标的现值超过拆除的交易成本。在一个完美的世界里,基线是无关紧要的,因为如果这是一个有效的结果,商标所有者会通过谈判从 eBay 上购买下架产品。有理由认为,在这种情况下,与正在谈判的权利价值相比,两家大公司之间的交易成本较低,可能会发生这种情况。当然,如果认为选择一个特定的基线作为法律规则是无关紧要的,那就太天真了。正如 Bebchuk 解释说,在许多情况下,选择特定的负债基线可能会对与活动调查相关的投资分配产生重大的长期影响。See Lucian Arye Bebchuk, Property Rights and Liability Rules: The Ex Ante View of the Cathedral, 100 MICH. L. REV. 601, 605 -06 (2001). 这个问题与合同中的违约规则问题非常相似,现代文献承认,违约规则的选择对资源的最终分配具有重要意义。See Ronald J. Mann, Contracts-Only with Consent, 152 U. PA. L. REV. 1873, 1896 -901 (2004). 这一问题与本条分析的章节(如儿童色情和赌博)的相关性要小得多,因为在这些章节中,责任纠纷涉及政府和商业方,而不是两个商业方。在这种情况下,人们很难想象,例如,政府从 eBay 收取款项,允许 eBay 继续进行涉及违禁品的交易。

(2)目标支付中介平台

如果违禁品和假冒产品往往从一个稳定的地点出售,[122]那么支付中介也可以发挥有益的作用,并且还可能发挥更广泛的作用,因为支付对将违禁品运入美国的离岸场所具有重要作用。如上所述,大约1/8的现代互联网零售交易使用信用卡或借记卡作为支付工具。[123] 此外,尽管很难找到准确的数据,但几乎所有这些交易都通过少数几个网站进行,而在美国占主导地位的交易中,大部分通过Visa或MasterCard网站进行支付。这意味着,如果采取补救措施,阻止少数网络中涉及向销售违禁品或假冒商品的网站付款,就将使这些网站难以生存。[124] 其中,最大的问题是支付中介在识别目标交易时可能面临的困难。

总的来说,这些特征表明,支付中介平台对上述不正当商品负责的目标相对无效,尤其是在拍卖中介平台可能更适合识别非法交易的情况下。与此同时,在监管机构可以识别以非法购买为主的网站,例如销售未经批准的香烟或药品的网站,对支付中介平台施加"热门名单"要求可能是最有效的。在实践中,监管机构越来越善于根据这些要求达成自愿协议,这显然是出于支付中介平台希望阻

[122] 本文在下文中讨论了在儿童色情制品的背景下,监管出现在没有稳定域名和IP地址的网站上的材料的困难。这种可能性提出了一个对这里建议的制度非常重要的技术问题。例如,假设这里讨论的任何制度的实施都会导致销售违禁品的网站转向其IP地址高度不稳定的模型,并且还假设支付中介平台以识别IP地址不稳定的站点的方式过滤交易是不切实际的。如果是这样的话,那么支付中介平台可能会对与违禁品有关的索赔做出有效回应。诚然,这篇文章的印象是一种随着技术发展而变化的偶然印象,这两种假设都不正确。

[123] See Mann, supra note 51, at 681.

[124] 如果补救措施也适用于PayPal,那肯定是真的。这意味着,禁止互联网零售网站接受Visa、MasterCard和PayPal的付款将对网站的收入产生重大限制,主要是因为大多数消费者仍然无法获得现有的支付替代方案。关于竞争支付方式的一些问题的讨论,参见MANN & WINN, supra note 52, at 576 – 94。

止更具侵入性和正式监管性的愿望。[125]

2. 网络赌博

互联网赌博网站允许赌徒玩游戏或观看比赛,并对从扑克、足球到总统选举的一切结果下注。[126] 毫不奇怪,对主要不法分子的传统监管很困难:互联网赌博网站可以位于世界任何地方,不限于试图监管它们的美国法律范围内。[127] 与网站审查违禁品和假冒产品一样,网站的商业模式是设计有效监管方案的核心。由于这些网站依赖于易于识别的、无处不在的广告,这些广告有助于赋予它们现实的品牌标识,因此它们使用的域名和IP地址相对稳定,不太可能与其他网站共享。[128] 重

---

〔125〕 这个问题最有趣的方面之一是国家监管机构确保自愿协议的动态。他们显然在可能更繁重的正式监管的阴影下运作。无需赘述,PayPal愿意与国家监管机构合作,无疑是因为它希望避免采取将其整个业务作为货币发送者等受到监管的措施。更传统的信用卡提供商的合作意愿并不容易理解,因为他们可能会提出强有力的论点,即州监管机构的活动不能扩展到联邦监管机构允许的国家银行的活动。看起来,在大多数国家有效干预的情况下,联邦政府支持的可能性很重要。例如,请注意,酒精、烟草、火器和爆炸物管理局参与了广受关注的关于在线烟草销售的解决方案。See supra note 19. Similarly, as discussed in Part III. A. 2,联邦政策制定者显然为针对离岸赌博的州监管举措提供了一致的支持。假设是,就像在公司治理领域一样,在这里,潜在的更具破坏性的联邦解决方案直接影响州一级争端的解决。Cf. Roe, supra note 27(讨论平行公司治理动态).

〔126〕 位于爱尔兰都柏林的一个网站Tradesports. com为2004年的每一场政治竞选提供了著名的线索,并意外地正确预测了每个州在总统竞选中的获胜者。See George Passantino, Putting Their Money Where the Votes Are, S. F. CHRON., Nov. 14, 2004, at B3.

〔127〕 这显然正是互联网博彩公司为确保再融资成功所做的。最近在英国上市的互联网博彩网站PartyGaming在证券文件中承认,该公司可能在其吸引客户的一些国家从事非法行为。但该公司对这一担忧不屑一顾,称"PartyGaming及其董事依赖于监管机构明显不愿或无力对在相关国家存在虚假实体的企业采取行动。" Kurt Eichenwald, At PartyGaming, Everything's Wild, N. Y. TIMES, June 26,2005, at B1. 显然,市场对这种非法的幽灵并不在意,而是接受了PartyGaming的股票,使其成为伦敦近代史上最大的IPO之一。同上。有趣的是,IPO的规模和随后股票的成功表明,美国基金经理是PartyGaming的投资者之一。Heather Timmons & Eric Pfanner, Online Gambling Shares Climb 11% in Debut Day, N. Y. TIMES, June 28, 2005, at C6. 这一事实可能会使针对此类在线赌博公司的潜在行动很难在面对美国利益集团的大规模反对时获得任何吸引力。

〔128〕 有关共享IP地址频率的更多信息,请参阅Benjamin Edelman,网站共享IP地址:Prevalence and Significance, http://cyber. law. harvard. edu/people/edelmanlip-sharing(最后一次访问是2005年9月18日)。

要的是,赌博网站的商业模式直接取决于是否易于向网站转账。[129] 本文的讨论首先是对现有监管方案的总结,目的是降低其无效性,其次是对中介平台是否可以提高监管有效性的分析。

根据美国法律,各州是博彩业的主要监管机构[130],这使得每个州都可以采取与特定州的习俗相一致的赌博方式。[131] 这种方式使各州能够消除州内实际发生的大部分赌博,例如州内的非法彩票。然而,各国很难阻止发生在其境外但涉及在其境内活动的活动,例如在一个州通过在另一个州合法经营的彩票非法招揽客户。在这类案件中,联邦政府有方式协助各州执行州赌博法规,[132]但总的来说,联邦政府没有行使其商业条款的权力来广泛监管赌博,即使宪法明确允许在互联网赌博的情况下进行此类监管。[133]

---

[129] See Internet Gambling Funding Prohibition Act: Hearing on H. R. 4419 Before the H. Comm. on Banking and Fin. Servs., 106th Cong. 64 (2000) (财政部金融机构事务助理秘书 Gregory A. Baer 的发言); GAO REPORT, supra note 49, at 53 (发现超过 85% 的互联网赌博网站接受 Visa 和 MasterCard 作为支付形式).

[130] See Chun v. New York, 807 F. Supp. 288, 292 (S. D. N. Y. 1992) (holding that authority over gambling was reserved to the states through the Tenth Amendment); Thomas v. Bible, 694 F. Supp. 750, 760 (D. Nev. 1988), affd, 896 F. 2d 555 (9th Cir. 1990) (same); State v. Rosenthal, 559 P. 2d 830, 836 (Nev. 1977) (same).

[131] 例如,邻近的内华达州和犹他州采取了相反的方式,可能是因为这些州公民之间存在明显的文化差异。

[132] See, e. g., Act of Sept. 19, 1890, ch. 908, 26 Stat. 465 (1890) (codified as amended at 18 U. S. C. § 1302 (2003)) (规定通过邮件发送带有彩票广告和其他彩票相关广告的报纸是非法的); Act of July 27, 1868, ch. 246, 15 Stat. 194, 196 (1868). See generally G. Robert Blakey & Harold A. Kurland, The Development of the Federal Law of Gambling, 63 CORNELL L. REv. 923, 931 (1978) (discussing federal attempts to control state lotteries).

[133] People v. World Interactive Gaming Corp., 714 N. Y. S. 2d 844, 852 (N. Y. Gen. Term 1999) ("[Tlhe Interstate Commerce Clause gives Congress the plenary power to regulate illegal gambling conducted between a location in the United States and a foreign location."); see also GAO REPORT, supra note 49, at 12. 尽管赌博监管通常由各州负责,但根据宪法的商业条款,联邦政府有权监管影响州际商业的赌博活动。互联网赌博属于这一类,因为投注通常在一个州或国家的个人电脑上进行,并在另一个州和国家的服务器上接收。Id. Even after United States v. Lopez, 514 U. S. 549 (1995),即使赌徒的个人电脑和服务器位于同一州,互联网赌博交易也会明显涉及州际商业,部分原因是这些地点之间的互联网传输可能会跨越州界,也因为这些交易与明显跨越州界的交易之间的密切关系。

谈到互联网赌博的具体规则,目前没有州允许基于互联网的赌博。[134] 为了协助各州做出这种政策选择,在 1961 年首次颁布的联邦电汇法案可以说是确定了互联网赌博非法性[135],因此一直是少数联邦起诉互联网赌博的首选法规[136]。但它通过针对那些直接负责赌博的人而不是仅仅促进赌博的中介平台来做到这一点。因此,根据现行法律,不知情[137]参与赌博活动的中介平台对此不承担任何责任。[138]

(1)目标互联网服务提供商

第一种可能性是使用互联网服务提供商来限制互联网赌

---

[134] See H. R. REP. No. 108 – 133, at 5 (2003). 几乎所有国家都禁止经营未经其宪法或特别立法明确许可的赌博企业。目前,网络赌博在所有 50 个州都构成了非法赌博活动。尽管 2001 年 6 月,内华达州立法机构授权内华达州博彩委员会在符合联邦法律的情况下,将网络赌博合法化,但博彩委员会认为,目前无法确保此类合规性。Id

[135] See 18 U. S. C. § 1084 (2000).《电信法》规定:任何从事博彩或博彩业务的人,在知情的情况下,使用有线通信设施在州际或外国商业中传输博彩或博彩信息,或协助在任何体育赛事或比赛中下注或下注的信息,或传输有线通信,使接收者有权因下注或下注而获得金钱或信贷,或提供有助于下注或下注的信息,应根据本标题处以罚款或两年以下监禁,或两者兼而有之。Id.; see also Gottfried, supra note 32, 74 – 81 (discussing the application of the Wire Act to Internet gambling). There is arguably some ambiguity in the text of the Wire Act that may allow Internet gambling business to claim that their businesses are legal. But while the Fifth Circuit has read the Wire Act to outlaw only Internet gambling involving "sporting events or contests," In re Mastercard Intl, 313 F. 3d 257, 262 (5th Cir. 2002), the Justice Department has made it clear that it believes the Wire Act more broadly outlaws internet gambling. See Statement of Kevin v. Di Gregory, Deputy Assistant Attorney General, Before the Subcomm. on Crime, Comm. on the Judiciary (June 24, 1998)"如果通过电话进行,根据[《电信法》]第 1084 条将被禁止的投注和赌注,即使通过互联网传输,仍然被禁止。"), available at http://www. usdoj. gov/criminal/cybercrime/kvd0698. htm. Many thanks to Orin Kerr for this point.

[136] GAO REPORT, supra note 49, at 11("迄今为止,《电信法》是用于起诉联邦互联网赌博案件的联邦法规……")。

[137] 《电信法》仅适用于那些"故意"使用电信设施协助赌博的人。See 18 U. S. C. § 1084 (2000).

[138] 关于其他司法管辖区面临的类似问题的讨论,请参见 Colin Scott, Regulatory Innovation and the Online Consumer, 26 LAw & POLy 477, 481 – 82, 500 (2004)。

博。[139] 如上所述,互联网赌博网站往往是大型、稳定和可见的在运营。尽管来源互联网服务提供商可以位于美国官员能够访问的范围之外,但目的地互联网服务提供商[140]必须在其提供服务的管辖范围内。因此,目的地互联网提供商似乎特别适合帮助限制美国居民访问位于各地的赌博网站。例如,如果目的地互联网服务提供商知道特定的组合站点,它应该能够阻止其客户的流量到达这些站点。要求互联网服务提供商屏蔽此类流量往往仅限于在客户的互联网服务提供商管辖范围内的非法活动;这将赌博网站与 eBay 等绝大多数交易都是合法的网站区分开来。[141] 因此,加重网站负担的法规对无辜用户造成的附带损害较小。[142]

在这一点上,问题的关键变成了选择一个合适的监管方案。直观地说,在这种情况下,不那么烦琐的"热门名单"方案最有意义。首先,执法部门可能比互联网服务提供商更适合识别非法赌博网站。尽管目前尚不清楚互联网服务提供商是否可以根据进出网站的传输性质轻易地将这些网站识别为非法网站,但执法部门可以识别非法网站。例如,通过搜索引擎研究和观察广告。[143] 此外,由于

---

[139] See Jack L. Goldsmith, What Internet Gambling Legislation Teaches About Internet Regulation, 32 IN'L LAW. 1115, 1119 (1998).

[140] See supra Part I. B. 2. a.

[141] 这一分析对游戏网站运营商可能开设一个涉及合法和非法活动的广泛"游戏集市"的策略持开放态度,其效果将增加监管的附带伤害。然而,这种实践设计所带来的成本不应被视为违反法规的理由。而且,如果法律规定此类"集市"将受到限制性监管,那么,从事前的角度来看,理性的商人选择"集市"结构将是非常奇怪的。有关使用法律改变捆绑产品范围的详细讨论,请参阅 Randal C. Picker, Unbundling Scope-of-Permission Goods: When Should We Invest in Reducing Entry Barriers?, 72 U. CHI. L. REV. 189 (2005).

[142] 然而,这种监管可能代价高昂。2004 年 11 月 24 日,世界贸易组织(WTO)裁定美国法律,如《电汇法》,违反了美国对 WTO 的承诺。小组报告,美国影响赌博和博彩服务跨界供应的措施,WT/DS285/R at 2.1 (Nov. 10, 2004). WTO 上诉小组后来推翻了这一决定,但没有明确支持 WTO 对互联网赌博的联邦监管。See supra note 50.

[143] 如果执法部门愿意的话,他们可以很容易地识别这些网站,这在一定程度上是基于作者对一些城市体育广播电台上非法网络赌博网站的无线电广告频率的个人观察。

赌博罪在某种意义上是没有受害者的,执法当局的目标可能是限制网站的可用性,而不是确保过去发生的每一笔非法交易提取未到账。因此,“热门名单”计划很可能满足执法部门的需求,同时最大限度地减少互联网服务提供商的成本,从而最大限度地减少互联网服务提供商无辜客户的成本。

尽管如此,这种方法仍存在重大困难,首先是难以协调多州监管。例如,假设内华达州希望允许犹他州所禁止的某些形式的互联网赌博,[144]但是如果犹他州要求其互联网服务提供商阻止往返于相关网站的传输,内华达州的客户可能会受到不利影响。事实上,如果互联网服务提供商的客户群超越了国家界线,缺乏根据其物理位置在互联网服务提供商客户之间进行区分并相应调整过滤器有效性的技术能力,那么这种类型的问题将是不可避免的。当然,制定一项单一的联邦法规可以解决很多问题,这主要是因为美国互联网服务提供商的所有客户都居住在美国的可能性更大。[145] 可以肯定的是,有理由对互联网赌博的快速联邦化持谨慎态度[146],作为电子商务的一个子集,主要是因为它剥夺了监管机构比较竞争方法有效性的机会。[147]

---

〔144〕 This example is given in Gottfried, supra note 32, 76.

〔145〕 这个问题是监管对称的标准问题:在实践中,国家边界往往会约束 ISP 市场,这通常会使在国家层面实施监管变得更容易。See Mann, supra note 51, at 706.

〔146〕 国家赌博政策的虚伪性使问题变得复杂,在外部观察者看来,这似乎是为了向美洲原住民和政府实体提供赌博市场的垄断权力,而不是基于其对消费者造成的伤害来限制赌博。州政府对赌博收入的日益依赖进一步支持了这一观点,这无疑激励了他们对抗离岸赌博业务的竞争。See Fox Butterfield, As Gambling Grows, States Depend on Their Cut to Bolster Revenues, N. Y. TIMES, Mar. 31, 2005, at A24. 美国政策中的这些不一致是针对海外博彩运营商的努力被质疑不符合美国在世贸组织下的义务的部分原因。United States-Measures Affecting the Cross-Border Supply of Gambling and Betting Services, supra note 143, 3.7 – 3.9; see also supra Part I. B. 2. a.

〔147〕 Larry E. Ribstein & Bruce H. Kobayashi, State Regulation of Electronic Commerce, 51 EMORY L. J. 1, 67 – 70 (2002)(讨论了联邦电子商务监管的固有问题,如公众选择问题、官僚效率低下以及可能成为监管新行业更有效方法的州监管的可能性)。

关于这样的规定可能会违反《第一修正案》。正如关于儿童色情部分中更详细地讨论的那样[148],一家联邦地区法院最近认为,用于实施《宾夕法尼亚州互联网儿童色情法》的屏蔽技术违反了《第一修正案》,因为该技术导致了过度屏蔽的问题。也就是说,它屏蔽了没有从事非法行为的网站。[149] 如上所述,赌博网站比色情网站更容易被识别,而且由于其流量大,至少作为重要目标的成功网站不太可能共享 IP 地址。[150] 因此,在这种情况下,过度封锁问题可能不那么严重。[151] 同样重要的是,有针对性的赌博活动而非色情活动完全是商业性的,因此不可能获得《第一修正案》的保护。基于这些原因,存在一些依据认为本文提出的计划将满足宪法审查。尽管如此,在宪法问题仍不清楚的情况下,它应该让监管机构在追求这一策略时犹豫不决。[152]

关于赌博网站会通过设计用户界面来利用其他不易受 IP 屏蔽影响的技术来应对互联网服务提供商的屏蔽。[153] 任何这样的演变都可能不会将赌博活动置于互联网服务提供商的控制范围之外,尽管如此,互联网服务提供商仍需要进行通信。相反,阻塞技术可能必须随着技术的发展而适应。例如,如果赌博网站分发的软件将访问者直接链接到赌博大厅,而不是像目前大多数商业模式那样连接

---

〔148〕 See infra Part III. A. 3.

〔149〕 Ctr. for Democracy & Tech. v. Pappert, 337 F. Supp. 2d 606, 610 – 11 (E. D. Pa. 2004).

〔150〕 Contra Gottfried, supra note 32, 75(避免将互联网赌博网站与其他类型的网站区分开来,其中 87% 的网站共享 IP 地址).

〔151〕 Contra id.

〔152〕 由于国会一贯支持该领域的国家监管,本条未讨论该领域的州监管举措违反正常商业条款的可能性。

〔153〕 事实上,许多赌博网站开始采用无需使用传统浏览器即可进行赌博的程序。See, e. g., Starluck Casino, Getting Started, http://www. starluckcasino. com/slcasino/englishlgettingstarted. html (last visited Sept. 18, 2005).

到网站,那么阻止该程序使用的 TCP 端口是一种潜在的反应。[154]这里的重点并不是让读者相信,赌博网站的任何可以想象的技术调整都有潜在的互联网服务提供商屏蔽反应。相反,问题是,赌博利益可能的演变并不是拒绝让互联网服务提供商参与监管互联网赌博的正当理由,尤其是当存在对赌博演变的可预见反应时。

当怀疑国会是否愿意介入一个传统上由州监管的领域时,怀疑者应该考虑到,国会最近已经接受了这样的立法:2000 年拟议的《禁止互联网赌博法》将要求互联网服务提供商终止运营互联网赌博网站的账户,并阻止访问法律认可的外国互联网赌博网站执法机关。[155] 本文的分析表明,对将赌博视为严重社会危害的政策制定者来说,此类法规可能确实是一种适当的回应。[156]

(2)瞄准支付中介平台

利用支付中介来遏制互联网赌博具有明显的优势。如上所述,网站的商业模式取决于向网站传输资金的现成便利设施。鉴于这些企业对传统支付中介平台的依赖,执法机构显然可能会通过限制少数中介平台的活动以对这些网站的业务构成相当大的障碍。此外,由于这不会涉及过度封锁的可能性,《第一修正案》的挑战似乎并不合理。最后,由于禁止转移到互联网赌博网站的“热门名单”计划与金融中介平台已经必须遵守的现有“热门列表”计划非常相似,[157]这样的计划似乎不太可能对互联网赌博网站施加足够的成

---

〔154〕 This is a response to the P2P problems suggested by Solum & Chung, supra note 39, at 929 – 30.

〔155〕 H. R. REP. No. 106 – 655, at 20 (2000). 最后,该法案将对互联网服务提供商(ISP)施加新的规定。H. R. 3125 将要求互联网服务提供商终止经营赌博业务或推广非法赌博的客户的账户,并在收到州或联邦执法机构关于违规行为的官方通知时屏蔽特定的外国赌博网站。Id. For a sympathetic discussion of similar legislation, see Goldsmith, supra note 140, at 1117 – 18.

〔156〕 See supra note 147.

〔157〕 See, e. g., OFAC REPORT, supra note 100, at 5 – 43 (描述了要求金融机构阻止与个人和国家进行交易的规定).

本,从而增加对守法客户产生毁灭性附带影响的概率。

本文对支付中介平台的乐观看法受到以下因素影响,即使没有正式法律支持情况下,针对支付中介的非正式尝试也取得了不错的效果。[158] 首先,许多发卡机构自愿限制其信用卡用于赌博交易。在普罗维登安国家银行的案件中,对信用卡使用的限制似乎是对个人的诉讼的回应,这些人拒绝支付在互联网赌博网站上产生的债务,理由是他们怀疑该活动是非法的,发卡机构对这活动提供了便利,从而使债务无法执行。[159] 其他发行人似乎出于更多的担忧而采取行动,包括对赌博交易所涉及的信用风险的担忧。[160] 但无论出于何种原因,这些行为显然对互联网赌博企业的增长产生了负面影响。[161]

更著名的是,纽约州总检察长埃利奥特·斯皮策成功地说服支

---

〔158〕 See Gottfried, supra note 32, 86; Scott, supra note 139, at 490.

〔159〕 See Cross-cl., Providian Nat'l Bank v. Haines (Cal. Super. Ct. 1998) (No. V980858) (提出这样的主张); see also Gottfried, supra note 32, 82 – 85; Courtney Macavinta, Net Gambler Sues Credit Firms, CNET NEWS, July 24, 1998, http://news.com.com/2100 – 1023 – 213705.html? legacy = cnet&owv; Courtney Macavinta, Providian May Bar Customers from Net Gambling, CNET NEWS, Oct. 22, 1999 (explaining the response by Providian to the Haines case), http://news.com.com/2100 – 1040 – 231845.html? legacy-cnet.

〔160〕 GAO REPORT, supra note 49, at 4. 发行自己的卡和许可证接受卡的全方位服务信用卡公司已实施政策,禁止客户使用其卡支付互联网赌博交易费用,并且不会许可互联网赌博网站。信用卡协会制定了一种不同的方法——交易编码系统,使协会成员能够自行决定拒绝对正确编码的互联网赌博交易的授权。由于担心互联网赌博的法律地位不明确以及与该行业相关的高信用风险,这些协会成员中的许多美国主要发行银行选择阻止此类交易。Id.

〔161〕 Charles Crawford & Melody Wigdahl, Internet Payment Solutions, in THE INTERNET GAMBLING REPORTV 88 – 89 (Mark Balestra ed., 5th ed., Trace Publ'ns 2002) (1997) (估计 2000 年,依赖美国赌徒的互联网博彩网站的收入减少了 35% 至 40%,这可能是由于信用卡公司努力停止将其卡用于互联网赌博目的). See GAO REPORT, supra note 49, at 4. 根据游戏分析师的研究,信用卡行业限制信用卡用于互联网赌博的努力可能会使 2003 年互联网游戏行业的预期增长率从 43% 降至 20%,使整个行业的收入从预计的 50 亿美元降至约 42 亿美元。Id.

付中介平台为互联网赌博提供便利不符合他们的最佳利益。[162] 斯皮策在纽约赢得一个案件后获得了巨大的影响力,该案件认为,无论服务器的位置或公司的注册情况如何,纽约法律都适用于互联网赌博。[163] 有了这一裁决以及联邦巡回法院认定联邦法律将互联网赌博定为非法的裁决,[164] 斯皮策开始与支付中介平台进行谈判,鼓励他们限制参与互联网赌博。据推测,斯皮策至少能够含蓄地威胁要对这些支付中介提起诉讼,称其为非法赌博活动的共犯。[165] 无论压力如何施加,它都取得了成功。最大的承诺是花旗银行同意不批准涉及互联网赌博网站的信用卡交易。[166] 几个月后,斯皮策与 PayPal 签订了一项协议,要求该公司拒绝任何其知道涉及互联网赌博网站的交易。[167] 最近,斯皮策延长了这些协议,并承诺另外 10 家银行也将终止对涉及互联网赌博的信用卡交易的批准。[168]

同样,与互联网服务提供商的活动一样,国会已经考虑但尚未

---

[162] 不太出名的是,佛罗里达州总检察长采取了类似的策略,成功说服西联银行不要为互联网赌博业务的交易提供便利。See Gottfried, supra note 32, 86.

[163] People v. World Interactive Gaming Corp., 714 N. Y. S. 2d 844, 848 – 50, 858 (1999 年纽约州普通条款)(认定该公司与纽约州的个人联系足以行使个人管辖权并适用纽约州法律).

[164] United States v. Cohen, 260 F. 3d 68, 76 – 77 (2d Cir. 2001).

[165] Contra, e. g., In re MasterCard Intl Inc., 132 F. Supp. 2d 468, 471, 497 (E. D. La. 2001)(认为持卡人使用信用为实体店和抵押店的赌博活动提供资金并不意味着信用卡公司参与赌博或推动赌博); Cie v. Comdata Network, 275 Ill. App. 3d 759, 760 (1995)(same), appeal denied, 662 N. E. 2d 423 (Ill. 1996); Jubelirer v. MasterCard Intl Inc., 68 F. Supp. 2d 1049, 1053 (W. D. Wis. 1999)(same). In the Internet context,然而,在互联网背景下,该活动是否既非法又容易被认定为非法很重要。

[166] Assurance of Discontinuance, In the Matter of Citibank (South Dakota), N. A. (June 21, 2002), http://www. oag. state. ny. us/ Internet/litigationcitibank. pdf.

[167] Assurance of Discontinuance, In the Matter of PayPal, Inc. (Aug. 16, 2002), http://www. oag. state. ny. us/Internetlitigation/paypal. pdf.

[168] Press Release, Office of New York State Attorney General Eliot Spitzer, Ten Banks End Online Gambling with Credit Cards (Feb. 11, 2003), http:/www. oag. state. ny. uspress/2003/feb/feb 1 ib03. html.

颁布针对支付中介平台的立法。具体而言,《非法互联网赌博资金禁止法案》[169]将禁止支付系统为赌博相关服务支付款项。[170] 这样一项法规给州监管机构和支付中介平台之间的谈判蒙上了阴影,从而使中介平台难以接受看似合理的合作请求。[171]

总而言之,针对互联网服务提供商限制互联网赌博并非不可行,但对支付中介平台的监管可能更有效,并且不太可能涉及对合法交易的附带影响以及面临复杂的法律挑战。

3. 儿童色情

尽管《第一修正案》限制了美国法律体系广泛谴责色情制品的能力,但长期以来,儿童色情制品在美国[172]和世界各地依旧受到谴责并被确定为非法。[173] 具体而言,1978 年《对儿童的性剥削法》[174]规定制作或传播儿童淫秽图像是非法的。[175]

---

[169] See S. REP. NO. 108 – 173 (2003) (considering the Unlawful Internet Gambling Funding Prohibition Act, which targeted payment intermediaries); H. R. REP. NO. 108 – 145 (2003); H. R. REP. No. 108 – 133 (2003); H. R. REP. No. 108 – 51, pt. 1 (2003); H. R. REP. NO. 107 – 339, pt. 1 (2001); H. R. REP. No. 106 – 771, pt. 1 (2000).

[170] See S. REP. No. 108 – 173, at 16 (2003) ("该法案还要求金融机构采取措施,识别和阻止通过其支付系统传输的赌博相关交易。"). See also Gottfried, supra note 32, 1 87 – 90.

[171] 本文的分析仅限于美国。Arthur Cockpield 认为,至少有可能像欧盟的数据保护指令这样的数据保护规则可能会阻碍一些国家中介平台的合法合作。

[172] New York v. Ferber, 458 U. S. 747, 763 (1982) (stating that content which depicts children engaged in sexual conduct is "a category of material outside the protection of the First Amendment").

[173] See United Nations Convention on the Rights of the Child, art. 34, Nov. 20, 1989, 28 I. L. M. 1448, 1469 ("缔约国承诺保护儿童免受一切形式的性剥削和性虐待。为此,缔约国尤其应采取一切适当的国家、双边和多边措施,防止:…(c)在色情表演和材料中剥削儿童。"); PHILIP JENKINS, BEYOND TOLERANCE: CHILD PORNOGRAPHY ON THE INTERNET 30 (2001) (描述了 19 世纪 80 年代伦敦和 30 年代洛杉矶打击对儿童性剥削的努力).

[174] 18 U. S. C. § 2252A(a) (2000). 禁止使用邮件传播儿童色情内容或制作儿童色情内容并通过邮件传播.

[175] 这项法律最初仅限于 16 岁以下的人,但后来提高到 18 岁。See Child Protection Act of 1984, ch. 110, § 5, 98 Stat. 204, 205 (1984).

在20世纪70年代和80年代,儿童色情法律显然相对有效,至少在美国是这样,这在很大程度上是因为传播色情制品需要印刷材料,而印刷材料很难找到,而且如果找到,购买成本也很高。[176] 但随着互联网的出现,儿童色情制品的传播变得更便捷,风险变得更小。[177] 生产者可以在世界任何执法部门无法触及的地方进行生产。其结果是互联网上儿童色情制品的扩散。[178]

这种扩散始于网站,但最近主要转移到点对点(P2P)网络,遵循与音乐盗版相同的模式。[179] 需要强调的是,扩散向P2P网络的转变,因为它揭示了一种商业模式的划分,将这一政策问题与上述政策问题区分开来:P2P网络上的活动更难通过中介进行监管,因为互联网服务提供商更难识别,而且通常不需要使用任何付费中介,因为可能不需要付款。在某种程度上,向P2P网络的实质性转变会破坏任何"守门人"补救措施的有效性,从而降低这种补救措施的相对可取性。

(1)目标互联网服务提供商

同样,本部分从针对互联网服务提供商的可能性开始。由于人

---

〔176〕 See Katherine S. Williams, Child-Pornography and Regulation of the Internet in the United Kingdom: The Impact on Fundamental Rights and International Relations, 41 BRANDEIS L. J. 463, 469 (2003) ("在互联网出现之前,这种对儿童色情制品的退居二线的做法是有道理的;在20世纪70年代和80年代,从事该领域业务的杂志很难获得,涉及渗透复杂的黑市,而且通常价格昂贵。官方的取缔大大减少了贸易。"); File-Sharing Programs: Child Pornography Is Readily Accessible over Peer-to-Peer Networks: Hearings Before the House Comm. on Gov't Reform, 108th Cong. (2003) (statement of Linda D. Koontz, Director, Information Management Issues) [hereinafter Koontz Testimony], available at http://www.gao.gov/new.itemsld03537t.pdf. 从历史上看,色情,包括儿童色情,往往主要出现在照片、杂志和视频中。然而,随着互联网的出现,儿童色情制品的数量和性质都发生了重大变化。互联网及其技术的迅速扩展,宽带互联网服务的日益普及,数字成像技术的进步以及强大的数字图形程序的可用性导致互联网上儿童色情制品的激增。Id. at 4.

〔177〕 See Williams, supra note 177, at 469.

〔178〕 2002年,网站上有26759起儿童色情报告,对等网络上有757起儿童色情报道,比前一年增加了四倍。

〔179〕 Id. at 6.

们认为，任何级别的儿童色情制品都是一个非常严重的政策问题，以证明实质性的监管制度是合理的，立法者已经开始寻求国际媒体的帮助，以限制儿童色情制品的传播。最突出的立法是宾夕法尼亚州 2002 年的《网络儿童色情法案》。[180] 该法律采用了一种“禁止名单”制度，根据该制度，如果互联网服务提供商在接到通知后允许通过其服务访问儿童色情内容，则其应承担责任：

> 互联网服务提供商应在司法部长根据第 7628 条（与通知程序有关）通知互联网服务提供商儿童色情物品存在于或通过其服务可访问的 5 个工作日内，以位于本联邦境内的人员可访问的方式，删除或禁止访问存在于或可通过其服务访问的儿童色情物品可通过其服务访问。[181]

未遵守要求的处罚从初犯 5000 美元的三级轻罪罚款升级为第三次或随后发生的 30000 美元的三级重罪罚款。[182] 如果互联网服务提供商无法或不愿阻止访问这些网站，这些处罚可能就会相当高。但是，与传统的损害赔偿制度不同，“热门名单”制度确保了互联网服务提供商至少有机会通过阻止访问特定网址来避免罚款。

然而，在实践中，提供者阻止访问的能力并不像立法机构想象得那么容易。宾夕法尼亚州总检察长对本文所称的目的地互联网服务提供商实施了法律。[183] 当互联网服务提供商收到可以通过其网络访问儿童色情内容的通知时，他们通常试图通过过滤 IP 地址、

---

[180] 18 PA. CONS. STAT. ANN. § 7622 (West 2004).

[181] Id.

[182] 18 PA. CONS. STAT. ANN. § 7624 (West 2004).

[183] See Ctr. for Democracy & Tech. v. Pappert, 337 F. Supp. 2d 606, 620 – 21 (E. D. Pa. 2004)（解释说，司法部长订阅了美国在线、威瑞森、世通、微软网络、地球链接和康卡斯特的互联网服务，并通过这些服务上网，在访问儿童色情制品时向互联网服务提供商发送通知）.

DNS 条目或网址来遵守规定。[184] 至少在理论上，这些方法中的任何一种都可能成功地审查目标内容，但每个网络的运行方式略有不同，并且能够比其他网络更有效地实施一些技术。[185] 在实践中，大多数互联网服务提供商使用 IP 过滤，因为这对他们来说是最简单的实现方式。[186] 然而，IP 过滤的问题在于网站可以保持相同的网址并更改 IP 地址。[187] 由于网址是客户记住的查找站点的信息，因此如果监控允许站点仅通过更改 IP 地址而不是网址来避免监管，则监控是完全无效的。互联网服务提供商可以通过定期检查网址和更新 IP 地址来作出响应。[188] 然而，在帕珀特诉讼案发生时，最有效的监控方法似乎也很容易被规避。

此外，IP 屏蔽通常会导致未针对的屏蔽内容，这主要是因为"虚拟托管"，即一个网络服务器托管多个共享单个 IP 地址但具有不同网址的网站。[189] 由于人们意识到这种所谓的"过度封锁"导致屏蔽了受保护的内容，2004 年，一家地区法院认定该法规违宪。[190] 法院承认，该法律没有规定屏蔽被禁止内容的特定方法，但他指出，互联网服务提供商合理可用的方法导致了大量受宪法保护的言论被屏蔽。[191] 此外，法院显然受到了这样一种看法的影响，即当局在执行该法令时，几乎没有考虑到可能出现的不合理封锁，既有一审

---

[184] Id. at 628.

[185] Id. at 629.

[186] See id. at 629, 636 – 37（描述 ISP 合规性的具体示例）.

[187] Id. at 632.

[188] Id.

[189] Id. at 617 – 18, 633.

[190] Id. at 658（"本法案的实施和效力是，当法院发布命令时，言论将被压制，而该法案在发布命令之前提供的程序保护不足以避 免宪法缺陷。"）。该决定遵循了一系列类似的案例，这些案例使要求互联网服务提供商不得通过互联网向他人提供有害材料的法规无效。例如，PSINet, Inc. v. Chapman, 362 F. 3d 227, 229 – 30（4th Cir. 2004）; ACLU v. Johnson, 194 F. 3d 1149, 1152（10th Cir. 1999）; Am. Libraries Ass'n v. Pataki, 969 F. Supp. 160, 161, 163 – 64（S. D. N. Y. 1997）.

[191] Pappert, 337 F. Supp. 2d at 637 – 42, 650 – 51.

时对现场的错误封锁,也有在被禁止的材料被清除后未能从现场清除的封锁。[192] 最终,法院得出结论,这些问题使该法律超出了《第一修正案》允许的监管范围。[193] 此外,法院甚至认为该法规违反了普通商务条款。[194] 法院普遍认为,由于该法规很容易被规避,其当地利益微不足道,以至于当封锁影响到州外行为者时,商业条款不会容忍其他司法管辖区承担不可避免的负担。[195]

帕珀特法院在这一领域对婚姻责任的使用设置了一个不利的障碍。可以肯定的是,休眠的商业条款问题可能不是一个严重的问题,因为基于这个理由的决定似乎并不合理,国会立法明确禁止互联网上的儿童色情内容,或授权各州如此禁止性规定也并不难。更为严重的障碍是如何处理国会无法控制的《第一修正案》问题。一个频繁地试图阻止有效演讲被屏蔽的监管机构可能会获得更好的结果。尽管如此,至少就目前而言,一项旨在满足帕珀特法院要求的法律可能会迫使互联网服务提供商投入大量资金重新设计网络,使用网址屏蔽而不是 IP 屏蔽。[196] 该法律显然还必须规定被阻止 URL 的通知,以及在被禁止的速度被删除后从 URL 中删除阻止的机制。[197] 总之,互联网服务提供商遵守这一法律的成本可能足以低估这一制度的净利益,即使在那些将儿童色情制品视为高度严重的社会问题的骗子心中也是如此。同样,阻塞技术的进步可能会在短时间内改变这种平衡。然而,就目前而言,尽管一些州似乎对帕

---

〔192〕 Id. at 642 – 43. Zittrain, supra note 28, 对所涉及的技术问题进行了彻底的讨论,详细说明了互联网服务提供商或监管机构可以采取的一些措施,以限制此类监管的成本。

〔193〕 Pappert, 337 F. Supp. 2d at 658.

〔194〕 Id. at 661 – 63.

〔195〕 Id.

〔196〕 Pappert, 337 F. Supp. 2d at 652.

〔197〕 Id. at 642.

珀特法院的决定并不担心,[198]但针对互联网服务提供商的问题似乎很大。

(2)瞄准支付中介平台

减少儿童色情制品的第二种选择是针对那些使儿童色情制品在互联网上销售有利可图的支付中介平台。如上所述,大量色情制品是通过非商业交易传播的。[199] 但商业网站仍然是互联网上儿童色情的主要来源,提供了通过非商业交易分发的大部分材料。[200] 因此,尽管针对支付中介不会阻止儿童色情的非商业传播,但是它可能会极大地限制大部分色情作品的商业来源,从而对不法行为的程度产生实质性影响。[201] 事实上,针对支付中介的有效性对于儿童色情网站可能比赌博网站更大。确实如此,因为商业色情网站通常要求在任何客户访问该服务之前将信用卡信息存档。关键是,信用卡既能确保服务付费,又能验证客户的年龄,以防止网站在太容易允许未成年人访问色情材料的情况下面临问题。[202] 因此,使用

---

[198] 2005 年 3 月,犹他州州长签署了一项与宾夕法尼亚州法规非常相似的法案,该法案在帕珀特被废除。Declan McCullagh, Utah Governor Signs Net-Porn Bill, CNET NEWS. COM, Mar. 21, 2005, http://ecoustics-cnet. com. comfUtah + governor + signs + Net-porn + billI2100 – 1028_3 – 5629067. html. 州长发言人表示,州长"并不担心宪法挑战"。Id.

[199] See Koontz Testimony, supra note 177, at 5(将 Usenet 团体和对等网络列为传播儿童色情制品的主要渠道).

[200] See id. at 5 – 6. 这篇文章推测,在专有交易中引入互联网的材料的非商业性分发至少部分是由于商业儿童色情网站的运营商在执行版权法规定的防止复制材料的权利时面临的困难。

[201] 旨在限制对儿童色情制品的商业利用的战略可能导致基于 P2P 的非商业性儿童色情制品的增加。然而,监管机构可能会将消除或缓解商业开发视为一项重要的政策成就,无论对 P2P 开发的影响如何。

[202] Pornography websites were channeled into the use of credit cards to verify age in part by the affirmative defense offered by section 231 of the Communications Decency Act. 47 U. S. C. § 231(c)(1)(A)(2000)("被告出于善意,通过要求使用信用卡、借记账户……限制未成年人接触对他人有害的材料,这是对本节起诉的肯定辩护。").

信用卡处理对商业色情网站的业务至关重要。[203]

根据类似于拟议的《禁止非法互联网赌博资金法案》的“热门名单”策略[204]，州可以通过法律，将处理儿童色情网站的信用卡交易定为非法。这些法律可以指示总检察长监控网站并更新不应处理信用卡交易的网站列表。

尽管这样的法律几乎肯定会受到普通商业条款的质疑[205]，但任何成功的诉讼都可能只会导致立法权力转移到联邦层面：儿童色情制品几乎没有得到公众的支持，人们可以很容易地预测，联邦立法者会很乐意通过、实施任何能为儿童色情制品提供有效补救的法规，并为其增光添彩。因此，即使没有正式的联邦干预，州监管机构也可能获得支付中介平台的合作。

商业网站有可能通过处理许多网站交易的二级公司进行信用卡交易，从而避免监管。对此，这一点很难评估。任何此类计划的成功都取决于商家是否有能力胜过中介平台压制此类交易的努力。直觉上，中介平台似乎可以相对轻松地击败这些尝试。首先，将其他商家的交易作为自己交易的行为违反了 Visa 和 MasterCard 的规则。其次，对于二级处理商，Visa 和 MasterCard 已经开始密切监控，这使得识别来自特定非法网站的交易变得容易。然而，允许其他商家交易的二级交易商仍有可能采取更加复杂的手段来逃避审查。例如，网站可能会试图如此频繁地更改其 IP 地址和 VRL，以至于执

---

〔203〕 See Koontz Testimony, supra note 177, at 5－6（提到一个儿童色情团伙，包括位于俄罗斯和印度尼西亚的网站、位于美国境外的内容侵权者，以及一家位于得克萨斯州的公司，该公司为受试者提供信用卡账单和访问服务）.

〔204〕 See supra note 170 and accompanying text.

〔205〕 See supra text accompanying notes 195－96（describing the holding of the Pappert court on dormant Commerce Clause grounds）.

法当局难以维护准确的“热门名单”。[206] 然而,现有的监控商家交易模式的工具,包括拒付模式,在提供成人内容的网站上可能很高,将使任何真诚的[207]努力都合理有效。

同样相关的是,这种方法的附带成本将相对较低。如上所述,银行已经被要求监控名单,并确保不会向恐怖分子等被禁止的实体付款。[208] 对于这些被禁止的收款人,类似的程序可以很容易地插入现有的结构中,而几乎没有额外的成本。也不太可能使与目标行为相邻或容易与目标行为相结合的有价值的社会行为变得令人不寒而栗:可能一些技术上不淫秽的成人内容会被冷却,但监管机构可能会将这种冷却造成的社会损失视为可接受的成本。

最终,支付中介平台不太可能完全阻止儿童色情制品在互联网上的传播,但它可能会打击从中获利的商业行业的核心。这样看来,这项规定的实施可能不会对中介平台守法的客户造成实质性的附带损害。对儿童色情行业的商业部门设置这些完美障碍的潜在好处是否能证明这种制度的成本是合理的,还有待观察。也许最可以说的是,这里提出的改革应该对那些将商业儿童色情视为一个重要且严重的问题的政策制定者具有吸引力。

4. 互联网盗版

本文背后的主要驱动力之一是现有文献普遍短视地将盗版作为互联网不法行为的突出例子。因此,由于关于针对该问题的监管

---

[206] 尽管作者没有进行实地研究来检验这个问题,但新闻来源的总体印象是,色情行业似乎在这方面与赌博行业不同,因为赌博网站在很大程度上依赖广告来吸引客户,这需要稳定的域名。另一方面,色情网站在很大程度上依赖于搜索引擎的访问和其他网站的链接,这些网站似乎经常更新和更改,以避免执法部门的监控。

[207] 正如 Perfect 10 诉讼中的坚定抵制所表明的那样,鉴于支付中介平台目前从提供成人内容的网站中获得的巨大利润,不能轻易假设实施的诚意。

[208] See, e. g. , OFAC REPORT, supra note 100, at 5 – 43（描述了要求金融机构阻止与个人和国家进行交易的规定）.

计划已经写了很多[209],本文仅简要讨论该主题,重点关注上述分析框架的第二部分。[210]

从这个角度来看,继续上述内容的发展,互联网盗版最显著的特征是其在很大程度上被分类的 P2P 文件共享主导。在过去的 10 年里,互联网上的版权侵权技术发展迅速。基本观点是,通过间接侵犯版权来防止在网站上发布侵犯版权的材料是很容易的,但 P2P 网络通过索尼提供的潜在保护来保护网络免受版权侵权索赔。[211] 尽管有这种潜在的保护,纳普斯特还是被判犯有严重侵犯版权罪。这是基于第九巡回上诉法院的结论所做出的,即网络有权和有能力监督侵权活动。[212]

根据这一分析,现代 P2P 网络通过将网络与软件分离并分散索引过程,甚至消除这一罪责。[213] 因此,他们保护自己免受 Napster 案中发现的替代性的影响。[214] 此外,按照 Kraakman 对资产不足的分析所建议的线索[215],该行业涉及的网络和互联网服务提供商已经演变为判断证明,从而限制了制裁的有效性,即使是针对中介平台。似乎很自然地期望,随着技术的发展,它将如此分散,以至于消

---

[209] 制定版权盗版监管计划还必须考虑到互联网对行为性质的直接影响。互联网对赌博和色情制品的主要影响是促进社交活动的传播。然而,就受版权保护的材料而言,互联网的兴起极大地改变了受版权保护材料的用途,使人们对现有框架的持续适当性产生了质疑,从而使该框架的有力实施变得复杂。

[210] 关于最近直接关注中介责任适当性的讨论,见 Hamdani, supra note 31。

[211] See generally Sony Corp. of Am. v. Universal City Studios, Inc., 464 U. S. 417, 442 (1984) (setting forth the "substantial noninfringing uses" doctrine).

[212] See A & M Records, Inc. v. Napster, Inc., 239 F. 3d 1004, 1022 – 24 (9th Cir. 2001).

[213] See Metro-Goldwyn-Mayer Studios, Inc. v. Grokster Ltd., 380 F. 3d 1154, 1163, 1165 (9th Cir. 2004) (拒绝追究 Grokster 的责任,尽管 Grokster 帮助最终用户侵犯了版权,因为该服务与 Napster 有根本不同), vacated, 125 S. Ct. 2764 (2005).

[214] Id.

[215] See generally Kraakman, Corporate Liability Strategies, supra note 82, at 868 – 69 (讨论资产不足作为避免公司责任的一种手段以及管理责任可能提供的保护).

除可用于关闭网络的任何中间“守门人”的存在。[216]

事实上，尽管该行业在 Napster 案取得了胜利，而且最近在 Grokster 案[217]中也取得了胜利(尽管是有限的)，但利用中介平台限制 P2P 文件共享的努力非常无效，以至于该行业再次转向了似乎最绝望的尝试，即起诉通过 P2P 网络获取版权材料的个人版权侵权者。[218] 至少在最初，内容行业之所以能够起诉此类索赔，是因为对等网络和软件允许他们获取足够多的关于连接到网络的个人的信息，以找到侵权者并确定其侵权程度。[219] 没有这些信息，版权保护者就没有足够的信息来提出索赔。利用这一点，新的网络和用户已经采取措施，通过简单地屏蔽他们的身份库(libraries)来避免责任，这样版权保护者就无法收集必要的信息来弥补他们的主张。[220] 随

---

〔216〕 See generally Tim Wu, When Code Isn't Law, 89 VA. L. REV. 679, 685 (2003)(解释对等网络已经消除了版权执行所依赖的中介)。作品中最有趣的部分是总的主题，即对版权法的巨大抵制的文化根源是过于严厉地压制执法要求的战术错误。这与 Mark Roe, backlash, 98 COLUM 所描述的反冲现象产生了共鸣。L. REV. 217 (1998), and extended in POLITICAL DETERMINANTS OF CORPORATE GOVERNANCE (2003).

〔217〕 该行业在 Grokster 案中的胜利似乎确实非常有限，因为最高法院发现，潜在的责任不在于 P2P 网络客户的实质性版权侵犯，而在于公司分销产品的方式。Metro-Goldwyn-Mayer Studios, Inc. v. Grokster, Ltd., 125 S. Ct. 2764, 2770 (2005). 最高法院因此表示，只要不积极鼓励侵犯版权，未来的网络就可以提供相同的服务。Id. at 2779 – 83.

〔218〕 See Amy Harmon, Subpoenas Sent to ile Sharers Prompt Anger and Remorse, N. Y. TIMES, July 28, 2003, at C1.。这些努力的成功是有争议的。See Brian Hindo, Music Pirates: Still on Board, Bus. WK., Jan. 26, 2004, at 13. 在某种程度上，这是因为这些努力所产生的不利公众性向大多数观察家表明，国会将缺乏采取强有力的执法制度的政治意愿，从而对个人文件共享者进行严厉或严厉的惩罚。关于在此类侵权案件中汇总法定损害赔偿金的危险影响，可能违反宪法的影响，请参阅 J. Cam Barker, Note, Grossly Excessive Penalties in the Battle Against Illegal File-Sharing: The Troubling Effects of Aggregating Minimum Statutory Damages for Copyright Infringement, 83 TEX. L. REV. 525 (2004).

〔219〕 See Alice Kao, Note, RIAA v. Verizon" Applying the Subpoena Provision of the DMCA, 19 BERKELEY TECH. L. J. 405, 408 (2004).

〔220〕 Scott Banerjee, P2P Users Get More Elusive, BILLBOARD, July 31, 2004, at 5.

着这种侵犯版权的演变,起诉个人用户似乎不太可能导致伤害的结束。[221]

就本部分而言,最合理的中间策略[222]是监管向个人用户提供服务的互联网服务提供商的监管。如果这些互联网服务提供商收到用户侵犯版权的通知(版权保护人乐意提供),他们可能会被要求终止对客户的服务。因为这样的方案不需要互联网服务提供商的监控,并且减轻了内容提供商的监控,所以与要求互联网服务提供商监控客户行为以识别非法文件共享的方案相比,它可以以更低的成本实现,这在现有技术下是非常困难的,在任何情况下都可能是不可取的。

有趣的是,DMCA 已经接近于在第 512(a)(6)(i)(1)(a)条中包括这样一个制度,该制度对任何没有终止"重复侵权者"[223]客户访问政策的互联网服务提供商免除 DMCA 责任保护。对于内容提供商在针对频繁的 P2P 文件共享的努力中没有更加依赖该制度的原因,目前尚不清楚。最好的猜测是,根据该条款被终止的任何个人都可以很容易地从新的提供商那里获得互联网访问许可,因此使该条款变得无效。[224]

---

〔221〕 反常的是,可能降低了侵犯版权频率的是更多的犯罪:使用 P2P 系统会使计算机受到病毒的威胁,这些病毒会在获得的文件中传播。Wendy M. Grossman, Speed Traps, INQUIRER (U. K.), Jan. 14, 2005, available at http://www. theinquirer. net/? article = 20718. 另一个劝阻是记录行业的系统性努力,用伪文件使 P2P 系统饱和,这使得获得用户真正想要的音乐变得相当困难。See Malaika Costello-Dougherty, Tech Wars: P-to-P Friends, Foes Struggle, PC WORLD, Mar. 13, 2003, available at http://www. pcworld. com/news/article/0, aid, 109816, 00. asp (记录了这种做法,并将其归因于一家名为 Overpeer 的公司,该公司显然是一家行业反盗版公司).

〔222〕 当然还有其他策略。E. g., supra note 57.

〔223〕 17 U. S. C. § 512(a)(6)(i)(1)(A) (2000).

〔224〕 值得注意的是,该条款写得相当含糊,因此如果经常使用,很可能会导致实质性的诉讼。最明显的问题之一是,它没有就"重复"侵权人一词的含义提供指导,也没有就谁来确定特定客户"实际上是"重复侵权人提供指导。关于这个问题的讨论,见 Lemley & Reese, supra note 57, at 1420 – 21.

(二)违反安全规定

本文最后简要讨论一系列互联网问题,这些问题被统称为安全危害,如病毒、垃圾邮件、网络钓鱼和黑客攻击。一般来说,这些危害是互联网独有的,因为它们涉及的行为是由构成互联网的高度互联网络的兴起所推动的。这些行为的危害是通过最终用户为避免这些问题而购买软件所花费的巨额资金、个人数据被盗对消费者的伤害,[225]修复损坏计算机所花费的时间以及因这些事件而导致计算机速度减慢或无法运行所损失的价值来衡量的。[226] 由于这一领域的技术发展快速,初级渎职者的责任界定制度相对较新颖,以及作者在这一领域相对缺乏知识,因此作者对自己辨别这些领域相关政策问题的能力不如对上述内容危害有信心。本文一般性地讨论了这个话题,只是为了说明本文的框架为这些问题提出的两个明显的观点。

1. 缺乏强有力的中间人

与前述的非法内容传播相比,这并不是一个需要立法干预来制裁中介平台的领域。如前述内容所示,部署中间人责任战略的范例是,无法直接控制主要不法行为者,并且存在容易识别的中间人,这些中间人可以很容易地控制行为,但他们选择不这样做。在某些情况下,直接监管似乎既不可避免,又可能有效。例如,最近的数据使

---

〔225〕 当然,有些数据盗窃并不涉及互联网。然而,互联网无疑加剧了我们社会面临的数据安全问题.

〔226〕 据估计,2003 年病毒的总成本为 550 亿美元。见压缩数据,前注 15。有大量证据表明,这些问题正在增加。例如,根据最近的一项研究,2004 年 12 月的网络钓鱼诈骗总数为 9019 起,比 2003 年 12 月发生的 107 起增加了 8000%。Brian Krebs, Tech Heavyweights Agree to Share ‘Phishing’ Data, WASHINGTONPOST. CoM, Feb. 14, 2005, http://www. washingtonpost. com/wp-dyn/articles/A24065 – 2005Feb14. html. See also Internet ‘Phishing’ Scams Soared in April, WALL ST. J., May 24, 2004, at B5(报告称,2004 年 3 月至 4 月期间,钓鱼骗局增加了一倍多).

得国会可能会颁布立法来规范处理设置。这种监管无法有效实施,[227]而且许多主要数据库的庞大规模似乎是解决数据安全问题的可行方案,因此它们对中介平台的依赖大大减少。

安全危害的背景在两个明显的方面与该范式不同。首先,是否有任何中间人能够轻易控制有关行为尚不清楚。也许最能提高互联网安全性的是那些开发使互联网变得有用的应用程序的软件制造商。尽管有可能将软件设计师视为另一个可以解决病毒、垃圾邮件和黑客攻击危害的中间人,但是与其将这视为中间责任不如将这视为是一种快速发展的产品责任。[228]

仅从本文第一部分之(二)中确定的中介平台来看,为那些将病毒和垃圾邮件引入互联网社区的人提供服务的互联网服务提供商似乎不太可能控制他们的行为,因为很难识别导致问题的传输行为与内容并过滤掉恶意代码。[229] 同样,为遭受安全漏洞攻击的客户提供服务的互联网服务提供商是否能解决这个问题也不清楚,仍然是因为他们在设计可靠的系统来识别有害流量方面存在困难。最后,虽然网络钓鱼诈骗需要使用互联网服务提供商来托管伪造的内容,但这些互联网服务提供商是可以归属于世界任何地方的来源互联网服务提供商。这些被欺骗的网站是否托管在美国司法管辖

---

[227] 根据民事责任制度,处理数据的企业有暴露于第三方的风险。此外,联邦贸易委员会和一些州一直在积极追查那些不准确描述其隐私政策的企业。See, e. g., Jonathan Krim, Credit Report Firm Settles FTC Charges, N. Y. TIMES, Aug. 16, 2005, at D1(讨论公司欺骗寻求免费信用报告的客户的费用结算)。然而,最近安全漏洞的严重性表明,这些解决方案可能不够充分。See, e. g., Eric Dash & Tom Zeller, Jr., Mastercard Says 40 Million Files Are Put at Risk, N. Y. TIMES, June 18, 2005, at Al.

[228] 关于概述导致安全软件市场失败的不正当市场激励的详细说明,请参阅 Douglas A. Barnes, Note, Deworming the Internet, 83 TEX. L. REV. 279 (2004).

[229] 这并不是说互联网服务提供商不应该被要求协助执法官员尽可能追踪那些在互联网上发布恶意代码的人。See generally LICHTMAN & POSNER, supra note 30, at 5(主张迫使此类合作的责任)。但这篇文章相对不知情的观点是,互联网服务提供商在技术上很难或不可能首先过滤流量以阻止代码在互联网上发布。相比之下,本条建议的应对措施涉及有能力在一审中防止损害的中介平台。关于快速发展的技术可能性的讨论,见 Zittrain, supra note 28, at 91 – 105。

区以外的计算机上是一个谜,作者不知道答案。但即使事实证明这些互联网服务提供商位于美国境内,针对它们也只会迫使那些落后的网络钓鱼骗局将其业务转移到国外。[230] 这并不意味着无法制订有效的基于中介的战略是不可能的。然而,它可能需要一种补救措施,这种补救措施显然比上面讨论的补救措施更能破坏互联网的物理与社会特征。[231]

2. 市场激励措施已经存在

与此同时,市场激励措施似乎正在推动中介平台限制这类危害。这一点在垃圾邮件方面最为明显,互联网服务提供商竞争的突出的服务功能之一是保护客户免受垃圾邮件的攻击。[232] 基本点是,安全危害通常具有直接损害这些互联网服务提供商客户的效果。因此,客户通常会重视限制垃圾邮件的互联网服务提供商服务功能。再举一个例子,网络钓鱼威胁到互联网商务的合法性。如果客户对互联网交易的安全性失去信心,要么是因为他们不确定他们正在访问的网站的真实身份,要么是因为他们对自己在无意中泄露敏感信息的情况下从事电子商务的能力没有信心,这些客户很可能会停止使用电子商务网站。这种威胁促使业界齐心协力打击网络钓鱼计划。[233] 此外,网络钓鱼诈骗为新技术和新公司涌现以应对

---

〔230〕 根据欺诈的巨大责任理论,托管一些网络钓鱼内容的网站可能要承担责任。因此,州法律,也许还有《电信法》,已经针对造成伤害的主要渎职者。但这显然并没有解决问题。

〔231〕 Zittrain, supra note 28, at 105 – 13 (emphasizing the potential for highly intrusive yet effective actions in this area).

〔232〕 Compare, e. g. , Yahoo Mail's touting of its spain filters, Yahoo! Mail (“强大的 spainprotection:只读您真正想要的邮件”), http://mail. yahoo. comi. . intl—us (上次访问时间 2005 年 4 月 8 日),使用 Earthlink 的垃圾邮件拦截软件,免费提供给 Earthlink 的客户,Earthlink(“强大的垃圾邮件保护! 我们可以提供帮助。我们的垃圾邮件拦截工具几乎 100% 消除了垃圾邮件。”),http://www. earthlink. net/software/free/spamblocker/ (最后一次访问是 2005 年 4 月 20 日)。

〔233〕 See, e. g. , Krebs, supra note 229 (注意到微软、eBay 和 Visa 最近签署了与一家收集网络钓鱼事件信息的公司合作的协议).

这种危险提供了动力。[234] 当然,这与上面讨论的情况大不相同:在线购买儿童色情或赌博的客户不希望为互联网服务提供商服务支付溢价,因为互联网服务提供商服务实际上使客户无法访问包含该内容的网站。

在数据安全的背景下,我们也看到了来自中介平台有希望的响应。例如,在卡系统成为大规模数据盗窃的受害者后,信用卡网络迅速终止了与卡系统解决方案的关系,部分原因是卡系统未能遵守数据保护的网络标准。[235] 可以肯定的是,如果没有伴随这起事件而来的公众抗议,我们不知道这些网络会采取行动。[236] 尽管如此,快速反应确实强调了数据安全和赌博之间的区别。Visa、MasterCard 和 American Express 从其会员和相关处理者的不安全数据保护中一无所获。这与赌博的情况大不相同,在赌博的情况下,网络从基础交易中获得利润,以抵销允许商家留在网络中的成本。

这一点不应过分强调。例如,道格·利希特曼和埃里克·波斯纳以某种力量辩称,这里讨论的市场力量是次优的,因此本文确定的努力仍然不够有力。[237] 正如他们所承认的那样,如果这些对策不是最佳的,中介责任的理由就更充分。[238] 本文的要点即在这里。只是市场在这一领域给予了一些积极的动机,这与赌博和色情领域不同,在赌博和色情领域,中间人往往从不当行为中获利。到目前为止,互联网服务提供商的努力肯定无法使他们能够完全防止这种

---

〔234〕 See id.; Cloudmark Helps PayPal Deliver "No-Phishing" Solution to its Customers, TMCnet. com, Dec. 16, 2004, (描述了一种可用于 Microsoft Outlook 的插件,可帮助客户识别网络钓鱼电子邮件), http://www. tmcnet. com/usubmit/2004/Dec/1102325. htm.

〔235〕 See, e. g., Todd R. Weiss, Visa, Amex Cut Ties With CardSystems Due to Breach, COMPUTERWORLD, July 25, 2005, at 10.

〔236〕 See Jonathan Krim, Credit Data Firm Might Close: After Databases Hacked, Customers Cancel Contracts, WASH. POST, July 22, 2005, at D2 (讨论 CardSystems 数据泄露后拟议数据保护立法的国会听证会).

〔237〕 See LICHTMAN & POSNER, supra note 30, at 26 – 27.

〔238〕 See id.

不当行为，但他们至少反映了根除这种行为的努力，这与典型的互联网服务提供商对其客户可能在网上购买儿童色情或赌博的可能性做出的反应有很大不同。如果市场激励确实推动了适当有力的反应，那么监管的叠加将不会带来什么额外的好处，而且考虑到定义非高度侵入性的有效药物的复杂性，甚至可能会产生反效果。

四、结论

互联网正在成熟。尽管在互联网出现时，可能有必要制定法律和政策来保护互联网商业和技术发展的沃土，但今天互联网已经占据了我们的生活，并促进了我们的日常生活。几乎每一家规模巨大的美国公司，甚至是那些核心业务完全不依赖互联网的公司，都将互联网纳入了其商业模式，以提高效率和客户服务。然而，与此同时，通过互联网造成的伤害每年都在继续增长。“海盗们”已经来到了网络世界的公海，由于缺乏监管，他们的掠夺变得更容易了。现在是立法者实施明智政策的时候了，这些政策旨在控制盗版，同时最大限度地减少对守法互联网用户的影响。

随着互联网进入发展的最后阶段，本文建议立法者仔细考虑国会的早期政策，即互联网中介平台不应在为互联网带来秩序方面承担任何负担。这项政策忽略了网络世界的一个不重要的事实，即匿名性和严格的国际边界使针对主要不法分子变得困难，甚至不可能。另外，互联网中介很容易识别，并且在寻求监管互联网的司法管辖区内具有永久的商业根源。此外，这些互联网中介对互联网盗版者所依赖的大多数交易来说都是必不可少的。当中间人具有防止有害交易的技术能力，并且这样做的成本与所防止的损害相比是合理的时，应鼓励它们这样做，并在必要时威胁进行正式的法律制裁。

互联网确实正处于发展的十字路口。盗版者是否会继续威胁互联网的合法用户,或者互联网是否会发挥其潜力帮助用户过上更充实的生活,取决于立法者在当前互联网环境下的挑战的方向。现有的从这一行业中获得巨额利润的企业,例如儿童色情制品的支付中介,可能会强烈抵制改革。但是,市场力量或国家监管机构施加的非正式压力可以解决许多问题,而无须具体的立法干预。或者,持续的市场压力可能会迫使运营标准提高,从而解决本文所述的许多问题。本文对最终结果的形式没有坚定的信念,但希望它能帮助设计合理的互联网监管。

从水平监管到垂直监管：欧洲互联网平台中介责任的地震

[意大利]吉安卡洛·弗罗西奥*

作为其数字单一市场战略的一部分，欧盟委员会希望引入垂直监管，取代或更强冲击已相对完善的《电子商务指令》中水平化的中介平台责任制度。

即将修订的《视听媒体服务指令》将要求平台制订措施，保护未成年人免受有害内容的影响，并保护所有人免受煽动仇恨的影响。同时，在缩小权利人和据称利用受保护内容的网络平台之间"价值差距"的假设下，《数字单一市场版权指令（草案）》将对中介平台实施过滤义务。欧盟数字单一标志和战略也赞同将自愿措施作为遏制网上非法和侵权活动的一个特殊工具。

这些行动中的每一项都将削弱电子商务中介责任安排，以某种方式引入主动监测义务，并导致存储服务提供者从基于过失的制度向严格的责任

---

* 作者为贝尔法斯特女王大学法学院教授。原文发表于《牛津知识产权法律与实践杂志》2017年第12卷第7期。

制度的系统性转变。这种系统性的转变显然违背了公众的共识,也没有任何基于实证的正当理由。尽管如此,它将通过算法智能推动在线私人执法,而不是基于透明的法律义务,从而带来可怕的后果。这项改革可能会引发政策地震,动摇和破坏欧盟法律体系的一致性、正当程序和基本权利。

导言

重新校准网络中介的次要责任是最近国际政策争论的特点。在线提供服务的责任豁免在过去的20年里,一直是互联网政策的长期关注点。[1] 传统上,避风港立法只为中介平台提供了渠道、缓存和托管豁免,同时排除了一般的过滤或监控义务。[2] 然而,欧盟委员会希望重新考虑《电子商务指令》的水平中间商责任制度,并

---

〔1〕 See eg Copyright Legislation Amendment Act 2004 (Cth), No. 154, Sch. 1 (Australia); Copyright Modernization Act, SC 2012, c20, § 31. 1 (Canada); Judicial Interpretation No 20 [2012] of the Supreme People's Court on several issues concerning the application of law in hearing civil dispute cases involving infringement of the right of dissemination on information networks, December 17, 2012 (China); Council Directive (EC) 2000/31 on certain legal aspects of information society services, in particular electronic commerce, in the Internal Market [2000] OJ (L 178) 1 - 16 [hereinafter eCommerce Directive]; Federal Law No. 149 - FZ, on information, information technologies and protection of information, July 27, 2006 (Russia) and Federal Law No. 187 - FZ of July 2, 2013 amending Russian Civil Code, § 1253. 1 (Russia); Communications Decency Act of 1996, 47 USC § 230 (United States) and The Digital Millennium Copyright Act of 1998, 17 USC § 512 (United States) [hereinafter DMCA]. For full reference to most worldwide safe harbor legislations, see The World Intermediary Liability Map (WILMap), < http://cyberlaw. stanford. edu/our-work/projects/world-intermediary-liability-map-wilmap > (a project designed and developed by Giancarlo Frosio and hosted at Stanford CIS).

〔2〕 See eg eCommerce Directive (n 1) Art 12 - 15; DMCA, (n 1) § 512(c)(1)(A - C).

建立一个“适合的”监管环境。[3] 正如在接下来的几页中可以看到的,这可能会给欧洲的中介责任监管带来巨大的变化,特别是这种从水平中介责任监管向纵向监管的转变将导致在缺乏必要协调的情况下,欧洲数字政策中的地震会引发许多交叉和内部不一致。

一、重塑数字单一市场中的中介责任

《数字单一市场战略》(DSMS)旨在通过“降低壁垒以释放在线机会”,将欧盟从28个国家市场“推向互联的数字单一市场”。[4] 数字单一市场战略涵盖了各种政策主题。除电子商务和电信规则、跨境销售[5]、互用性和标准化之外,拟议的改革还包括版权和互联网服务提供商(ISP)的作用。委员会指出,“特别是考虑到这些中介平台越来越多地参与内容传播,适用于与版权保护作品有关的在线中介平台活动的规则需要澄清”。[6] 此外,委员会继续表示,“还需要考虑保障创作者公平薪酬的措施,以鼓励未来的内容生成”。[7] 特别是,委员会正在讨论哪些规定应适用于被视为“在线平台”的中介平台,以及“是否要求中介平台在管理其网络和系统

---

〔3〕 See Commission, ‘A Digital Single Market Strategy for Europe’ (Communication) COM (2015) 192 final, § 3.3 [hereinafter DSM Strategy].

〔4〕 See European Commission, Priority, Digital Single Market <http://ec.europa.eu/priorities/digital-singlemarket_en>.

〔5〕 See Commission, ‘Proposal for a Council Regulation on addressing geo-blocking and other forms of discrimination based on customers’ nationality, place of residence or place of establishment within the internal market and amending Regulation (EC) No 2006/2004 and Directive 2009/22/EC’ COM (2016) 289 final.

〔6〕 DSM Strategy (n 3) § 2.4.

〔7〕 Ibid.

的方式上承担更大的责任和一项合理注意义务”。[8] 委员会希望加强互联网中介平台处理非法第三方内容的义务，如儿童色情、恐怖材料和侵犯知识产权的内容。[9]

在数字单一市场战略的公布之后，委员会还采取了其他一些行动，这些行动与中介责任高度相关。首先，委员会发布了一份新的通信，即《迈向现代欧洲的版权框架》（Towards a Modern, More European Copyright Framework）[10]，预计将在广泛的主题上采取政策和立法动议，包括“追随金钱”策略、商业规模的侵权行为、临时和预防措施的应用、禁令及其跨境效力、通知和行动机制以及随着时间的推移保持有效的行动问题——“删除和保留”原则。[11]

与此同时，委员会还启动了一项关于知识产权执法的公众咨询，该咨询也在讨论将会影响在线中介平台责任的改革。[12]《关于知识产权执行的第2004/48号指令》（以下简称《执行指令》）确立的条款，如知情权、法律诉讼、损害赔偿和费用、临时和预防措施以及禁令，可能很快会被重新审查。[13] 特别是在下一轮改革中，可能会考虑对网络中介平台实施禁令。欧洲法律可能会进行修订，明确规定所有类型的中介平台都可以被禁止，发布禁令不需要承担违反任何注意义务的具体责任。[14] 显然，委员会可能还想澄清或更新

---

〔8〕 Ibid § 3.3.2; see also eCommerce Directive (n 1) Whereas 48（之前规定他的指令不影响成员国要求服务提供者履行注意义务的可能性，这些服务提供者拥有由其服务接受者提供的信息，这些义务可以合理地期望他们履行，并且由国家法律规定，以发现和防止某些类型的非法活动”）.

〔9〕 DSM Strategy (n 3) § 3.3.2.

〔10〕 See Commission, Towards a Modern More European Copyright Framework (Communication) COM (2015) 260 Final, 22 – 23.

〔11〕 Ibid, at 10 – 11.

〔12〕 See Commission, ‘Public Consultation on the Evaluation and Modernisation of the Legal Framework for the Enforcement of Intellectual Property Rights’ (9 December 2015).

〔13〕 See Council Directive (EC) 2004/48 on the enforcement of intellectual property rights [2004] OJ (L 195) 16 (Corrigendum) [hereinafter Enforcement Directive], art 3, 8, 9, 11, 13, and 14.

〔14〕 See Commission (n 12) C.2.3.

欧洲法院在 Telekabel 案件中的立场。[15] 首先,委员会可以采用标准来界定禁令的比例性(均衡性)。[16] 此外,可能会对《执行指令》进行修订,以澄清如何平衡措施的有效实施与在禁令没有规定服务提供商必须采取的措施的情况下用户的信息自由权。[17]

大约在同一时间,委员会就在线中介和平台的责任和义务展开了公众咨询,包括大范围的网站和在线服务。[18] 该咨询对欧盟的中介平台责任框架提出了一些尖锐的问题。[19] 特别是咨询"处理网上非法内容和网上中介平台的责任",对可能正在审查的中介平台监管环境的关键变化做出一些预测。它包括以下问题:《电子商务指令》对中介平台"纯粹的技术性、自动性和被动性"活动的提及是否足够明确[20];是否应设立更多类别的中介平台[21];特定类型的内容是否值得不同的通知和行动程序[22];行动是否应包括"删除和保持关闭"或对标记内容进行前瞻性监控[23]以及是否应该对某些中间人施加具体的注意义务[24]。

---

〔15〕 See Case C – 314/12 UPC Telekabel Wien GmbH v Constantin Film Verleih GmbH and Wega Filmproducktionsgesellschaft mbH [2014] ECLI:EU:C:2014:192.

〔16〕 Ibid.

〔17〕 Ibid.

〔18〕 See Commission, ' Public consultation on the regulatory environment for platforms, online intermediaries, data and cloud computing and the collaborative economy' (24 September 2015).

〔19〕 Ibid, at 5.

〔20〕 Ibid, at 18 (根据咨询责任的扩大,可能是通过重新定义信息社会服务提供商信息传输的"纯粹技术性、自动性和被动性"的概念,以排除一些越来越多地参与内容分发的在线中介平台,如视频共享网站). See also eCommerce Directive, (n 1) Whereas 42.

〔21〕 Commission (n 18) 19.

〔22〕 Ibid 19 – 21.

〔23〕 Ibid 20 – 21.

〔24〕 Ibid 21 – 23.

二、欧洲从水平监管到垂直监管的中介责任

在网络中介平台磋商结果公布后[25],达成了一个共识,即现有制度被认为是符合目的的。因此,委员会发布了一份关于《在线平台和数字单一市场的通信》(Communication between Online Platforms and the Digital Single Market,以下称为《OP&DSM 通信》),该通信显然支持维持现有中介责任制度的计划。[26] 然而,这种宽泛的纲领性声明可能具有欺骗性。在扩大对版权侵权和其他类别的非法内容的责任方面,变化可能很快就会到来。正如委员会所强调的那样,"已经确定了一些与网上非法、有害内容和活动有关的具体问题,需要解决"。[27]

在这种情况下,委员会将启动一个"部门立法……和问题驱动的方法"。[28] 一段时间以来,委员会在考虑不同类别的非法内容是否需要不同的政策方法。显然,这一部门动议将针对受版权保护的内容、保护未成年人免受有害内容的影响以及通过暴力煽动等问题。[29] 这应该通过更新视听和版权法规以及与促进自愿、自律行动的立法干预相结合来实现。[30]

作为其立法干预计划的一部分,委员会将通过其更新的《视听媒体服务指令》(AudioVisual Media Services Directive,以下称为AVMS)提案,解决在线视频共享平台上对未成年人有害的内容和

---

〔25〕 See Commission, 'Full report on the results of the public consultation on the regulatory environment for platforms, online intermediaries and the collaborative economy' (25 May 2016).

〔26〕 See Commission, 'Online Platforms and the Digital Single Market: Opportunities and Challenges for Europe' (Communication) COM (2016) 288 Final, at 9.

〔27〕 Ibid 8.

〔28〕 See Commission (n 26) 8.

〔29〕 Ibid.

〔30〕 Ibid.

仇恨言论的扩散问题。[31] 这项具体的行业法规将要求平台采取措施,保护未成年人免受有害内容的侵害,并保护每个人免受煽动仇恨的侵害。[32] 显然,AVMS 的修订可能证实了扩大中介责任和限制 AVMS 豁免的趋势。要求成员国“通过适当手段确保其管辖下的媒体服务提供商提供的视听媒体服务不包含任何煽动暴力或仇恨的内容”,可能会削弱电子商务指导对视频平台的监督义务。[33]

三、在数字单一市场中寻找实证证据的次版权责任

《OP&DSM 通信》的再次版权平衡将发生有利于权利持有人的修改,因为委员会的目标是更公平地分配在线平台分发受版权保护的内容所产生的价值。[34] 欧盟委员会在《单一数字版权指令》中提出了更新欧盟版权政策的内容,旨在实现欧盟版权规则现代化以及作为实现单一数字版权市场一揽子计划的一部分。

该指令(草案)旨在缩小互联网平台和版权持有人之间所谓的“价值差距”。[35] “价值差距”的概念呼应了几乎完全由音乐和娱乐业捏造的话语。显然,这种修辞手法是音乐行业全球报告首次创

---

〔31〕 See Commission, Proposal for a Council Directive amending Directive 2010/13/EU on the coordination of certain provisions laid down by law, regulation or administrative action in Member States concerning the provision of audiovisual media services in view of changing market realities, COM(2016) 287 final.

〔32〕 Ibid art 6 and 28.

〔33〕 Ibid art 6.

〔34〕 Commission (n 26) 8.

〔35〕 可能,同样的言论很快就会在美国重新部署。在给当选总统唐纳德·特朗普的一封公开信中,音乐行业寻求改革安全港立法,指出高科技公司在“免费”音乐和“价值攫取”上蓬勃发展。See Letter to Donald J. Trump, PresidentElect of the United States from Nineteen Music Industry Organizations (December 13, 2016) <http://arstechnica.com/wp-content/uploads/2016/12/Letter-to-POTUSE-from-Music-Community-121316. pdf>.

造的。[36] 在试图对 UGC 平台寻求司法补救失败后[37],音乐行业决定向立法者辩护并寻求法律改革。由于责任豁免、没有监控义务以及通知和删除制度,权利人会抱怨他们没有能力在用户生成的内容平台上交换受保护的内容。UGC 平台(用户生产内容型的产品或社交平台)可以提出在收到通知后移除侵权内容,或者可能实施自愿措施,如 YouTube Contend ID,而不是签订许可协议。反过来,根据权利人的说法,其他主要业务是向用户销售内容的平台愿意支付更少的许可费,以保持与 UGC 平台的竞争力。[38]

这种说辞似乎几乎不涉及经验证据。欧洲版权协会强调了这一点,指出:"我们很失望地看到,这些建议没有任何可靠的科学(特别是经济的)证据。"[39] 事实上,指令草案的影响评估本身非常明确地承认缺乏经验支持:

> 经济影响大多是从定性的角度来评估的,考虑到不同的政策选择将如何影响创建或投资创建内容的人与在线分发此类内容的人之间的谈判。这一领域的数据有限……无法对不同政策选择的影响进行定量分析。[40]

---

〔36〕 See Martin Husovec, 'EC Proposes Stay-down & Expanded Obligation to Licence UGC Services' (Hut' ko's Technology Law Blog, 1 September 2016) < http://www.husovec.eu/2016/09/ec-proposes-staydown-expanded.html >.

〔37〕 See, eg, GEMA v. Google, 29 U 2798/15 (Higher Regional Court Munich (OLG), January 28, 2016) (Germany) (裁定 YouTube 及其服务不能被要求对任何侵犯版权的行为负责,相反,法官发现唯一的责任在于个人上传者,因此在当前的法律框架内,当受版权保护的作品在平台上使用时,YouTube 目前不承担财务责任).

〔38〕 See Husovec (n 38) (通过注意来提出一个有趣的观点如果主持人将通知和删除视为与权利持有人谈判的真正替代方案,也许这表明音乐对于在线服务来说并不是那么不可或缺。权利持有人可以在没有此类协议的情况下将服务暴露给更多的执法部门,因此,如果音乐如此重要,臭名昭著的收购将摧毁其业务。")

〔39〕 European Copyright Society, General Opinion on the EU Copyright Reform Package (24 January 2017) 5.

〔40〕 Commission, 'Staff Working Document, Impact Assessment on the Modernisation of EU Copyright Rules' SWD (2016) 301 final, PART 1/3, p 136.

总之,没有明确的证据表明版权侵权在数字环境中的影响、规模、性质或更积极的执法策略的有效性问题。在英国政府委托撰写的一份权威报告《数字机遇:知识产权与增长的评论》中,伊恩·哈格里夫(Ian Hargraves)教授所指出,解决盗版问题的版权政策与清晰的实证之间无法对应指出打击盗版的版权政策与透明的实证证据之间存在脱节:

> 问题是,在一个复制和分发或多或少是免费的数字世界里,一个有效的制度是什么样子的?毋庸置疑,大量的版权盗版正在发生,但关于规模和趋势的可靠数据少得惊人。去年发表的两项研究估计,英国非法数字下载的规模在13%—65%。而一项关于英国和国际数据的详细调查发现,上述研究很少有清晰的研究标准支持。与此同时,大多数创意商业部门的销售额和盈利水平似乎保持得相当好。我们得出的结论是,许多创意企业正经历着数字版权侵权带来的动荡,但在整个经济层面上,可衡量的影响并不像有时所说的那样明显。[41]

在设定委员会的改革过程和目标时,应该仔细审查明确的经验证据,以考虑创作者和整个创意市场是在缓慢萎缩还是在蓬勃发展。到目前为止,从未提供过支持现行执法策略的独立经验证据。相反的证据可能会强调互联网、数字化和平台经济的创造力的正外部性,但这些证据同样从未被考虑过。事实上,这个证据是充足的。

---

〔41〕 Ian Hargreaves, 'Digital Opportunity. A Review of Intellectual Property and Growth' (May 2011) 10 (emphasis added). See also Joe Karaganis, 'Rethinking Piracy', in Joe Karaganis (ed), Media Piracy in Emerging Economies (Social Science Research Center 2011) 4 – 11 (making the same point).

文献在一定程度上一致表明存在需要提升的附加值,而不是需要缩小的价值差距。[42] 实证研究表明,在网络环境中,就创意产业而言,"天空"正在升起,而不是落下。[43] 此外,盗版被一些人解释为一种创新政策,迫使市场适应用户需求。[44] 事实上,市场确实适应了,其提供了新的、更实惠的方式来享受创意。忽视这些经验证据,或者至少在没有考虑所有证据和缺乏针对所有证据和可能陈述的重要声明情况下的推进,可能导致改革在实施之前被证明是过时的,这可能对数字单一市场不利,而不是有益。[45]

四、过滤与监控:从过失到严格责任

事实上,基于行业假设而非经验证据制造的价值差距这一不稳定的基础,委员会希望制定一项可能影响欧洲中介责任制度支柱的指令。《数字单一市场版权指令(草案)》包含了一系列有争议的条

---

〔42〕 See Giancarlo Frosio, 'Digital Piracy Debunked: A Short Note on Digital Threats and Intermediary Liability' (2016) 5 (1) Internet Policy Review 1 – 22 <http://policyreview. info/articles/analysis/digitalpiracy-debunked-short-(n-digital-threats-and-intermediary-liability>

〔43〕 See Michael Masnick and Michael Ho, 'The Sky is Rising: A Detailed Look at the State of the Entertainment Industry' (Floor 64, January 2012) 3 <http://www. techdirt. com/skyisrising>(注意到音乐、电影和视频、电子游戏和书籍市场在过去十年中蓬勃发展,全球娱乐业的价值增长了近50%,美国娱乐业的就业率增长了近20%,全球新内容的制作量在娱乐业的任何领域都以惊人的速度增长。)最后,更重要的是,美国家庭用于娱乐的总支出增长了15%) See also Joel Waldfogel, 'Is the Sky Falling? The Quality of New Recorded Music Since Napster' (VOX, 14 November 2011) <http://www. voxeu. org/index. php? q = node/ 7274>.

〔44〕 See Adrian Johns, Piracy: The Intellectual Property Wars from Gutenberg to Gates (U Chicago P 2010).

〔45〕 学术项目一直试图建立一套证据,以便在有争议的版权政策领域做出更好的决策。See The Copyright Evidence Wiki: Empirical Evidence for Copyright Policy (Theo Koutmeridis, Kris Erickson, K., Martin Kretschmer eds, CREATe Centre: University of Glasgow 2015) <www. CopyrightEvidence. org>.

款,但从中介责任的角度来看,最相关的条款是第 13 条关于“在线服务对受保护内容的某些使用”。坦率地说,根据这一规定,用户生成的内容网站将不得不承担更多的责任来根除侵权行为,并与创作者分享收入。一方面,存储并提供用户上传的大量作品……访问权限的中介平台将被要求与权利持有人和收藏协会签订收入分成协议。[46] 另一方面,该草案将要求相同的存储服务提供者有义务使用有效的内容识别技术,以防止侵权内容的出现。[47]

显然,新提议将适用于活跃的存储服务提供者。首先,该草案将其范围限制在存储服务提供者,只提及那些“存储和提供访问”受保护作品的提供商。如果他们没有资格获得《电子商务指令》第 14 条规定的责任豁免,那么他们将有义务与权利持有人签订许可协议。其次,为了不适用豁免,提案假设存储服务提供者必须发挥积极作用。在定义一个活跃的存储服务提供者时,该提案指出,它必须“不仅仅是提供物理设施”。[48] 然后,它重新解释 L'Oréal v. ebay 案中的语言,指出“有必要验证服务提供商是否发挥了积极作用,包括优化上传作品或主题的呈现或推广,无论使用的手段是什么性质”。[49]

然而,该提案有几个文本问题需要澄清[50],在传统的《电子商务指令》水平中介责任制度中,也有一些重大问题可能会出现交叉和系统性断裂。在这方面,首先,对“公众传播”概念全新构建令人非常头疼。[51]

---

〔46〕 Commission (n 35) art 13(1).

〔47〕 Ibid.

〔48〕 Ibid Recital 38.

〔49〕 Ibid. See also See C – 324/09 L'Oréal SA and Others v. eBay International AG and Others § 139 [2011]

〔50〕 See, for a full discussion this textual issues—and an in depth analysis of the proposal, Giancarlo Frosio and Christophe Geiger, ' Reaction of CEIPI to the European Commission's Proposal on Certain Uses of Protected Content by Online Services' (2017) CEIPI Position Paper.

〔51〕 See Council Directive (EC) 2001/29 on the Harmonisation of Certain Aspects of Copyright and Related Rights in the Information Society [2001] OJ L 167/10 – 19 [hereinafter InfoSoc Directive], Art. 3(1).

这一解释可能会对欧洲传统的版权侵权中介责任处理方式产生深远影响。该提案意味着,如果托管服务提供商不是仅仅提供实体设施,而是发挥积极作用,“那么”他们确实会向公众传播。[52] 显然,委员会将平台描述为积极地“提供”终端用户上传的内容,以及其他地方的内容。在《OP&DSM 通信》中,委员会指出,需要重新平衡,因为“新的在线内容分发形式已经出现……这可能会使最终用户上传的受版权保护的内容广泛可用。[53] 这种定性的原因是显而易见的。如果平台与公众沟通,他们可能有义务签订许可协议,而不是在自愿的基础上签订变现协议。然而,将托管服务商定性为“向公众传播”,可能很难符合理论上的辩论观点。[54] 实际上,豁免条款的不适用并不意味着信息社会服务提供商将向公众传播信息,从而承担责任。[55] 相反,提案中包含的欧盟法律的解释将使活跃的东道国承担直接责任,而不是通常理解的次要责任。作为一项默认规则,最终用户通常被理解为在数字环境中向公众传播的用户。[56] 当终端用户上传作品时,他们显然可以满足必要的干预要求,使新的公众可享受受保护的作品。事实上,在一些其他情况下,只有当中间人对侵

---

〔52〕 Ibid.

〔53〕 Ibid.

〔54〕 See Christina Angelopoulos, ‘EU Copyright Reform: Outside the Safe Harbours, Intermediary Liability Capsizes into Incoherence’ (Kluwer Copyright Blog, 6 October 2016) < http://kluwercopyrightblog. com/2016/10/06/eu-copyright-reform-outside-safe-harbours-intermediaryliability-capsizes-incoherence > (noting that “for a nonchalant statement hidden in a recital, this is quite the dramatic development of EU copyright law”); Christina Angelopoulos, ‘On Online Platforms and the Commission’s New Proposal for a Directive on Copyright in the Digital Single Market’ (2017) 19 – 33 < https://juliareda. eu/wp-content/uploads/2017/03/angelopoulos_platforms_copyright_study. pdf > ; Eleonora Rosati, ‘Why a Reform of Hosting Providers’ Safe Harbour is Unnecessary under EU Copyright Law’ (2016) CREATe Working Paper 11/2016.

〔55〕 Id.

〔56〕 See C – 306/05 Sociedad General de Autores y Editores de España (SGAE) v Rafael Hoteles SA [2006] ECR I – 11519, § 42; Joined C – 403/08 and C – 429/08 Football Association Premier League and Others v. QC Leisure and Others [2011] ECR I – 09083, § 195.

权行为的参与程度很高,以至于他们被认为是自己传播了作品,而不是被他人利用来进行传播时,他们才会对其用户的版权侵权行为直接负责。[57] 然而,传统上中间人被认定负有次要责任,而不是主要责任。在大多数欧盟司法管辖区,次要责任需要具备从侵权法的多项学说中衍生出来的高要求条件[58],例如共同侵权、授权、诱导、共同故意、共同责任、替代责任或合同外责任等。[59] 该提案的措辞将使中介平台的直接责任成为默认规则,而不是备选。显然,中介服务将自动被认为是侵权的,并对他人实质性的侵权行为承担直接责任。

为了确保许可协议的运作并防止侵权内容的出现,该提案将强

---

〔57〕 不同司法管辖区的标准差异很大。See Angelopoulos (2017) (n 56) 23 - 30. 例如,在英国,主要侵权和次要侵权之间有明确的区分,这使得寻找中间人直接承担责任的门槛很高。See Twentieth Century Fox Film Corp v Newzbin Ltd [2010] EWHC 608 (Ch) (UK) (发现一个索引网站——用于非法交换受版权保护的电影——直接对向公众传播作品负责,因为它"高度干预了使索赔人的电影可供新观众,即其高级会员使用的物质方式",特别是"通过提供复杂的技术和编辑系统,允许其高级会员下载其电影的所有组件信息按下按钮后的选择,因此避免了数天(可能是徒劳的)努力为自己收集这些信息"); Football Association Premier League Ltd v British Sky Broadcasting Ltd & Others [2013] EWHC 2058 (Ch) (UK) (发现——在非法流媒体体育赛事的链接聚合器的情况下——(i) 大量的聚合流,(ii) 为方便用户对这些流进行索引,(iii) 提供简单的点击链接以访问流,以及 (iv) 流显示在 FirstRow 的事实框架或窗口使网站直接对通信负责).

〔58〕 See Kamiel Koelman and Bernt Hugenholtz, 'Online Service Provider Liability for Copyright Infringement' (22 November 1999) WIPO Doc. OSP/LIA/1 Rev. 1, at 5 - 8; BGB [German Civil Code], Art. 830 (governing joint tortfeasance).

〔59〕 由于欧盟层面次要责任缺乏统一,每个成员国都采用了不同的杂项标准。See Christina Angelopoulos, European Intermediary Liability in Copyright. A Tort-Based Analysis (Kluwer Law Int'l 2016); Tatiana-Eleni Synodinou, 'Intermediaries' Liability for Online Copyright Infringement in the EU: Evolutions and Confusions' (2015) 31 Comp L & Sec Rev 57, 57 - 67; Mari Männiko, 'Intermediary Service Providers' Liability Exemptions: Where Can We Draw the Line?' in Tanel Kerikmäe (ed), Regulating eTechnologies in the European Union: Normative Realities and Trends (Springer Int'l Publ 2014) (noting that comparative analysis show that the present legislation is too general and gives too much room for interpretation); Christina Angelopoulos, 'Beyond the Safe Habours: Harmonising Substantive Intermediary Liability for Copyright Infringement in Europe' (2013) 3 IPQ 253, 254 (2013); Patrick Van Eecke, 'Online Service Providers and Liability: A Plea for a Balanced Approach' (2011) 48(5) Common Market L Rev 1455, 1457 - 1461; Broder Kleinschmidt, 'An International Comparison of ISP's Liabilities for Unlawful Third Party Content' (2010) 18(4) Int'l J L & Inf Tech 332, 345 - 353.

制存储服务提供者使用有效的内容识别技术[60],如 YouTube 的 Contend ID 或其他自动侵权评估系统。该提案事实上将迫使中介平台开发和部署过滤系统。反过来,这种义务将结束无须过滤不需要内容而强制履行一般监管义务,使所有内容都置于监管之下。[61]

任何过滤技术的引入都将不可避免地引起与《电子商务指令》必要协调的问题。[62] 尴尬的是,《电子商务指令》没有出现在提案明确声明不受影响或其规则设置为补充的指令列表中。[63] 在这方面,拟议的改革将与中介责任豁免制度相矛盾,特别是《电子商务指令》第 15 条规定的无监督义务。[64] 在 Scarlet Extended 案和 Netlog 案中,欧洲法院确认过滤和一般监控将违反欧盟法律。[65] 仅通过版权法规而不是修订《电子商务指令》来引入主动监管,将为欧盟责任制度打开一个系统性的裂缝。在多个案件中——Scarlet Extended 案、Netlog 案以及欧莱雅案——欧洲法院对根据《执行指令》发布的禁令的适当性和相称性进行了裁决,并明确得出结论,《电子商务指令》限制了根据其他知识产权立法可以采取的冲突措施。[66] 此外,正如关于平台的咨询所明确的那样,这将在对改革无

[60] DSM Directive Proposal (n 35) Recital 38.

[61] See Case C – 360/10 Belgische Vereniging van Auteurs, Componisten en Uitgevers CVBA (SABAM) v. Netlog NV [2012] ECLI:EU:C:2012:85, § 36 – 38(注意到"共同点是,该过滤系统的实施需要[[主动观察用户与托管服务提供商存储的文件,并涉及由此存储的几乎所有信息和该提供商的所有服务用户]]。[i] 鉴于上述情况,必须认为,对托管服务提供商施加的要求其安装有争议的过滤系统的禁令将迫使其积极监控与其所有服务用户有关的几乎所有数据,以防止未来任何侵犯知识产权的行为").

[62] See Angelopoulos (2017) (n 56) 34 – 38.

[63] See DSM Directive Proposal (n 35) Art 1(2) and Recital 4.

[64] See eCommerce Directive (n 1) art 14 – 15.

[65] See Case C – 70/10 Scarlet Extended SA v. Société belge des auteurs, compositeurs et éditeurs SCRL (SABAM) [2011] ECR I – 11959 (重新制定有利于访问提供商的原则); Netlog (n 63)(确认有利于存储服务提供者的原则).

[66] See C – 324/09 L'Oréal SA and Others v. eBay International AG and Others § 139 [2011]; Scarlet (67) § 40; Netlog (63) § 52.

监督义务原则没有达成任何共识的情况下进行。[67] 事实上,对提案早期草案的修改可能证明,委员会本身也很清楚这种缺乏共识的情况。最初,指令草案将过滤义务的适用范围扩大到"根据2000/31/EC 指令第15 条,在线服务提供商没有监测其传输或存储的信息或积极寻找表明非法活动的事实或情况的一般义务"。[68] 最后,《电子商务指令》第15 条中对无监控义务的提及被取消了,取而代之的是第14 条中对托管豁免的提及,这显然毫无意义。[69]

该提案将在欧盟法律中带来更多的系统性冲突,这是《电子商务指令》所建立的水平责任制度的真正地震。因此,该提案将实施一个事实上的严格责任制度,而不是一个基于过失的制度。[70] 目前,电子商务中介责任制度可归类为基于实际和推定知悉的过失制度。[71] 一旦知道通过其服务发生的侵权行为,中间人就必须迅速采取行动,删除侵权材料。[72] 虽然法律上没有这样定义,但托管豁免是基于通知或更好的知情和删除制度。该提案将使知识和记录

---

〔67〕 Commission (n 25).

〔68〕 See Husovec (n 38)(嵌入博客文章中的上一个草案).

〔69〕 See Frosio and Geiger(52)(讨论这一点).

〔70〕 在这里,人们可能会公平地争辩说,严格责任并非源于第三方版权侵权,而是源于违反采取措施防止侵权作品的可用性这一独立义务。如果是这种情况,这可能很重要,因为无论是否发生版权侵权,托管服务提供商都可能被视为不实施措施的责任。在这方面,可能会要求托管服务提供商实施措施,以防止作品的可用性,无论其特权使用状态如何。拟议第13 条的当前措辞很可能通过提及防止"权利人通过与服务提供商合作确定的作品或其他主题"的可用性,而不是受版权保护的作品或其他主题。但是,该提案在这方面可能更难解读。根据 Recital 38,中介协议的运作。因此,托管服务提供商应采取措施防止版权侵权,以确保许可协议的运作。此处采取的措施,恰恰有利于履行签订许可协议的首要义务,并通过版权侵权预防确保其正常运作。因此,通过无效地采取措施来防止侵权作品在其网络上的可用性,托管服务提供商将承担其缔结和确保许可协议运作的义务。由于该功能取决于防止通过其网络发生的第三方版权侵权,因此可以认为供应商的严格责任源于这些第三方侵权行为。如果提案按原样获得批准,根据条款的目的和法律目标,这种目的论解释可能更受欢迎。

〔71〕 See Pablo Baistrocchi, 'Liability of Intermediary Service Providers in the EU Directive on Electronic Commerce' (2002) 19 Santa Clara High Tech. L. J. 111, 114.

〔72〕 See eCommerce Directive (n 1) art 14.

与删除无关,从而撕毁《电子商务指令》。托管服务提供者如果没有采取适当和相称的措施,如有效的内容识别技术,以确保对版权作品的保护,并防止侵权材料在其网络上的供应,则应承担责任。显然,无论托管服务提供商是否有过失,如果不能有效地防止侵权内容在其网络上出现,他们就得承担责任。就目前的改革建议而言,如果实施,可能会导致矛盾的情况出现。托管商可能会声称他们不应被追究责任,因为根据《电子商务指令》他们没有过失,而权利人则会声称他们的过失无关紧要,因为根据《数字单一市场版权指令(草案)》,无论是否知情,他们都应该过滤掉侵权内容。

另外,对网络中介平台的活动引入严格的责任制度本身可能就是一种不恰当和不成比例的政策选择,因为这将破坏版权保护与其他基本用户权利之间的微妙平衡。在 Google v. Louis Vuitton 案中,欧盟法院检察长指出,民事责任的一般规则(基于疏忽),而不是严格的责任知识产权法规则,最适合互联网中介平台的活动管理。他在网上侵犯商标权的背景下提出的论点也将比照适用于著作权:

> 责任规则更合适,因为它不会从根本上改变互联网的分散性,让商标所有权人对网络空间中与他们的商标相对应的关键词的使用进行全面的,而且几乎是绝对的控制。商标所有人不能通过商标保护来阻止任何可能的使用——正如人们所观察到的,包括许多合法甚至可取的使用——而是必须指出在其商标受到非法损害时谷歌承担责任的具体情况。[73]

---

〔73〕 Joined cases C-236/08, C-237/08 and C-238/08, Google France SARL and Google Inc. v. Louis Vuitton Malletier SA, Google France SARL v. Viaticum SA and Luteciel SARL and Google France SARL v. Centre national de recherche en relations humaines (CNRRH) SARL and Others (2010) I-02417 § 123 (辩护人意见).

一个以过失为基础的系统会更好地维持版权保护、信息获取和公众利益/成本之间的微妙平衡,而这正是互联网平台中介责任难题所带来的。只要它们破坏了“通知—删除”机制,过滤和监控义务就会默认地对信息自由造成寒蝉效应。正如范·伊克所提道的,“通知和删除程序是《电子商务指令》在权利持有人、在线中介平台和用户利益之间实现平衡的基本机制之一”〔74〕。请注意,删除机制嵌入了对信息自由的基本保障,只要它们迫使中介平台在做出最终删除决定之前真正考虑素材的侵权性质。

在这方面,该提案主要关注的是这些技术是否“适当和相称”。显然,他们不是,他们宁愿不能在版权和其他基本权利之间取得“公平的平衡”。〔75〕根据欧洲法院的说法〔76〕,它们将损害用户的言论自由、隐私权和提供商的经营自由。〔77〕自动侵权评估系统可能会限制用户享受例外和限制。〔78〕此外,某些作品因其公共领域地位的复杂性可能会逃脱算法智能的控制。正如欧洲法院所指出的那样,过滤技术“可能会破坏信息自由,因为该系统可能无法充分区分非法内容和合法内容,其引入可能会导致合法通信受阻”〔79〕。

在向中介平台施加主动监控义务的过程中,当前的互联网政策

---

〔74〕 Van Eecke (n 61) 1479 – 1480.

〔75〕 See Charter of Fundamental Rights of the European Union, C326/391 (26 October 2012) [hereinafter EU Charter]. See also Angelopoulos (2017) (n 56) 38 – 40.

〔76〕 See Netlog (n 63) §

〔77〕 See, for a detailed analysis of the inappropriacy of the proposal from a fundamental rights perspective, Frosio and Geiger (n 52).

〔78〕 See eg Justyna Zygmunt, To Teach a Machine a Sense of Art – Problems with Automated Methods of Fighting Copyright Infringements on the Example of YouTube Content ID, Machine Ethics and Machine Law E-Proceedings, Jagiellonin University, Cracow, Poland, November 18 – 19, 2016, pp. 55 – 56; Leron Solomon, 'Fair Users or Content Abusers? The Automatic Flagging of Non-Infringing Videos by Content ID on Youtube' (2015) 44 Hofstra L Rev 237; Corinne Hui Yun Tan, 'Lawrence Lessig v Liberation Music Pty Ltd-YouTube's Hand (or Bots) in the Over-zealous Enforcement of Copyright' (2014) 36(6) EIPR 347, 347 – 351.

〔79〕 Netlog (n 63) § 50.

可能会严重偏离对用户信息自由和中介平台业务自由的基本保障。事实上,这一建议遵循了最近中介责任政策中一条行之有效的道路。最近的判例法已经在多个实例中对中间人规定了版权侵权的过滤和主动监控义务,例如法国的 Allostreaming 案、巴西的达夫拉案、德国的 RapidShare 案或中国的百度案。[80] 然而,这一新兴趋势并不局限于著作权政策。实际上,主动监督义务的执行已经跨越了整个中介责任主题的范围,即知识产权、隐私、诽谤和仇恨危险的言论。[81] 正如作者在其他地方更详细地指出的那样,中介责任政策可能会出现一个

---

〔80〕 See APC et al v Google, Microsoft, Yahoo!, Bouygues et Al (TGI Paris 2013) (France) <http://static. pcinpact. com/medias/jugement-allostreaming - 20131129. PDF> (对搜索引擎施加有义务主动从任何指向非法电影流媒体网站 Allostreaming 及其关联企业的链接中删除搜索结果); Google Brazil v Dafra, Special Appeal 1306157/SP (Superior Court of Justice, 24 March 2014) (Brazil) <https://cyberlaw. stanford. edu/page/wilmap-brazil> (对 YouTube 施加主动监控义务和严格的匿名用户配音并发表损害 Dafra 声誉的评论的商业广告侵犯 Dafra 版权的责任标准); GEMA v RapidShare I ZR 80/12 (Bundesgerichtshof, August 15, 2013) (Germany) <https://cyberlaw. stanford. edu/page/wilmap-germany>(根据 TMA 发现主机提供商已经没有资格如果他们的商业模式主要基于版权侵权,则责任特权); Zhong Qin Wen v Baidu, 2014 Gao Min Zhong Zi 2045 (Beijing Higher People's Court 2014) <https://cyberlaw. stanford. edu/page/wilmap-china> (认定百度行使监督义务是合理的并在查看或下载超过一定次数后检查上传作品的合法状态)

〔81〕 See Google v Mosley (TGI Paris, 6 November 2013) (France) <http://cyberlaw. stanford. edu/page/wilmap-france>; Max Mosley v Google Inc., 324 O 264/11 (Hamburg District Court, 24 January 2014) <http://openjur. de/u/674344. html>; Mosley v Google [2015] EWHC 59 (QB) (United Kingdom) <http://cyberlaw. stanford. edu/page/wilmap-united-kingdom> (法国、德国和英国的法院对搜索引擎施加了积极的监控义务,这些搜索引擎被命令从侵犯一级方程式前主席马克斯·莫斯利隐私权的图片中扩展互联网,并被摄像机捕捉到与穿着纳粹用具的妓女发生性关系); Rolex v. eBay (a. k. a. Internetversteigerung II), I ZR 35/04 (BGH, 19 April 2007) (Germany); Rolex v. Ricardo (a. k. a. Internetversteigerung III), Case I ZR 73/05, (BGH, 30 April 2008) (Germany) (in the so-called Internet Auction cases I-III, the German Federal Court of Justice—Bundesgerichtshof—repeatedly decided that notified trade mark infringements oblige internet auction platforms such as eBay to investigate future offerings—manually or through software filters—in order to avoid trade mark infringement); Delfi AS vEstonia No 64569/09 (ECtHR, 16 June 2015) <http://hudoc. echr. coe. int/eng? i =001 - 155105> (finding compliant with ECHR a decision imposing monitoring obligation on a news web portal for defamatory users' comments).

明显的趋势,导致“无监控义务”的消亡。[82]

五、行业性的“通知—删除”

欧盟法律一直渴望水平式的“通知—删除”和“反通知”制度。[83] 显然,这不会很快到来。正如《OP&DSM 通信》中提到的,欧盟“广泛通知与措施”程序将暂时推迟,因为委员会将首先评估正在进行的改革的影响。[84] 相反,委员会可能会对“通知和措施”程序实施一种部门和问题驱动的方法,并特别强调对通知内容的不同要求。[85] 网上中介平台咨询的结果,受访者同意不同类别的非法内容需要不同的通知和行动程序的政策方法这一观点,特别是针对侵犯知识产权、虐待儿童的内容以及种族主义和仇外的言论。[86]

---

〔82〕 A detailed discussion of this trend will be the subject of a forthcoming paper. See Giancarlo F. Frosio, 'The Death of 'No Monitoring Obligations': A Story of Untameable Monsters (forthcoming 2017). In this context, however, notable exceptions—such as the landmark Belen case in Argentina—highlight also a fragmented international reaction. See Rodriguez M Belen v Google, R. 522. XLIX. (Supreme Court, October 29, 2014) (Argentina) <https://cyberlaw. stanford. edu/page/wilmap-argentina> (ejecting filtering obligations to prevent infringing links from appearing in search engines' results in the future in a case brought a well - known public figures for violation of her copyright, honor and privacy).

〔83〕 See eCommerce Directive (n 1) Art. 21 (foreseeing the possibility of the introduction of a complete notice-and-take-down procedure); Leaked draft Proposal for a Directive of the European Parliament and of the Council on procedures for notifying and acting on illegal content hosted by online intermediary service providers ("Directive on notice-and-action procedures") […] (2013) XXX draft (proposing a horizontal notice-and-action mechanism for hosting providers and later floated by the Commission). See also Aleksandra Kuczerawy, 'Intermediary Liability & Freedom of Expression: Recent Developments in the EU Notice & Action Initiative' (2015) 31(1) Comp L & Sec Rev 46.

〔84〕 See Commission (n 26) 9.

〔85〕 See Commission (n 18) 19 – 20. See also Deutschlands Zukunft gestalten – Koalitionsvertrag zwischen CDU, CSU und SPD, 18 Legislaturperiode (December 17, 2013) 133 (stipulating different liability levels for different kind of hosting providers).

〔86〕 See Commission (n 25).

在指令草案中,这种部门方法可能会首次得到体现。指令草案第13条希望建立一个主动过滤机制,该机制显然不会寻求任何针对侵权作品的个性化通知,而是可能在权利持有人和存储服务提供者之间预先商定其他识别机制。然而,该草案还将引入一个补救机制,以解决有关过滤措施应用的争议。[87] 这类似于反通知机制。过滤措施在实践中如何发挥作用,谁也不知道。该草案在这一点上没有进一步展开。它没有为反通知的最佳实践或标准化的制订提供任何义务,但它为过滤机制提供了义务。[88] 中介平台应该过滤一切吗?他们是否应该主动监测最初被通知的内容?他们是否应该只将识别技术应用于预先存在的受保护作品黑名单?这种情况至少可以猜测第13条中提及"权利持有人通过与服务提供商合作确定的"作品的可能含义,这些作品的可用性应该被阻止。[89] 谁来提供这份名单?谁来更新它?如何更新?一旦拟议的系统得到充分开发,它可能会部署一种与部门性通知和取缔制度非常相似的安排。显然,由于草案对所有这些都保持沉默,因此,仅凭行业推动的自愿努力和最佳实践,就可以产生一个通知—删除及反通知系统。相反,正如人们普遍建议的那样,欧盟法律应该首先在《电子商务指令》框架下建立期待已久的水平或"通知—删除"以及反通知

[87] Commission (n 35) art 13(2).

[88] Ibid art 13(3). See also Husovec (n 38).

[89] DSM Directive Proposal (n 35) art 13(1). 指令报告员、欧洲议会议员 Therese Comodini Cachia 向议会泄露的一份报告草案试图通过重新起草第13条来澄清这一点,以便采取"适当和相称的措施,确保与权利人就使用其作品达成的协议的运作","权利持有人应向服务提供商提供准确识别的作品或他们享有权利的主题"。See Draft Report by MEP Therese Comodini Cachia on the Directive on Copyright in the Digital Single Market for the Legal Affairs (JURI) Committee 74 – 76 <https://gallery.mailchimp.com/5d8aa63bf84f94a65300f42e9/files/dfe0d4f4-acb4-4843-9157-dd8f9ce7b31f/Copyright_in_the_DSM_amendments_JURI.docx>.

系统。[90]

六、在自愿的基础上撼动电子商务的安全港

欧盟委员会希望在平台之间推广的自愿措施确实以类似的强度和直接相关的破坏性影响动摇了欧盟中介责任体系。存储服务提供者,尤其是平台,将被要求积极迅速地删除非法材料,而不是对投诉做出反应。在这个意义上,自愿性措施也会打破《电子商务指令》中以过失为基础的中介责任体系,即以知情和删除为基础,试图实现的有利于用户权利的平衡。

《OP&DSM 通信》提出了"网络平台的责任是一个关键的、贯穿各领域的问题"的观点。[91] 换句话说,扩大中介责任和限制安全港的出现,将会随强制网络平台以解决特定问题所要承担责任的方式而发生。这个术语呼应了代表全球从中介责任到中介义务话语的转变,特别强调促进中介的自愿措施,以遏制网上的不良行为和言论。自愿措施使中介平台倾向于在模糊的、私人强制执行的标准下为政府服务,而不是透明的法律义务。正如信息产业部电子第十一设计研究院(EDRi)所指出的,私人执法"将法律降到了次级地位,落后于被要求任意执行其服务条款的私营公司的'主导作用'"[92]。

这一过程可能会推动一种无定形的责任概念,激励中介平台自我干预,对互联网上涉嫌侵权的活动进行监管。显然,委员会将其

---

〔90〕 See Copyright Reform: Open Letter from European Research Centres, EU Copyright Reform Proposals Unfit for the Digital Age (24 February 2017) <http://bit.ly/2loFISF> and Angelopoulos (2017) (n 56) 43-44 (both suggesting the introduction of an horizontal notice-and-action framework for hosting providers instead of the current Art. 13).

〔91〕 Commission (n 26) 9.

〔92〕 'EDRi and Access Now withdraw from the EU Commission IT Forum discussions' (EDRi, 16 May 2016) <https://edri.org/edri-access-now-withdraw-eu-commission-forum-discussions>.

在线平台战略与通过算法工具实现在线私人执法的全球化、持续的举措相一致。[93] 从现实政治政策的角度来看，这对欧洲及其数字单一市场来说将是一笔糟糕的交易。欧洲立法者将把互联网内容净化的控制权交给私人拥有的算法执行机构，他们完全不知道这些算法是如何工作的，也没有任何机制让控制算法的私人方承担责任。有许多可能的乌托邦式的情景有待想象。

与此同时，应立即指导网络平台在欧盟范围内协调自律，打击煽动恐怖主义和防止网络欺凌。[94] 事实上，作为这一新政策趋势的直接结果，委员会最近与包括 Facebook、Twitter、YouTube 和微软在内的所有主要在线存储服务提供者就一项行为准则达成一致，其中包括一系列打击非法仇恨言论在欧洲在线传播的承诺。[95] 在这种情况下，科技公司计划创建一个共享数据库，其中包含被称为灰烬的独特数字指纹，可以识别宣扬恐怖主义的图像和视频。[96] 一些欧盟成员国，如德国，甚至可能引入一项法律，对未能在 24 小时内撤下非法内容的平台处以最高 50 万欧元的罚款。[97]

在知识产权执法方面，主要权利持有人和在线支付处理者之间

---

〔93〕 See Joe McNamee, 'Leaked EU Communication – Part 1: Privatized Censorship and Surveillance' (EDRi, 27 April 2016) < https://edri.org/leaked-eu-communication-privatised-censorship-and-surveillance >.

〔94〕 Ibid 10.

〔95〕 See Commission, European Commission and IT Companies Announce Code of Conduct on Illegal Online Hate Speech, Press Release (31 May 2016) <http://europa.eu/rapid/press-release_IP-16-1937_en.htm>; Commission, Justice and Consumers, Fighting Illegal Online Hate Speech: First Assessment of the New Code of Conduct, Press Release (12 December 2016), <http://ec.europa.eu/newsroom/just/item-detail.cfm?item_id=50840> (urging platforms to do more to implement the code of conduct)

〔96〕 Olivia Solon, 'Facebook, Twitter, Google and Microsoft Team up to Tackle Extremist Content (The Guardian, 6 December 2016) https://www.theguardian.com/technology/2016/dec/05/facebook-twittergoogle-microsoft-terrorist-extremist-content.

〔97〕 Cara McGoogan, 'German Politician Threatens to Fine Facebook 500,000 Every Time It Shows Fake News' (The Telegraph, 19 December 2016) <http://www.telegraph.co.uk/technology/2016/12/19/germanpolitician-threatens-fine-facebook-500000-every-time>.

的支付阻止通知和终止协议,以及版权和商标执法的“自愿最佳实践协议”已被广泛应用,尤其是在美国。[98] MasterCard 和 Visa 等支付处理平台一直面临充当知识产权执法者的压力,将知识产权法的适用范围扩大到从国外的服务器和实体设施运营的网站。[99] 在《迈向现代欧洲的版权框架》中,委员会显然希望通过部署“跟进”方法来支持类似的策略。[100] 正如委员会所指出的,这一策略“可以剥夺那些从事商业侵权活动的人从其非法活动中获得的收入来源(例如来自消费者付款和广告),从而起到威慑作用”。[101] 根据委员会的说法,“跟进”机制应基于自律方法,通过并实施《非法网络仇恨言论行为准则》,如有必要,该准则随后可能会得到立法的支持。

七、结论

这是一场地震可能会撼动欧洲的中介责任以及版权政策,一项指令性建议连同其他即将跟进的改革文书已经提交给欧盟议会和理事会审查。这项专注于治理涉嫌非法在线内容的改革计划可能会动摇欧洲中介责任框架的一致性。改革支持垂直或部门化的方法,通过立法和自愿措施引入对存储服务提供者附加过滤和主动监控义务的做法,将不可避免地与水平电子商务中介责任制度相冲突。事实上,欧洲的中介责任将从基于过失的责任制度转变为严格的责任制度,这将对该体系产生深远影响。

---

〔98〕 See Annemarie Bridy,‘Internet Payment Blockades’(2015)67 Florida L Rev 1523. See also Derek E. Bambauer,‘Against Jawboning’(2015)100 Minnesota L Rev 51(讨论联邦和州政府通过非正式的执法措施,如在其职权范围内或职权范围外的威胁,加强对在线内容的监管).

〔99〕 See Bridy(n 100)1523. See Also Backpage v. Dart(否认针对 Dart 警长的禁令,因为他非正式地强迫信用卡公司关闭其在 Backpage 的账户).

〔100〕 See Commission(n 10)10 – 11.

〔101〕 Ibid 11.

然而,这种系统性转变将在缺乏经验证据和公众共识的情况下发生。[102] 首先,委员会显然将即将进行的改革建立在内容行业假设的基础上,而不是独立的经验证据。是否有经验证据表明,创作者和创意市场作为一个整体一直在缓慢萎缩或蓬勃发展——这应该是任何建议改革在线平台监管的政策分析的核心。基于要缩小"价值差距"的假设来制定欧洲数字单一市场政策,可能会破坏平台经济对创造的积极外部性。如前所述,也没有通过实证和经济研究来讨论改革对网上创意市场的积极或消极外部性。其次,电子商务中介责任的拟议变更也将与欧盟多次磋商中出现的公众共识相冲突。委员会最终通过部门方法采取的做法很难与《OP&DSM 通信》中的大胆声明相一致,该声明的动机是公众咨询的结果,即"委员会将维持现有的中介责任制度"[103]。

拟议的改革旨在促进长期以来政府和权利人最倾向的做法,即对网上非法行为进行私人执法。尽管当下表明缺乏共识和经验证据证明此类改革,但是,过滤、监测义务、自愿措施、基于严格而非过失的责任规则,可能是完成此项改革计划所需的武器。将中介责任制度从水平转向垂直,可能会成为操作改革的工具,而这只是基于政府和行业的假设。尽管如此,这场地震将产生的系统性损害可能会打破电子商务中介责任制度。

---

〔102〕 欧盟议会可能已经注意到有必要在明确的经验证据的基础上制定版权法,将欧盟黑客马拉松挑战赛的第六阶段专门用于可视化版权改革的经验证据。作为这一挑战的一部分,一些软件开发人员被要求开发工具,以可视化版权实证证据。See EUhackathon, 15 – 16 November 2016 <http://2016.euhackathon.eu>.

〔103〕 OP&DMS Communication, supra note 26, at 9.

国家干预中的监管转变：从中介责任到中介义务

[意大利]吉安卡洛·弗罗西奥*

过去几年，监管网络中介的法律框架发生了很大变化。公共执法缺乏技术知识和资源来应对前所未有的全球人类符号学行为方面的挑战，因此将主动把在线执法外包给私人。在此过程中，中介监管已经从中介责任转变为义务。目前正在发生的监管转变取决于理论、市场和技术的变化。根据严格的福利成本/效益分析，这些不断涌现的创新政策选择改变早期的做法，即为在线中介平台提供实质性的责任豁免，以激励其开发互联网基础设施和应用程序的能力。如今，由于市场条件的变化，政策制定者可能希望将在线内容监管的巨大交易成本转移到在线中介平台，因为他们可能是成本最低的规避者，特别是考虑到他们的规模经济。基于新近的企业社会责任概念，如私人域名系统（DNS）内容监管、网站屏蔽、分级响

---

* 作者为贝尔法斯特女王大学法学院教授。原文刊登于哈特出版社 2022 年出版的《合宪性社交媒体》一书。

应、操纵在线搜索、监控和过滤、支付封锁和“资金流动”策略，都是通过基于国家驱动与市场驱动的私人秩序措施得以实现。与此同时，在线内容净化正日益成为私人的和不透明算法技术的唯一（应用）领域。根据这一政策发展的影响，私人强制执行的中介责任挑战了法治和大量基本权利，也与网络监管的任何宪法化进程背道而驰。数字立宪主义的向心运动虽然部分发生在本书想要强调的多个层面，但其目前可能会被私人秩序和中介责任造成的离心运动所掩盖。

导言

监督委员会（以下简称“监委会”）是新成立的互联网“最高法院”，决定选定的 Facebook 内容审核。[1] 监委会由知名独立人士组成，帮助 Facebook 回答有关在线言论自由的最敏感问题。监委会维持或推翻 Facebook 的决定具有约束力，Facebook 必须执行。2021 年 5 月，在华盛顿特区国会大厦遭到臭名昭著的袭击后，监委会维持暂停前总统特朗普的 Facebook 账户的决定，但将此事退回给 Facebook。[2] 监委会实际上得出结论，Facebook 不宜施加“无限期暂停的不确定和无标准的处罚”，Facebook 必须审查此事，“以确定和证明不相称的回应符合适用于其平台其他用户的规则”。[3]

尽管正如监委会网站所说，“监委会的目的是通过对 Facebook

---

〔1〕 See Oversight Board <https://oversightboard.com>.

〔2〕 See Oversight Board upholds former President Trump's suspension, finds Facebook failed to impose proper penalty (Oversight Board, May 2021) <https://oversightboard.com/news/226612455899839-oversight-board-upholds-former-president-trump-s-suspension-finds-facebook-failed-to-imposeproper-penalty>. https://oversightboard.com/news/226612455899839-oversight-board-upholds-former-president-trump-s-suspension-finds-facebook-failed-to-impose-proper-penalty

〔3〕 Ibid.

和 Instagram 上的内容做出有原则、独立的决定来促进言论自由”,但监委会在发布此类敏感决定时的独立性和充分性仍存在很多问题,会对政治话语产生深刻而不可预测的影响,最终影响到我们民主社会的基本要素。为什么 Facebook 一开始就要做出这样的决定? Facebook 为什么要成立这样一个“独立”的监委会来审查其一些决定? 这种“原则、独立的决定”难道不应该属于法院的管辖范围吗? 当它们涉及如此敏感的问题时,可能也应该属于宪法法院的管辖,或者至少是属于根据国家特权和权力运作的行政机构的管辖范围? 相反,在线执法和内容审核的“私有化”成为我们平台社会的一个棘手现实。

正如我在其他地方所说的〔4〕,过去几年,监管在线中介的法律框架发生了很大变化。由于公共执法缺乏技术知识和资源来应对全球人类符号学行为方面的前所未有的挑战,因此将主动把在线执法外包给私人。在这样做的过程中,中介监管已经从中介责任转向义务。这一过程推动了模糊的责任概念,激励在线中介自我干预,以监管互联网上涉嫌侵权的活动,同时偏离了长期存在的立法强制责任规则,如知情、删除以及无监督义务原则。〔5〕

最近的法律发展可能处于网络中介责任和责任扩大的趋势中。目前正在发生的监管转变取决于理论、市场和技术的变化。这些不断涌现的创新政策选择改变早期的做法,即为在线中介平台提供实质性的责任豁免,以激励其开发互联网基础设施和应用程序的能力。如今,由于市场条件的变化,政策制定者可能希望将在线内容

〔4〕 See Giancarlo Frosio, ‘Why Keep a Dog and Bark Yourself? From Intermediary Liability to Responsibility’ (2018) 25 Oxford JILIT 1 – 33; Giancarlo Frosio and Martin Husovec, ‘Intermediary Accountability and Responsibility’ in Giancarlo Frosio (ed), The Oxford Handbook of Online Intermediary Liability (OUP 2020) 613 – 630.

〔5〕 See, for further case law imposing monitoring and filtering obligations to online intermediaries, Giancarlo Frosio, ‘The Death of ‘No Monitoring Obligations’: A Story of Untameable Monsters’ (2017) 8(3) JIPITEC 199 – 215.

监管的巨大交易成本转移到在线中介平台,因为他们可能是成本最低的规避者,特别是考虑到他们的规模经济。与此同时,在线内容净化正日益成为隐私和不透明算法技术的唯一领域。由于承担着广泛的执法义务,在线中介平台求助于他们的唯一选择,即广泛部署算法执法工具,如此,才不会危及他们的商业模式。由于明显的地缘政治和市场原因,这一政策趋势在欧洲已经明显出现:欧洲对互联网资源的控制有限,因此在转换在线中介平台(主要是美国企业集团)的执行交易成本方面不用太担心。

根据这一政策发展的影响,私人强制执行的中介责任挑战了法治和大量基本权利,也与网络监管的任何宪法化进程背道而驰。数字立宪主义的向心运动虽然部分发生在本书想要强调的多个层面,但现在可能会被私人秩序和中介责任造成的离心运动掩盖。到目前为止,国家干预越来越多地将网络执法和监管下放给私人部门,从而分散了应对措施和标准,而不是巩固和"合宪"互联网治理。当然,监管框架正在不断变化,可能越来越难确定一致的趋势。例如,最近提出的《数字服务法案》(DSA)〔6〕可能会根据比例原则和基本权利,将私人秩序措施正式化为立法义务,从而促进平台监管的合宪性。

一、理论:从福利理论到道德理论

在过去的几十年里,网络治理和网络中介监管的理论视角发生

〔6〕 See Proposal for a regulation of the European Parliament and of the Council on a Single Market For Digital Services (Digital Services Act) and amending Directive 2000/31/EC, COM(2020) 825 (hereafter "DSA Proposal"). See also Proposal for a regulation of the European Parliament and of the Council on contestable and fair markets in the digital sector (Digital Markets Act), COM(2020) 842 final. 电子版可在以下网址获取:https://ssrn.com/abstract=3850483

了深刻的变化。一般来说,向可能受他人怂恿侵权的无辜第三方施加压力,是一种行之有效的遏制侵权之策。这一策略有望减少网络侵权内容的数量。有两种主要的理论方法来支持中介人的责任,即道德理论和功利主义理论。根据道德理论,鼓励侵权是不道德的,因此法律应该在任何情况下惩罚这种行为,而不必考虑责任监管框架可能产生的负外部性。[7] 道德理论的特点是对中介监管的早期反应更为原始。相反,功利主义或福利主义的理论试图平衡相互竞争的权利和利益。它是由莱纳·克拉克曼在1986年的一篇重要文章中提出的,为"守门人理论"奠定了基础道德理论。根据严格的成本/效益分析,寻求利用第三方来帮助执法和监管侵权人,[8] 克拉克曼提供了四个条件,这些条件对该执法策略的成功至关重要:

> 成功的把关可能需要:(1)切实可行的处罚无法阻止的严重不当行为;(2)私下把关激励缺失或者不足的;(3)有能够并且将可靠地防止不当行为的"守门人",无论不法行为者的偏好和市场选择如何;(4)法律规则可以诱导他们成为以合理的成本发现不当行为的"守门人"。[9]

克拉克曼的理论框架最初被设计用于安全法规,后来将其应用

---

[7] See eg Richard Spinello, 'Intellectual Property: Legal and Moral Challenges of Online File Sharing', in Ronald Sandler (ed), Ethics and Emerging Technologies (Palgrave Macmillan 2013) 300 (结论是,那些通过编写和发布使P2P共享成为可能的软件来实现P2P共享的人的行为在道德上是有问题的,因为它会诱导和鼓励他人做出不道德的行为), Mohsen Manesh, 'Immorality of Theft, the Amorality of Infringement' (2006) 2006 Stan Tech L Rev 5; Richard Spinello, 'Secondary Liability in the Post Napster Era: Ethical Observations on MGM v. Grokster' (2005) 3(3) J of Information, Communication and Ethics in Society 121.

[8] See Reiner Kraakman, 'Gatekeepers: the Anatomy of a Third-Party Enforcement Strategy' (1986) 2(1) Journal of Law, Economics and Organization 53.

[9] Ibid 61

于网络侵权。[10] 首先,制裁只应在中介平台执行,以防止第三方的侵权行为。由于直接侵权者无法受到社会可接受的制裁的控制,侵权程度会特别高。其次,中介平台不主动阻止侵权行为,反而可能助长侵权行为。再次,中介平台可以有效抑制侵权行为,直接侵权人的规避能力微乎其微。最后,中介平台必须能够在不付出高昂的社会或经济成本的情况下防止第三方侵权。[11] 这种成本效益分析在双重用途技术的情况下将非常重要,即可用于侵犯他人权利也能对社会有益的技术。[12]

在过去几十年里,对在线执法和内容审核中中介平台义务的功利主义方法一直占主导地位,催生了安全港立法和责任豁免。然而,正如一些学者所强调的,近年来,网络责任的道德理论的复兴一直试图将更多的责任推给网络中介,这通常是以私人命令和自愿措施的形式,而不是基于福利法和经济学分析的法定强制责任。[13] 政策路径可能会回归到实施中介责任的道德理论,而不是功利主义或福利主义。在这种情况下,政策干预的理由将基于对用户行为的责任,而不是效率、平衡创新或伤害。反过来,这一政策策略对用户的基本权利提出了挑战。然而,根据市场条件和互联网市场地缘政治的变化,市场成本/收益分析侧重于执行的交易参与者,并在转移成本至最低的规避者和制定最近的政策反应方面发挥了作用。

---

〔10〕 See William Fisher, CopyrightX: Lecture 11. 1, Supplements to Copyright: Secondary Liability (February 18, 2014), 7:50, < https://www. youtube. com/watch?v = 7YGg-VfwK_Y >.

〔11〕 Ibid.

〔12〕 See Douglas Lichtman, 'Copyright as Information Policy: Google Book Search from a Law and Economics Perspective' in Josh Lerner & Scott Stern (eds), 9 Innovation Policy and The Economy (NBER 2008) 19 (making this welfare argument clear by applying it to YouTube).

〔13〕 See Martin Husovec, Injunctions against Intermediaries in the European Union: Accountable but Not Liable? (CUP 2017). See also Frosio and Husovec (n 4) 613 – 630; Frosio (n 4) 1 – 33.

二、市场:从创新者到调节者

随着20世纪90年代万维网的兴起,立法者决定,链接与存储服务提供商应对第三方在其网络上的非法行为享有责任豁免。互联网基础设施仍在建设中,而且,在完成了这项艰巨的任务后,如果没有适当的激励措施来让高科技创新者开发数百万个应用程序,互联网将仍然是一个空壳。由于这是一次高度不可预测的商业冒险,大多数公司注定要失败,只有少数公司能在早期幸存下来。因此,政策制定者明白,必须建立互联网基础设施的链接提供商和必须用应用程序填充基础设施的存储提供商都必须被吸引到新市场,并保证新市场对任何可能出错的事情免责,虽然他们的用户可能会做错事。在美国,这些市场条件证明了为任何内容的接入提供商和为其所载言论的存储提供商提供的非常广泛的避风港,以及为侵权内容的存储提供商享有的更有限的避风港是合理的。[14] 除美国以外,其他司法管辖区也遵循了非常类似的法律安排,尽管至少在欧盟,对存储提供商有更多的有限责任豁免,无论他们是否携带侵权言论或侵犯版权的内容。[15] 事实上,大多数国际司法管辖区都渴望吸引美国公司的投资和创新,这些公司在很大程度上主导着新生的互联网市场,可以确定的是,最有利的政策选择是为这些公司提供与他们在国内享有的相同条件。因此,鉴于互联网未来发展的巨大不

---

〔14〕 See Communications Decency Act of 1996, 47 U. S. C. § 230; The Digital Millennium Copyright Act of 1998, 17 U. S. C. § 512 [hereafter DMCA].

〔15〕 See eg Directive 2000/31/EC of the European Parliament and of the Council of 8 June 2000 on certain legal aspects of information society services, in particular electronic commerce, in the Internal Market, 2000 OJ (L 178) 1 – 16 [hereafter 'eCommerce Directive' or 'ECD'].

确定性,创新者被免除了监管这一潜在的非常恶劣的行业活动的义务。[16]

今天,市场状况发生了深刻变化。互联网的建立和发展超出了人们的预期,成为人们日常生活中最普遍的媒介。政策制定者、政府机构和执法机构不再担心为发展互联网基础设施和应用提供激励,而是越来越关注内容节制和互联网所传播的内容可能侵犯多项权利且以前所未有的速度影响社会动荡的能力。同时,一方面,监管机构面临在线内容净化成本巨大的难题,随着互联网的发展,在线内容净化的成本呈指数级增长;另一方面,只有大型高科技公司才拥有能够管理数字社会大量内容审核的基础设施和技术。因此,一个合理的政策解决方案似乎是将在线内容监管的巨大交易成本转移到在线中介平台身上,因为他们可能是卡拉布雷西－科斯的"最低成本规避者"[17],特别是考虑到他们的规模经济。同时,平台经济的市场地缘政治在这一过程中发挥着相关作用,这与可能指导国家干预的激励措施的变化密切相关。因此,这种将创新者转变为负责任的调节者的政策在欧洲呈现显著的趋势。欧洲对互联网资源的控制有限,因此对将交易成本转移到在线中介平台(主要是美国企业集团)方面的担忧较少。

三、政策:从中介责任到义务

传统上,中介和平台责任监管一直努力地在可能受到在线中介活动和义务影响的竞争权利之间找到适当的平衡。通过原始方法

---

〔16〕 因此,大多数法域制定了非一般性监督义务原则。

〔17〕 See Guido Calabresi, 'Some Thoughts on Risk Distribution and the Law of Torts' (1961) 70 Yale L J 499; Ronald Coase, 'The Problem of Social Cost' (1960) 3 J L & Econ. 1.

建立的有限责任框架,包括对在线中介平台的豁免反过来又为用户的基本权利提供了强有力的保障。继美国最初立法的脚步之后[18],欧盟引入了成员国保护信息服务提供商免于承担责任的义务[19],以及寻求针对他们的禁令以防止侵权的可能性、设立由几个国际司法管辖区。[20] 因此,一些国际司法管辖区也制订了类似的法律安排。[21]

然而,近年来,网络服务提供者在当代信息社会中扮演的角色所带来的道德影响正在引发前所未有的社会挑战,如"棱镜门"丑闻、关于"被遗忘权"的辩论或禁止美国前总统特朗普进入社交媒体等实例都证明了这一点。因此,学术界、决策者和社会越来越多地将公共角色赋予在线中介。[22] 夏皮罗表示,在民主社会中,那些控制信息获取的人有责任支持公共利益。……这些"守门人"作为更大利益的受托人必须承担一项义务。[23]

因此,政策话语越来越多地从中介的责任转向强化的"责任",

〔18〕 See (n 14).

〔19〕 See ECD (n 15).

〔20〕 See Directive 2001/29/EC of the European Parliament and of the Council of 22 May 2001 on the Harmonisation of Certain Aspects of Copyright and Related Rights in the Information Society, 2001 OJ (L 167) 10 – 19 [hereafter InfoSoc Directive] art 8(3); Directive 2004/48/EC of the European Parliament and of the Council of 29 April 2000 on the Enforcement of Intellectual Property Rights, 2004 OJ (L 195) 16 [hereafter Enforcement Directive], art 11.

〔21〕 See for a review of safe harbour legislations, World Intermediary Liability Map (WILMap) (a project designed and developed by Giancarlo Frosio and hosted at Stanford CIS) <https://wilmap. law. stanford. edu>.

〔22〕 用户的压力也越来越大,因为最近针对据称有煽动极端主义、激进主义和相关恐怖行动责任的平台的诉讼可能会证明这一点。用户的压力也越来越大,因为最近针对据称有煽动极端主义、激进主义和相关恐怖行动责任的平台的诉讼可能会证明这一点。See 'Orlando nightclub victims' families sue Twitter, Google, Facebook' (CNBC, December 21, 2016) <http://www. cnbc. com/2016/12/21/orlando-nightclub-victims-families-sue-twitter-googlefacebook. html>.

〔23〕 Andrew Shapiro, The Control Revolution: How the Internet is Putting Individuals in Charge and Changing the World We Know (Public Affairs 2000) 225.

因为网络服务提供者的作用是前所未有的,它们有能力影响信息环境和用户在其中的互动。[24] 上述政策转向需要一系列政策发展才能实现,并且遵循企业社会责任的新需求,以及依赖国家和私营方之间在网络执法方面的新合作,而这种合作以往常入侵公共交易且强制性。

然而,私人执法"将法律降级为二等地位,落后于被要求任意执行其服务条款的私营公司的'领导作用'"。[25] 自愿措施使中介平台倾向于在模糊的、私人执行的标准下服务于政府目的,而不是透明的法律义务。这一过程可能会推动一种模糊的责任概念,激励中介平台自我干预,以监管互联网上涉嫌侵权的活动。

(一)企业社会责任

首先发生了从中介责任到平台责任的转变,特别关注中介平台的企业社会责任及其在实施和促进人权方面的作用。在当代社会中,社会服务人员的道德责任越来越受到关注,旨在为理解社会服务人员的责任建立道德框架。因此,超越法律的负责任行为的价值在于中介平台的企业社会责任及其在实施和促进人权方面的作用中找到了理由。[26]

---

〔24〕 See eg Communication from the Commission to the European Parliament, the Council, and the Economic and Social Committee, and the Committee of the Regions, Tackling Illegal Content Online. Towards an enhancedresponsibility of online platforms, COM(2017)555final, 28 September 2017, § 6. 例如,请参阅监委会与欧洲议会、理事会、经济和社会监委会以及地区监委会的通信,处理在线非法内容。

〔25〕 'EDRi and Access Now withdraw from the EU Commission IT Forum discussions' (EDRi, 16 May 2016) < https://edri. org/edri-access-now-withdraw-eu-commission-forum-discussions >.

〔26〕 See Emily Laidlaw, Regulating Speech in Cyberspace: Gatekeepers, Human Rights and Corporate Responsibility (CUP 2015); Dennis Broeders and others, 'Does Great Power Come with Great Responsibility? The Need to Talk About Corporate Responsibility' in Mariarosaria Taddeo and Luciano Floridi, The Responsibilities of Online Service Providers (Springer 2017) 315 –323.

根据塔迪奥和弗洛里迪的说法,鉴于平台的突出作用,人们越来越期望在线中介平台根据当前的社会和文化价值观行事,这引发了“网络服务提供者应该承担什么样的责任,以及哪些道德原则应该指导他们的行为”的问题。[27] 为了寻找一个定义网络服务提供者责任的模型,塔迪奥和弗洛里迪根据他们控制的不同类型的信息来区分在线服务提供者的责任。[28] 它们确定了三个重要的道德问题,即信息访问的组织和管理、审查和言论自由以及用户隐私。[29] 在线服务提供者是否对在其基础设施上传播可能被证明有害的第三方生成的内容承担任何道德责任,而不是在线服务提供者是否应该对其用户的行为承担道德责任,这仍然是关键的主要问题。[30] 作者认为,将有害材料流通方面的道德责任归咎于网络服务提供者是可取的[31],尽管重点可能是他们在作出决定时对推理过程负责,而不是对他们的结果。[32] 最后,大量文献认为,网络服务提供者可能对用户的隐私负有道德责任,同时对隐私的贬值负有责任。[33] 网络服务提供者有道德责任通过为用户提供对其共享信息访问的

---

〔27〕 Mariarosaria Taddeo and Luciano Floridi, ‘New Civic Responsibilities for Online Service Providers’ in Mariarosaria Taddeo and Luciano Floridi, The Responsibilities of Online Service Providers (Springer 2017) 1.

〔28〕 Mariarosaria Taddeo and Luciano Floridi, ‘The Debate on the Moral Responsibility of Online Service Providers’ (published online November 27, 2015) Sci Eng Ethics 1, 1.

〔29〕 Ibid 5.

〔30〕 Ibid 10.

〔31〕 See Vincent Cerf, ‘First, Do No Harm’ (2011) 24 (4) Philosophy & Technology 463, 465 (noting “the opportunity and challenge that lies ahead is how Internet actors will work together not only to do no harm, but to increase freedom from harm”); Anton Vedder, ‘Accountability of Internet Access and Service Providers—Strict Liability Entering Ethics?’ (2001) 3(1) Ethics and Information Technology 67, 67 – 74; Herman Tavani and Frances Grodzinsky, ‘Cyberstalking, Personal Privacy, and Moral Responsibility’ (2002) 4(2) Ethics and Information Technology 123, 123 – 132.

〔32〕 see Marcelo Thompson, ‘Beyond Gatekeeping: The Normative Responsibility of Internet Intermediaries’ (2016) 18 (4) Vand J Ent & Tech L 783, 783 – 784.

〔33〕 See Taddeo and Floridi (n 28) 16 – 18.

最大程度控制来保护用户的隐私。[34]

随着企业社会责任的出现，有人认为，与国家有关的义务，例如联合国人权理事会关于互联网自由是一项人权的宣言[35]所认可的义务，也应该扩大到在线平台。[36] 特别是，《世界人权宣言》的序言似乎支持公司保护人权的义务，其中提道“每个人和社会机构”都应努力促进这些权利。[37]《世界人类责任宣言》(the Declaration of Human Duties and Responsibilities)[38]、《跨国公司和其他工商企业在人权方面的责任准则》(the UN Norms on the Responsibilities of Transnational Corporations and Other Business Enterprises)[39]序言以及《联合国工商业与人权指导原则》(the UN Guiding Principles on

---

〔34〕 See Richard A. Spinello, 'Privacy and Social Networking Technology' (2011) 16 International Review of Information Ethics 12. See also Gordon Hull, Heather Lipford and Celine Latulipe, 'Contextual Gaps: Privacy Issues on Facebook' (2011) 13(4) Ethics and Information Technology 289, 289 – 302 也主张 OSP 采取积极主动的方法来保护隐私).

〔35〕 See Human Rights Council of the United Nations, Resolution on the Promotion, Protection and Enjoyment of Human Rights on the Internet (2012).

〔36〕 See Florian Wettstein, 'Silence as Complicity: Elements of a Corporate Duty to Speak out Against the Violation of Human Rights' (2012) 22(01) Business Ethics Quarterly 37, 37 – 61; Stephen Chen, 'Corporate Responsibilities in Internet-Enabled Social Networks' (2009) 90(4) Journal of Business Ethics 523, 523 – 536 (认为社交网络因其角色的中心地位而承担尊重人权的道德和法律责任). But see George Brenkert, 'Google, Human Rights, and Moral Compromise' (2009) 85(4) Journal of Business Ethics 453, 453 – 478 (强调在评估公司的道德责任之前需要考虑公司行为的背景); David Karp, 'Transnational Corporations in 'Bad States': Human Rights Duties, Legitimate Authority and the Rule of Law in International Political Theory' (2009) 1(01) International Theory 87 (注意到 OSP 应尊重人类的论点由于国际义务针对的是国家而不是私人当事方，权利因此成为问题).

〔37〕 See Universal Declaration of Human Rights, G. A. Res. 217A (Ⅲ), U. N. Doc. A/810 at 71 (1948), Preamble.

〔38〕 See UNESCO Declaration of Human Duties and Responsibilities (Valencia Declaration) (1998).

〔39〕 See UN Norms on the Responsibilities of Transnational Corporations and Other Business Enterprises (August 13, 2003).

Business and Human Rights)是其他有关这方面的国际文书。[40] 最近,联合国人权理事会通过了一项“关于促进、保护和享受互联网人权”的决议,其中还涉及一项关于公司确保人权责任的具有法律约束力的文书。[41]

企业社会责任法的一个缺点是,尽管它试图创造一个环境,让公司以负责任的方式行事,但它通常不具有明确预期,往往是模糊的,因此很难衡量或评估。为了减轻这些限制,一些项目规定了中介平台在其服务条款中可能实施的最佳做法,并特别强调保护基本权利。[42] 例如,在互联网治理论坛的领导下,平台责任动态联盟旨在描述一套示范合同条款。[43] 这一规定应符合联合国人权理事会认可的联合国“保护、尊重和补救”框架以及《联合国工商企业与人权指导原则》。[44] 合适的数字标签应表明将这些示范合同条款纳入选定平台提供者的服务条款,以“帮助互联网用户轻松识别致力于以负责任的方式确保尊重人权的平台提供者”。[45] 同样,全球网络倡议(GNI)召集了一个由公司、民间社会组织、投资者和学术界组成的多利益攸关方团体,以创建一个用于保护和促进信息和通信技术领域的表达自由和隐私全球框架。国民总收入的参与者,如Facebook、Google、LinkedIn、Microsoft、Yahoo,致力于一系列核心文

---

〔40〕 See United Nations, Human Rights, Office of the High Commissioner, Guiding Principles on Business Human Rights: Implementing the United Nations “Protect, Respect, and Remedy” Framework (2011) [hereinafter UN GPBHRs].

〔41〕 See United Nations Human Rights Council, The Promotion, Protection and Enjoyment of Human Rights on the Internet, A/HRC/RES/26/13 (20 June 2014).

〔42〕 See, e. g., Jamila Venturini, Luiza Louzada, Marilia Maciel Nicolo Zingales, Konstantinos Stylianou Luca Belli, Eduardo Magrani, Terms of Service and Human Rights: Analysing Contracts of Online Platforms (CoE, FGV Direito Rio, Editora Revan 2016).

〔43〕 See Dynamic Coalition on Platform Responsibility: a Structural Element of the United Nations Internet Governance Forum <http://platformresponsibility.info>.

〔44〕 See UN GPBHRs (n 40).

〔45〕 See Dynamic Coalition on Platform Responsibility (n 43).

件,包括有关国民总收入原则、实施指南和问责制、政策和学习框架。[46] 同样,对数字权利进行排名是一项额外的举措。根据互联网和电信公司在尊重用户权利(包括隐私和言论自由)方面的良好行为,对其进行排名。[47]

(二)国家驱动的在线执法合作

鉴于企业社会责任已被广泛接受,各国一直在推动与私人各方开展新形式的合作,以减轻公众在不采用规定性规范和强制性义务的情况下,对涉嫌侵权或仅仅是危险的内容进行网络净化的负担。有时,欧盟监委会的监管工作一直强调自愿和积极的措施,以删除某些类别的非法内容,并允许中介平台履行合理预期的强化注意义务[48],特别强调知识产权侵权的执行。[49] 对各国来说,通过允许绕过《欧盟基本权利宪章》(EC Charter)的规定,避免法律挑战的威胁,并采取更快的改革路线,迫使中介平台采取"自愿"措施无疑具有优势。在欧洲,《在线平台和数字化单一市场的通信》(《OP&DSM 通信》)提出了"在线平台的责任是一个关键和跨领域的问题"的观点。[50] 同样,在"打击在线非法内容"中,监委会通过公开追求自愿的"加强在线平台的责任"来进一步明确这一目标,并指出"在线平台在社

[46] See Global Network Initiatives, Principles <http://globalnetworkinitiative.org/principles/index.php>.

[47] See Ranking Digital Rights, <https://rankingdigitalrights.org>. See also Rebecca MacKinnon, Consent of the Networked: The Worldwide Struggle for Internet Freedom (Basic Books 2012).

[48] See eg European Commission, Public consultation on the regulatory environment for platforms, online intermediaries, data and cloud computing and the collaborative economy (24 September 242015) 21 – 23.

[49] See European Commission, Public Consultation on the Evaluation and Modernisation of the Legal Framework for the Enforcement of Intellectual Property Rights (9 December 2015) D.1.

[50] European Commission, 'Online Platforms and the Digital Single Market: Opportunities and Challenges for Europe' (Communication) COM(2016) 288 Final, 9.

会中的影响力不断上升,源于其作为内容和信息的'守门人'的角色,增加了他们对用户和整个社会的责任"。[51] 这个术语清楚地唤起了上述在平台治理中从中介责任到中介义务的转变。

在这一强化责任的框架下,在线中介平台将有义务确保用户有一个安全的在线环境[52],反对犯罪和其他非法利用。实现的方式包括:(1)允许立即删除非法内容;(2)采取有效的主动措施来检测和删除网上的非法内容[53],而不是局限于对通知做出反应;(3)鼓励使用自动监控和过滤技术。[54] 特别是,"必须鼓励在线平台采取更有效的自愿行动,减少接触非法或有害内容,如煽动恐怖主义、儿童性虐待和仇恨言论"。[55] 这尤其应该通过与"值得信赖的旗手"、主管当局和在识别非法内容方面具有特定专业知识的专门私人实体建立一个特权渠道来实现,[56] 无论是否需要根据法院命令或行政裁决尽快采取行动,尤其是当执法部门发现并告知他们合法的非法内容时。[57] 总之,在线平台应该能够通过允许快速删除内容、设置主动干预、部署自动过滤技术以及采用有效的通知和措施机制来预防和对比在线非法活动,这些机制可能不一定要求用户在报告他们认为非法的内容时表明自己的身份。[58]

最近英国政府发布的《网络危害白皮书》通过提出对用户的新的注意义务,要求公司对解决一系列全面的网络危害负责,强化了在责任框架中规定的责任之外增加负责任义务的方法,从非法活

〔51〕 See European Commission, 'Tackling Illegal Content Online. Towards an enhanced responsibility of online platforms' COM(2017) 555 final, s 6.

〔52〕 Ibid s 3.

〔53〕 Communication (n 51) s 3.3.1 (注意采取这种自愿主动措施不会导致在线平台自动失去电子商务指令提供的托管责任豁免).

〔54〕 Ibid s 3.3.2. See also Recommendation from the Commission on Measures to Effectively Tackle Illegal Content Online, C(2018)1177final, 1 March 2018, para 37.

〔55〕 Communication (n 50) 9.

〔56〕 Communication (n 51) § 3.2.1

〔57〕 Ibid § 3.1.

〔58〕 Ibid § 3.2.3.

动、内容到有害但不一定非法的行为。[59] 该提案的目的是列出“公司的高度期望,包括与某些危害相关的一些具体期望”。[60] 违反注意义务的行为将与特定有害内容的责任分开评估。这种“系统形式责任”本质上叠加了与提供者合作的新义务,并将其转变为一种单独的责任形式,可由公共当局通过罚款来强制执行。[61] 同时,它保留了对有问题内容的个别实例的潜在责任。

(三)公开交易和强烈呼吁

有时,国家驱动的在线执法合作更为微妙,与所谓的公共/私人“心照不宣的交易”非常相似。[62] 当在线中介平台采取的强化自愿执法措施是公共交易的结果时,情况就是这样。根据丽贝卡·图施奈特的说法,至少在美国,在线中介享有“权力而不承担责任”[63],鉴于责任豁免的结果,在线中介有权决定用户发送的内容。他们对用户没有以某种特定形式尊重他们言论权的责任[64],然后邀请政府施压,要求在没有遵循适当程序的情况下删除信息。在《反对强烈呼吁》一书中,班鲍尔引用了众议员詹姆斯·森森布伦纳的话,他敦促美国互联网服务提供商协会采用公认的自愿数据保留计划,内容如下:“如果你不是一只好兔子,不开始吃胡萝卜,恐怕我们都会

---

〔59〕 See Department for Digital, Culture, Media & Sport and Home Department, Online Harm (White Paper, Cp 59, 2019).

〔60〕 Ibid 67.

〔61〕 Ibid 59.

〔62〕 Michael Birnhack and Niva Elkin-Koren, 'The Invisible Handshake: The Reemergence of the State in the Digital Environment' (2003) 8 Virginia J L Tech 6.

〔63〕 Rebecca Tushnet, 'Power Without Responsibility: Intermediaries and the First Amendment' (2008) 76(4) George Washington L Rev 986, 986.

〔64〕 See Ibid; Daphne Keller, 'Who Do You Sue? State and Platform Hybrid Power over Online Speech' (2019) Aegis Series Paper no 1902 <https://www.lawfareblog.com/who-do-you-sue-state-andplatform-hybrid-power-over-online-speech>.

对你大打出手。"[65]因此,为了平台的利益,公共交易找到了避免新形式监管的经济理由。抵御压力的成本和不确定性是在线中介参与的强大动力。

(四)市场驱动私人秩序和自愿措施

增加在线平台的责任可能是由于市场驱动的私人秩序和自愿措施所致,无论是基于中介的自身利益还是基于与权利持有人交易的合理商业决策。[66] 首先,可能需要改善用户体验,因为用户可能会被非法内容误导或欺诈,例如被滥用的内容或垃圾邮件内容。[67]其次,在线平台可能希望提高其可信度和声誉,这有助于吸引广告或其他投资,例如 Yelp 点评网站在受到商界公众压力后,将回复权纳入其审查服务。[68]

此外,当权利持有人与平台打交道或利用其现有的商业关系时,市场动态可能会导致平台责任的增加。例如,当互联网接入提供商等中介平台试图垂直整合到他们必须与主要权利持有人做生意并许可其内容的市场时,通常会启动自愿执行计划。[69] 作为交换,权利持有人可能会要求实施某种执行战略。

本部分将在下文回顾实践中的一些私人秩序强制措施,如私人

〔65〕 See also Derek Bambauer, 'Against Jawboning' (2015) 100 Minnesota L Rev 51, 51 – 52 (discussing federal and state governments increasing regulation of on-line content through informal enforcement measures, such as threats, at the edge of or outside their authority).

〔66〕 See Marin Husovec, Injunctions Against Intermediaries in the European Union: Accountable But Not Liable? (CUP 2017) 13.

〔67〕 有关行业实践及其相应业务原因的概述,请参阅 Emma Goodman, Online Comment Moderation: Emerging Best Practices (WAN-IFRA 2013) <https://www.wan-ifra.org/reports/2013/10/04/online-comment-moderation-emerging-bestpractices>.

〔68〕 See Claire Miller, 'Yelp Will Let Businesses Respond to Web Reviews' New York Times (New York, 10 April 2009).

〔69〕 See Frosio and Husovec (n 4) 625 – 626. See also Door Vermeer, 'Vrije internettoegang ook in Nederland onder vuur' (Bits of Freedom, 4 January 2011) <https://www.bitsoffreedom.nl/2011/01/04/vrije-internettoegang-ook-in-nederland-onder-vuur>.

域名系统(DNS)内容监管、网站屏蔽、在线搜索操纵和主动过滤、分级响应和支付封锁。当然,这种私人解决方案是由有关各方秘密商定的。实施条款在习惯上是一致的。因此,它们不受任何公众监督,尽管这些措施限制了受影响用户的基本权利,导致了与正当程序的明显紧张关系。

(五)通过互联网治理的宪法化来对抗私人秩序的碎片化

然而,在当前的互联网治理斗争中,也有对立的力量在起作用。互联网治理向数字立宪主义的向心力缓解了离心式平台责任话语的影响。起草《互联网权利法案》的努力至少可以追溯到20世纪90年代中期。[70] 在整整20年后,鼓舞人心的原则开始成为法律。吉尔、雷德克尔和加瑟尔描述了从1999年到2015年的30多项举措,这些举措可以归入数字立宪主义的范畴。[71] 这些举措有很大的不同——从倡导声明到政府间组织的官方立场再到拟议的立法——但属于更广泛的原始宪法话语,旨在为互联网推进一套相对全面的权利、原则和治理规范。[72]

最近,欧洲议会可能也会试图加强这一进程,也许会重新考虑以前可能推动私人秩序解决方案的方法。拟议的《数字服务法案》显然寻求在数字政策中采取更平衡的方法,使利益相关者的所有相互竞争的基本权利和利益得到平等保障。从关于"数字服务法案和

[70] See Lex Gill, Dennis Redeker, and Urs Gasser, Towards Digital Constitutionalism? Mapping Attempts to Craft an Internet Bill of Rights (Berkman Center Research Publication No. 2015-15, November 9, 2015)

[71] See Gill, Redeker and Gasser (n 70) 1; see also Oreste Pollicino and Graziella Romeo (eds), The Internet and Constitutional Law (Routledge 2016)(研究互联网法"宪法核心"在超国家层面的逐渐巩固,并讨论互联网法律"宪法化"的可能性,质疑互联网所谓的无政府性质的论点).

[72] See Gill, Redeker and Gasser (n 70) 1.

发布的基本权利”的决议开始[73],《数字服务法案》提案从一开始就强调了基本权利在在线监管中的核心作用,尤其是对《数字服务法案》来说。[74] 此外,《数字服务法案》希望建立全欧盟范围的协调机制,监督在线中介平台遵守《数字服务法案》的情况,特别强调内容管理标准和为此部署的算法技术。[75] 从这个意义上说,《数字服务法案》将通过构建、标准化和同质化最近在私人秩序方法下推广的内容审核流程。朝着欧盟互联网治理实质性和程序性“宪法化”的方向发展。

四、技术:从人工执法到算法执法

算法执法进一步影响了近期监管趋势对在线中介平台施加更大责任。[76] 从中介责任到义务的新兴监管举措,以及新的立法义务和司法趋势,将迫使在线中介平台实施互联网架构变革,从而对涉嫌侵权的内容进行净化,由此可能使设计表达自由合法化。正如

---

〔73〕 European Parliament, ‘Resolution on the Digital Services Act and fundamental rights issues posed’ [2020/2022(INI)] 20 October 2020, Provisional edition, P9_TA-PROV(2020)0274 <https://www.europarl.europa.eu/doceo/document/TA-9-2020-0274_EN.html> (hereafter ‘EP Resolution on the DSA and FRs’).

〔74〕 See also, on the increasing influence of human and fundamental rights on the resolution of intellectual property (IP) disputes, Christophe Geiger, ‘Constitutionalising Intellectual Property Law?, The Influence of Fundamental Rights on Intellectual Property in Europe’ (2006) 37(4) IIC 371; ‘Fundamental Rights as Common Principles of European (and International) Intellectual Property Law’ in Ansgar Ohly (ed), Common Principles of European Intellectual Property Law (Mohr Siebeck 2012) 223; ‘Reconceptualizing the Constitutional Dimension of Intellectual Property-An Update’ in Paul Torremans (ed), Intellectual Property and Human Rights (4th ed., Kluwer Law Int'l 2020) 117.

〔75〕 See DSA Proposal (n) art 38-48

〔76〕 See, in general, Giancarlo Frosio, ‘Algorithmic Enforcement Online’ in Paul Torremans (ed), Intellectual Property Law and Human Rights (Wolters Kluwer 2020) 709-744.

莱西希和其他人所解释的那样，该准则是网络空间的法律。[77] 因此，通过修改互联网的架构，强制执行可能变得不明显。[78] 考虑到与手动检查侵权内容和链接到侵权内容相关的不可持续的交易成本[79]，在线中介平台将改变互联网架构，通过部署算法工具来执行监控和过滤，并限制其责任。[80]

算法强制执行可能会带来一定的负外部性。首先，它导致强制执行的私有化和公共权力的下放。自动化和算法内容调节简化了许多政策选择，这些政策选择由平台和权利持有人掌握，并将言论自由和在线文化参与置于一个新的"私人秩序"层。[81] 在实践中，例如在版权强制执行的情况下，自动过滤对网络行为的决定远大于"该行为是否实质上符合版权法"。[82] 一个可以改变在线中介平台责任平衡体系的法律体系，比任何其他互联网架构都可能力导致原可限定责任的基础架构的改变。作为卡拉布雷西・科斯的"最低成本规避者"[83]，在线服务提供者本质上会试图降低裁决和责任的交易成本，为了做到这一点，可能会在功能上出现过度锁定的错误。这个过程可能会导致普遍的过度执法，这种变化是无形的，并导致

---

〔77〕 See Lawrence Lessig, The Code and Other Laws of Cyberspace (Basic Books 1999) 3 –60; William Mitchell, City of Bits: Space, Place, and the Infobahn (MIT Press 1995) 111.

〔78〕 See Joel Reidenberg, 'Lex Informatica: The Formulation of Information Policy Rules Through Technology' (1998) 76 Texas L Rev 553.

〔79〕 See Giancarlo Frosio, 'It's All Linked: How Communication to the Public Affects Internet Architecture' (2020) 37 CSLR 1 –23.

〔80〕 See, for a discussion of this very issue in connection to the enactment of Art. 17 of Directive 2019/790/EU, Giancarlo Frosio, 'Reforming the C-DSM Reform: a User-Based Copyright Theory for Commonplace Creativity' (2020) 52(6) IIC 709 –750.

〔81〕 See Matthew Sag, 'Internet Safe Harbors and the Transformation of Copyright Law' (2017) 93 Notre Dame L Rev 1.

〔82〕 Ibid.

〔83〕 See Guido Calabresi, 'Some Thoughts on Risk Distribution and the Law of Torts' (1961) 70 Yale L J 499; Ronald Coase, 'The Problem of Social Cost' (1960) 3 J L & Econ. 1.

用户习惯于高度审查的在线生态系统。[84]

此外,在线中介平台的监管选择——通过算法工具发生——可能深刻影响用户基本权利的行使,如正当程序、言论自由、信息自由、隐私权和数据保护权。[85] 在这种情况下,算法执行与《欧洲人权公约》(ECHR)和《欧盟基本权利宪章》之间的紧张关系突显出来。[86] 特别是,正如欧盟监委会在 Scarlet 案和 Netlog 案中明确指出的那样,自动过滤工具无法正确平衡知识产权和其他相互竞争的基本权利,例如言论自由、商业自由和隐私。[87] 尤其是目前的算法过滤工具侵犯了言论自由,因为它们可能无法通过应用例外和限制来识别用途,或者可能无法识别工作的公共领域状态。[88] 此外,算

---

〔84〕 But see Niva Elkin-Koren and Husovec arguing that technologies might be the only way how we address the concerns of over-blocking on scale and with necessary speed,: Niva Elkin-Koren, 'Fair Use by Design' (2017) 64 UCLA L Rev 22 (2017); Martin Husovec, 'The Promises of Algorithmic Copyright Enforcement: Takedown or Staydown? Which is Superior? And Why?' (2019) 42(1) Columbia J of Law & the Arts 53 – 84.

〔85〕 See, for detailed overview of fundamental rights and content moderation, Giancarlo Frosio and Christophe Geiger, 'Taking Fundamental Rights Seriously in the Digital Services Act's Platform Liability Regime' (study commissioned by Copyright for Creativity (C4C), 2020) <https://ssrn.com/abstract_id=3747756>.

〔86〕 See Convention for the Protection of Human Rights and Fundamental Freedoms (European Convention on Human Rights, as Amended) [1950] (hereafter ECHR); Charter of Fundamental Rights of the European Union 2012 OJ (C 326) 391 (hereafter "EU Charter"). See also eg Akdeniz v Turkey, App no 20877/10, 11 March 2014; Joan Barata and Marco Bassini, 'Freedom of Expression in the Internet: Main Trends of the Case Law of the European Court of Human Rights' in Oreste Pollicino and Graziella Romeo, The Internet and Constitutional Law: The Protection of Fundamental Rightsand Constitutional Adjudication in Europe (Rutledge 2016).

〔87〕 See eg C – 360/10 Belgische Vereniging van Auteurs, Componisten en Uitgevers CVBA (SABAM) v Netlog NV [2012] ECLI:EU:C:2012:85, para 51; Case C – 70/10 Scarlet Extended SA v Société belge des auteurs, compositeurs et éditeurs SCRL (SABAM) [2011] ECLI:EU:C:2011:771, para 53. See also C – 314/12, UPC Telekabel Wien [2014] EU:C:2014:192 (hereafter UPC Telekabel); Stefan Kulk and Frederik Zuiderveen Borgesius, 'Filtering for Copyright Enforcement in Europe after the Sabam Cases' (2012) 34 EIPR 791, 791 – 94; Evangelia Psychogiopoulou, 'Copyright enforcement, human rights protection and the responsibilities of internet service providers after Scarlet' (2012) 34 EIPR 552, 555.

〔88〕 Netlog(n 87) para 50。

法强制执行似乎在本质上不适合应用“合理使用”理论，因为这需要公平，因此本质上需要人类的判断。[89] 最后，在在线内容清理中，算法作出的决策反映了政策的假设和利益，这些假设和利益对整个社会产生了非常重大的影响，但我们对这些过程的理解有限。与社会相关的在线选择越来越多地通过不透明算法运行的自动私人强制执行来实现，这创建了一个所谓的“黑匣子”社会。[90] 算法执行的主要致命弱点在于算法的透明度和问责制，这仍然是一个从一开始就充满挑战的问题——高效和民主的在线符号监管。[91]

五、实践：私人执法在行动

在最近的实践中，通过不同类别的在线服务提供商应用的多种执法工具，最近出现了法律之外的各种形式的“负责任”行为。[92] 它们反映了通过主动行动和算法工具，跨越与在线中介责任相关的所有主题，朝着在线私人执法的方向发展。它们的共同点是，它们超出了法律责任框架所创造的基本法律预期。从本质上讲，

---

〔89〕 See Dan Burk and Julie Cohen, ‘Fair Use Infrastructure for Copyright Management Systems’ (2000) Georgetown Public Law Research Paper 239731/2000 < ssrn. com/abstract = 239731 >.

〔90〕 Frank Pasquale, The Black Box Society: The Secret Algorithms That Control Money and Information (Harvard U Press 2015). See also Nicolas Suzor, Lawless: The Secret Rules That Govern Our Digital Lives (CUP 2019); Tarleton Gillespie, Custodians of the Internet: Platforms, Content Moderation, and the Hidden Decisions That Shape Social Media (Yale U Press 2018).

〔91〕 See, for some proposals promoting algorithmic transparency and accountability, Frosio (n 77) 740 – 743.

〔92〕 事实上，这些执法策略实际上是通过更广泛的政策选择部署的，这些政策选项涵盖了从法定义务到私人秩序。即使是相同类型的执法安排，也可能是私人秩序计划、由机构管理的临时政府政策或立法规定的义务应用的结果。

他们的共同轨迹是更加积极主动地处理非法或其他可客体化的内容。它们通常通过行为准则和标准化的方式实施,同时针对大量在线中介平台。例如,(1)在私有域名系统内容监管情形域名系统提供商;(2)接入提供商对网站的屏蔽和分级响应;(3)操纵网络搜索的搜索引擎;(4)部署主动监控和过滤策略的主机提供商;(5)在支付封锁和追踪资金流向策略情况下的在线广告与支付服务者。

自愿措施和私人秩序计划通常通过国家驱动的行为准则和标准化流程实现其合理化。例如,这些行为在欧盟一直出现。拟议的《数字服务法案》可能会通过立法强制要求内容审核标准,如通知和行动机制、可信标记者计划和行为准则,进一步推动这一标准化。[93]

很长一段时间以来,《行为准则》(CoCs)一直被认为是促进在线内容净化的有用工具。《幼儿发展公约》已经规定,成员国和监委会必须鼓励"由贸易、专业和消费者协会或组织在共同体一级起草行为守则,以促进第5至15条的适当执行"。[94] CoCs的更广泛部署日益成为欧盟斡旋的自我监管机制,并且责任越来越大。从历史上看,第一个谅解备忘录是商标侵权领域的。[95] 最近,欧盟监委会采纳了针对反仇恨言论和虚假信息的行为准则。[96] 特别是,欧盟监委会已经协调了一项欧盟范围内的自我监管行为,该行为应指

---

〔93〕 See DSA Proposal (n 6) art 14 – 24.

〔94〕 eCommerce Directive (n 19) art 16

〔95〕 See European Commission, 'Memorandum of Understanding on online advertising and IPR' (May 2011) < https://ec.europa.eu/growth/industry/intellectual-property/enforcement/memorandum-ofunderstanding-online-advertising-ipr_en >.

〔96〕 See European Commission, 'Code of Practice on Disinformation' (28 September 2018) <https://ec.europa.eu/digital-single-market/en/news/code-practice-disinformation>.

导在线平台打击仇恨言论、煽动恐怖主义和防止网络欺凌。[97] 这一新政策趋势的直接结果是，监委会与包括 Fackbok、Twitter、YouTube、Microsoft、Instagram、Snapchat 和 Dailymotion 在内的所有主要在线存储提供商就一项行为准则达成一致，该准则支持了打击非法仇恨言论在欧洲在线传播的一系列承诺。[98] 该准则规定了一些承诺，如对非法仇恨言论的更快通知和删除，将在 24 小时内删除，或者为政府和非政府组织提供删除非法内容的特殊通知渠道。[99] 作为对欧盟在打击网络恐怖主义中中介平台作用方面日益增加的压力的部分回应，主要科技公司 Facebook、Microsoft Twitter 和 YouTube 宣布，他们将开始分享突出的恐怖主义宣传话题。[100]

欧盟监委会还试图通过创建一系列中介平台应遵循的期望，使程序、与通知方的关系以及用于通过法律实施执法行动的技术标准化。一方面，《打击网络非法内容的通迅》(Communication Tackling Illegal Content Online)主张“为了确保高质量的通知和更快地删除非法内容，欧盟层面的行业可以通过自律机制同意以尊重基本权利和民主价值观为主要基础的标准”。[101] 另一方面，该通讯提到，这

---

[97] See Communication (n 50) 10. 欧盟关于反激进化和打击极端主义的其他几份文件，如欧盟议会公民自由监委会关于反激进化的报告草案，都强调中介平台在监管在线内容方面发挥更大的作用。See Directive (EU) 2017/541 of the European Parliament and of the Council of 15 March 2017 on combating terrorism and replacing Council Framework Decision 2002/475/JHA and amending Council Decision 2005/671/JHA, 2017 OJ (L 88) 6 – 21; European Parliament, ‘Report on Prevention of Radicalization and Recruitment of European Citizens by Terrorist Organizations’ (3 November 2015) 2015/2063 (INI). See also, to the same effect, the UK Counter Extremism Strategy: Home Department (UK), Counter-Extremism Strategy (Cmd 9148, 2015).

[98] See European Commission, European Commission and IT Companies Announce Code of Conduct on Illegal Online Hate Speech, Press Release (31 May 2016) <http://europa.eu/rapid/press-release_IP-16-1937_en.htm>.

[99] Ibid.

[100] See ‘Google in Europe, Partnering to Help Curb the Spread of Terrorist Content Online’ (Google Blog, 5 December 2016) <https://blog.google/topics/google-europe/partnering-help-curb-spreadterrorist-content-online>.

[101] See Communication (n 24) s 3.2.1.

也可以在“欧盟标准化框架内”完成,在该框架下,特定实体可以被视为可信告知者。[102] 通过一系列附加标准来获得充分的灵活性,以考虑具体内容的特点和受信任标志的角色,包括“内部培训标准、流程标准和质量保证,以及关于独立性、利益冲突、隐私和个人数据保护的法律保障”,并将这些作为未完全列举的清单。[103] 如前所述,特别是在恐怖主义宣传、极端主义和仇恨言论领域,欧盟监委会“鼓励可信告知者通知能够被平台和用户友好型的匿名通知系统快速追踪”。[104] 事实上,《数字服务法案》中未包含在在线内容审核中的临时立法强制可信告知者方案。[105]

(一)域名系统提供商:私有域名系统内容监管

域名系统(DNS)提供商已加入打击网络盗版的斗争,因此在网络上执行域名系统管理工作。[106] 这一执法策略主要针对被称为域名跳转的侵权行为,这种行为通过从一个国家代码顶级域(ccTLD)或通用顶级域(gTLD)注册商转移到另一个注册商来逃避执法,从而增加了用于保护知识产权或其他权利的时间和资源。在这种情况下,负责任的做法将依赖于互联网基础设施和治理的管理者,如ICANN[107],通过所谓的“可信告知者”版权强制执行计划,该计划与欧洲监委会采用的“可信告知者”方法非常相似。实际上,ICANN 针对新通用顶级域的合同架构代表版权所有者(以及潜在的其他“可信”方)嵌入了对基于域名系统的私有内容监管的支持,

---

〔102〕 Ibid.

〔103〕 Ibid.

〔104〕 Ibid s 3. 2. 1. and 3. 2. 3.

〔105〕 See DSA Proposal (n 6) art 19.

〔106〕 See eg Annemarie Bridy, ‘Addressing Infringement: Developments in Content Regulation in the US and the DNS’ in Frosio (ed) (n 4) 631 – 646; Sebastian Schwemer, ‘The regulation of abusive activity and content: a study of registries’ terms of service’ (2020) 9(1) Internet Policy Review <https://doi. org/10. 14763/2020. 1. 1448>.

〔107〕 See, for further in-depth review of this enforcement strategy, Chapter 32.

从而明确禁止注册管理运行机构和注册服务机构侵犯知识产权和包括暂停域名的义务。[108] 通过这一合同框架,ICANN 促进了域名系统中介平台和权利持有人之间的自愿执行协议,例如 DNA 的健康域名倡议。[109] 注册运营商同意,如果在收到投诉后的 10 个工作日内,“域名明显存在滥用行为……,则可自行决定暂停、终止或将域名置于注册锁定、持有或类似状态”。[110] 然而,这一自愿执行计划显然缺乏正当程序保障。正如布丽迪所解释的,“在创建该架构的过程中,ICANN 没有为那些发现自己受到这种新形式域名系统监管的域名注册人提供任何程序保护或统一的实质性标准”。[111]

(二) Access Providers 链接服务提供者

访问提供商在自愿的基础上参与内容净化和在线强制执行。特别是,他们可能会实施两个网址屏蔽和分级响应方案。

1. 网址屏蔽

网址屏蔽措施已被广泛用于知识产权强制执行领域。这些禁令在一些成员国产生了相当多的判例法,法院规定了在欧盟国家层面上发布此类命令的条件、法律和技术模式。[112] 这些措施有时在国家法律中通过行政法规的方式被采纳,这些行政法规赋予在特定

---

〔108〕 See ICANN-Registry Agreement (2013) s 2. 17 Specification 11; ICANN Registrar Accreditation Agreement (2013) s 3. 18.

〔109〕 See Meeting Transcript, MARRAKECH – Industry Best Practices – the DNA's Healthy Domains Initiative 13 < https://meetings. icann. org/en/marrakech55/schedule/wed-dna-healthy-domainsinitiative/transcript-dna-healthy-domains-initiative-09mar16-en. pdf >.

〔110〕 See Donuts. Domains, Characteristics of a Trusted Notifier Program < http://www. donuts. domains/images/pdfs/Trusted-Notifier-Summary. pdf >.

〔111〕 Annamarie Bridy, 'Notice and Takedown in the Domain Name System: ICANN's Ambivalent Drift into Online Content Regulation' (2017) Washington and Lee L Rev 1345, 1386.

〔112〕 See, for a broad overview, Giancarlo Frosio and Oleksandr Bulayenko, Study on Dynamic Blocking Injunctions, commissioned by the European Intellectual Property Office (EUIPO 2021).

条件下屏蔽网站的特殊权力。[113] 然而,一些链接服务提供者也参与了自愿的网站屏蔽计划。

几个欧洲司法管辖区已经建立了“软法律”安排,也许其中最突出的是由互联网观察基金会(IWF)运营的反虐待儿童计划。[114] 该基金会于 2002 年开始分发其网址列表,以实施阻止或过滤解决方案。[115] 在丹麦和英国,利益攸关方之间建立了自律措施。在丹麦,最引人注目的安排是《处理阻止获取侵犯知识产权服务的决定的行为准则》,该准则在电信行业和权利联盟之间签订。[116] 在英国运营的主要搜索引擎(包括 Google、Bing、Yahoo)和其他相关利益相关者之间有一个自愿的行为准则,以降级侵犯版权的网站。在比利时,互联网服务提供商协会(ISPA)成员遵守的通用行为准则在司法警察内设立了一个中央联络点,以接收有关互联网上非法活动的投诉,包括侵犯版权。[117] 与此同时,德国互联网链接服务提供者和权利持有人根据共同商定的行为准则建立了一个独立的“互联网版权信息交换所”,该行为准则规定,如果联邦网络局在欧盟网络中立性法规下没有顾虑,现在就可以根据信息交换所的建议[118]在法

〔113〕 See eg Alessandro Cogo and Marco Ricolfi, ‘Administrative Enforcement of Copyright Infringement in Europe’ in Giancarlo Frosio (ed), The Oxford Handbook of Online Intermediary Liability (OUP 2020) 586 – 602.

〔114〕 See Internet Watch Foundation (IWF), URL List Policy < https://www.iwf.org.uk/become-amember/services-for-members/url-list/url-list-policy >.

〔115〕 Ibid.

〔116〕 The recent revised version of the CoC is dated 18 May 2020 and is available at: https://rettighedsalliancen.dk/ (in Danish).

〔117〕 See ISPA Code of Conduct, available at https://www.ispa.be/code-conduct-fr/

〔118〕 结构性侵权网站是指根据“信息交换所”的一致建议,其商业模式面向大规模侵犯版权的网站。See ‘Joint solution for dealing with structurally infringing websites on the Internet: Internet access providers and rights holders set up independent “clearing house”’, Press Release (CUII, 11 March 2021) < https://cuii.info/fileadmin/files/20210311_PM_Gruendung_CUII.pdf >.

庭外屏蔽对所谓的“结构性版权侵权网站”的访问。[119] 在芬兰，有一个屏蔽外国网站的自愿机制，但其范围仅限于儿童色情制品。芬兰警方保留了外国儿童色情网站的记录，互联网服务提供商可能会利用这些网站来屏蔽访问这些网站。[120] 意大利有一个制定行为准则的具体监管框架，规定互联网服务提供商可以实施自我行为准则，规范对其客户（除其他外）非法行为索赔的审查。为此，企业、专业或消费者协会或组织促进通过行为守则，并转交给生产活动部和欧洲联盟监委会负责。[121]

2. 分级响应

所谓的“分级响应”或“三击”规则也是链接服务提供者“负责任”行为的一种形式。这些强制执行计划旨在屏蔽重复侵权者的家庭式互联网联接。在某些情况下，分级响应安排是司法或立法授权的，它们往往是自愿安排的结果。法国《哈多皮法》（Hadopi Law）和新西兰、韩国、英国等其他国家规定了渐进式应对计划，这些计划实际上由行政机构而非中介平台管理。[122] 法院还审查了分级响应

---

〔119〕 See Regulation 2015 (2120) of the European parliament and the Council on measures for access to the open Internet and amending Directive 2002/22/EC on universal service and user rights in electronic communications networks and services and Regulation (EU) No. 531/2012 on roaming in public mobile networks in the Union (2015) OJ L 310/1.

〔120〕 See Act on measures to prevent the distribution of child pornography (2006/1068).

〔121〕 See Legislative Decree 70/2003, Art. 18.

〔122〕 See Law no 2009 - 669 of 12 June 2009, promoting the dissemination and protection of creative works on the Internet (a. k. a. HADOPI law) (FR); Law no 2009 - 1311 of 28 October 2009, on the criminal protection of literary and artistic property on the Internet, Art 7 and 10 (FR); Copyright (Infringing File Sharing) Regulations 2011 (NZ); Copyright Act as amended on 22 January 2014, Art 90 - 4(2) (TW); Digital Economy Act 2010 C 24 (UK) (however, the 'obligations to limit Internet access' have not been implemented yet).

计划的重要性,并发布了强制此类安排的禁令。[123]

然而,行业主导的自我监管在分级响应计划中占最大比例,例如2017年1月停止的“六次罢工”版权警报系统(CAS)[124]。CAS实施了一个多警报系统。在第五次警报之后,互联网服务提供者被允许采取“缓解措施”来防止未来的边缘化,包括“暂时降低网速、暂时降低互联网服务级别或重定向到登录页”。[125] 在澳大利亚,行业协商的分级响应代码已提交给澳大利亚通信和媒体管理局(ACMA)注册为行业代码,要求互联网服务提供者向涉嫌侵犯版权的住宅固定账户持有人传递一系列不断升级的侵权警告。[126] 在欧洲,Eircom是首批实施自愿分级响应协议的欧洲互联网服务提供商之一,根据该协议,在唱片公司和Eircom达成和解后,Eirccom将向客户发出版权侵权通知。[127] 爱尔兰最高法院后来维持了该计划的有效性,并支持爱尔兰数据保护监委会的强制执行通知,该通知要求爱尔兰通信公司停止实施该协议。[128] 此外,在英国政府的支持

[123] See eg Sony Music & Ors v UPC Communications [2015] IECH 317; Gerard Kelly, 'A CourtOrdered Graduated Response System in Ireland: the Beginning of the End?' (2016) 11(3) Journal of Intellectual Property Law & Practice 183, 183 – 198. But see Roadshow Films Pty Ltd v iiNet Limited [2012] HCA 16 (rejecting the injunction); Nicolas Suzor and B Fitzgerald, 'The Legitimacy of Graduated Response Schemes in Copyright Law' (2011) 34 U New South Wales J L 1.

[124] See Annemarie Bridy, 'Copyright's Digital Deputies: DMCA-plus Enforcement by Internet Intermediaries' in John A. Rothchild (ed), Research Handbook on Electronic Commerce Law (Edward Elgar Publishing 2016) 191 – 195. See also Annemarie Bridy, 'Graduated Response American Style: 'Six Strikes' Measured Against Five Norms' (2012) 23(1) Fordham Intell Prop Media & Ent L J 1, 1 – 66; David Kravets, 'RIP, 'Six Strikes' Copyright Alert System' (ArsTechnica, 30 January 2017)

[125] See Center for Copyright Information, Copyright Alert System (CAS) <http://web.archive.org/web/20130113051248/http://www.copyrightinformation.org/alerts>.

[126] See Communications Alliance Ltd, C653:2015 – Copyright Notice Scheme Industry Code (April 2015) <http://www.commsalliance.com.au/__data/assets/pdf_file/0005/48551/C653 – CopyrightNotice-Scheme-Industry-Code-FINAL.pdf>.

[127] See EIR, Legal Music-Frequently Asked Questions <www.eir.ie/notification/legalmusic/faqs>.

[128] See EMI v Data Protection Commissioner [2013] IESC 34 (IR).

下,英国主要互联网服务提供商和版权持有人以英国创意内容公司的名义就一项协议进行了谈判。[129] 这一自愿计划将实施互联网服务提供商根据权利持有人提供的 IP 地址向其用户发送的四份仅限教育的通知或警报,据称该 IP 地址被用于传输侵权内容。[130] 分级回应机制因其对用户权利的负面影响以及在遏制侵权方面的有限正外部性而受到广泛质疑。[131] 事实上,由于缺乏有效性,分级应对策略已经失去了最初的吸引力。

(三)搜索引擎:操纵在线搜索

搜索引擎采用的一些自愿措施以操纵在线搜索或降级的名义进行。[132] 尽管版权执法一直是这些措施的主要目标,但它们可能适用于多个涉嫌非法的网络活动。自 2012 年以来,Google 一直在对涉嫌盗版的网站进行降级。首先,Google 改变了其 PageRank 搜索算法,并根据每个网站收到的符合 DMCA 的通知数量对网站进行降级。[133] 后来,在 2014 年,Google 开始对返回包含 DMCA 降级网站的搜索结果的自动预测进行降级。[134] 这些措施变得普遍,并越来越多地通过 CoC 得到利益相关者的同意。例如,在英国知识产权局的支持下,来自创意产业和英国主要搜索引擎的代表制定了《自愿行为守则》,致力于降低侵权内容在搜索结果中的可见性,特

[129] Creative Content UK <http://www.creativecontentuk.org>.

[130] Ibid.

[131] See eg, for further reference, Frosio (n) 19–20.

[132] See eg Kristen Grind and others, 'How Google Interferes With Its Search Algorithms and Changes Your Results' (The Wall Street Journal, 15 November 2015) <https://www.wsj.com/articles/howgoogle-interferes-with-its-search-algorithms-and-changes-your-results-11573823753>.

[133] See Annemarie Bridy, 'Copyright's Digital Deputies: DMCA-plus Enforcement by Internet Intermediaries' in John Rothchild (ed), Research Handbook on Electronic Commerce Law (Edward Elgar Publishing 2016) 200.

[134] Ibid.

别是通过从第一页降级搜索条目。[135]

此外,传统上对明显非法的内容采取了自愿的搜索操纵措施。在线存储提供者没有等待法律规定的义务,而是越来越多地寻求该领域的自律举措。当然,儿童色情就是这样一个早期的例子。[136] 此外,Google 对报复性色情采取了具体的自我监管措施,Google 将其从互联网搜索中除名。[137] 其他主要平台也紧随 Google 的步伐。在过去被荷兰法院下令识别报复性色情出版商后[138] GoogleFacebook 决定引入照片匹配技术来阻止报复性色情,并主动过滤其再现[139]。最后,搜索操纵和降级开始被应用于遏制极端主义和激进化,例如英国关于网上恐怖主义内容和活动的临时行为准则。[140] 还公布了一项试点计划,以调整搜索,使反激进化视频和链接更加突出。[141]

---

[135] See Intellectual Property Office, ' Press Release: Search Engines and Creative Industries Sign AntiPiracy Agreement ' (20 February 2017) < https://www. gov. uk/ government/news/search-engines-andcreative-industries-sign-anti-piracy-agreement >.

[136] See eg Department for Digital, Culture, Media & Sport, Interim code of practice on online child sexual exploitation and abuse (15 December 2020) Principle 6.

[137] See Joanna Walters, ' Google to Exclude Revenge Porn from Internet Searches? (The Guardian, 21 June 2015) < https://www. theguardian. com/technology/2015/jun/20/ google-excludes-revenge-porninternet-searches >

[138] See Agence France-Press, ' Facebook Ordered by Dutch Court to Identify Revenge Porn Publisher ' (The Guardian, 26 June 2015) < https://www. theguardian. com/ technology/2015/jun/26/facebookordered-by-dutch-court-to-identify-revenge-porn-publisher >.

[139] See Emma Grey Ellis, ' Facebook's New Plan May Curb Revenge Porn, but Won't Kill It' (Wired, 6 April 2017)

[140] See eg Department for Digital, Culture, Media & Sport, Interim code of practice on terrorist content and activity online (15 December 2020) Principle 2.

[141] See Ben Quinn, ' Google to Point Extremist Searches Towards Anti-radicalization Websites' (The Guardian, 2 February 2016) < http://buff. ly/20J3pFi >.

(四)存储服务提供者:主动监控和筛选

最近可能通过立法方式增加义务(至少在欧盟)[142],主动监控和过滤首先作为一项私人命令措施清除互联网涉嫌侵权内容或非法言论。在针对他们的重大版权诉讼的迷雾中[143],YouTube 和 Vimeo 认为有必要在自愿的基础上在其平台上实施过滤机制。Google 在 2008 年推出了 Contend ID,[144] Vimeo 于 2014 年采用了版权匹配[145]。这两项技术都依赖于数字指纹来将上传的文件与版权持有人提供的受保护作品的数据库进行匹配。[146]

YouTube 和 Facebook 一直在使用其他匹配工具来过滤"极端内容"。[147] 在这种情况下,科技公司计划创建一个由独特数字指纹组成的共享数据库,并将其称为哈希。该共享数据库可用于识别、删除宣扬恐怖主义的图像和视频。[148] 与此同时,欧盟监委会希望为这些举措提供一个监管框架,强调互联网平台需要加快消除仇恨

---

[142] See Directive 2019/790/EU of the European Parliament and of the Council of 17 April 2019 on copyright and related rights in the Digital Single Market and amending Directives 96/9/EC and 2001/29/EC [2019] OJ L 130/92 (hereafter 'C-DSM Directive') art 17 (除其他外,规定选定的提供商在未能达成许可协议并获得触发此类技术的必要信息时,应承担主动监控和过滤义务). See also Frosio (n 80) 709 – 750.

[143] See Viacom Int'l v YouTube Inc, 676 F3d 19 (2nd Cir 2012); Capitol Records LLC v Vimeo, 826 F3d 78 (2nd Cir 2015).

[144] See YouTube, How Content ID Workshttps://support. google. com/youtube/answer/2797370? hl = en

[145] See Chris Welch, 'Vimeo Rolls Out Copyright Match to Find and Remove Illegal Videos' (The Verge, 21 May 2014) < https://www. theverge. com/2014/5/21/5738584/vimeo-copyright-match-findsand-removes-illegal-videos >.

[146] YouTube (n 146).

[147] See Joseph Menn and Dustin Volz, 'Excusive: Google, Facebook Quietly Move Toward Automatic Blocking of Extremist Videos' (Reuters, 25 June 2016) < http://www. reuters. com/article/us-internet-extremism-video-exclusive-idUSKCN0ZB00M >

[148] Olivia Solon, 'Facebook, Twitter, Google and Microsoft Team up to Tackle Extremist Content (The Guardian, 6 December 2016) < https://www. theguardian. com/technology/2016/dec/05/facebooktwitter-google-microsoft-terrorist-extremist-content >.

言论的进程。《打击网上非法内容通证》通过支持“自动封锁程序”，来识别和过滤那些已被确认和评估为非法的内容。[149] 此外，存储提供者应特别重视解决网上传播恐怖内容的问题，采取“相称和具体的积极措施，包括使用自动化手段，以检测、识别并迅速消除或禁止访问恐怖内容”。[150] 这些自动化手段还应“立即防止内容提供者重新提交已被删除或因被视为恐怖内容而被禁止访问的内容”。[151] 一项防止在线传播恐怖主义内容的法规认可了类似的原则，其内容还包括数字平台有义务在收到删除令后一个小时内尽快删除“所有成员国的恐怖主义内容或禁止访问恐怖主义内容，这将鼓励存储服务提供者使用主动算法过滤进行审核，以便制订严格的删除截止日期。[152]

同样依赖哈希技术的类似举措也在虐待儿童材料领域实施。PhotoDNA 是微软的一项技术，被广泛用于查找图片并阻止其传播。[153] 该技术正在被互联网观察基金会[154]和私人公司（如 Microsoft，Twitter、Google 和 Facebook）使用，并且这些公司也正在开发自己的产品。[155]

---

[149] See Communication (n 24) § 5.2.

[150] European Commission, 'Recommendation on measures to effectively tackle illegal content online' C(2018) 1177 final.

[151] Ibid.

[152] See Regulation of the European Parliament and the Council on preventing the dissemination of terrorist content online' [2021] 2018/0331(COD) art 3. See also Entwurf eines Gesetzes zur Verbesserung der Rechtsdurchsetzung in sozialen Netzwerken (Netzwerkdurchsetzungsgesetz – NetzDG) (14 March 2017) <http://www.alstonprivacy.com/wp-content/uploads/2017/03/2017-03-14-NetzDG_Entwurf-des-BMJV.pdf> s 3(2)(2) [hereinafter NetzDG]（规定托管服务提供商有义务在收到投诉后 24 小时内删除或阻止访问明显非法的内容）.

[153] See Microsoft, PhotoDNA <https://www.microsoft.com/en-us/photodna>.

[154] See 'Using Crawling and Hashing Technologies to Find Child Sexual Abuse Material – the Internet Watch Foundation' (NetClean, 11 February 2019) <https://www.netclean.com/2019/02/11/using-crawling-and-hashing-technologies-to-find-childsexual-abuse-material-the-internet-watch-foundation>.

[155] See Wikipedia, PhotoDNA <https://en.wikipedia.org/wiki/PhotoDNA>.

(五)广告和支付提供商:支付区块链和资金流动策略

主要企业版权和商标所有者以及在线支付处理程序之间的支付封锁和“自愿最佳实践协议”已被广泛应用。[156] 例如,在2011年和2012年,美国运通、Discover、MasterCard、Visa、PayPal、PULSE作为国际反假冒联盟(IACC)实施的支付处理器倡议的一部分,Diners Club与31个主要权利持有人签订了最佳实践协议。[157] 美国政府及其《知识产权执法联合战略计划》[158]和欧盟监委会的《迈向更现代、更欧洲的版权框架的沟通》都支持类似的“资金流动”策略。[159] 正如监委会所说,目标是“与平台合作,建立和应用自愿合作机制,旨在剥夺从事商业侵权的非法知识产权(IPR)的收入流”。[160] 根据监委会的说法,“资金流动”策略应该基于自律方法,来通过实施自愿行为准则,如《利益相关者关于网络广告和知识产权的自愿协议的指导原则》。[161] 正如原则所述,“该协议的目的是劝阻在商业规模的侵犯知识产权侵权网站和应用程序(例如手机、平板电脑或机顶盒)上投放广告,从而最大限度地减少通过广告收入为侵犯知识产权提供的资金”。[162]

---

〔156〕 See Annemarie Bridy, 'Internet Payment Blockades' (2015) 67 Florida L Rev 1523.

〔157〕 See Best Practices to Address Copyright Infringement and the Sale of Counterfeit Products on the Internet (16 May 2011). See also Bridy (n 96) 1549.

〔158〕 See Office of the Intellectual Property Enforcement Coordinator, Supporting Innovation, Creativity & Enterprise: Charting a Path Ahead (US Joint Strategic Plan for Intellectual Property Enforcement FY 2017 -2019) (2017).

〔159〕 See Commission, 'Towards a Modern More European Copyright Framework' (Communication) COM (2015) 260 final 10 -11.

〔160〕 See Communication (n 50) 8.

〔161〕 Commission, 'The Follow the Money Approach to IPR Enforcement - Stakeholders' Voluntary Agreement on Online Advertising and IPR: Guiding Principles' http://ec. europa. eu/docsroom/documents/19462/attachments/1/translations/en/renditions/native.

〔162〕 Ibid.

在许多情况下,支付中介的服务条款常被外界视为反对言论保护的压力所在。除此以外,当 PayPal、Moneybookers、Visa 和 MasterCard 停止接受公众捐款时,支付封锁使维基解密 95% 的收入受损。实际上上述公司从未对维基解密提起过任何法律诉讼。在 Backpage v. Dart 案中,伊利诺伊州库克县警长汤姆·达特向 Visa 和 MasterCard 发出信函,要求他们因分类广告网站“成人服务”部分的内容而停止与 Backpage. com 的业务往来。[163] 这两家信用卡公司都遵守了规定,切断了整个网站全球运营的服务。[164] Backpage 声称,警长的非正式审查压力相当于事先对言论的限制。[165] 该案最终被上诉至第七巡回法院,该法院推翻了之前的裁决,并放弃了之前对言论辩护的限制。[166] Backpage 案突显了中介平台如何经常面临商业激励,这使他们更有可能屈服于压力。

六、结论

当前的互联网政策——尤其是在欧洲——正在悄悄地偏离基本的在线用户保护措施,同时在权利人、在线中介平台和政府之间形成“无形的联手”。公共执法缺乏技术知识和资源来应对全球人类符号学行为方面的前所未有的挑战,因此将主动把在线执法外包

---

[163] See Letter from Sheriff Thomas J. Dart to Mr. Charles W. Scharf, Chief Executive, Visa Inc. (29 June 2015) < http://cdn. arstechnica. net/wp-content/uploads/2015/07/backpageexhibit. pdf > ; Letter from Sheriff Thomas J. Dart to Mr. Ajaypal Banga, President and Chief Executive Officer, MasterCard Inc. (29 June 2015)

[164] See Rainey Reitman, ‘Caving to Government Pressure, Visa and MasterCard Shut Down Payments to Backpage. com? (EFF, 6 July 2015) < https://www. eff. org/deeplinks/2015/07/caving-governmentpressure-visa-and-mastercard-shut-down-payments-backpagecom >.

[165] See Backpage. com v. Sheriff Thomas J. Dart, 1:15 – cv – 06340 (N. D. Ill. 2015) (US) (Complaint for Injunctive and Declaratory Relief and Damages)

[166] See Backpage. com v. Sheriff Thomas J. Dart, 807 F3d 229 (7th Cir. 2015) (US).

给私人。基于新强调的企业社会责任概念,通过国家驱动和市场驱动的私人秩序措施实现的,如私人域名系统(DNS)内容监管、网站屏蔽、分级响应、在线搜索操纵、监控和过滤、支付封锁和资金流动策略。

然而,政府的退出留下了沉重的代价。首先,这一过程可能会推动一种无定形的责任概念,激励中介平台自我干预,以监管互联网上涉嫌侵权的活动。其次,在公共监督之外通过私人服务条款(ToS)的执法,对非法和非法内容进行裁决。此外,通过招募在线中介平台作为监管机构,并增加他们的责任,政府将在事实上把在线执法授权给透明度和问责制有限或没有的算法机制。因此,在"黑匣子"社会中,正当程序和基本保障受到技术强制、限制网络内容的公平使用以及根据主流道德话语压制言论的破坏。无论算法执行如何,对敏感问题的私人监督都需要对相互竞争的基本权利进行比例平衡,这是形成基本权利和民主视角的次优选择。事实上,在民主社会中,根据经验,对权利的裁决必须下放给司法权力。最后,通过越来越多地将网络执法和监管下放给私人,互联网治理标准将不可避免地被分散,而不是被整合和"宪法化"。

尽管在线执法和裁决的私有化已经作为一种趋势巩固了很长一段时间,但相反的力量也在起作用,最近的《数字服务法案》和《数字市场法案》的提议可能证实了这一点。通过这些举措,国家可能会试图通过创建立法强制标准和监管国家和跨国基础设施来重新获得互联网和平台治理中更核心和监督的角色,这些标准和基础设施限制了私人秩序的碎片化,同时更严格地保障用户的基本权利。避免一个反乌托邦式的未来关键在于保护用户的基本在线权利,强调正当程序、言论自由和隐私,反对由私人管理的算法内容审核、裁决和执法的明显无情的力量。

中篇　互联网平台监管义务之争

欧盟版权改革面临的问题：过滤义务之争

[意大利]吉安卡洛·弗罗西奥*

本文讨论了在欧盟法律中引入存储服务提供者与版权持有人签订许可协议的义务，并确保他们采取有效的技术措施，如内容识别技术，以防止在线平台上的版权侵权。该提案包含在2016年9月14日欧盟委员会《数字单一市场版权指令(草案)》第13条及其附件中，是正在进行的欧盟版权改革的重要组成部分。本文强调了这项提案改革的不足之处，它可能在清晰度、与欧盟法律的一致性、适当性和相称性方面存在不足。在此基础上，本文讨论了近年来近欧洲法院的判例法，如GSMedia、Ziggo和Filmspeler，它们都在数字环境中努力向公众传播信息。该案例凸显了传统的“知故知新”、以过失为基础的中介责任制度与引入过滤和监督义务之间的系统性矛盾。本文从基本权利的角度考察了过滤和监

---

* 作者为贝尔法斯特女王大学法学院教授。原文发表于《卡多佐艺术与娱乐法杂志》2018年第36卷第2期。

督措施的适当性,考虑了财产权的执行与竞争的基本权利(如言论自由、商业和隐私自由)之间的比例性。本文对草案改革的批判性审查提供了一个机会,简要地提出一项替代提案:通过执行责任规则或利润分配的安排,从平台经济的病毒式传播中为创作者创造价值,同时限制对用户权利的负面外部性,从而更务实地参与技术变革。

导言

所谓的中介责任制度是在近 20 年前引入的,其基本假设是:在线提供者被排除在监测其传输或存储的信息的一般义务之外,也被排除在积极寻求表明违法活动的事实或情况的一般义务之外。[1] 这一一般原则为在线提供商提供了一个保护伞,以避免在线过滤和中介平台的监管义务。[2] 此外,《电子商务指令》要求欧盟成员国向在线中介平台(包括链接和存储提供商)提供豁免,免除其用户所犯错误活动的责任。多个法域采用了类

〔1〕 See Directive 2000/31/EC of the European Parliament and of the Council of 8 June 2000 on Certain Legal Aspects of Information Society Services, in Particular Electronic Commerce, in the Internal Market, 2000 O. J. (L 178) 1, 13, art. 15.

〔2〕 Id. at arts. 12 – 14.

似的法律安排。[3] 在最初的犹豫和让中介平台对其网络中发生的侵权行为承担全部责任的提议失败之后[4],最终颁布了责任豁免。这些豁免是在这样一种假设下制定的,即在线服务提供者不应因责任问题而受到阻碍,以促进新兴一个可能有利于言论自由环境的互联网市场。然而,借用这位不朽吟游诗人的话:

> 有一个鬼魂从坟墓里归来,
> 至今仍在欧洲徘徊,
> 他想知道是否要过滤,
> 作为即将进行的版权改革的一部分。

凭借《数字单一市场战略》(DSMS),欧盟委员会一直在考虑通过为中介平台创造一个"适合目的"的监管环境,来缩小《电子商务

---

〔3〕 See eg. , Communications Decency Act of 1996, 47 U. S. C. § 230(c) (1998) (exempting intermediaries from liability for the speech they carry); The Digital Millennium Copyright Act of 1998, 17 U. S. C. § 512 (2010) [hereinafter DMCA] (introducing specific intermediary liability safe harbors for copyright infringement); [Federal Law on Amending Certain Legislative Acts of the Russian Federation on Issues of Protecting Intellectual Rights in InformationTelecommunication Networks], SOBRANIE ZAKONODATEL'STVA ROSSIISKOI FEDERATSII [SZ RF] [Russian Federation Collection of Legislation] 2013, No. 187; [Provisions of the Supreme People's Court on Several Issues Concerning the Application of Law in Hearing Civil Disputes Involving Infringement of the Right of Dissemination on Information Networks] (promulgated by the 1561st Session of the Jud. Comm. of the Sup. People's Ct. , Dec. 17, 2012, effective Jan. 1, 2013), CLI. 3. 19. 1740(EN) (China); Copyright Modernization Act, S. C. 2012, c 20, § 31. 1 (Can.); [Federal Law on Information, Informational Technologies and Protection of Information], SOBRANIE ZAKONODATEL'STVA ROSSIISKOI FEDERATSII [SZ RF] [Russian Federation Collection of Legislation] 2006, No. 149; Copyright Legislation Amendment Act 2004 (Cth) sch 1 (Austl.).

〔4〕 See Bruce Lehman, Intellectual Property and the National Information Infrastructure: The Report of the Working Group on Intellectual Property Rights 114 – 124 (1995) (指出"最佳政策是追究服务提供商的责任……服务提供商因侵权活动而获得回报。很难说他们不应该承担责任。"); see also James Boyle, Intellectual Property Two Pasts and A Future by prof. James Boyle, YOUTUBE (Aug. 20, 2014), https://www. youtube. com/watch? v = gFDA-G_VqHo.

指令》的横向责任限制。[5] 特别是,欧盟议员正在讨论一项版权改革提案,希望对某些在线平台施加过滤和监控义务(“提案”)。[6]

《数字单一市场战略》宣布将“迈向互联的数字单一市场”,并提到改革欧盟版权的计划。[7] 通过各种政策干预,《数字单一市场战略》希望通过“降低壁垒,释放在线机会”,将欧盟从 28 个国家市场转移到单一市场。[8] 除电子商务规则、电信规则、跨境销售[9]、互操作性和标准化之外,《数字单一市场战略》还强调了版权改

---

[5] See Commission of the European Communities, Communication from the Commission to the European Parliament, The Council, the European Economic and Social Committee and the Committee of the Regions: A Digital Single Market Strategy for Europe, § 3.3, COM (2015) 192 final (May 6, 2015).

[6] Proposal for a Directive of the European Parliament and of the Council on Copyright in the Digital Single Market, at 13, COM (2016) 593 final (Sept. 14, 2016) [hereinafter DSM Directive Proposal]. 请注意,议会委员会对委员会发布的提案草案提出了几项修正案。虽然这篇文章的重点是委员会的建议,但建议的修正案将不会直接讨论。然而,它们可能会被提及。到目前为止,内部市场和消费者保护委员会(IMCO)批准了一项意见。See Opinion for the Committee on Legal Affairs on the proposal for a directive of the European Parliament and of the Council on copyright in the Digital Single Market, COM (2016) 593 final (June 14, 2017). The Culture and Education Committee (CULT) has approved its final opinion, which is still to be published. See Draft opinion on the proposal for a directive of the European Parliament and of the Council on copyright in the Digital Single Market, COM (2016) 593 final (Feb. 6, 2017). 法律事务委员会(JURI)也发布了一份意见草案,并将在今年晚些时候对其修正案进行投票。见关于欧洲议会和理事会版权指令提案的意见草案。See Draft opinion on the proposal for a directive of the European Parliament and of the Council on copyright in the Digital Single Market, COM (2016) 593 final (Mar. 10, 2017) [hereinafter “JURI Draft Opinion”].

[7] See Commission of the European Communities, Communication from the Commission to the European Parliament, The Council, the European Economic and Social Committee and the Committee of the Regions: A Digital Single Market Strategy for Europe, supra note 5, at 3.

[8] See Digital Single Market, EUROPEAN COMM'N PRIORITY, http://ec.europa.eu/priorities/digitalsingle-market_en (last visited Mar. 4, 2018).

[9] See Proposal for a Regulation of the European Parliament and of the Council on addressing geo-blocking and other forms of discrimination based on customers' nationality, place of residence or place of establishment within the internal market and amending Regulation, COM (2016) 289 final (May 25, 2016) (preventing geo-blocking and other forms of discrimination).

革[10]和在线中介平台的作用。[11] 与《数字单一市场战略》版权相关的行动主要集中在三个问题上:(缺乏)对内容的跨境访问及其可移植性,用于非商业和商业目的的文本和数据的挖掘,以及民事执法和互联网服务提供商的作用。委员会特别指出:

> 针对商业规模的版权侵权行为建立有效和平衡的民事执法制度,是投资创新和创造就业机会的核心。此外,特别是鉴于在线中介平台越来越多地参与内容传播,需要澄清适用于受版权保护作品的在线中介平台活动的规则。为了鼓励未来的内容创造,也需要考虑保障创作者的公平报酬的措施。[12]

因此,欧洲联盟委员会建议引入网站和其他互联网中介平台在处理非法第三方内容时应遵守的强化义务。[13] 特别是,正在进行的讨论特别提到了被视为"在线平台"的中介平台中的一个子集,并集中于"是否要求中介平台在管理其网络和系统的方式中履行更

---

〔10〕 令人遗憾的是,该战略没有解决数字枯竭的问题。

〔11〕 DSMS 版权相关政策行动是在欧洲议会议员 Julia Reda 关于执行信息社会委员会指令的起草报告之后进行的。See Report on the implementation of Directive 2001/29/EC of the European Parliament and of the Council of 22 May 2001 on the harmonization of certain aspects of copyright and related rights in the information society, 2014/2256(INI)(June 24, 2015)(rapporteur Julia Reda).

〔12〕 Commission of the European Communities, Communication from the Commission to the European Parliament, The Council, the European Economic and Social Committee and the Committee of the Regions: A Digital Single Market Strategy for Europe, supra note 5, at § 2.4

〔13〕 Id. at § 3.3.2(注意到"最近的事件增加了关于是否提高对互联网上非法材料的总体保护水平的公众辩论。").

大的责任和尽职调查,即注意义务”。[14]

欧盟最新版权改革提案的一部分引入了在线中介平台的新义务,这是继《数字单一市场战略》之后的一系列政策行动的结果。首先,委员会发布了一份新的通信,即《走向更现代、更欧洲的版权框架》。[15] 该通信预测欧盟将采取政策和立法行动,以促使例外情况适应数字和跨境环境。[16] 它要求澄清专有权领域,包括与链接

〔14〕 Id.; see also Council Directive 2001/29, art. 10 – 19, 2001 O. J. (L 167)(EC); Council Directive 2000/31, 2000 O. J. (L 178)(EC), at ¶48(先前确定“该指令不影响成员国要求托管其服务接收方提供的信息的服务提供商履行谨慎义务的可能性,这是可以合理预期的,也是国家法律规定的,以侦查和防止某些类型的非法活动。”)(强调部分增加)。因此,对在线中介平台实施某些形式的“注意义务”“已多次被作为欧洲国家”司法管辖区的政策目标提出。例如,德国联盟协议强调,“互联网服务提供商应该为大规模侵犯版权承担更多责任”。See Deutschlands Zukunft gestalten—Koalitionsvertrag zwischen CDU, CSU und SPD, 18 LEGISLATURPERIODE (Dec. 17, 2013), at 93 [hereinafter German Coalition Agreement]. 特别是,大联盟计划“加强对商业模式主要基于侵犯版权的平台的执法”,确保“此类服务提供商不再享有所谓存储服务提供者的一般责任特权,尤其是不再获得广告收入。”See id. at 93; see also Telemediengesetz [TMG] [Telemedia Act], Feb. 29, 2007, ELEKTRONISCHER BUNDESANZEIGER [EBANZ] at 179, § 7, 10 (Ger.)(providing the general liability privilege insulating information service providers from copyright infringement claims for the acts of their users; Bundesgerichtshof [BGH] [Federal Court of Justice] Aug. 15, 2013, I ZR 80/12, http://juris.bundesgerichtshof.de/cgibin/rechtsprechung/document.py? Gericht = bgh&Art = pm&Datum = 2013&Sort = 3&anz = 142&pos = 0&nr = 65241&linked = urt&Blank = 1&file = dokument.pdf (finding that under the TMA, host providers are already ineligible for the liability privilege if their business model is mainly based on copyright infringement) [hereinafter GEMA v. RapidShare].

〔15〕 See Communication from the Commission to the European Parliament, the Council, the European Economic and Social Committee and the Committee of the Regions, Towards a Modern, More European Copyright Framework, COM (2015) 260 final (Dec. 9, 2015).

〔16〕 Id. at § 3; see also Proposal for a Regulation of the European Parliament and the Council on Ensuring the Cross-border Portability of Online Content Services in the Internal Market, COM(2015) 627 final (Dec. 9, 2015); cf. Christophe Geiger, Giancarlo Frosio & Oleksandr Bulayenko, Opinion of the CEIPI on the European Commission's Proposal to Reform Copyright Limitations and Exceptions in the European Union (Ctr. for Int'l Intellectual Prop. Studies Research Paper Series, Research Paper No. 2017 – 09, 2017).

有关的问题,并考虑是否需要采取任何针对新闻收集管理员的行动。[17] 此外,该通信还谈到了即将出台的执法战略,包括"货币流动"战略、商业规模的侵权行为、临时和预防措施的实施、禁令及其跨境影响以及通知和行动机制,特别是行动随着时间的推移保持有效的问题——"删除并停止"原则。[18]

与此同时,委员会还启动了《关于知识产权执法法律框架的评估和现代化展开公共咨询》。[19] 根据本次磋商,《关于实施知识产权的第 2004/48/EC 号指令》(以下简称《执行指令》)制定的条款,如知情权、法律诉讼、损害赔偿和费用以及临时和预防措施、禁令,可能很快会被重新考虑。[20] 此外,委员会就网络中介平台的职责展开了公众咨询,该术语包括广泛的网站和在线服务。[21] 特别是,咨询的第 3 节"处理网上非法内容和网上中介平台的责任"讨论了中介平台监管环境的关键变化。其中包括是否应该对某些中介平

〔17〕 See Communication, supra note 15, at 7 – 10; see Giancarlo Frosio, Reforming Intermediary Liability in the Platform Economy: A European Digital Single Market Strategy, 112 NORTHWESTERN U. L. REV. 19 (2017); Christophe Geiger, Oleksandr Bulayenko, and Giancarlo Frosio, The Introduction of a Neighbouring Right for Press Publisher at EU Level: The Unneeded (and Unwanted) Reform, 39 EUROPEAN INTEL. PROP. REV. 202 (2017); Christophe Geiger, Oleksandr Bulayenko, and Giancarlo Frosio, Reaction of CEIPI to the European Commission's Proposal on Neighbouring Rights for Press Publishers, 39 EUROPEAN INTEL. PROP. REV. 202 (2017).

〔18〕 See Communication, supra note 15, at § 5

〔19〕 See Public Consultation on the Evaluation and Modernisation of the Legal Framework for the Enforcement of Intellectual Property Rights, EUROPEAN COMMISSION (Dec. 7, 2015), https://ec.europa.eu/growth/content/public-consultation-evaluation-and-modernisation-iprenforcement-framework-0_en [hereinafter European Commission, Public Consultation on Modernization of Enforcement of IPRs].

〔20〕 See Directive 2004/48/EC of the European Parliament and of the Council of 29 April 2004 on the enforcement of intellectual property rights, 2004 O.J. (L 195) arts. 3, 8, 9, 11, 13, 14 [hereinafter Enforcement Directive].

〔21〕 See Public Consultation on the Regulatory Environment for Platforms, Online Intermediaries, Data and Cloud Computing and the Collaborative Economy, EUROPEAN COMMISSION (Sep. 24, 2015), https://ec.europa.eu/digital-single-market/en/news/public-consultation-regulatoryenvironment-platforms-online-intermediaries-data-and-cloud [hereinafter European Commission, Public Consultation on Online Intermediaries].

台施加具体的注意义务的问题。[22]

协商后达成了共识,认为现行制度适合目的。[23] 因此,委员会刊发了《在线平台与数字化单一市场的通信》即《OP&DSM 通信》,赞同维持现行中介责任制度的计划。[24] 然而,委员会强调,"已经确定了一些与网上非法和有害内容和活动有关的具体问题,需要解决……"[25]在这方面,委员会旨在推出"部门立法……和问题驱动的方法"。[26] 这一部门行动将针对受版权保护的内容。[27] 这可能通过多种立法干预来实现,例如更新版权法规和促进自愿自律行动。[28] 特别是,由于委员会的目标是实现在线平台传播受版权保护的内容所产生的价值的更公平分配,《OP&DSM 通信》预计将对版权平衡进行有利于权利持有人的修改。[29] 欧盟委员会在《数字单一市场版权指令(草案)》中提出了这一平台敏感的欧盟版权政策更新[30],这是旨在使欧盟版权规则现代化并实现全面运作的数

---

〔22〕 Id.

〔23〕 See Synopsis Report on the Public Consultation on the Regulatory Environment for Platforms, Online Intermediaries, Data and the Collaborative Economy, EUROPEAN COMMISSION (May 25, 2016), https://ec. europa. eu/digital-single-market/en/news/full-report-results-public-consultationregulatory-environment-platforms-online-intermediaries.

〔24〕 See Communication from the Commission to the European Parliament, the Council, the European Economic and Social Committee and the Committee of the Regions, Online Platforms and the Digital Single Market: Opportunities and Challenges for Europe, at 9, COM (2016) 288 inal (May 25, 2016).

〔25〕 Id. at 8.

〔26〕 Id. at 9.

〔27〕 Id.

〔28〕 Id.

〔29〕 Id. (emphasis added).

〔30〕 See DSM Directive Proposal, supra note 6.

字单一市场的一揽子计划的一部分。[31] 虽然议会已经讨论了这项改革,但委员会发布了一份额外的通信继续强调“加强在线平台的责任”。[32] 根据最后一份通信,在线中介平台有义务通过及时主动地清除非法内容,以为用户提供一个安全的在线环境。[33]

该指令草案旨在——除此以外——缩小所谓的“价值差距”,即据称价值链上的行业参与者之间不公平地分配在线使用受版权保护的作品所产生的收入。[34] 权利持有人最有可能认为,由于责任豁免、没有监控义务以及通知和删除制度,他们没有能力在用户生成的内容和广告资助的平台(如 YouTube、Dailymotion 和 Vimeo)上交换受保护的内容。UGC 平台可以提出在接到通知后删除侵权内容,或者可能实施 YouTube Contend ID 等自愿措施,而不是签订许可协议。反过来,根据权利持有人的说法,其他订阅资助平台,如 Spotify 和 Netflix,将内容出售给愿意在许可方身上支付较少费用的用户,以保持与 UGC 平台的竞争力。[35]

---

〔31〕 See Modernisation of the EU Copyright Rules, EUROPEAN COMMISSION (Sept. 14, 2016), http://bit. ly/DSMCopyright16; see also Communication from the Commission to the European Parliament, the Council, the European Economic and Social Committee and the Committee of the Regions, Promoting a Fair, Efficient and Competitive European Copyright-based Economy in the Digital Single Market, COM (2016) 592 final (Sept. 14, 2016) [hereinafter DSM Communication] (released in parallel with the DSM Directive Proposal).

〔32〕 See Communication from the Commission to the European Parliament, the Council, the European Economic and Social Committee and the Committee of the Regions, Tackling Illegal Content Online, Towards an Enhanced Responsibility of Online Platforms, COM (2017) 555 final(Sept. 28, 2017).

〔33〕 Id. at § § 3, 3.3.1.

〔34〕 See DSM Communication, supra note 31, at 7

〔35〕 See Martin Husovec, EC Proposes Stay-down & Expanded Obligation to License UGC Services, HUTKO'S TECH. L. BLOG (Sept. 1, 2016), http://www. husovec. eu/2016/09/ec-proposesstay-down-expanded. html (making an interesting point by noting that "[i]f hosts see notice-andtakedown as a real alternative to negotiations with right holders, perhaps it indicates that the music is not so indispensable for the online service. Right holders can expose services without such agreements to more enforcement, and so if the music would be so crucial, notorious takedowns would destroy its business.").

为了缩小“价值差距”,拟议的改革在第 13 条和序言第 37—39 条中包括了一项将影响平台运营的条款。它要求中介平台“存储并向公众提供用户上传的大量作品”:

> (1)采取适当和相称的措施,确保与权利持有人就其作品的使用达成的协议的运作[36];
>
> (2)“阻止”[此类]作品在其服务上的可用性,包括“使用有效的内容识别技术”[37];
>
> (3)向权利人提供有关措施的运作和部署的充分信息,并在相关情况下,就作品的识别和使用情况提供充分报告[38];
>
> (4)建立投诉和补救机制,供用户在对措施的应用发生争议时使用……[39]同时,成员国应促进利益相关者对话,以确定最佳做法,如适当和相称的内容识别技术[40]。

不可否认,将资源重新分配给创作者以在平台经济中使用其作品的政策目标将是有价值的。毕竟,我们版权制度的目标是让创作者以数字技术实现的各种方式享受创意内容。为此,应当推动创作者与信息社会服务提供者之间达成协议。此外,侦查和防止侵权活动的狭义和具体的注意义务应属于欧盟法律的范围。然而,草案为实现其目标而希望采用的手段,加上价值差距概念的不稳固的经验基础,在欧盟法律体系中找到了微不足道的支持和理由。该建议缺乏清晰性、一致性和充分性,原因如下。

---

〔36〕 See DSM Directive Proposal, supra note 6, at art. 13(1).

〔37〕 Id.

〔38〕 Id.

〔39〕 Id. at art. 13(2).

〔40〕 Id. at art. 13(3).

一、澄清

草案的一个首要问题是其术语。有些措辞不明确,难以预测实施该草案的影响。根据措辞,该草案可能会改变欧盟法律的解释。至少,它会导致无法和平认可的结论。特别是,将草案的序言第38条与第13条一起阅读,可能会引起一些解释上的问题:

> 如果信息社会服务提供商存储并向公众提供[大量]用户上传的受版权保护的作品或其他主题的链接,从而超越了仅仅提供物理设施和向公众进行通信的行为,他们有义务与权利持有人签订许可协议,除非他们有资格获得2000/31/EC指令第14条规定的责任豁免……关于第14条,有必要核实服务提供商是否发挥了积极作用,包括通过优化上传作品或主题的展示或推广这些作品或主题,无论所用手段的性质如何。[41]

(一)关于信息社会服务提供者的概念

哪些平台需要与权利持有人和集体签订收入分成协议,或通过过滤阻止从其服务中访问受保护的作品?草案是否意味着像YouTube、Dailymotion或Soundcloud这样的共享平台不符合被动存储服务提供者的资格?[42]事实上,如果这项改革生效,该问题就是权利持有人将寻求的解释。针对改革草案,一位音乐行业代表者澄

〔41〕 Id. at Recital 38(1) (emphasis added).

〔42〕 See Eleonora Rosati, Why a Reform of Hosting Providers' Safe Harbour is Unnecessary Under EU Copyright Law (CREATe, Working Paper No. 2016/11).

清道：

> PRS 音乐欢迎委员会承认关键的“价值转移”问题，我们承认其明确意图是纠正当前用户上传平台和权利持有人之间的利益失衡。法律必须明确规定，那些提供搜索和其他功能的用户上传平台，与仅仅是内容的存储服务不同，需要获得权利持有人的许可。欧盟委员会提出的新版权指令为这一重要的法律澄清提供了框架。[43]

该草案将对某些类别的中介平台施加一些前文所引义务。这些中介平台的性质将在第 13 条中加以界定，特别是在序言第 38 条中。新草案将适用于活跃的存储提供商。第一，草案仅指那些“存储和提供访问权”的受保护作品的人。因此，其范围仅限于存储提供商。如果存储提供商没有资格享受《电子商务指令》第 14 条赋予存储提供商的责任豁免，他们将有义务与权利持有人签订许可协议。第二，对于不适用责任豁免的，草案认为存储服务提供者必须发挥积极作用。在定义活跃的存储提供商时，草案指出，存储提供商必须“不仅仅是提供物理设施”。[44] 第三，草案人重新部署了 L’Oréal v. eBay 案中的语言，指出“有必要验证服务提供商是否发挥了积极作用，包括优化上传作品或主题的呈现或推广，无论因此使用的手段的性质如何”。[45] 在提到 L’Oréal 时，该草案暗示，并非所有活跃的存储平台都应被排除在主办豁免的适用范围之外。根据 L’Oréal 的说法，该《电子商务指令》第 14 条适用于存储提供商，

〔43〕 See Robert Ashcroft, Comment, PRS for Music Chief Executive Responds to EU Copyright Reform Plans, PRS FOR MUSIC (Sept. 14, 2016), https://www.prsformusic.com/press/2016/prsfor-music-chief-executive-responds-to-eu-copyright-reform.

〔44〕 DSM Directive Proposal, supra note 6, at Recital 38 (emphasis added).

〔45〕 Id.; see also Case C-324/09, L’Oréal SA and Others v. eBay International AG and Others, 2010 E.C.R. 1-02417, at ¶ 116.

如果他们没有发挥积极作用,也不知道或控制存储的数据。[46] 因此,即使存储服务提供商不是完全被动的,它仍然可以受到保护。[47]

该草案提出了几个令人担忧的问题,使其难以全面解释。第一,目标提供商是那些存储并提供访问用户上传的大量受版权保护的作品的提供商。显而易见,这里"大量"概念的构建可能是一个具有挑战性的解释难题。[48] 显然,一个基于不确定定量衡量的标准可能被证明是一个糟糕的政策选择。目前,尚无法确定新规定的适用范围。顺便说一句,应当指出的是,序言第 38 条第 1 段并未提及大量作品,序言和第 13 条中的其他文本也是如此。这可能是一个疏忽,也可能与解释受订立许可协议义务约束的中介平台类别无关,还可能对重新定义向公众传播的概念以及它是否适用于中介平台向公众提供访问的作品至关重要,本文稍后将进行讨论。

第二,序言始终提到,这些义务适用于存储和提供公众访问"受版权保护"作品的中介平台,而第 13 条完全没有提及侵权作品。一方面,这是一个需要澄清的矛盾。另一方面,这种不同的措辞确实很重要,尤其是在涉及大量的概念时。显然,第 13 条将对储存和提供大量作品的公众访问的中介平台施加义务,无论这些作品是否受版权保护。大量的概念将被视为存储在提供商系统上的全部内容,

---

〔46〕 See L'Oréal SA, 2010 E. C. R. 1 – 02417, at § 112 – 116; see also Patrick Van Eecke, Online Service Providers and Liability: A Plea for a Balanced Approach, 48 COMMON MARKET L. REV. 1455 (2011) (supporting a "storage but no knowledge" test and a restrictive interpretation of the requirement that intermediaries' activities are of a mere technical, automatic, and passive nature—based on Recital 42 of the E-commerce Directive—which would not extend to hosting providers, therefore as long as an active hosts does not have knowledge or control over the data which is being stored it could still be protected under Article 14 of the Directive 2001/29/EC).

〔47〕 See L'Oréal SA, 2010 E. C. R. 1 – 02417, at ¶ 115.

〔48〕 See Christina Angelopoulos, EU Copyright Reform: Outside the Safe Harbours, Intermediary Liability Capsizes into Incoherence, KLUWER COPYRIGHT BLOG (Oct. 6, 2016), http://kluwercopyrightblog. com/2016/10/06/eu-copyright-reform-outside-safe-harboursintermediary-liability-capsizes-incoherence.

而不是侵权内容。因此,第 13 条的义务将涵盖维基解秘等中介平台,这些中介平台可能只存储最低数量的侵权内容,因此与所谓的缩小价值差距的过度改革目标无关。

第三,“向公众提供内容访问权限”的概念在欧洲中介责任理论中首次出现时需要明确。显然,为了触发新的义务,中介必须根据 L'Oréal 案中有关定义的标准,通过发挥积极作用,为公众提供内容访问权限。中介平台应该通过优化上传作品的展示或推广内容来做到这一点。这一结论可以从序言第 38 条中得出,该序言澄清了新义务仅涵盖上述中介平台,而不涵盖《电子商务指令》第 14 条免除责任的中介平台。〔49〕 此外,“向公众”的概念也应遵循解释“传播和向公众提供”的判例。〔50〕

(二)论对公众的传播、直接责任和次要责任

在围绕 DSM 草案的辩论中,还有一点一直处于中心位置,特别是由于欧盟法院最近的积极动议,可能会调整委员会在提案中提出的判例定位。该提案暗示,如果存储提供商提供物理设施,他们就向公众进行了传播。〔51〕 委员会在其他地方强化了这一说法。在线平台通信和数字单一市场呼吁缩小价值差距,提出需要重新平衡,因为“新形式的在线内容传播已经出现,可能会使最终用户上传的受版权保护的内容广泛可用”。〔52〕 委员会将平台描述为积极“提

〔49〕 See DSM Directive Proposal, supra note 6, at Recital 38.

〔50〕 See e. g., Case C-306/05, Sociedad General de Autores y Editores de España (SGAE) v Rafael Hoteles SA, ECLI:EU:C:2006:764, ¶ 37-42(指出“公众”一词(1)是指不确定数量的潜在接受者;(2)意味着相当多的人;(3)必须考虑到向潜在受众提供作品的累积效应;(4)作品必须传播给“新公众”,即传播给受保护作品的作者在授权向原公众传播时使用时未考虑的公众); Case C-117/15, Reha Training Gesellschaft für Sport-und Unfallrehabilitation mbH v. Gesellschaft für musikalische Aufführungs-und mechanische Vervielfältigungsrechte (GEMA), ECLI:EU:C:2016:379, ¶ 40-45.

〔51〕 See DSM Directive Proposal, supra note 6, at Recital 38.

〔52〕 See Communication, supra note 24, at 8 (emphasis added).

供”最终用户上传的内容或执行向公众传播的行为。这种定性的原因是显而易见的。如果平台向公众传播,他们可能有义务签订许可协议,而不是在自愿的基础上达成盈利协议。然而,将存储提供商定性为“向公众传播”是一个大胆的说法,因为根据欧盟法律,这从来都不是一个明显的结论。[53]

首先,这种明显的暗示是极为新奇的,即事实上,责任和豁免之间没有直接关系,豁免是一种额外的保护层,旨在在欧盟层面协调限制中介责任的条件。[54] 豁免的不适用并不意味着信息社会服务提供商将承担责任。

其次,提案中包含的欧盟法律的解释将使存储服务提供者承担主要责任,而不是次要责任。根据《信息安全指令》(the Infosoc Directive)第3条的规定,向公众传播包括向公众提供作品,“以公众可以访问的方式……地方和时间由他们单独选择”。[55] 该提案承认,欧洲法院澄清说,“仅仅提供物理设施……本身并不等于向公众进行传播”。[56] 传统上,欧洲法院强调了用户不可或缺的作用。为了向公众传播,用户必须在充分了解其行为后果的情况下,允许更多的公众接触受保护的作品,这样一来,如果没有不可或缺的介入,“新”公众就无法欣赏这些作品。[57] 欧洲法院再次指出,当公众

---

〔53〕 See Angelopoulus, supra note 48 (注意到“[f]或隐藏在序言中的漠不关心的声明,这是欧盟版权法的戏剧性发展”); Christina Angelopoulos, On Online Platforms and the Commission’s New Proposal for a Directive on Copyright in the Digital Single Market, CENTRE FOR INTELLECTUAL PROPERTY AND INFORMATION LAW (Jan. 2017), at 19 – 33, https://juliareda.eu/wp-content/uploads/2017/03/angelopoulos_platforms_copyright_study.pdf.

〔54〕 Id.

〔55〕 See Directive 2001/29, supra note 14, at Recital 53.

〔56〕 See SGAE, ECLI:EU:C:2006:764, at ¶ 27.

〔57〕 See id. at ¶ 42; Joined Cases 403/08 & 429/08, Football Association Premier League and Others v. QC Leisure and Others & Karen Murphy v. Media Protection Services Ltd, 2011 E.C.R. I-9083, at ¶ 195.

“仅因运营商的自由介入”才可以访问内容时,向公众传播就会发生。[58] 当最终用户实际上传作品时,他们可以单独进行必要的、不可或缺的蓄意干预,使新的公众能够欣赏受保护的作品。在这方面,传统上可以将在线存储提供商与欧洲法院判例认为在与向公众传播中不可或缺的用户区分开来。在英国足球协会超级联赛中,欧洲法院发现,一名酒吧老板“故意通过电视屏幕和扬声器向该场所的顾客传输广播作品时”向公众传播中。[59] 在拉斐尔酒店唱片表演中,酒店经营者在酒店房间内安装电视机或CD播放器,并将信号传输给客人,从而向公众进行传播。[60] “机场直播”和“电视追播”分别涉及由卫星节目包供应商和互联网电视广播服务公司通过卫星或互联网提供的广播服务。[61] 在这些场景中,用户的介入是必要的,因为他们故意决定将内容传输给他们的客户。显然,在线存储提供商的情况并非如此,无论他们是主动还是被动。存储提供商不会故意屏蔽传输内容,它们提供了一个存储内容的平台。它们在决定平台的最终用户能得到什么方面没有任何作用,并且没有对应该到达最终用户的内容进行任何实质性的考虑。这是最终用户自己作出的考虑。

然而,最近欧洲法院的判例法一直在向更宽松的标准过渡,侧

---

〔58〕 See Phonographic Performance (Ireland) Limited v. Ireland [2012] IR 141, at ¶ 40 (Ir.).

〔59〕 See Summaries of Important Judgments, EUROPEAN COMMISSION (May 2012), http://ec.europa.eu/dgs/legal_service/arrets/08c403_en.pdf.

〔60〕 See Phonographic Performance, supra note 58, at ¶ 66 – 69; SGAE, ECLI:EU:C:2006:764, at ¶ 17.

〔61〕 See Joined Cases 431 & 432/09, Airfield NV, Canal Digitaal BV v. Belgische Vereniging van Auteurs, Componisten en Uitgevers CVBA (Sabam) and Airfield NV v. Agicoa Belgium BVBA, 2011 E.C.R. I – 9363; Case C – 607/11, ITV Broadcasting v. TV Catchup, 2013 E.C.R. I – 147.

重于用户的基本角色,而不是不可或缺的角色。[62] 反过来,这将使存储提供商更容易理解向公众传播。欧盟法院最近的判例法对这一基本干预的概念进行了限定,将其扩展到如果没有介入,用户将无法获得作品,或者"只能在困难的情况下获得作品"的情况。[63] 特别是,如 Ziggo 所得出结论,即如果没有海盗湾(TPB)平台的运营商提供和管理该平台,用户就无法共享作品,或者至少,在互联网上共享它们将被证明会更加复杂。[64]

在国家层面,只有在例外情况下,即他们深度参与侵权行为,以至于被发现是他们自己传播了作品,而不是被他人进行传播,中介平台对其用户的版权侵权负有直接责任。[65] 这种论点可能仍然将 Ziggo 案和 Wullems 案与即将进行的改革所针对的涉及 UGC 平台

〔62〕 See Case C – 527/15, Stichting Brein v. Jack Frederik Wullems, 2017 E. C. R. I – 938, at ¶ 32(发现向公众出售带有预装插件的多媒体播放器,可在互联网上获得,其中包含免费访问的网站的超链接,使侵权材料可用); Case C – 610/15, Stichting Brein v. Ziggo BV & XS4ALL Internet BV, 2017 E. C. R. I – 99, at ¶ 37.

〔63〕 See Ziggo, 2017 E. C. R. I – 99, at ¶ 26.

〔64〕 Id. at ¶ 36.

〔65〕 Standards have varied greatly from jurisdiction to jurisdiction. See Angelopoulos, supra note 53, at 23 – 30; see e. g., France(实施相当低的标准来寻找中介平台的直接责任)。在英国,主要侵权和次要侵权之间有明显的区别,这使得追究中间人直接责任的门槛很高。See Twentieth Century Fox Film Corp. v. Newzbin Ltd. [2010] EWHC (Ch) [125] (Eng.) [发现一个用于非法交换受版权保护的电影的索引网站,该网站对向公众传播作品负有直接责任,因为该网站"以高度实质性的方式进行干预,以使原告的电影可供获取"对于新观众,也就是说其高级会员...... [已经] 做到了"通过提供先进的技术和编辑系统,该系统允许其高级会员按下按钮即可下载他们选择的电影的所有组成信息,因此,可以避免花费几天的时间(可能是徒劳的)努力为自己收集这些信息"]. Football Ass'n Premier League Ltd. v. British Sky Broadcasting Ltd. & Others [2013] EWHC (Ch) (Eng.)(裁定在非法流式传输的体育赛事的链接聚合器的情况下(i)聚合大量流;(ii)为方便用户而对这些流进行索引;(iii)提供一个简单的链接以供点击以访问该流;以及(iv)该流是显示在 FirstRow 的框架或窗口中,使网站直接负责通信)

的案件区分开来。[66] 在 Ziggo 案中，海盗湾提供了大量的功能，如索引、分类、删除和过滤，这些功能显然使平台与任何仅仅提供物理设施和侵入旨在促进边缘化的行为不同。[67] 在这两起案件中，欧盟法院都发现了一种诱导版权侵权的特定设计，包括在博客和论坛上发布广告或运营商的评论，鼓励用户访问和下载侵权内容。[68] 研究发现，这两项技术都主要是为了侵犯版权，例如，海盗湾平台上共享的大多数文件都侵犯了版权。[69]

传统上，在没有这些累积情形下，中介平台承担次要责任，而不是主要责任。在大多数欧盟司法管辖区，次要责任需要非常苛刻的条件，这些条件源于侵权法的各种理论[70]，例如共同侵权、授权、诱

---

〔66〕 特别是，上述欧盟法院判例法和英国判例法的相似之处令人震惊。在 FAPL 中，法院发现，即使 FirstRow 不是直接侵权人，它也将与存储嵌入流的用户生成内容（UGC）网站的运营商以及数字捕获流并进行嵌入的第三方流媒体共同承担责任。See Football Ass'n Premier League, [2013] EWHC (Ch), at § § 43 - 44. 在之前的裁决中，英国法院已经认定，"两个或两个以上的人可能参与共同设计侵犯[版权]，从而使他们承担连带责任。See Newzbin, [2010] EWHC (Ch) [125], at § 103. 检察长提出了一个后来得到欧盟法院支持的配套论点：在 TPC 这样的情况下，其经营者的干预"符合法院判例法规定的必要和深思熟虑的条件"，因此如果他们意识到这一非法行为，并且没有采取行动使公众无法访问这些作品。这些经营者应该"同时与网络用户共同被视为在未经版权持有人同意的情况下向公众提供网络上共享的作品，" Case C - 610/15, Stichting Brein v. Ziggo BV & XS4ALL Internet BV, 2017 E. C. R. I - 99, at ¶ 53 (Szpunar 检察长的意见).

〔67〕 See Ziggo, 2017 E. C. R. I - 99, at ¶ 3

〔68〕 See Wullems, 2017 E. C. R. I - 938, at ¶¶ 18, 50; Ziggo, 2017 E. C. R. I - 99, at ¶ 45; cf. MGM Studios, Inc. v. Grokster, Ltd., 545 U. S. 913 (2005).

〔69〕 See Ziggo, 2017 E. C. R. I - 99, at ¶ 23.

〔70〕 See Kamiel Koelman & Bernt Hugenholtz, Online Service Provider Liability for Copyright Infringement, WIPO (1999), at 5 - 8; see also BURGERLICHES GESETZBUCH [BGB] [Civil Code], § 830 (Ger.) (管理共同侵权行为，德国最高法院通常只有在第三方知情且故意地与主要不法分子结合导致侵权、诱导他们侵权或帮助他们侵权的情况下才会认定共同侵权行为。通常，中介人不符合资格，因为他们缺乏基本的精神要素).

导、共谋、共同责任、替代责任或合同外责任等原则。[71] 相比之下,根据该建议,中介服务将被视为侵权,并对他人的重大侵权行为承担

---

〔71〕 在欧盟层面,没有关于侵犯版权的次要责任的判例法和统一条例。每个成员国都采用了不同的多项标准。See CHRISTINA ANGELOPOULOS, EUROPEAN INTERMEDIARY LIABILITY IN COPYRIGHT. A TORT-BASED ANALYSIS (2016); Tatiana-Eleni Synodinou, Intermediaries' Liability for Online Copyright Infringement in the EU: Evolutions and Confusions, 31 COMPUTER L. & SECURITY REV. 57, 57 - 67 (2015); Christina Angelopoulos, Beyond the Safe Harbors: Harmonising Substantive Intermediary Liability for Copyright Infringement in Europe, 3 INTELL. PROP. Q. 254 (2013); Mari Männiko, Intermediary Service Providers' Liability Exemptions: Where Can We Draw the Line?, in REGULATING ETECHNOLOGIES IN THE EUROPEAN UNION: NORMATIVE REALITIES AND TRENDS (Tanel Kerikmäe ed., 2014) (noting that comparative analysis show that the present legislation is too general and gives too much room for interpretation); see Van Eecke, supra note 46 at 1455 - 1461 (2011); Broder Kleinschmidt, An International Comparison of ISP's Liabilities for Unlawful Third Party Content, 18 INT'L J. OF L. & INFO. TECH. 332, 345 - 353 (2010). 例如,在法国,人们依靠一般侵权法原则将赔偿责任扩大到其他行为者,而不是实质性侵权者。合同外责任有义务赔偿因过失或疏忽造成的损害(责任和准责任)。传统上,中间人有义务采取一切必要措施防止侵犯他人的权利,以避免承担责任。后来,最高上诉法院发现,偏离司法规定的通知与删除制度的一般义务不符合欧盟法律规定的一般监督禁令。因此,版权持有人现在必须自己监控网站的内容,并就受保护内容的每一次新侵权通知中介平台。Cour de cassation [Cass.] [supreme court for judicial matters] 1e civ., July 12, 2012, Bull. Civ. I, No. 100831 (Fr.); Cour de cassation [Cass.] [supreme court for judicial matters] 1e civ., Jul. 12, 2012, Bull. civ. I, No. 828 (Fr.); ANDRE LUCAS, HENRI JACQUES LUCAS AND AGNES LUCAS-SCHLOETTER, TRAITE DE LA PROPRIETE LITTERAIRE ET ARTISTIQUE 901 (2012); Angelopoulos, supra note 48, at § 2. 在英国法律中,如果中介平台授权、促成或诱导了这些侵权行为,或者根据与其用户的共同设计采取行动来实现这些侵权行为的话,中介平台通常会对其用户的侵权行为承担责任。See Copyright, Designs and Patent Act § 16 (1988) (规定作品的版权也受到任何"未经版权所有者许可,或授权或以其他方式实施任何受限制行为"的人的侵犯)。对二次侵权人提起诉讼的申请人必须证明一个额外的精神因素,即被告知道或有理由相信他正在处理侵权复制品,提供制作侵权复制品的手段,或者他允许使用场所或提供必要设备的表演是侵权的。See Dramatico Entertainment Ltd. v. British Sky Broadcasting Ltd., [2012] EWHC 268 (Ch); Sophie Stalla-Bourdillon, Liability Exemptions Wanted! Internet Intermediaries' Liability under UK Law, 7 J. OF INT'L COM. L. & TECH. 289, 293 - 299 (2012); Angelopoulos, supra note 48, at § 1; Paul S. Davis, Accessory Liability: Protecting Intellectual Property Rights, 4 IPQ 390 (2011). 在德国,版权中的中间人责任几乎总是通过 Störerhaftung 原则来处理,作为中间人几乎不具备资格的共同侵权行为的替代方案。这一原则嵌入了 BGB 第 1004 条,赋予所有人针对造成干扰的任何人的永久禁令救济。Störer 是指对财产的干扰,除非让干扰者承担检查其行为是否会干扰第三人(知

主要责任。显然,欧盟法院最近的判例法强化了该提案所支持的立场〔72〕,但它仍然过于包容,远远超出了向公众沟通的概念。

最后,正如预期的那样,还应提及另一个案文问题。序言第38条中没有提到"大量"受版权保护的作品。这是提案中唯一一个中介平台不具备存储和向公众提供大量作品的资格的例子。序言第38条中没有提及"大额",这可能意味着该序言中明确界定的向公众传播的新颖结构应适用于广大中介平台,而不是适用于受这一拟议改革义务约束的较窄类别的中介平台。

二、连贯性

与欧盟法律不一致,缺乏系统协调可能会不可避免地困扰该提案。在提案要求中介平台实施有效的内容识别技术以防止侵权内容的可用性和"确保任何许可协议的运作"的情况下,确实出现了系统性的不一致。〔73〕该提案暗示了 YouTube 的 Contend ID 或其他

识)财产的义务是不合理的。See BGH, Mar. 11, 2004, I ZR 304/01, https://www.beckmannundnorda.de/bghrolex.html; Broder Kleinschmidt, An International Comparison of ISP's Liabilities for Unlawful Third Party Content, 18 INT'L J. OF L. & INFO. TECH. 332, 346-347 (2010); Angelopoulos, supra note 48, at § 3. 西班牙最近的版权改革再次扩大了中介责任,在西班牙法律体系中引入了次要责任诱导、分担和替代责任等理论。See Real Decreto Legislativo (RDL) 1/1996, de 12 de abril, por el que se aprueba el texto refundido de la Ley de Propiedad Intelectual, regularizando, aclarando y armonizando las disposiciones legales vigentes sobre la materia, BOE-A-1996-8930, art. 138, as amended by Ley 21/2014, de 4 de noviembre, BOE-A-2014-11404 (Spain) (除非中介人受到指令 2001/29/EC 豁免的保护,否则对任何故意诱导侵权、或知道或有理由知道侵权行为的人合作,或在侵权结果中拥有直接经济利益有能力控制侵权人的行为,承担责任).

〔72〕 See Eleonora Rosati, The CJEU Pirate Bay Judgment and its Impact on the Liability of Online Platforms, EIPR (forthcoming), https://papers.ssrn.com/abstract_id=3006591 (注意到"关于目前欧盟对所谓'价值差距提案'的政策讨论,该判决强化了欧盟委员会的立场,特别是存储服务提供者提供第三方上传的版权内容可能属于向公众传播权的范围这一基本观点").

〔73〕 DSM Directive Proposal, supra note 6, at Recital 38.

自动侵权评估系统等技术。显然,该提案将迫使存储提供商开发和部署过滤系统,从而对其网络进行事实监控。在强制性和自愿性的基础上,促进自动过滤成为欧盟委员会议程上的主要目标。[74] 根据最近的通信,"打击在线非法内容——加强在线平台的责任",将呼吁存储服务提供商采取有效的自愿"主动措施检测和删除在线非法内容"[75],并鼓

〔74〕 这些欧盟提案遵循了近期全球中介责任政策的既定路径。最近的判例法对中介平台的版权侵权行为规定了主动监控义务。Cour d'Appel [CA][regional court of appeal] Paris, Nov. 28, 2013, APC et al v. Google, Microsoft, Yahoo!, Bouygues et Al(要求搜索引擎有义务主动删除其搜索结果)任何指向非法电影流媒体网站 Allostreaming 及其关联企业的链接);R. J. T., Ap. Civ. No. 1306157, 24. 03. 2014 (Braz)(对 YouTube 施加主动监控义务,并针对由匿名用户配音且评论损害 Dafra 声誉的广告侵犯 Dafra 版权的行为制定严格的责任标准);GEMA v. RapidShare(裁定,根据 TMA,如果主机提供商的商业模式主要基于版权侵权,则其已经没有资格获得责任特权);钟钦文诉百度案,2014 年北京市高级人民法院(认定百度在上传作品被浏览或下载超过一定次数后,行使监控和审查其法律地位的义务是合理的)。事实上,新出现的主动监测义务的执行涵盖了整个中介责任主题:知识产权、隐私、诽谤和仇恨/危险言论。See Google v. Mosley, TGI Paris, November 6, 2013 (France); Max Mosley v. Google Inc., 324 O 264/11 (Hamburg District Court, 24 January 2014), available at http://openjur.de/u/674344.html; Mosley v. Google [2015] EWHC 59 (QB) (United Kingdom) (法国、德国和英国的法院对搜索引擎施加了积极的监控义务,这些搜索引擎被命令删除互联网上侵犯一级方程式前主席马克斯·莫斯利隐私权的图片,这些图片被拍到与穿着纳粹用具的妓女发生性关系); Rolex v. eBay (a. k. a. Internetversteigerung II), I ZR 35/04 (BGH, 19 April 2007) (Germany); Rolex v. Ricardo (a. k. a. Internetversteigerung III), Case I ZR 73/05 (BGH, April 30, 2008) (Germany) 在所谓的互联网拍卖案件 I – III 中,德国联邦法院 Bundesgerichtshof 一再裁定,通知的商标侵权行为迫使 eBay 等互联网拍卖平台手动或通过软件过滤器调查未来的产品,以避免商标侵权); Delfi AS v. Estonia No 64569/09 (ECtHR, June 16, 2015) (认定符合欧洲人权法院关于对诽谤用户评论的新闻门户网站施加监控义务的决定)。然而,在这种情况下,值得注意的例外情况,如阿根廷具有里程碑意义的贝伦案,也突显了国际社会对中介责任的反应支离破碎。See Rodriguez M. Belen v. Google, R. 522. XLIX. (Supreme Court, October 29, 2014) (Argentina) (在一名知名公众人物因侵犯其版权、荣誉和隐私而提起的案件中,取消过滤义务,以防止侵权链接在未来出现在搜索引擎的结果中). See also Giancarlo Frosio, The Death of No-Monitoring Obligations: A Story of Untameable Monsters, 8 JIPTEC (forthcoming 2017), available athttps://papers.ssrn.com/abstract_id=2980786.

〔75〕 Communication from the Commission to the European Parliament, the Council, the European Economic and Social Committee and the Committee of the Regions, Tackling Illegal Content Online, Towards an Enhanced Responsibility of Online Platforms, supra note 32, at § 3.3.1 (注意,采取此类自愿主动措施不会导致在线平台自动失去电子商务指令规定的托管责任豁免).

励使用自动检测和过滤技术[76]。

(一)论监控义务与《电子商务指令》

乍一看,引入任何过滤技术——实际上将施加一般监控义务,因为为了过滤不需要的内容,所有内容都必须受到监控[77]——这将不可避免地质疑与《电子商务指令》之间的必要协调关系。[78] 在这方面,拟议的改革可能超出版权审查的范围,侵入《电子商务指令》的领域。《数字单一市场版权指令(草案)》的第13条将与中介责任豁免制度相矛盾,特别是与《电子商务指令》第15条规定的无监控义务相矛盾。[79] 尽管它允许成员国法律在"特定情况下"规定监控义务,但《电子商务指令》禁止一般监控义务。[80] 《电子商务指令》还承认,成员国可以对存储提供商施加注意义务,"以检测和防止某些类型的非法活动"。[81] 然而,它们的范围不应扩大到任何接近一般监测义务的内容,不允许对序言第47条中先前的声明赋予任何含义。此外,该指令指出,应"合理地期望[他们]提供的服务"履行注意义务,而任何一般监督义务都不能满足该指令本身明确禁止的这种期望。为了区分一般监测义务和具体监测义务,应考虑到:(1)作为例外情形,必须狭义地解释具体监测义务;(2)可能侵权的范围和可以合理预期确定的侵权数量都必须足够有限;(3)必

[76] Id. at § 3.3.2.

[77] See C – 360/10 Belgische Vereniging van Auteurs, Componisten en Uitgevers CVBA (SABAM) v. Netlog NV, 2012 E.C.R 85, at § 36 – 38 (注意到共同点是,该过滤系统的实施需要……主动观察用户与托管服务提供商存储的文件,并涉及由此存储的几乎所有信息和所有服务用户经常提供的信息…[i]鉴于上述情况,必须认为,对托管服务提供商施加的要求其安装有争议的过滤系统的禁令将迫使其积极监控几乎所有与其服务用户有关的数据,以防止未来任何侵犯知识产权的行为").

[78] See Angelopoulos, supra note 53, at 33 – 38.

[79] Id. at art. 34 – 38.

[80] See Directive 2001/29/EC, supra note 14, at art. 14(3) and Recital 47.

[81] Id. at Recital 48.

须清楚哪些材料构成侵权。[82] 正如范·伊克所指出的:

> 如果没有定义[明确的标准],或者法院只定义了模糊的标准(例如"删除所有非法视频"),或者如果定义了强制存储服务提供者必须调查其系统上的每个视频的标准(例如"删除所有种族主义视频"),或者如果服务提供者将来还需要删除所有变体(例如"删除此视频,但也删除属于同一剧目的所有其他视频"),则将施加一般监督义务。[83]

指令(草案)第13条中提出的义务无疑属于一般范畴,而不是具体的。

无所畏惧的是,该提案与一贯明确的欧洲判例公开冲突。欧洲法院多次强化了欧盟法律下没有一般主动监测和过滤机制余地的立场。[84] 在萨巴姆案例以及 L' Oréal v. eBay 案(以下简称 L' Oréal 案)中,法院对根据《执行指令》发布的禁令的适当性和相称性作出了裁决,并明确得出结论,《电子商务指令》限制了根据其他知识产权立法可以采取的相互冲突的措施。[85] 在 Netlog 案中,法院在裁决此事时特别提到了存储提供商。Netlog 案的语言明确涵盖了第13条中的建议书。根据欧洲法院的说法,欧洲法律必须被解释为排除要求存储提供者安装过滤系统的可能性:(1)由其服务用户在其服务器上存储信息;(2)它不加区别地适用于所有这些用户;(3)作为预防措施;(4)完全由其承担费用;(5)无限期;(6)能够识

---

[82] See Van Eecke, supra note 71, at 1486 – 87.

[83] Id. at 1487.

[84] See Case C – 70/10, Scarlet Extended SA v. Société belge des auteurs, compositeurs et éditeurs SCRL (SABAM), 2011 E. C. R. I – 11959 (重申有利于链接服务提供商的原则); Netlog NV, 2012 E. C. R 85(确认支持存储服务提供商的原则).

[85] See L'Oréal SA, 2010 E. C. R. 1 – 02417, at § 139; Scarlet, 2011 E. C. R. I – 11959, at § 40; Netlog NV, 2012 E. C. R 85, at § 52.

别包含音乐、电影或视听作品的电子文件。[86]

欧洲法院认为，在欧盟法律框架内，主动监督义务的空间似乎非常有限。在 L' Oréal 案中，欧洲法院没有讨论是否知道当前的侵权行为会要求存储提供者在未来防止类似的侵权行为。相反，法院澄清说，强加给存储提供商的任何措施都必须有效且具有劝阻性[87]，公平、适度且成本不过高[88]，不得对合法贸易造成障碍[89]，最重要的是，不得归结为一般监督义务[90]。因此，欧洲法院似乎得出结论，"关于防止未来侵权的禁令，只有在非常具体的情况下才能同时满足所有这些标准"。[91] 解释欧洲法院立场的一些帮助可能来自总检察长 Jääskinen 的意见。总检察长明确排除了疏忽和未来符合实际知悉条件的侵权行为：

> 在我看来，法律上的"知晓"可能只指过去和/或现在，而不是指未来……[和]对实际知晓的要求似乎排除了解释知晓。服务提供者应该知道或有充分理由怀疑非法活动是不够的。[92]

因此，第一用户侵权的事实并不意味着存储提供者实际知道第二用户对同一商标的侵犯。同样，发现用户侵犯商标的事实并不意味着存储提供者可以被视为实际知道同一用户第二次侵犯商标。[93] 总检察长设想"实际知情"的唯一情况是"双重身份"，即同一用户在

---

〔86〕 See Netlog NV, 2012 E. C. R 85, at § § 26, 52.

〔87〕 L'Oreal SA, 2010 E. C. R. 1 – 02417, at § 136.

〔88〕 Id. at § 139.

〔89〕 Id. at § 140.

〔90〕 Id. at § 139.

〔91〕 Van Eecke, supra note 46, at 1476 – 78

〔92〕 Case C – 324/09, L'Oréal SA and Others v. eBay International AG and Others, 2010 E. C. R. at § 162 – 63, Opinion of AG Jääskinen.

〔93〕 Id. at § 166.

短时间内以相同方式侵犯同一商标的情况。[94] 总检察长在这方面的谨慎措辞表明,很明显,这种双重身份的情况是特殊的。

此外,该提案提到,当供应商"有资格获得2000/31/EC 指令第14条规定的责任豁免"时,这些过滤义务也应适用。[95] 如果过滤义务是为了"确保任何许可协议的运作"而施加的,那么这种说法很难理解。[96] 因为许可协议义务仅落在那些活跃的存储服务提供者身上,这些提供者不在《电子商务指令》第14条规定的责任豁免范围内。[97] 如果存储提供者有资格获得责任豁免,他们就不必签订收入分成协议,因此他们不能被强制履行过滤义务,以确保他们在没有义务签订协议情况下的运作。

也许2000/31/EC 第14条中对存储服务提供者豁免的这种不恰当提及的真正目标是无监督义务原则。该提案的早期草案还扩大了过滤义务的适用范围,"根据2000/31/EC 指令第15条,在线服务提供商没有一般义务监控其传输或存储的信息,也没有义务积极查找表明非法活动的行为或情况"。[98] 新的措辞可能证实,在改革无监督义务原则方面肯定没有达成共识。[99] 尽管如此,委员会仍希望引入一项条款,该条款将施加主动监控义务,因此很难与《电子商务指令》中包含的安排共存。

最后,该提案将导致欧盟法律中更明显的系统性不一致。因此,该提案将采用事实上严格责任制度,而不是基于过失的制度。

---

〔94〕 Id. at § 167.

〔95〕 DSM Directive Proposal, supra note 6, at Recital 38.

〔96〕 Id.

〔97〕 Id. at 38 – 39.

〔98〕 See Proposal for a Directive of the European Parliament and of the Council on copyright in the Digital Single Market, at 20, COM (2016); Husovec, supra note 35(草稿嵌入博客文章中)(增加了重点).

〔99〕 Synopsis Report on the Public Consultation on the Regulatory Environment for Platforms, Online Intermediaries, Data and Cloud Computing and the Collaborative Economy, supra note 23, at 2.

目前,电子商务中介责任制度可以根据实际情况或推定情况归类为过失制度。[100] 存储豁免是根据"通知—删除"制度。[101] 一旦知道通过其服务发生的侵权行为,中介平台必须迅速采取行动删除侵权材料。如果提案获得批准,存储提供商必须采取适当和相称的措施,如有效的内容识别技术,以确保对受版权保护的作品的保护,并防止侵权材料在其网络上出现。事实上,监控义务将在平台上建立知晓的法律推定。通过监控,平台显然必须知道其网络上任何侵权材料的可用性,因此,如果这些内容持续存在,他们将承担责任。无论平台是否真的知道,如果侵权文件在其网络上出现,他们都将承担责任,因为这意味着他们已经采取了最终证明不够有效的措施。显然,对平台网络上侵权内容的可用性进行无效的预防会使平台变得脆弱。因此,如果没有"通知—删除"制度,平台将根据事实上的责任标准对版权侵权作出回应,无论该版权侵权承担的责任是主要责任还是次要责任[102],即侵权作品在其网络上的可用性。[103]

---

[100] See Pablo Baistrocchi, Liability of Intermediary Service Providers in the EU Directive on Electronic Commerce, 19 SANTA CLARA HIGH TECH. L. J. 111, 114 (2003).

[101] See Directive 2001/29/EC, supra note 14, at art. 14.

[102] 如前所述,对第 38 条的一种可能的解释是将原告的责任解释为直接责任而非次要责任。

[103] 显然,有人可能会在这里公平地辩称,平台的责任并不是来自第三方版权侵权,而是来自违反了采取措施防止侵权作品出现的独立义务。在这方面,平台对直接违反新监控义务的主要责任实际上是基于过失。这可能很重要,因为存储服务提供者可能会被认为对没有实施措施负有责任,即使发生版权侵权。在这方面,可能会要求存储服务提供者采取措施,阻止作品的可用性,无论其特权使用状态如何。拟议的第 13 条目前的措辞使这种解释可能是指阻止"权利持有人通过与服务提供商合作确定的作品或其他主题"的可用性,而不是受版权保护的作品或其它主题。DSM Directive Proposal, supra note 6, at 43. 然而,在这方面,该提议可能更难解读。根据陈述 38,中介平台确实有义务缔结许可协议,并应采取措施确保这些协议的运作。同上,第 22 页。防止侵犯版权确实确保了协议的运作。因此,存储服务提供者应采取措施防止侵犯版权,以确保许可协议的运作。因此,通过未能有效地采取措施防止侵权作品在其网络上提供,托管服务提供商将对其缔结和确保许可协议运作的义务负责。由于这种功能取决于防止第三方版权侵权,因此可以提出一种论点,即提供商的责任源于这些第三方侵权行为。如果该提案按原样获得批准,则根据该条文的目的,这种目的论的解释可能更可取。

该提案将使“通知—删除”规则与版权法目的无关,破坏了依然有效的《电子商务指令》的基本设置。如果中介平台在法庭上声称,根据《电子商务指令》,他们不存在疏忽,因而无需承担责任;而权利人则声称,根据《数字化单一市场指令》,网络平台应负有版权过滤义务,无论他们是否知情,那么,这将会发生什么结果?这并不是说,如果委员会希望引入积极的监测制度并达成必要的共识,它就不能引入这种制度,尽管正如我们所解释的[104],这可能是一个糟糕的政策选择。然而,仅仅通过版权监管这样做将与欧盟法律的其他部分不一致,特别是考虑到欧盟法院特别承认防止版权侵权的监督义务将违反《电子商务指令》。此外,无论这项改革是否应在修改《电子商务指令》的情况下实施,这一拟议条款与《在线平台与数字化单一市场》:欧洲的机遇与挑战,OP&DSM 中的大胆声明“委员会将维持现有的中介责任制度”发生了奇怪的冲突。[105]

(二)论救济机制和“通知—删除”制度的缺失

《数字化单一市场版权指令》第 13 条第 2 款还规定,“成员国应确保第 1 款所述服务提供商建立投诉和补救机制,在用户对第 1 款提及的措施的适用发生争议时,可向用户提供这些机制”。[106] 实施过滤措施补救机制的这一义务需要澄清,并可能再次引发内部矛盾。首先,一个与反通知非常相似的补救机制原本将在通知之后出现。然而,事实并非如此,因为第 13 条要求建立一种主动过滤机制,该机制不寻求对侵权作品的任何个性化通知,而是寻求其他识别机制[107]——也许是权利人和存储提供商之间事先商定的。但是,事实真的是这样吗?过滤措施在实践中如何发挥作

[104] See discussion infra Part III. B.

[105] Communication, supra note 24, at 9

[106] DSM Directive Proposal, supra note 6, at art. 13(2).

[107] Id.

用？中介平台应该过滤阳光下的一切事情吗？他们是否应该主动监控此前通知中的内容？他们是否应该只将识别技术应用于预先存在的受保护作品黑名单？这种情况至少可以猜测第13条中提及“权利持有人通过与服务提供商合作确定的”作品的可能含义，这些作品的可用性应该被阻止。[108] 谁将提供这份名单？谁来更新它？对此类问题目前几乎一无所知。该提案没有进一步阐述这一补救机制在实践中应如何运作。特别是，它没有规定制订投诉的最佳做法或标准化，而是规定了过滤机制。[109] 最有可能的是，这一补救制度的最终安排可能源于行业本身的自愿努力和最佳实践，可能与部门“通知—删除”制度非常相似。最后，该提案将建立一个反通知机制，以过滤欧盟范围内立法授权的横向“通知—删除”和反通知系统。[110] 为了系统一致性，欧盟法律应首先在《电子商务指令》框架下建立期待已久的“通知—删除”制度。[111]

---

〔108〕 Id. at Art. 13(1); see also JURI Draft Opinion, supra note 6, at 22, 40（指令报告员、欧洲议会议员 Therese Comodini Cachia 向议会泄露的一份报告草案试图通过重新起草第13条来澄清这一点，以便“采取适当和相称的措施，确保与权利人就使用其作品达成的协议的运作”“权利持有人应向服务提供商提供他们“享有权利”的准确识别的作品或主题。）(省略重点).

〔109〕 DSM Directive Proposal, supra note 6, at art. 13(3); see also Husovec, supra note 35.

〔110〕 See Directive 2001/29/EC, supra note 14, at art. 12（预见引入完整通知和删除程序的可能性）. Leaked draft Proposal for a Directive of the European Parliament and of the Council on procedures for notifying and acting on illegal content hosted by online intermediary service providers（“通知和行动程序指令”）[…]（2013）XXX draft (proposing a horizontal notice-and-action mechanism for hosting providers and later floated by the Commission); see also Aleksandra Kuczerawy, Intermediary Liability & Freedom of Expression: Recent Developments in the EU Notice & Action Initiative, 31 COMPUTER L. & SECURITY REV. 46 (2015).

〔111〕 See Open Letter from European Research Centres, to Members of theEuropean Parliamentand the Council of the European Union, EU Copyright Reform Proposals Unfit for the Digital Age, CREATE (Feb. 24, 2017), http://www.create.ac.uk/wpcontent/uploads/2017/02/OpenLetter_EU_Copyright_Reform_24_02_2017.pdf. 建议为托管服务提供商引入横向通知和行动框架，而不是目前的第13条)；Angelopoulos, supra note 48,（建议为托管服务提供商引入横向通知和行动框架，而不是目前的第13条).

然而,这显然不是委员会议程上的一个选项。正如关于《在线平台和数字化单一市场的通信》(Communication between Oline Platforms and the Digital Single Market,以下称为《OP&DSM 通信》)中所提到的,欧盟宽泛的"通知—措施"程序将暂时推迟,因为委员会将首先评估正在进行的改革的影响。[112] 根据之前的磋商和沟通,未来可能会有一些替代方案。首先,可以对"通知—措施"采取部门和问题驱动的办法,特别强调对通知内容的不同要求。[113] 根据在线中介平台咨询的结果,受访者一致认为,不同类别的非法内容需要在通知和行动程序方面采取不同的政策方法,尤其是在侵犯知识产权、虐待儿童内容以及种族主义和仇外言论方面。[114] 其次,《执行指令》也可能被修改,因为其中明确规定必须允许国家法院命令中介平台采取措施,不仅旨在终止使用其服务已经犯下的侵权行为,而且旨在防止进一步的侵权行为。在这方面,根据现代化协商的知识产权执行,该指令应在不建立一般监督义务的情况下,就如何进行"删除和保留"制订标准。[115] "在线处理非法内容通信"通过批准"自动保留程序"来指纹识别和过滤已被识别和评估的行为。[116] 然而,正如前面已经详细讨论过的那样,如何在没有全面监

---

〔112〕 See Communication, supra note 24, at 9.

〔113〕 See Public Consultation on Online Intermediaries, supra note 21. 无法预见哪些类别可能会受到特殊待遇。然而,在线中介公共咨询涉及以下类别:"非法提供商品和服务(如非法武器、假药、危险产品、未经授权的赌博服务等)";"非法推广商品和服务";"为网络钓鱼、制药或黑客攻击提供便利的内容;""侵犯知识产权(如版权和相关权利、商标);""违反消费者保护规则,如欺诈或误导性报价;""侵犯安全保障要求;""种族主义和仇外言论;""恐同和其他仇恨言论;""虐待儿童内容;""与恐怖主义有关的内容(例如煽动犯下恐怖主义罪行的内容和培训材料);"和"诽谤"。Id.; see also German Coalition Agreement, supra note 14, at 133 (stipulating different liability levels for different kind of hosting providers).

〔114〕 See Brief Result of the Consultation on Online Intermediaries, supra note 23.

〔115〕 See Public Consultation on Modernisation of Enforcement of IPRs, supra note 19, at C. 2. 3.

〔116〕 See Communication, supra note 32, at § 5. 2.

控的情况下做到这一点还有待观察。[117]

(三)论监督义务与基本权利

正如多个权力机构所述,[118]一般过滤和监测义务将不符合《欧盟基本权利宪章》。[119] 在萨巴姆案中,法院解释说,过滤措施和监督义务将无法在版权和其他基本权利之间取得"公平平衡"。[120] 特别是,它们将损害用户的言论自由、隐私权[121]以及提供商开展业务的自由。[122] 过滤和监控义务在很大程度上与用户和中介平台的权利相冲突,因此它们作为政策选择的不适当性将是下一步考虑的主题。

三、适当性与相称性

改革将带来的众多系统性不一致与晦涩难懂的文本参考,共同反映了改革的适当性和相称性问题。事实上,欧洲判例本身已经明确阐述了大多数质疑过滤和监督义务是否恰当的论点,讨论了这些措施与多种基本权利之间不可能共存的问题。此外,改革的总体目

---

〔117〕 See discussion supra Part II. A.

〔118〕 See Netlog NV, 2012 E. C. R 85, at § 36 – 38; see also Angelopoulos, supra note 48; Stefan Kulk & Frederik J. Zuiderveen Borgesius, Filtering for Copyright Enforcement in Europe after the Sabam Cases, 34 EUR. INTELL. PROP. REV. 791, 791 – 94 (2012); Darren Meale, SABAM v Scarlet: of course blanket filtering of the internet Is unlawful, but this isn't the end of the story, 34 EUR. INTELL. PROP. REV. 429, 432 (2012); Andrea Montanari, Prime Impressioni sul Caso SABAM c. Netlog NV: gli Internet Service Provider e la Tutela del Diritto D'autore On Line, 4 DIRITTO DEL COMMERCIO INTERNAZIONALE 1074 (2012); Evangelia Psychogiopoulou, Copyright enforcement, human rights protection and the responsibilities of internet service providers after Scarlet, 34 EUR. INTELL. PROP. REV. 552, 555 (2012).

〔119〕 See Charter of Fundamental Rights of the European Union, 2012 O. J. (C 326) 391.

〔120〕 See Netlog NV, 2012 E. C. R 85, at § 51.

〔121〕 See EU Charter, supra note 119, at art. 8, 11.

〔122〕 Id. at art. 16.

标最终可能根本不合适。因缺乏针对"价值差距"的实证验证,对改革方案的合理性和相称性提出了挑战。

(一)论过滤/监控与基本权利

该提案的一个主要问题是,这些内容识别技术是否像提案所建议的那样"适合和相称"执行任务。[123] 显然,它们不是。如前所述,这些技术及其带来的过滤和监控义务将无法在版权和其他基本权利之间取得公平的平衡。欧洲法院一贯的判例明确表明了这一点,强调了这些技术的部署是不恰当的,因为它不成比例地偏袒财产权而非其他基本权利。

1. 论信息自由、例外与限制以及公共领域

用户接收和传递信息的自由将受到该提案的限制。实际上,自动侵权评估系统可能会损害用户享有例外与限制。[124] 大量现有文献强调了数字版权管理(DRM)对例外和限制的影响。[125] 自动化系统不能取代人类的判断,人的判断应被视作维持公平或归入例外或者限制范畴的途径。此外,某些作品的公共领域地位的复杂性可能会超出内容识别技术的识别能力。在目前的技术成熟水平上错误的主动性可能会造成相关的寒蝉效应,并对用户的基本言论自由

---

〔123〕 See DSM Directive Proposal, supra note 6, at art. 13(1).

〔124〕 See, e. g., Leron Solomon, Fair Users or Content Abusers? The Automatic Flagging of NonInfringing Videos by Content ID on YouTube, 44 HOFSTRA L. REV. 237, 239 (2015); Corinne Hui Yun Tan, Lawrence Lessig v Liberation Music Pty Ltd-YouTube's Hand (or Bots) in the Overzealous Enforcement of Copyright, 36 EUR. INTELL. PROP. REV. 347, 347 - 51 (2014); Justyna Zygmunt, To teach a machine a sense of art - problems with automated methods of fighting copyright infringements on the example of YouTube Content ID, MACHINE ETHICS & MACHINE LAW: E-PROCEEDINGS (2016); Zoe Carpou, Robots, Pirates, and the Rise of the Automated Takedown Regime: Using the DMCA to Fight Piracy and Protect End-Users, 39 COLUM. J. L. &ARTS 551, 564 - 82 (2016).

〔125〕 See GIANCARLO F. FROSIO, COMMUNIA FINAL REPORT 99 - 103, 135 - 41 (2011). http://www.communia-project.eu/final-report(代表通信网络和 NEXA 中心为欧盟委员会编写的关于数字公共领域的报告,讨论了大多数相关文献以及技术保护措施对公平交易、特权和公平使用构成的主要威胁).

权产生负面影响。用欧洲法院的话来说,这些措施:

> 可能会破坏信息自由,因为该系统可能无法充分区分非法内容和合法内容,其结果是引入该系统可能会导致合法传播受阻。事实上,对传播是否合法的问题的回答也取决于对版权的法定例外的适用。这一点毋庸置疑,因为不同的成员国会有不同规定。此外,在一些会员国,某些作品属于公共领域,或者可能由有关作者免费发布在网上。[126]

在这方面,值得注意的是,这项改革可能会造成另一种不一致。《电子商务指令》第 46 条明确要求存储提供者在决定撤下请求时尊重言论自由原则。[127] 由于采用自动过滤技术无法保证对言论自由的尊重,存储提供者在按照拟议指令进行过滤的同时,将不遵守《电子商务指令》规定的这一义务。此外,除了提到的欧盟法律系统性不一致,对在线中介平台的活动引入严格的责任制度本身可能也是一个不合适和不成比例的政策选择,因为它会破坏版权保护与其他基本用户权利之间的微妙平衡。在 Google v. Louis Vuitton 案中,欧盟法院总检察长指出,民事责任的一般规则(基于过失)——而不是严格的责任知识产权法——适用于互联网中介活动的治理。他在网上侵犯商标权的背景下提出的论点也适用于版权:

> 责任规则更为合适,因为它们并没有从根本上改变互联网的去中心化性质,赋予商标所有者对其商标对应的关键词在网络空间的使用的一般和几乎绝对的控制权。除了能够通过商标保护来阻止任何可能的使用,包括已经观察到

[126] Netlog NV, 2012 E. C. R 85, at § 50.

[127] See Directive 2001/29/EC, supra note 14, at Recital 46.

的许多合法甚至理想的使用,商标所有者还必须指出在其商标受到非法损害的情况下引起谷歌责任的具体情况。[128]

根据这一论点,基于疏忽的制度将更好地在版权保护、信息获取和言论自由之间实现微妙的平衡,而这正是网络中介责任难题所带来的。只要过滤和监督义务破坏了现有的"通知—删除"机制,它们就会在默认情况下对信息自由造成寒蝉效应。正如范·伊克所提道的,"通知和删除"程序是《电子商务指令》在权利持有人、在线中介平台和用户利益之间实现平衡的基本机制之一"。[129] 尽管通知并不完善,但删除机制嵌入了对信息自由的根本保障,因为它迫使中介平台在最终决定是否删除材料之前,需要实际考虑材料的侵权性质。

2. 论个人资料的保护

过滤和监控义务的不合格部署也可能侵犯服务用户保护个人数据的权利。在萨巴姆案 SABAM 中,欧洲法院已经权威地概述了在这种情况下这些措施对基本权利的不恰当性。正如欧洲法院所总结的那样:

要求安装有争议的过滤系统将涉及识别、系统分析和处理与其用户在社交网络上创建的个人资料相关的信息。与这些档案相关的信息是受保护的个人数据,因为原则上,它允许识别这些用户。[130]

诚然,Netlog 案的法院没有充分解释这种处理究竟是如何构成

---

[128] Joined Cases C – 236, 237 & 238/08, Google France, S. A. R. L. & Google Inc. v. Louis Vuitton Malletier SA, Viaticum S. A. , Luteciel S. A. R. L. , v. Centre Bational de Recherche en Relations Humaines (CNRRH) S. A. R. L. , Pierre-Alexis Thonet, Bruno Raboin, Tiger, a franchisee of Unicis, ECLI:EU:C:2009:569, § 123 (辩护人一般意见).

[129] Van Eecke, supra note 46, at 1479 – 80.

[130] Netlog NV, 2012 E. C. R 85, at § 49.

对数据保护权的限制的,或者如果它确实构成了这种限制,为什么《数据保护指令》不会使 Netlog 案处理个人数据合法化。[131] 然而欧洲法院克服了传统上不愿意参与任何实际的权利冲突的平衡,并首次在 Scarlet 案和 Netlog 案中建立"保护个人数据的基本权利,当以保护知识产权的名义强加要求系统处理个人数据的机制时,而这与版权持有人的权利并不平衡"。[132] 根据欧洲人权法院的说法,通信保密或尊重私人生活的权利[133]也可能受到过滤技术的影响,欧洲人权法院认为,过滤技术往往对拦截传播的系统持批评态度,尤其是当这些系统监控通信内容时。[134]

3. 论商业自由与欧洲创新

在负面反应和未实现期望的海啸中[135],剩余的批评指出了这

〔131〕 Gloria González Fuster, Balancing Intellectual Property against Data Protection: a New Right's Wavering Weight, 14 IDP 34, 44 (2012) (quotations omitted); see also Kulk & Borgesius, supra note 118, at 793 -94.

〔132〕 González Fuster, supra note 131, at 37; see also L. Ferola, Diritto D'autore vs. Diritto alla Riservatezza: alla Ricerca di un Equo Bilanciamento nella Rete. I casi Peppermint, FAPAV e Scarlet, in I DIRITTI NELLA《RETE》DELLA RETE 67 (F. Pizzetti ed., UTET 2011).

〔133〕 See Charter, supra note 119, at art. 7.

〔134〕 See Kulk & Borgesius, supra note 118, at 793 -794.

〔135〕 See Caroline De Cock, EC Failed to #FixCopyright: Stop 'RoboCopyright' and Ancillary Copyright & Start to Focus on Users and Creators, COPYRIGHT FOR CREATIVITY (Sept. 14, 2016), http://copyright4creativity.eu/2016/09/14/ec-failed-to-fixcopyright-stop-robocopyrightand-ancillary-copyright-start-to-focus-on-users-and-creators; Alberto Bellan, Wikimedia, EDRI, and others call for EU Copyright Package to uphold DSM fundamental principles, IPKAT (Sept. 13, 2016), http://ipkitten.blogspot.fr/2016/09/wikimedia-edri-and-others-call-for-eu.html. Quite understandably, consistent negative reactions came from multiple voices in the Silicon Valley and the United States. See, e.g., Jeremy Malcom, European Copyright Leak Exposes Plans to Force the Internet to Subsidize Publishers, ELECTRONIC FRONTIER FOUNDATION: DEEPLINKS BLOG (Aug. 26, 2016), https://www.eff.org/deeplinks/2016/08/european-copyright-leak-exposes-plans- force-internet-subsidize-publishers; David Meyer, Why Europe's New Copyright Proposals Are Bad News for the Internet, FORTUNE (Sept. 14, 2016), http://fortune.com/2016/09/14/europecopyright-google; Natasha Lomas, EU digital copyright reform proposals slammed as regressive, TECHCRUNCH (Sept. 14, 2016), https://techcrunch.com/2016/09/14/eu-digital-copyright-reformproposals-slammed-as-regressive; Cory Doctorow, The EU tried to craft a sane 21st century copyright and failed miserably, BOINGBOING (Sept. 14, 2016, 10:34 AM), https://boingboing.net/2016/09/14/the-eu-tried-to-craft-a-sane-2.html.

个新政权对创新的负面外部性。监管义务通过降低平台进入和竞争市场的成本,消除了创新障碍。这项提议将迫使中介平台开发和部署昂贵的技术,以应对欧盟法律,从而支持财产权人利用其阻止权力进展的企图。这些反竞争行为一再适用于整个财产[136],但在整个版权历史上尤其经常出现[137]。欧洲法院强调了过滤和监控义务对互联网服务提供商的经济影响。欧洲法院认为,在没有任何时间限制的情况下,监控通过网络进行的所有电子通信,针对未来对现有作品和尚未创作作品的所有侵权行为,"将严重侵犯存储服务提供商开展业务的自由"。[138] 存储提供商的业务自由将受到不成比例的影响,因为采用过滤技术的义务将要求互联网服务提供商自费安装一个复杂、昂贵和永久的系统。[139] 此外,根据欧洲法院的说法,这一义务将违反《执行指令》第 3 条的规定,即"确保知识产权执法所需的程序和补救措施……应用时不应造成不必要的复杂或

---

〔136〕 See Carol Rose, The Comedy of the Commons: Custom, Commerce, and Inherently Public Property, 53 U. CHI. L. REV. 711, 749 – 50, 752 (1986)(讨论公路或铁路等大型公共项目如何容易受到单一财产所有者的阻碍).

〔137〕 See Hannibal Travis, Building Universal Digital Libraries: An Agenda for Copyright Reform, 33 PEPP. L. REV. 761, 786 – -792 (2006)(简要介绍了文化技术进步的停滞历史); White-Smith Music Publ'g Co. v. Apollo Co., 209 U. S. 1 (1908) (piano rolls); Fortnightly Corp. v. United Artists Television, Inc., 392 U. S. 390 (1968) (cable television); Amstrad Consumer Electronics Plc v. British Phonographic Industry Ltd. [1986] AC 159 (UK) (tape recorders); Sony Corp. of Am. v. Universal City Studios, Inc., 464 U. S. 417, 429 (1984) (VHS recorder); Twentieth Century Music Corp. v. Aiken, 422 U. S. 151 (1975) (radio); A&M Records, Inc. v. Napster, Inc., 239 F. 3d 1004 (9th Cir. 2001) (peer to peer software); Metro-Goldwyn-Mayer Studios Inc. v. Grokster, Ltd., 545 U. S. 913 (2005) (对等软件); UMG Recordings, Inc. v. MP3. com, Inc., 92 F. Supp. 2d 349 (S. D. N. Y. 2000) (mp3 music format); Perfect 10, Inc. v. Amazon. com, Inc., 508 F. 3d 1146 (9th Cir. 2007) (搜索引擎和数字缩略图); Bundesgerichtshof [BGH] [Federal Court of Justice] Apr. 29, 2010, Vorschaubilder, I ZR 69/08 (Ger.) (ruling that Google Image Search does not infringe copyright); Capitol Records, LLC v. ReDigi Inc., 934 F. Supp. 2d 640 (S. D. N. Y. 2013) (认为用户无权在 ReDigi 上转售数字音乐,尽管它采用了一种创新的云服务技术,可以在数字音乐文件上传存储之前验证其合法性).

〔138〕 Netlog NV, 2012 E. C. R 85, at § 46.

〔139〕 Id.

费用,[并]应避免对合法贸易造成障碍。[140]

技术是否过于昂贵——从而限制了对当前市场参与者的市场激励——可能有待辩论,正如法国的 Allostreaming 案和巴西的 Dafra 案所示。[141] 在这两起案件中,Google 所谓的“技术辩护”都被法院根据相反的专家证词报告驳斥了。[142] YouTube Conted ID 替代品(例如 Audible Magic,据称是一种廉价的解决方案)在市场上随处可见。[143] 然而,拟议的立法可能会产生不可预见的影响,有利于成熟的市场参与者,而不是在线内容市场的竞争。事实上,创新的负外部性将打击新的市场进入者,他们将不得不承担额外的成本,并且不拥有任何专有的识别技术。特别是,欧洲科技行业将处于不利地位,因为它应该从 Google、YouTube 或 Audible Magic 等其他美国公司获得过滤技术的许可,而 Google、YouTube 可能会将其保留为其独家使用。由于大多数老牌市场参与者都在美国,这一提议可能再次对欧洲公司来说是一个糟糕的权衡,并将数字化单一市场推向更远的地方。

(二)论经验证据与价值差距

人们对这项改革的适当性普遍感到担忧,致使改革的根本目标遭受质疑。如前所述,引入《数字化单一市场版权指令》第 13 条的理由是必须缩小所谓的“价值差距”。[144] “价值差距”的概念与几乎完全与音乐行业和娱乐行业编造的话语相呼应。显然,这种修辞手法是音乐行业全球报道中首次创造的,从未在其他地方使用

---

[140] See Enforcement Directive, supra note 20, at art. 3.

[141] See APC, supra note 74; Dafra, supra note 74.

[142] Id.

[143] See AUDIBLE MAGIC, http://www.audiblemagic.com (last visited Nov. 15, 2017).

[144] See discussion supra Introduction.

过。[145] 作为党派捏造,这种言论似乎与实证有关。指令草案的影响评估非常明确地承认了这一点:

> 经济影响大多是从定性的角度来评估的,考虑到不同的政策选择将如何影响创建内容或投资创建内容的人与在线分发此类内容的人之间的谈判。该领域数据的可用性有限……不允许对不同政策选择的影响进行定量分析。[146]

欧洲版权协会再次强调了这一点,指出:“我们很失望地看到,这些提案没有任何坚实的科学(特别是经济)证据。”[147] 事实上,没有明确的证据表明版权侵权在数字环境中的影响、规模、性质,或者更积极的执法策略的有效性。在英国政府委托编写的一份权威报告《数字机遇》中,伊恩·哈格里夫斯教授借《知识产权与增长评述》(以下简称《哈格里夫斯报告》)指出:

> 问题是:在一个复制和分发或多或少是免费的数字世界里,一个有效的制度是什么样子的?没有人怀疑大量的盗版行为正在发生,但关于规模和趋势的可靠数据却出奇的稀少。去年发表的两项研究估计,英国非法数字下载的规模在13%—65%。而一项关于英国和国际数据的详细调查发现,上述研究很少有清晰的研究标准支持。与此同时,大多数创意商业部门的销售额和盈利水平似乎保持得

[145] See Husovec, supra note 35.

[146] Commission Staff Working Document, Impact Assessment on the modernisation of EU copyright rules, COM (2016) 301 final (Sept. 14, 2016), PART 1/3, 136.

[147] General Opinion on the EU Copyright Reform Package, EUR. COPYRIGHT SOC'Y 5 (Jan. 24 2017), https://europeancopyrightsocietydotorg.files.wordpress.com/2015/12/ecs-opinion-on-eucopyright-reform-def.pdf.

> 相当好。我们得出的结论是，许多创意企业正经历着数字版权侵权带来的动荡，但就整个经济而言，可衡量的影响并不像有时所说的那样明显。[148]

《哈格里夫斯报告》暗示了关于数字盗版的争论中的一个关键问题，即打击盗版的版权政策应以确凿和透明的证据为基础。

实际上，相比之下，欧盟委员会委托的一份报告——于 2015 年 5 月提交，但最近由海盗党的 MEP 发布——根据文件请求[149]获得该报告——表明没有强有力的统计证据表明在线版权侵权取代了销售。[150] 相反，至少在视频游戏的情况下，非法在线交易对销售的估计影响是积极的——这意味着非法消费导致合法消费增加。[151]总之，报告得出的结论是：

> 对现有文献的主要贡献是发现了最近几部顶级电影的位移率，尽管精心编制了问卷并应用了计量经济学分析，但电影/电视剧、音乐、书籍和游戏缺乏稳健的（正）位移率。[152]

---

〔148〕 IAN HARGREAVES, DIGITAL OPPORTUNITY: A REVIEW OF INTELLECTUAL PROPERTY AND GROWTH 6 (May 2011) (emphasis added); see also Joe Karaganis, Rethinking Piracy, in MEDIA PIRACY IN EMERGING ECONOMIES 1, 4 – 11 (Joe Karaganis ed., Social Science Research Council 2011) (making the same argument).

〔149〕 See Julia Reda, What the Commission found out about copyright infringement but 'forgot' to tell us, JULIA REDA (Sept. 20, 2017), https://juliareda.eu/2017/09/secret-copyright-infringementstudy.

〔150〕 MARTIN VAN DER ENDE, JOOST POORT, ROBERT HAFFNER, PATRICK DE BAS, ANASTASIA YAGAFAROVA, SOPHIE ROHLFS & HARRY VAN TIL, ESTIMATING DISPLACEMENT RATES OF COPYRIGHTED CONTENT IN THE EU: FINAL REPORT 7 (European Commission, 2015).

〔151〕 Id. at 15.

〔152〕 Id. at 8.

在缩小“价值差距”的假设下，来制订改革的重要部分，以促进欧洲数字化单一市场。这可能是目光短浅和术语矛盾的结果。它确实支持一种修辞方法，这种方法显然是向后看，而不是向前看。互联网、数字化、平台和共享经济可能是创作者的机会，而不是相反结果。委员会在制订其改革进程、目标和愿景时，可能会选择另一条道路，强调技术创新的“附加值”，而不是“价值差距”。为此，应该仔细审查明确的经验证据，以考虑创作者和创意市场作为一个整体是在慢慢萎缩还是在蓬勃发展。迄今为止，从未提供支持现行执法战略的独立实证证据。相反的证据可能强调互联网、数字化和平台创造力的正外部性，但同样从未被考虑过。然而，这些证据是充分的。有证据表明，在一定程度上存在一致性，即事实上存在需要提升的附加值，而不是需要缩小的价值差距。〔153〕 实证研究表明，在数字环境中，就创意产业而言，天空是上升的，而不是下降的。〔154〕正如经济学家乔尔·瓦尔德福格尔最近所说：

> 然而，尽管录制音乐的收入大幅减少，以及其他一些传统媒体行业的收入受到威胁，但数字化的其他方面已经产生了抵消作用，降低了将音乐、电影、书籍和电视等新产品推向市场的成本。总的来说，数字化增加了创造和向消费者提供的新产品的数量。此外，鉴于产品质量的不可预

---

〔153〕 See Giancarlo F. Frosio, Digital piracy debunked: a short note on digital threats and intermediary liability, 5 INTERNET POL'Y REV. (2016), https://policyreview.info/articles/analysis/digital-piracy-debunked-short-note-digital-threats-andintermediary-liability.

〔154〕 See Michael Masnick & Michael Ho, The Sky is Rising: A Detailed Look at the State of the Entertainment Industry, FLOOR 64 3 (Jan. 2012), https://www.documentcloud.org/documents/562830-the-sky-is-rising.html（注意到音乐、电影、视频、电子游戏和书籍市场在过去十年中一直在蓬勃发展，全球娱乐业的价值增长了近50%，美国娱乐业的就业率增长了近20%，全球制作的新内容在企业的任何领域都以惊人的速度增长。）娱乐业，最后，更重要的是，美国家庭用于娱乐的总支出增长了15%）; see also Joel Waldfogel, Is the Sky Falling? The quality of new recorded music since Napster, VOXEU.ORG (Nov. 14, 2011), http://www.voxeu.org/index.php? q=node/7274.

> 测性，新产品的增长导致了最佳产品质量的大幅提高，从而使这些新产品给消费者带来了好处。[155]

盗版被一些人解释为一种创新政策，迫使市场适应用户需求。[156] 事实上，市场确实适应了，提供了新的、更实惠的方式来享受创造力。忽视这些经验证据，或者至少在没有考虑所有证据和可能的叙述的影响声明的情况下向前推进，可能会导致改革在实施之前被证明是过时的，可能对数字化单一市场不利，而不是有益。[157]

四、结论

作为其最近提出的使版权适应数字化单一市场战略（DSMS）的建议的一部分，欧盟委员会希望为信息社会服务提供商引入一系列新的义务，以处理在线服务对受保护内容的某些使用。因此，通过促进有效的许可协议将资源重新分配给创作者将是一个值得称赞的目标。此外，侦查和防止侵权活动的狭义和具体的注意义务将属于欧盟法律的范围。然而，委员会提案中部署的实现这些目标的

---

〔155〕 Joel Waldfogel, How Digitization Has Created a Golden Age of Music, Movies, Books, and Television 31 J. OF ECON. PERSPECTIVES 195, 195 (2017).

〔156〕 See ADRIAN JOHNS, PIRACY: THE INTELLECTUAL PROPERTY WARS FROM GUTENBERG TO GATES (U. of Chicago Press, 2010).

〔157〕 学术项目一直在努力建立一组证据，以便在有争议的版权政策领域做出更好的决策。See Theo Koutmeridis, Kris Erickson & Martin Kretschmer, The Copyright Evidence Wiki: Empirical Evidence for Copyright Policy, COPYRIGHT EVIDENCE WIKI, www. copyrightevidence. org/evidencewiki/index. php/Copyright_Evidence (last visited Mar. 29, 2018). 欧盟议会可能已经注意到有必要在明确的经验证据的基础上就版权法进行立法，将第六届欧盟黑客马拉松挑战赛专门用于可视化版权改革的经验证据。作为这一挑战的一部分，许多软件开发人员被要求开发工具，以可视化版权经验证据。See EUHACKATHON, http://2016. euhackathon. eu (last visited Nov. 15, 2017).

手段,加上价值差距概念的不稳固的经验基础,在欧盟法律体系中几乎找不到支持和理由。除了这些提案特有的明确性问题,引入在线中介平台的监督义务将引起与欧盟收购其他部分的一致性方面的更一般性批评,以及对提案的适当性和相称性的批评。

第一,该提案中的措辞缺乏连贯性,难以预测该提案实施的影响。特别是,(1)目标提供者应该存储和提供访问权限的大量工作的概念以及新规定的适用范围变得无法确定;(2)第13条中的作品概念必须符合版权保护作品的资格,否则该条款所涵盖的在线服务类别将扩大到包括大量作品,包括存储的或提供公众访问的未受保护的作品;(3)第38条第1款意味着,存储和提供公众访问受保护作品的中介平台将与公众进行沟通,从而使存储服务提供者对任何侵犯知识产权的行为承担主要责任,而不是一般理解的次要责任。

第二,引入中介平台开发和部署过滤系统的义务,因此对其网络进行事实监控会造成系统性的不一致。特别是,(1)该提案将与现行中介责任豁免制度相矛盾,特别是与《电子商务指令》第15条规定的一般无监督义务相矛盾;(2)公开与欧洲法院一贯和明确的判例相冲突,确认根据欧盟法律,没有建立一般主动监测和过滤机制的余地;(3)部署严格的责任制度,而不是基于疏忽的制度,使"通知—删除"规则与版权无关,从而使《电子商务指令》脱离事实,但该指令仍将完全有效;(4)建立一个补救机制,在没有欧盟范围内立法授权的通知和删除系统的情况下进行过滤;(5)不符合《欧盟基本权利宪章》。

第三,该提案将导致许多系统性的不一致,这也反映了引入过滤义务的适当性和相称性。欧洲法院一致的判例强调,过滤和监控技术的部署适合于不成比例地偏袒财产权而非其他基本权利,包括:(1)用户接收和传递信息的自由,由于自动侵权评估系统无法充分区分非法内容和合法内容,尤其是在"例外与限制"情形以及公共领域的作品情形下;(2)用户对个人数据的保护权,因为过滤系统将涉及识别,系统分析和处理与其用户在社交网络上创建的个人资料相关的信息;(3)存储提供商的商业自由,作为采用过滤技术的义务,将要求ISP自费安装一个复杂、昂贵和永久的系统。价值差距的概念和目前的改革方案显然是基于内容行业的假设,而不是独立的经验证据。如果没有考虑到证据和可能的叙述的影响声明,可能会导致改革在实施之前被证明是过时的,这可能对数字化单一市场不利。

该指令提案已提交欧盟议会和理事会审查,但是提案仍有喜闻乐见的调整余地。改革认可了对平台经济的反应,这可能仅仅是基于内容行业的假设,而不是独立的经验证据。如果没有实证依据,一项会颠覆传统版权和中介责任政策观念的改革很难"达到目的"。[158] 文本上的混乱和不连贯、系统上的不一致以及将要采取的措施的不恰当,使这项目前形式的改革成为一种糟糕的权衡。然而,它并非无法修复。一旦从文本中删除了"向公众传播"[159]和"内容识别技术"[160]的提法,并纠正了其他文本误解,该提案的第37—39条和第13条就可以成为促进创作者和在线服务之间货币化协议的公平竞争环境。

这项改革可能会使内容创作者和在线平台之间签订货币化协议的义务正式化,而不是对存储服务提供者施加与现行欧盟法律和基本权利相冲突的过滤和监控义务。这也可以作为对教资会例外

[158] See, e.g., DSMS, supra note 11.

[159] DSM Directive Proposal, supra note 6, at 12, 19, 22, 37-38.

[160] Id. at 24, 44.

情况的公平补偿,该例外情况可能与货币化协议相结合。[161] 个人创作者或集体管理组织可以就整个曲目签订强制性货币化协议。例如,根据 Google 目前的政策,随着 Contend ID 的部署,如果上传的文件和参考文件之间匹配,一种选择是通过对匹配的视频播放广告来为版权所有者赚钱,另一种选择是屏蔽视频或跟踪视频的收视率统计数据。[162] 平台不应该对涉嫌侵权的文件实施屏蔽,而应该只承担向内容创作者提供来自针对内容的广告的收入流的义务。这将根据创作者作品的受欢迎程度和重复使用的数量来增加他们的收入来源。相比之下,阻止对内容的访问似乎是违反直觉的,如果这些内容向公众提供,就会对创作者造成更广泛的补偿。与其对抗将内容复制成本降至接近零的技术变革,不如让第三方而不是创作者来维持分发成本并准确跟踪在线使用情况政策改革。正如弗朗西斯·古里所指出的:

---

〔161〕 See Martin Senftleben, Christina Angelopoulos, Giancarlo Frosio, Valentina Moscon, Miquel Peguera & Ole-Andreas Rognstad, The Recommendation on Measures to Safeguard Fundamental Rights and the Open Internet in the Framework of the EU Copyright Reform, EUR. INTELL. PROP. REV. (forthcoming 2018) (manuscript at 23 – 24), ssrn.com/abstract = 3054967 (建议对用户混音和混搭的创建及其通过 UGC 平台的通信的新版权例外进行公平补偿)。事实上,对特权使用的公平补偿属于欧盟版权法的一个长期传统,see Directive 2001/29/EC, supra note 14, at recital 35, art. 5(2)(a) – (b). For examples and discussions on the introduction of UGC exceptions, see An Act to amend the Copyright Act, 2010, Bill C-32, art 22 (Can.) (introducing a UGC exception in Canadian law); Peter K. Yu, Can the Canadian UGC Exception Be Transplanted Abroad?, 26 INTELL. PROP. J. 175 (2014) (discussing a Hong Kong proposal for a UGC exception); Warren B. Chik, Paying it Forward: The Case for a Specific Statutory Limitation on Exclusive Rightsfor User-Generated Content Under Copyright Law, 11 J. MARSHALL REV. INTELL. PROP. L. 240 (2011); Daniel Gervais, The Tangled Web of UGC: Making Copyright Sense of User-Generated Content, 11 VAND. J. ENT. & TECH. L. 841, 861 – 69 (2009); Debora Halbert, Mass Culture and the Culture of the Masses: A Manifesto for User-Generated Rights, 11 VAND. J. ENT. & TECH. L. 921, 934 – 53 (2009); Mary W. S. Wong, "Transformative" UserGenerated Content in Copyright Law: Infringing Derivative Works or Fair Use?, 11 VAND. J. ENT. & TECH. L. 1075 (2009); Edward Lee, Warming Up to User-Generated Content, 2008 U. ILL. L. REV. 1459, 1462 (2008).

〔162〕 See How Content ID works, YOUTUBE HELP, https://support.google.com/youtube/answer/2797370? hl = en (last visited Mar. 28, 2018).

> 版权政策的核心问题就是一系列的平衡问题。数字技术与互联网为平衡的一方、自由获取方、消费者、社会享乐以及短期满足提供了技术优势。历史表明,扭转技术优势及其带来的变化是不可能完成的任务。与其抵制它,不如接受技术变革的必然性,并寻求明智的参与。无论如何,没有其他选择,要么版权系统适应已经演变的自然优势,要么它将消亡。[163]

至少在处理上传到大型 UGC 平台上的这些内容(正如第 13 条所考虑的那样),朝着一种非常类似于责任规则或利润分配的安排,而不是传统的版权独占原则,对创作者和用户来说,这可能是一个双赢的局面。[164] 无论如何,根据《电子商务指令》,"通知—删除"机制仍然可用,其可以解决价值差距,避免内部矛盾。

---

[163] Francis Gurry, Director General, World Intellectual Property Organization, Blue Sky Conference: Future Directions in Copyright Law at Queensland University of Technology, WIPO (Feb. 25, 2011), http://www.wipo.int/about-wipo/en/dgo/speeches/dg_blueskyconf_11.html.

[164] See, e.g., DAVID LANGE & JEFFERSON H. POWELL, NO LAW: INTELLECTUAL PROPERTY IN THE IMAGE OF AN ABSOLUTE FIRST AMENDMENT 179, 384 n.37 (Stanford Law Books 2009); Giancarlo F. Frosio, Rediscovering Cumulative Creativity from the Oral-Formulaic Tradition to Digital Remix: Can I Get a Witness? 13 J. MARSHALL REV. INTELL. PROP. L. 341, 390 – 93 (2014); Christophe Geiger, Promoting Creativity through Copyright Limitations: Reflections on the Concept of Exclusivity in Copyright Law, 12 VAND. J. ENT. TECH. L. 515, 547 (2011)(提议实施"有利于限制的版权保护,即使这样做需要重新思考排他性原则……[和]版权的范围缩小到防止仅仅复制作品,而不包括创造性的重复使用"); Jed Rubenfeld, The Freedom of Imagination: Copyright's Constitutionality, 112 YALE L.J. 1, 1 (2002).

无监督义务的消亡

——无法驯服的怪物的故事

[意大利]吉安卡洛·弗罗西奥*

在对 YouTube 上发生的涉嫌侵犯版权行为实施严格的责任制度时,巴西高等法院法官所罗门表示"如果 Google 制造了一个'无法驯服的怪物',它应该是唯一一个因对其网站用户缺乏控制而造成灾难性后果的公司"。为了驯服这只"怪物",巴西高等法院不得不对 YouTube 施加监督义务,这不是一个孤立的案例。通过立法、司法裁决和私人命令,主动监督和过滤作为一种特殊执行策略进入了法律体系。在多个司法管辖区,最近的判例法对中介平台施加了积极的监督义务。立法提案也纷纷效仿。作为其《数字化单一市场战略》(DSMS)的一部分,欧盟委员会希望在版权和 AVMS 立法中为中介平台引入过滤义务。与此同时,在线平台已经在自愿的基础上建立了各种筛选计划。在这篇论文中,作者认为我们正在目睹

---

* 作者为贝尔法斯特女王大学法学院教授。原文发表于《知识产权、信息技术与电子商务法杂志》2017 年第 8 卷第 3 期。

无监督义务的消亡,这是中介责任政策的一个明显趋势,可以在更广泛的网上私人执法和处于萌芽阶段的中介自我干预的背景下进行分析。此外,备案和监督将几乎完全通过自动侵权评估系统进行处理。正当程序和基本保障受到算法执法的破坏,算法执法可能最终杀死无监督义务和在线基础权利以及"无法驯服的怪物"。

导言

在接下来的内容中,作者将讲述一个介于黑暗童话和推理小说之间的故事。这个故事充满了"无法驯服的怪物",主人公被谋杀了或者至少有猝死的危险。让我们从头开始,就像任何好的故事都应该从头开始一样。

曾几何时,网络平台并"没有监督义务"。传统来说,在线服务提供商享有对任何监督信息的一般义务的豁免权,他们或传输或存储这些信息,或积极寻求表明非法活动的事实或情况。[1] 再加上避风港条款,即根据"无监管义务"与"避风港"条件一起,建立了基于过失的中介责任制度,[2] 无监督义务规则建立了基于过失的中介责任制度。在线存储服务商只有在知道侵权材料的存在(通常是由相关第三方发出的通知)且没有及时删除这些材料时,才有可能承担责任。[3]

---

〔1〕 See eg Council Directive (EC) 2000/31 on certain legal aspects of information society services, in particular electronic commerce, in the Internal Market [2000] OJ (L 178) 1 – 16 [hereinafter eCommerce Directive] Art 15; The Digital Millennium Copyright Act of 1998, 17 USC § 512(m) (United States) [hereinafter DMCA].

〔2〕 See eg eCommerce Directive (n 1) Art 12 – 15; DMCA (n 1) § 512(c)(1)(A – C).

〔3〕 请考虑到责任和豁免之间没有直接关系,豁免是一种额外的保护层,旨在在欧盟层面协调限制中介责任的条件。

虽然存在相当大且不完美的寒蝉效应[4],但基于过失的中介责任制度具有对基本权利的内在保护效果。欧洲法院已经多次确认,至少在侵犯版权方面,根据欧盟法律,没有主动监督和过滤机制的空间。[5] 同样,三位言论自由特别报告员联合声明呼吁不要强加监督中介服务中发生的活动的合法性的责任。[6]

然而,有传言称,无监督义务原则及其推动的基于过失的制度如果尚未被废除,就可能会面临巨大危险。在线中介平台治理的基本原则受到越来越多的挑战。[7] 是谁扼杀了或试图扼杀"没有监督的义务"?为什么?不主动监督原则所处的困境是各种伴随因素

---

[4] See e. g. Wendy Seltzer, 'Free Speech Unmoored in Copyright's Safe Harbor: Chilling Effects of the DMCA on the First Amendment' (2010) 24 Harv J L & Tech 171, 175 – 76; Center For Democracy & Technology, Campaign Takedown Troubles: How Meritless Copyright Claims Threaten Online Political Speech 1 – 19 (September 2010). 有大量的经验证据表明互联网存储服务提供者"过度删除"。See eg Althaf Marsoof, 'Notice and Takedown: A Copyright Perspective' (2015) 5(2) Queen Mary J of Intell Prop 183, 183 – 205; Daniel Seng, 'The State of the Discordant Union: An Empirical Analysis of DMCA Takedown Notices' (2014) 18 Va J L & Tech 369; Jennifer Urban and Laura Quilter, 'Efficient Process or 'Chilling Effects'? Takedown Notices Under Section 512 of the Digital Millennium Copyright Act' (2006) 22 Santa Clara Comp and High Tech L J 621; Lumen < www. lumendatabase. org > (formerly Chilling Effects—archiving takedown notices to promote transparency and facilitate research about the takedown ecology). However, recent U. S. caselaw gave some breathing space to UGC creators from bogus takedown notices in cases of blatant misrepresentation of fair use defences by copyright holders. See Stephanie Lenz v. Universal Music Corp, 801 F. 3d 1126, 1131 (9th Cir 2015) (holding that "the statute requires copyright holders to consider fair use before sending takedown notifications").

[5] See Case C – 70/10 Scarlet Extended SA v. Société belge des auteurs, compositeurs et éditeurs SCRL (SABAM) [2011] ECLI:EU:C:2011:771 (re-stating the principles in favour of access providers); C – 360/10 Belgische Vereniging van Auteurs, Componisten en Uitgevers CVBA (SABAM) v. Netlog NV [2012] ECLI:EU:C:2012:85 (确认有利于存储服务提供者的原则).

[6] See Joint Declaration of the Three Special Rapporteurs for Freedom of Expression (2011) 2. b. <http://www. osce. org/fom/78309? download = true>.

[7] See Giancarlo Frosio, 'From Horizontal to Vertical: An Intermediary Liability Earthquake in Europe' (2017) 12 Oxford JIPLP (published online on 12 May) <https://doi. org/10. 1093/jiplp/jpx061> (在最近的提案中讨论了从基于过失的方法向严格责任方法的转变).

的结果,涵盖了与在线中介责任相关的所有主题。为了寻找罪魁祸首,本文将针对近期判例法、法律改革和私人秩序(private ordering)展开研究。[8]

一、"无法驯服的怪物"、互联网威胁和价值差距

如前所述,这是一个关于"无法驯服的怪物"的故事。这些"怪物"最近在巴西被发现。在对 YouTube 上发生的涉嫌侵犯版权的行为实施严格的责任制度时,巴西高等法院的路易斯·费利佩·萨洛芒法官表示,"如果 Goodle 创造了一个'无法驯服的怪物',那么它应该是唯一一个被指控需对其网站用户缺乏控制而产生任何灾难性后果负责的人"。[9] 根据萨洛芒大法官的比喻,"没有监督义务"的危险可能是对恐惧技术创新的反应,这种恐惧对网络治理构成了前所未有的挑战。

萨洛芒大法官通过呼唤"无法驯服的怪物",呼应了最近中介责任特别是版权政策中反复出现的叙事。这种说法侧重于数字化和互联网传播带来的"威胁"。[10] 它导致了在线执法的过度扩张。Google Brazil v. Dafra 案(以下简称 Dafra 案)的法院强调了对中间

[8] 请注意,本文选择特别强调对判例法的审查。私人命令和立法提案的描述较少详细,这既是出于篇幅的原因,也是因为它们一直是作者最近其他文章的焦点。See Frosio (n 7)(讨论过滤监督改革建议); Giancarlo Frosio, 'Reforming Intermediary Liability in the Platform Economy: A European Digital Single Market Strategy' (2017a) 112 Northwestern U L Rev 19 (2017)(讨论改革建议); Giancarlo Frosio, 'Why Keep a Dog and Bark Yourself? From Intermediary Liability to Responsibility' (2017b) < https://papers. ssrn. com/ abstract = 2976023 > (discussing private ordering).

[9] Google Brazil v Dafra, Special Appeal No. 1306157/SP (Superior Court of Justice, Fourth Panel, 24 March 2014) < https://cyberlaw. stanford. edu/page/wilmap-brazil >.

[10] See James Boyle, The Public Domain: Enclosing the Commons of the Mind (Yale University Press 2008) 54 – 82.

人施加责任的重要性，指出“侵犯个人和公司隐私、即决审判和公开私刑无辜者的行为经常被报道，所有这些都是在全球网络中实施的，由于这种表达媒介的广泛性，损害大大增加。[11] “网络威胁”话语的一个典型例子便是纽曼大法官在 Universal v. Corley 案中的陈述。在回应被告关于不使用《数字千年版权法》（DMCA）作为审查工具的请求时，美国第二巡回上诉法院的纽曼法官回答道：“传播本身具有非常大的迫在眉睫的损害风险，因为这种机制非常不寻常，通过这种机制，传播规避版权保护作品的访问控制的手段可能会产生几乎不可阻挡的版权侵权行为。”[12] 在最近提交欧洲人权法院的另一个具有里程碑意义的案件中，“互联网威胁”的言论再次浮出水面，对在线新闻门户网站施加了积极的监督义务。这次讨论仇恨言论，而不是侵犯版权，欧洲人权法院指出，在互联网上，“包括仇恨言论和煽动暴力的言论在内的煽动性言论和其他类型的明显非法言论，可以在几秒钟内在全球范围内前所未有地传播，有时还可以在网上持续传播”。[13] 最近，“无法驯服的怪物”和互联网威胁（也许是一种想象中的威胁）被呼唤，以证明即将到来的欧洲数字化单一市场版权改革和对在线中介平台引入过滤义务是合理的。《数字化单一市场版权指令（草案）》[以下简称指令（草案）]旨在缩小互联网平台和版权持有人之间所谓的“价值差距”。[14] 《关于在线平台和数字单一市场的通信》（《OP&DSM 通信》）呼吁更公平地分配

---

〔11〕 Dafra (n 9) § 5.4.

〔12〕 Universal v Corley, 273 F. 3d 429, 60 U. S. P. Q. 2d 1953, 1968 (2nd Cir. 2001).

〔13〕 Delfi AS v. Estonia N 64569/09 (ECHR, 16 June 2015) § 110.

〔14〕 Commission, ‘Proposal for a Council Directive on Copyright in the Digital Single Market’ COM (2016) 593 final, art 13.

在线平台在线分发受版权保护的内容所产生的价值[15],指出需要重新平衡,因为“出现了新的在线内容分发形式……这可能会使最终用户上传的受版权保护的内容广泛可用”。[16] “价值差距”的概念呼应了音乐行业和娱乐行业几乎完全捏造的话语[17],这种话语似乎很少关注经验证据。欧洲版权协会强调了这一点,指出:“我们很失望地看到,这些建议没有任何坚实的科学(特别是经济)证据。”[18]事实上,指令(草案)的影响评估本身非常明确地承认缺乏经验支持,并指出“这一领域的数据有限……不允许对不同政策选项的影响进行定量分析”。[19] 此外,一份由欧盟委员会委托并于2015年5月提交的报告显示,实际上没有“强有力的统计证据表明网络版权侵权导致的销售转移”,该报告是在海盗党的欧洲议会议员[20]要求访问文件后才于最近发布的。[21] 总之,改革和执法

---

〔15〕 Communication from the Commission to the European Parliament, the Council, and the Economic and Social Committee, and the Committee of the Regions, Online Platforms and the Digital Single Market: Opportunities and Challenges for Europe, COM (2016) 288 Final (May 25, 2016) 9.

〔16〕 Id.

〔17〕 See Martin Husovec, ‘EC Proposes Stay-down & Expanded Obligation to Licence UGC Services’ (Hut’ko’s Technology Law Blog, 1 September 2016) < http://www.husovec.eu/2016/09/ec-proposes-stay-down-expanded.html >.

〔18〕 European Copyright Society, General Opinion on the EU Copyright Reform Package (24 January 2017) 5.

〔19〕 Commission, ‘Staff Working Document, Impact Assessment on the Modernisation of EU Copyright Rules’ SWD (2016) 301 final, PART 1/3, p 136. 总的来说,没有明确的证据表明版权侵权在数字环境中的影响、规模、性质,或更积极的执法策略的有效性。See Ian Hargreaves, ‘Digital Opportunity. A Review of Intellectual Property and Growth’ (May 2011) 10. See also Joe Karaganis, ‘Rethinking Piracy’, in Joe Karaganis (ed), Media Piracy in Emerging Economies (Social Science Research Center 2011) 4 – 11 (making the same point).

〔20〕 See Julia Reda, What the Commission Found Out About Copyright Infringement but ‘Forgot’ to Tell Us, (JuliaReda.eu, 20 September 2017) < https://juliareda.eu/2017/09/secret-copyright-infringement-study >.

〔21〕 Martin van der Ende, Joost Poort, Robert Haffner, Patrick de Bas, Anastasia Yagafarova, Sophie Rohlfs, Harry van Til, Estimating Displacement Rates of Copyrighted Content in the EU: Final Report, European Commission, May 2015, 7.

力度的扩大是基于毫无根据的假设。相比之下,文献在一定程度上一致表明,事实上存在需要促进的附加值,而不是需要缩小的价值差距。[22] 忽视这些经验证据,或者至少在没有考虑所有证据和可能叙述的影响声明的情况下向前推进,确实将改革描述为基于道德方法而不是福利成本/收益分析的对不稳定恐惧的反动措施。[23]

二、私人秩序

越来越多的人寻求并部署过滤和主动监督义务作为在线执法策略。主动监督是第一位的,主要是作为一种私人秩序的方法,遵循权利持有人和政府的压力,清除互联网上涉嫌侵权的内容或非法言论。在对他们发起的重大诉讼中[24],YouTube 和 Vimeo 感到不得不在自愿的基础上在其平台上实施过滤机制。Google 在 2008 年

〔22〕 See, for an extended review of the literature proving this point, Giancarlo Frosio, 'Digital Piracy Debunked: A Short Note on Digital Threats and Intermediary Liability' (2016) 5(1) Internet Policy Review 1 – 22 <http://policyreview. info/articles/analysis/digital-piracy-debunked-shortnote-digital-threats-and-intermediary-liability>. See also eg Michael Masnick and Michael Ho, The Sky is Rising: A Detailed Look at the State of the Entertainment Industry (Floor 64, January 2012), <http://www. techdirt. com/skyisrising>; Joel Waldfogel, 'Is the Sky Falling? The Quality of New Recorded Music Since Napster' (VOX, 14 November 2011) <http://www. voxeu. org/index. php? q=node/ 7274>.

〔23〕 See Frosio (n 8) 3 – 12.

〔24〕 See Viacom Int'l v. YouTube Inc 676 F3d 19 (2nd Cir 2012) (upholding YouTube's liability in the long lasting legal battle with Viacom by holding that Google and YouTube had actual knowledge or awareness of specific infringing activity on its website); Capitol Records LLC v. Vimeo 972 F Supp 2d 500 (SDNY 2013) (denying in part Vimeo's motion for summary judgment).

推出了 Contend ID,[25] Vimeo 在 2014 年采用了版权匹配,[26] 这两种技术都依赖于数字指纹来匹配上传的文件与版权持有人提供的受保护作品数据库。[27] Google 的 Contend ID 版权匹配同样适用四种可能的政策,包括:(1)将上传视频中屏蔽匹配的音频;(2)完全屏蔽匹配的视频;(3)通过播放广告为版权所有人从匹配的视频中获利;(4)跟踪匹配视频的收视率统计。[28] 定制 Contend ID 政策也是可能的,权利持有人可以在某些情况下屏蔽内容,或在某些情况下进行货币化。这取决于涉嫌侵权上传文件中包含的受版权保护的内容的数量。该系统还允许最终用户对版权所有者对于内容的主张提出异议。[29]

促进私人秩序是各国政府越来越多地采用的一种策略,例如在欧洲,这将允许规避《欧盟基本权利宪章》关于限制基本权利的规定,并避免法律挑战的威胁。[30] 《OP&DSM 通信》提出了"网络平台的责任是一个关键和交叉的问题"的观点。[31] 几个月后,委员会在其最新的沟通中再次明确了这一目标,在自愿的基础上公开追求"加强在线平台的责任"。[32] 换言之,委员会希望通过解决具体问

---

〔25〕 See YouTube, How Content ID Works <https://support.google.com/youtube/answer/2797370?hl=en>.

〔26〕 See Chris Welch, 'Vimeo Rolls Out Copyright Match to Find and Remove Illegal Videos' (The Verge, 21 May 2014) <https://www.theverge.com/2014/5/21/5738584/vimeocopyright-match-finds-and-removes-illegal-videos>.

〔27〕 See YouTube(n 25)

〔28〕 Ibid.

〔29〕 YouTube, Dispute a Content ID Claim <https://support.google.com/youtube/answer/2797454?hl=en>.

〔30〕 See, for an overview of private ordering strategies. Frosio (n 23).

〔31〕 Communication (n 15) 9.

〔32〕 See Communication from the Commission to the European Parliament, the Council, and the Economic and Social Committee, and the Committee of the Regions, Tackling Illegal Content Online. Towards an enhanced responsibility of online platforms, COM(2017)555final (September 28, 2017).

题,对在线平台施加负责任的行为义务。[33] 网络平台将承担“确保安全的网络环境”以打击非法活动的义务。[34] 存储提供者,尤其是平台,将须积极迅速地删除非法材料,而不是对投诉作出反应。他们将须采取有效的自愿“积极主动的措施来检测和删除网上的非法内容”[35],并被鼓励通过使用自动检测和过滤技术来做到这一点[36]。正如委员会所说,目标是“与平台合作,建立和应用自愿合作机制”[37],特别是通过与“值得信赖的旗手”、主管当局和在识别非法内容方面具有特定专业知识的专门私营实体建立一个特权渠道[38]。

自愿过滤措施的采用确实超出了知识产权执法的范围,涉及与言论有关的犯罪。“必须鼓励在线平台采取更有效的自愿行动,减少接触非法或有害内容”,如煽动恐怖主义、儿童性虐待和仇恨言论。[39] 作为一个总括性框架,委员会最近与包括 Facebook、Twitter、YouTube 和 Microsoft 在内的所有主要在线存储提供商就一项行为准则达成一致,其中包括一系列打击非法仇恨言论在欧洲网络传播的承诺。[40] 此外,为了部分回应欧盟对中间人在打击网络恐怖主义中的作用的压力增加,大型科技公司宣布他们将开始共享典型的恐怖主义宣传。[41] 一段时间以来,YouTube 和 Facebook

---

〔33〕 See Communication (n 15) 8.

〔34〕 Communication (32) § 3.

〔35〕 Ibid § 3.3.1(注意到采取这种自愿的积极措施不会导致在线平台自动失去电子商务指令规定的托管责任豁免).

〔36〕 Ibid § 3.3.2.

〔37〕 Communication (n 15) 8.

〔38〕 See Communication (32) § 3.2.1.

〔39〕 Communication (n 15) 9. See also Communication (32) § 1 – 2.

〔40〕 See Commission, European Commission and IT Companies Announce Code of Conduct on Illegal Online Hate Speech, Press Release (31 May 2016) <http://europa.eu/rapid/press-release_IP – 16 – 1937_en.htm>.

〔41〕 See ‘Google in Europe, Partnering to Help Curb the Spread of Terrorist Content Online’ (Google Blog, 5 December 2016) <https://blog.google/topics/google-europe/partneringhelp-curb-spread-terrorist-content-online>.

一直在使用 Content ID 和其他匹配工具来过滤“极端主义内容”。[42] 在这种情况下，科技公司计划创建一个独特的数字指纹(称为哈希)的共享数据库，该数据库可以识别宣传恐怖主义的图像和视频。[43] 这可能包括招募视频、暴力恐怖主义图像或表情包。当一家公司识别并删除这样的内容时，其他公司将能够使用哈希来识别并从自己的网络中删除相同的内容。数字指纹将有助于识别“最有可能违反我们各自公司所有内容政策”的图像和视频内容。[44] 尽管进行了合作，但制定删除政策的任务仍将处于每个平台的职权范围内。[45]

三、判例法

如前所述，自愿监督和过滤计划是对威胁在线中介平台的重大诉讼的回应。事实上，私人秩序证实了最近中介责任政策的一种趋势，这种趋势一直出现在司法判决中。[46] 在多个司法管辖区，判例法对侵犯版权的在线中介平台规定了主动监督义务。然而，主动监

---

〔42〕 See Joseph Menn and Dustin Volz, ‘Excusive: Google, Facebook Quietly Move Toward Automatic Blocking of Extremist Videos’ (Reuters, 25 June 2016) <http://www.reuters.com/article/us-internet-extremism-videoexclusive-idUSKCN0ZB00M> (显然，“自动”删除极端主义内容只是为了自动识别已经通过人工审查删除的视频副本).

〔43〕 Olivia Solon, ‘Facebook, Twitter, Google and Microsoft Team up to Tackle Extremist Content (The Guardian, 6 December 2016) <https://www.theguardian.com/technology/2016/dec/05/facebook-twitter-google-microsoft-terroristextremist-content>.

〔44〕 See ‘Partnering to Help Curb Spread of Online Terrorist Content’ (Facebook Newsroom, 5 December 2016) <https://newsroom.fb.com/news/2016/12/partnering-to-helpcurb-spread-of-online-terrorist-content>.

〔45〕 Ibid.

〔46〕 See, for full reference, summaries in English and links to most decision cited in the next few pages, The World Intermediary Liability Map (WILMap), <http://cyberlaw.stanford.edu/our-work/projects/world-intermediaryliability-map-wilmap> (Giancarlo Frosio 设计和开发的项目，在斯坦福大学 CIS 主持).

督义务涵盖了整个中介责任主题：知识产权、隐私、诽谤和仇恨/危险言论。

法院在各种学说的基础上适用了主动监督义务，这些学说试图将严格的责任而不是基于过失的标准强加给中介平台。[47] 例如，在欧洲，《电子商务指令》也包含一项条款，通过在特定情况下将责任扩展到知情责任之外来稀释“通知—删除”规则。根据《电子商务指令》第14条第3款的规定，法院或当局命令“要求服务提供商终止并防止侵权”，可以施加进一步的义务。[48] 在这方面，《电子商务指令》禁止一般的监督义务，尽管它确实允许国家法律规定“在特定情况下”的监督义务。[49] 《电子商务指令》还承认，成员国可以对存储服务提供者施加注意义务，“以检测和防止某些类型的非法活动”。[50] 但是，如果序言第47条中关于只允许特定监督义务的先前声明有任何意义的话，其范围不应扩大到一般监督义务。此外，该指令指出，应“合理地期望服务提供商履行注意义务”，任何一般监督义务都不能满足该指令本身明确禁止的这种期望。[51] 为了区分一般监督义务和具体监督义务，应考虑到：(1)作为例外，必须狭义地解释具体监督义务；(2)可能侵权的范围和可以合理预期确定的侵权数量都必须足够窄；(3)必须清楚哪些材料构成侵权。[52] 正如范·伊克所指出的：

> 如果未定义[明确标准]，或者法院仅定义模糊标准(例如“删除所有非法视频”)，或者定义的标准将迫使存

---

[47] See Broder Kleinschmidt, ‘An International Comparison of ISP’s Liabilities for Unlawful Third Party Content’ (2010) 18(4) IJLIT 332, 346–347.

[48] See eCommerce Directive (n 2) Art. 14(3).

[49] Ibid Recital 47.

[50] Ibid Recital 48.

[51] Ibid (emphasis added).

[52] See Patrick Van Eecke, ‘Online Service Providers and Liability: A Plea for a Balanced Approach’ (2011) 48(5) Common Market L Rev 1455, 1486–1487.

储服务提供者必须调查其系统上的每个视频(例如“删除所有种族主义视频”),或者服务提供商还需要在未来删除所有变体(例如“删除此视频,以及属于同一剧目的所有其他视频“),那么,这将施加网络平台一般监督义务。[53]

尽管空间限制限制了本次审查的范围,但本部分将选择多个司法管辖区中实施监督义务的几个案例。如前所述,该判例法涉及可能引发在线中介责任的各种潜在侵权行为,这证明在司法层面,主动监督义务的出现也是全球中介责任政策的趋势。然而,这一新趋势中,如阿根廷里程碑式的 Balen 案就是值得观注的例外。

(一)版权:从 Defra 到百度

多项司法判决对存储服务提供者的版权侵权行为施加了主动监督义务。如前所述,巴西高等法院对 YouTube 规定了主动监督义务。[54] 巴西高等法院认定 Google 应对 YouTube 上模仿知名广告的版权侵权视频负责。[55] 因此,Defra 是关于过滤对网络言论自由影响的完美案例研究。Defra 是一家摩托车制造商,它所播放的一个名为“会议”的广告,是名为“Defra-You on Top”的全国性广告活动的一部分。[56] 在发起广告活动后不久,一位 YouTube 用户发布了 Defra 原始视频的“粉丝配音”版权。[57] 在用户生成的模仿版 Defra 的广告中,该用户用非常相近的声音取代了演员的原声,发表

---

〔53〕 Ibid 1487.

〔54〕 See Dafra (n 9). See also Giancarlo Frosio, ‘Brazilian Supreme Court Found Google Liable for Videos Parodying Dafra’s Commercials’ (CIS Blog, 31 January 2014) <https://cyberlaw. stanford. edu/blog/2014/01/brazilian-supreme-courtfound-google-liable-videos-parodying-dafra%E2%80%99scommercials>.

〔55〕 See Dafra (n 9) § 1.

〔56〕 Ibid.

〔57〕 Ibid.

了玷污 Defra 商誉的言论。[58] Google 根据 Defra 的要求删除了最初的视频，但其他用户不断以不同的标题发布其他几个版本的视频。[59] 因此，Defra 起诉 Google 侵犯版权，声称 Google 没有采取必要措施避免具有相同内容的这些视频以不同标题被发布并被观看。[60] 原告要求 Google 删除该视频，并且使用搜索屏蔽机制，以防止在 YouTube 上发布任何与"Defra-You on Top"活动有关的未经授权的材料。[61]

高等法院维持了原告侵犯版权的指控，并命令 Google 在 24 小时内删除所有掺假广告，违规者每天罚款 500 雷亚尔。[62] 根据该决定，Google 不仅必须删除作为诉讼对象的侵权视频，还必须删除任何类似和相关的未经授权的视频，即使这些视频是由其他用户上传的，并带有不同的标题。[63] 然而，法院承认"主动控制的某些局限性"。[64] 该判决没有涉及未来的视频，Google 的义务只适用于标题中带有的"Defra-You on Top"未经授权的视频。[65] 事实上，Google 声称这是一种"技术上不可能"的辩护，认为不可能删除所有视频，因为目前没有能够识别所有侵权材料的屏蔽过滤器。[66] 该案报告员萨洛芒大法官撤销了 Google 的"技术上不可能辩护"，因为缺乏修复有缺陷的新产品的技术解决方案并不能免除制造商的责任或提供解决方案的义务。[67] 如果 Google 制造了一个"无法驯服的怪物"——萨洛芒法官继续说道——"它应该是唯一一个因

---

〔58〕 Ibid. See also YouTube, This video is unavailable < https://www.youtube.com/watch? v = luu_73y_hCk >.

〔59〕 See Dafra (n 9) § 1.

〔60〕 Ibid.

〔61〕 Ibid.

〔62〕 Ibid § 8.

〔63〕 Ibid § 5.2.

〔64〕 Ibid.

〔65〕 Ibid.

〔66〕 Ibid § 4.

〔67〕 Ibid § 5.4

对其网站用户缺乏控制而产生灾难性后果负责的平台”。[68]

Defra 案不是一个孤立的案例。最近,一些欧洲国家的决定对存储提供者实施积极的监督义务,这显然与欧盟法院的既定判例相冲突。在法国具有里程碑意义的 allostreaming 案中,巴黎上诉法院部分地确认了大审法庭之前的判决。[69] 法院规定链接服务提供者有义务阻止非法电影流媒体网站 Allostreaming 及其关联企业。此外,包括 Google、Yahoo、Bing 在内的搜索引擎,有义务主动从指向相同网站的任何链接中删除其搜索结果。[70] 值得注意的是,上诉裁决推翻了关于费用分配问题的一审。根据上诉法院的说法,与屏蔽和除名 16 个 Allotstreaming 网站有关的所有费用应由搜索引擎承担,而不是像之前决定的那样平均分摊。[71] 下文将阐述巴黎上诉法院的立场明显影响了欧盟法院多次讨论的监督义务可能带来的与经营自由之间的不充分平衡。在提出主动监督和成本分配的论据时,Allostreaming 案也唤起了“无法驯服的怪物”的幽灵。法院指出,权利人“面临大规模攻击”,并“受到其作品大规模盗版的严重威胁”。[72] 因此,法院继续认为,“根据相称原则,[互联网服务提供者和搜索引擎]为阻止和除名措施做出的努力是合法的”,因为网络服务提供者“启动允许用户访问这些网站的活动”,并“从这种

---

〔68〕 Ibid.

〔69〕 See APC et al v. Google, Microsoft, Yahoo!, Bouygues et Al (Cour d'Appel Paris, 16 March 2016) (France) [hereinafter Allostreaming 2016] confirming APC et al v. Google, Microsoft, Yahoo!, Bouygues et Al (TGI Paris, 28 November 2013) (France). See also Laura Marino, 'Responsabilités civile et pénale des fournisseurs d'accès et d'hébergement' (2016) 670 JCl. Communication 71, 71 – 79. But see TF1 v. DailyMotion (Cour d'Appel Paris, 2 December 2014) (声明 DailyMotion 作为托管服务提供商享有责任限制,无需主动监督用户的侵权活动). See also Giancarlo Frosio, 'France DailyMotion pays Damages for Late Removal of Infringing Materials' (CIS Blog, 8 December 2014) <https://cyberlaw. stanford. edu/blog/2014/12/france-dailymotion-paysdamages-late-removal-infringing-materials>.

〔70〕 See Allostreaming 2016 (n 69) 7.

〔71〕 Ibid 42.

〔72〕 Ibid.

访问中获得经济利益(尤其是通过在其页面上显示广告)”。[73] 不管争论的逻辑如何,通过支持互联网威胁言论,对主动监督和对无辜第三方施加责任的作法显然仍然得到支持。

根据《电讯谋介法》(Telemedia Act),德国法院认定,如果存储提供者的商业模式主要基于侵犯版权,则其没有资格享受责任特权。在涉及瑞士文件存储服务 RapidShare 的两起纠纷中,德国最高法院(Bundesgerichtshof)对 RapidShare 规定了监督义务。[74] 根据法院的说法,尽管 RapidShare 的商业模式主要不是为了侵犯权利而设计的,但它仍然为第三方非法分享受版权保护的内容提供了激励。[75] 因此,正如联邦法院在 Atari Europe v. RapidShare 案(以下简称 RapidShare 案)[76] 中宣布的那样[77],RapidShare 和类似的文件存储服务应遵守更严格的监督义务[78]。根据法院的说法,存储提供商不仅需要在收到权利持有人的侵权通知后立即删除包含受版权保护材料的文件,而且必须采取措施防止其他用户将来发生类似侵权行为。[79] 文件存储服务需要主动监督链接,以便在有特定原因时尽快发现受版权保护的文件,然后确保公众无法访问这些文件。正如法院所指出的,服务提供商应使用所有可能的资源,包括搜索引擎、Facebook、Twitter 或网络爬虫,来识别用户生成的链接库

---

〔73〕 Ibid.

〔74〕 See GEMA v RapidShare I ZR 79/12 (Bundesgerichtshof, August 15, 2013) (Germany)(德国版权集体协会,GEMA,德国南部 RapidShare,声称未经 GEMA 或权利持有人同意,通过 RapidShare 共享了 4800 多个受版权保护的音乐文件). An English translation is here: <https://stichtingbrein.nl/public/2013-08-15%20BGH_RapidShare_EN.pdf>.

〔75〕 Ibid.

〔76〕 See Atari Europe v. RapidShare I ZR 18/11 (Bundesgerichtshof, July 12, 2012) (Germany)(在本案中,RapidShare 忽略了检查其他用户是否在其服务器上存储了某些侵犯 Atari 对电脑游戏《黑暗中的孤独》版权的文件).

〔77〕 See GEMA v. RapidShare (n 74); Atari Europe v. RapidShare (n 76).

〔78〕 Ibid.

〔79〕 See GEMA v. RapidShare (n 74) § 60.

使公众可以访问的链接。[80]

在意大利，出现了一种混合判例法。一些法院对中介平台施加了积极的监督义务，而另一些法院则采取了相反的立场，并确认根据欧洲法律，中介平台没有监督义务。[81] Delta TV 和 YouTube 之间正在进行一场旷日持久的法律斗争，正在都灵法庭进行。Delta TV 起诉 Google 和 YouTube 侵犯用户上传到 YouTube 的某些南美肥皂剧的版权。在这种情况下，Google 遵守了其“通知和删除”政策，一旦 Delta TV 提供了具体的链接，视频就会被删除。在一项临时裁决中，法院同意达美电视台的主张，并命令 Google 和 YouTube 删除侵权视频，并通过使用其 Contend ID 软件，以 Delta TV 提供的网络链接为参考，阻止相同内容的进一步上传。[82] 法院强调，这些积极主动的监督义务源于 YouTube 提供的“新一代”存储服务，这一角色使其承担了保护第三方权利的更大责任。[83] 最近，都灵法庭就此事作出了最终裁决，确认了之前的裁决，并确认 YouTube 有

---

〔80〕 Ibid.

〔81〕 For case law confirming the safe harbour and no-monitoring obligations, see Reti Televisive Italiane S. p. A. （RTI） v. Yahoo! Italia S. r. l. （Yahoo!） et al, N RG 3821/2011 （Milan Court of Appeal, 7 January 2015）（推翻了之前关于通过现已终止的雅虎视频服务发布电视节目片段的决定，并澄清 RTI 有义务以“详细、准确和具体的方式”表明雅虎的视频！必须取消，一审法院不能“向存储服务提供者强制执行 2000/31/EC 指令所禁止的一般命令，甚至更糟的是，强制执行一般监督义务”）; Mediaset Premium S. p. a. v. Telecom Italia S. p. a. et al （Milan Tribunal, 27 July 2016）（讨论了针对 Calcion. at 的屏蔽禁令，并澄清了仅仅是渠道互联网提供商没有义务监督其网络并自动删除内容）. See also Reti Televisive Italiane S. p. A. （RTI） v. TMFT Enterprises LLC-Break Media, （Rome Tribunal, 27 April 2016）.

〔82〕 See Delta TV v Youtube, N RG 15218/2014 （Tribunal of Turin, 23 June 2014）（修订了之前驳回达美电视请求的裁决，理由是(i)谷歌和 Youtube 作为存储服务提供者没有义务评估个人用户上传视频版权的实际所有权）. See also Eleonora Rosati, ‘Italian court says that YouTube’s Content ID should be used to block allegedly infringing contents’ （IPKat, 21 July 2014） < http://ipkitten. blogspot. fr/2014/07/italian-court-saysthat-youtubes. html >.

〔83〕 Ibid 12.

义务通过阻止重新上传之前删除的内容来部分实现监督其网络。[84] 法院指出,"YouTube 上存在一项实际的法律义务,即防止已经被标记为侵犯第三方版权的视频进一步上传"。[85] 根据法院的规定,这将是《电子商务指令》第 40 条规定的事后特定义务或注意义务。值得注意的是,意大利的多个案件采用了类似于 Defra 案中巴西高等法院的推理,指出根据"享受[活动]利益的一方也应承担不便"原则。任何存储服务提供者,无论是主动的还是被动的,都有义务在实际知道侵权行为后防止进一步侵权行为的再次发生,[86]这一民法原则是指一种合同外(或侵权)责任的形式,任何从某种活动中受益的人都应该对这种活动可能造成的任何损害负责。

在中国,北京市高级人民法院制订了一个有趣的主动监督标准。在百度案中,法院根据被侵权作品的受欢迎程度和高浏览量/下载量,为存储提供者设定了监督义务。[87] 原告钟某某在百度文库平台上找到了自己的版权作品——特别是《考拉小巫的英语学习日记——写给为梦想而奋斗的人》——并起诉百度侵犯版权。[88] 北京市高级人民法院表示,根据目前的技术,百度有义务在上传作

---

〔84〕 See Delta TV v Google and YouTube, N RG 38113/2013 (Turin Tribunal, 7 April 2017).

〔85〕 Eleonora Rosati, 'Italian court finds Google and YouTube liable for failing to remove unlicensed content (but confirms eligibility for safe harbour protection)' (IPKat, 30 April 2017) < http://ipkitten. blogspot. fr/2017/04/italian-court-findsgoogle-and-youtube. html >. http://ipkitten. blogspot. fr/2017/04/italian-court-finds-google-and-youtube. html

〔86〕 See eg David Drummond et al, N 1972/2010 (Milan Tribunal, Criminal Section, 16 April 2013) < http://speciali. espresso. repubblica. it//pdf/Motivazioni _ sentenza _ Google. pdf >(讨论了臭名昭著的 Vividown 案件,并说服谷歌高管违反了数据保护法,因为他们在网上发布了一段显示残疾人受到欺凌和侮辱的视频). See also Giovanni Sartor and Mario Viola de Azevedo Cunha, 'The Italian Google-Case: Privacy, Freedom of Speech and Responsibility of Providers for User-Generated Contents' (2010) 18(4) Int J law Info Tech 356, 373 – 374.

〔87〕 See Zhong Qin Wen v Baidu, 2014 Gao Min Zhong Zi, No. 2045 (Beijing Higher People's Court 2014) < https://cyberlaw. stanford. edu/page/wilmap-china >.

〔88〕 Ibid.

品被观看或下载超过一定次数后，对其法律状态进行监督和审查，这是合理的。[89] 根据法院的说法，百度需要通过联系上传者来检查作品的潜在版权状况，检查作品是否由上传者原创或经版权所有者合法授权。[90] 显然，这起案件为互联网存储提供者设定了保护吸引大量浏览和下载的热门作品的义务。然而，北京市第一中级人民法院和北京市高级人民法院都没有明确指出有多少浏览量或下载量就足以触发该义务，从而使中介平台的主动监督义务变得不确定。[91]

然而，在强制执行主动监督义务方面，这一趋势的明显例外突出表明，国际社会对中介责任的反应有些零散。阿根廷最高法院最近裁定的一个具有里程碑意义的案件驳回了一切过滤义务。[92] 该案是由知名公众人物贝伦·罗德里格斯（Belen Rodriguez）以涉嫌侵犯了她的版权、声誉和隐私为由提起的。[93] 此案是不同的"名人"和知名公众人物对搜索引擎 Google、Yahoo 提起的众多民事诉讼之一，因为他们侵犯了他们的声誉和隐私。[94] 该案讨论了搜索引擎是否有责任在搜索结果中链接到侵犯基本权利或侵犯版权的第三方内容的问题。最初，一些基层法院根据《民法典》认定搜索引擎负有严格责任，该条规定，无论知情与否或主观意图如何，搜索

〔89〕 Ibid.

〔90〕 Ibid.

〔91〕 Ibid.

〔92〕 Rodriguez M. Belen c/Google y Otro s/ daños y perjuicios, R. 522. XLIX. (Supreme Court, October 29, 2014) (Argentina). See also Pablo Palazzi and Marco Jurado, 'Search Engine Liability for Third Party Infringement' (2015) 10(4) JIPLP 244; Marco Rizzo Jurado, 'Search engine liability arising from third parties infringing content: a path to strict liability?' (2014) 9(9) JIPLP 718, 718 – 720.

〔93〕 See Belen (n 92).。

〔94〕 See eg S. M., M. S. c/ Yahoo de Argentina SRL y Otro s/ daños y perjuicios, N 89.007/2006; AR/JUR/XXXXX/2013 (Cámara Nacional de Apelaciones en lo Civil de la Capital Federal, 6 November 2013); Da Cunha, Virginia c. Yahoo de Argentina S.R.L. and Google, N 99.620/2006, AR/JUR/40066/2010 (Cámara Nacional de Apelaciones en lo Civil de la Capital Federal, 10 August 2010).

引擎都要对那些实施危险行为的人承担责任,例如为非法内容创建更广泛受众的第三方内容索引,或充当造成损害的元素的“监护人”,例如搜索引擎的软件。[95] 最后,阿根廷最高法院否定了严格的责任标准,并采用了基于实际知情和过失的测试;要求对发布删除内容的通知进行司法审查,但少数“严重和明显伤害”的情况除外;拒绝承担任何过滤义务,以防止侵权链接在未来出现。[96] 阿根廷最高法院认为,作为默认规则,只有在司法审查支持发布通知后,才会出现实际知情和可能的过失。无论如何,这一结论和由此产生的交易成本可以通过一类最终可能免于司法审查的案件予以减轻。显然,阿根廷最高法院认为,如果伤害不明显,可能需要平衡各方权利,但这只能由法院而不是当事人自己来实现。

事实上,欧洲的多个国家决定拒绝在《电子商务指令》法律框架增改监督义务。如前面提到的意大利法院就明显存在的混合做法。在意大利法院审理的案件中的法院推理的例证,可在西班牙的 Telecinco 案中得以验证。马德里上诉法院驳回了意大利媒体集团旗下的西班牙广播公司 Telecinco 的请求,即对 YouTube 上未来可能出现的侵权行为发布禁令。西班牙法院提出了一系列论点,表明欧洲法律和判例如何优先于国家一级的积极监督。尽管欧盟法院将《关于知识产权执行的第 2004/48 号指令》(以下简称《执行指令》)第 11 条解释为,ISP 可能被命令“采取措施,这不仅有助于结束该市场用户对这些权利的侵犯,而且有助于防止进一步的此类侵权行为”。[97] 马德里法院表示,它还明确表示,这一规则“可能不会影响第 2000/31 号指令的规定,更具体地说,该指令第 12—15 条……该条禁止国家当局采取措施,要求存储服务提供者对其存储的信息

---

〔95〕 See eg Yahoo (n 94).

〔96〕 See Belen (n 92).

〔97〕 C - 324/09 L'Oréal SA and Others v. eBay International AG and Others (2012) § 144.

进行全面监督”。[98] 尽管欧盟法院将《执行指令》第 11 条解释为，ISP 可能被命令“采取措施，不仅有助于结束该市场用户对这些权利的侵犯，而且有助于防止此类侵权行为的进一步发展”，马德里法院仍然明确表示，这一规则“可能不会影响第 2000/31 号指令的规定，更具体地说，该指令第 12—15 条……该条禁止国家当局采取措施，要求存储服务提供者对其存储的信息进行全面监督”。[99]

（二）商标：网络拍卖案例

主动监督不仅出现在版权执法中。在商标强制执行中，法院对中介平台施加了类似的义务。[100] 在一系列具有里程碑意义的裁决中，德国联邦法院除通知和删除义务外，还对东道国供应商施加了补充义务。[101] eBay 上的卖家出售劳力士手表复制品，并使用劳力士品牌将其发布在 eBay 上。除对主要侵权人的商标侵权外，劳力士声称 eBay 也有责任，因为其为卖方提供平台以侵犯其权利。[102] 劳力士特别要求 eBay 不仅要删除侵权内容，还要防止未来与当前

---

[98] See C – 360/10 (n 5) § 32 – 33; C – 324/09 (n 97) § 139.

[99] Ibid § 48.

[100] See, for a general overview of intermediary liability for online trademark infringement, Graeme B. Dinwoodie, ‘Secondary Liability for Online Trademark Infringement: The International Landscape’ (2014) 37 Colum J L & Arts 463; Barton Beebe, ‘Tiffany and Rosetta Stone-Intermediary Liability in U. S. Trademark Law’ (2012) 41 CIPA Journal 192.

[101] See Rolex v Ebay/ Ricardo (a. k. a. Internetversteigerung I) I ZR 304/01 (BGH 11 March 2004) § 31; Rolex v. eBay (a. k. a. Internetversteigerung II), I ZR 35/04 (BGH, 19 April 2007) (Germany); Rolex v. Ricardo (a. k. a. Internetversteigerung III), Case I ZR 73/05, (BGH, 30 April 2008) (Germany). See also L’Oreal v Ebay [2009] EWHC 1094 (Ch), 455 – 465 < http://www.bailii.org/ew/cases/EWHC/Ch/2009/1094.html > (for an English summary of the German Federal Court’s decisions regarding internet auctions); Van Eecke (n 52) 1476 – 1478; Anne Cheung and Kevin Pun, ‘Comparative study on the liability for trade mark infringement of online auction providers’ (2009) 31(11) EIPR 559, 559 – 567.

[102] See eg Internetversteigerung I (n 101) § 1 – 5

侵权类似或相同的侵权行为。[103] 在所谓的互联网拍卖案 I—III 中，德国联邦法院一再裁定，如果必要的措施可行且经济合理，则通知的商标侵权行为迫使 eBay 等互联网拍卖平台手动或通过软件过滤器调查未来的产品，以避免进一步的商标侵权。[104]

联邦法院的裁决基于德国的“干涉”学说，这是一种通过类比应用于知识产权的财产法学说。事实上，德国法院在前面提到的 RapidShare 案和其他版权案件中也适用了同样的原则。根据《德国民法典》第 1004 条的规定，所有人有权对任何对财产造成干扰的人获得(永久)禁令救济。[105] 然而，如果这项职责会给他带来不合理的负担，那么任何人都不应该被追究干扰者的责任。德国法院对什么是“技术上可能的”和“合理的”的概念进行了斗争。Internetversteigerung 案认为，对明显的侵权行为(如公然的假冒商品)采取预防措施是合理的。[106] 相比之下，实施质疑中介商业模式的过滤义务是不合理的。[107]

在后来的裁决中，联邦法院淡化了其对合理预防措施的看法。它指出，人工检查和直观比较在线拍卖中提供的每种产品是否侵权，是不合理的。[108] 特别是，法院指出，若平台商品足够多，那么该措施义务就不合理，并且平台的商业模式也会受到威胁。[109] 像 eBay 那样向商标持有人提供过滤工具，以便自己执行此类手动检查显然就足够了。[110]

---

[103] Ibid.

[104] Ibid § 46.

[105] See German Civil Code § 1004.

[106] Internetversteigerung III (n 101).

[107] Ibid.

[108] See (a. k. a. Kinderhochstühle im Internet) I ZR 139/08 (BGH, 22 July 2010) (Germany).

[109] Ibid.

[110] Ibid.

(三)隐私:马克斯·莫斯利传奇

鉴于互联网搜索引擎无处不在的传播能力,莫斯利(Max Mosley)的性照片事件为欧洲法院提供了一个在言论自由和隐私权之间取得平衡的新机会。法国、德国和英国的法院对搜索引擎施加了积极的监督义务,这些搜索引擎被命令删除互联网上侵犯国际汽车联合会前负责人马克斯·莫斯利隐私权的图片。2008 年,《世界新闻报》刊登了马克斯·莫斯利与打扮成德国狱警的妓女进行性角色扮演的照片。照片附带的《世界新闻报》标题提到了“病态的纳粹狂欢”。[111] 莫斯利在英国和后来的法国成功地以侵犯隐私为由起诉了该报。[112] 与此同时,莫斯利试图从欧洲人权法院获得一项判决,认为成员国应根据《欧洲人权公约》第 8 条的规定,禁止报纸在未事先警告有关方的情况下发表有关个人私生活的报道,但没有成功。[113]

然而,互联网比传统报纸更难控制。莫斯利的照片在网上疯传,人们在网络空间里无休止地与之联系在一起。从那以后,莫斯利开始了与互联网的个人斗争,特别是与搜索引擎的斗争。莫斯利在几个欧洲国家起诉 Google,要求该公司从搜索结果中过滤出他性出轨的所有在线照片,声称这些照片的在线发布侵犯了莫斯利的隐私权。巴黎高等法院批准了莫斯利的请愿书,并命令 Google 从其图像搜索中删除 5 年内显示莫斯利确认的 9 张图像中任何一张的结果。[114] 该命令要求 Google 实施一个过滤器,该过滤器应自动检

〔111〕 See, for factual background, Giancarlo Frosio, 'French Court Forces Google to Proactively Block Photographs of Sexual Escapade from Image Search' (CIS Blog, 21 November 2013) < https://cyberlaw. stanford. edu/blog/2013/11/frenchcourt-forces-google-proactively-block-photographssexual-escapade-image-search >.

〔112〕 See Max Mosley v. News Group Newspaper Ltd [2008] EWHC 1777 (QB) (United Kingdom).

〔113〕 See Mosley v. The United Kingdom [2011] ECHR 774 (United Kingdom).

〔114〕 See Google v. Mosley (TGI Paris, 6 November 2013) (France).

测包含侵权照片的页面，并主动从搜索结果中不断阻止新版本的已发布图像。[115] 根据过滤成本，法院指出，屏蔽搜索结果可能简单而便宜，而目前的技术，如 PhotoDNA，不仅可以过滤已识别图像的精确副本，而且可以过滤修改后的副本。[116]

莫斯利根据 1998 年《数据保护法》第 10 条对英国 Google 提出了类似的索赔，该条规定，有权阻止可能造成损害或痛苦的处理，迫使搜索引擎禁止访问侵犯其隐私的图片。[117] Google 试图推翻这一说法，理由是申请的条款与《电子商务指令》第 13 条和第 15 条不符。[118] 然而，法院指出，首先，无论是在个人数据处理方面，对个人的保护仅受数据保护立法[119]的管辖，还是至少两项指令必须和谐解读，尽可能使两者充分生效。[120] 无论是哪种方式，“其敏感个人数据被互联网服务提供商错误处理的人，他[有法律补救措施]要求法院命令其采取措施停止处理这些数据”。[121] 法院在指出“现有技术允许谷歌在没有过度努力或费用的情况下阻止访问个人图像，这是一个共同点”后，允许对这一指控进行审判，因为“证据很可能会让审判法官满意，即可以在没有不允许监督的情况下进行”。[122]

在德国，汉堡地方法院效仿了法国和英国的判决。[123] Google

---

〔115〕 Ibid.

〔116〕 Ibid.

〔117〕 See Mosley v Google [2015] EWHC 59 (QB) (United Kingdom).

〔118〕 Ibid § 27 – 37.

〔119〕 See eCommerce Directive (n 1) Recital 14.

〔120〕 See Mosley (n 117) § 45.

〔121〕 Ibid § 46.

〔122〕 Ibid § 54.

〔123〕 See Max Mosley v Google Inc. 324 O 264/11 (Hamburg District Court, 24 January 2014) (Germany). See also Dominic Crossley, 'Hamburg District Court: Max Mosley v Google Inc, Google go down (again, this time) in Hamburg' (Inforrm's Blog, 5 May 2014) <https://inforrm.wordpress.com/2014/02/05/case-law-hamburg-district-court-max-mosley-v-googleinc-google-go-down-again-this-time-in-hamburg-dominiccrossley>.

被认定为承担“干扰者”的责任，“因为它没有按照原告的指示采取可能和合理的措施来防止进一步侵犯权利，并且自愿和当然地为侵犯受保护的权利做出贡献。[124] 根据法院的说法，通知和删除“不足以构成目前的严重侵权行为”。[125] 显然，法院再次提出了“无法驯服的怪物”的论点，因为“鉴于侵权行为的严重性和他迄今为止的努力，[莫斯利]没有被要求对世界上所有可能在自己的网站上传播这些图片的主要媒体公司采取行动”。[126] 法院接着说，每一项侵权行为的通知只是一个不充分的工具，“因为监督和控制的责任暂时由原告承担”。[127] 显然，法院似乎忘记了这实际上是基于电子商务过失的责任安排想要实现的目标。关于 Google 的技术监督能力，法院认为，如果 PhotoDNA、iWatch 和 Content ID 等软件程序以及使用所谓稳健哈希值的图像识别软件无法满足原告的要求，Google 应采取措施，通过开发适当的软件或更新现有软件，“删除、检测或屏蔽侵权内容”，防止莫斯利未来受到伤害。[128]

(四)诽谤与仇恨言论：Dafra 及其成果

在多项裁决中，欧洲人权法院(ECHR)必须考虑互联网新闻门户网站是否应对用户生成的评论负责，是否有义务主动监督和过滤其网络以避免承担责任。在一个具有里程碑意义的案件中，欧洲人权法院大分庭确认了第五庭先前作出的判决，并认为认定 Dafra 是爱沙尼亚互联网上最大的新闻门户网站之一，对第三方发布的匿名评论负有责任，并没有侵犯其传递信息的自由，[129] 特别是：

---

[124] Mosley (n 123) § 176 and 179.

[125] Ibid § 189.

[126] Ibid § 190.

[127] Ibid § 189.

[128] Ibid § 190 and 195.

[129] See Delfi AS (n 13). See also eg Lisl Brunner, ‘The Liability of an Online Intermediary for Third Party Content: The Watchdog Becomes the Monitor: Intermediary Liability after Delfi v Estonia’ (2016) 16(1) Human Rights L Rev 163, 163 – 174.

该案涉及互联网新闻门户网站的义务和责任，这些门户网站在商业基础上为用户提供对先前发布的内容的评论平台，以及一些用户（无论是注册用户还是匿名用户）从事明显非法的仇恨言论，侵犯他人的人格权。[130]

Dafra 发表了一篇文章，在标题中提到一家提供大陆和一些岛屿之间公共渡轮运输的公司（SLK），“摧毁了规划的冰上道路”，这是一条冰冻海洋上的公共道路。[131] 尽管这篇文章本身并不是诽谤性的，但它吸引了 185 条评论，包括针对 SLK 顾问委员会一名成员的人身威胁和攻击性语言。[132] SLK 董事会的目标成员是犹太人，一些评论带有明显的、在某些情况下尤其不光彩的反犹太主义色彩。[133] Dafra 已经实行“通知—删除”政策。[134] 在 SLK 要求删除评论后，Dafra 立即根据“通知—删除”义务删除了评论。[135] 然而，Dafra 拒绝了 SLK 关于非金钱损失的额外索赔。[136]

经过爱沙尼亚法院旷日持久的法律斗争，爱沙尼亚最高法院维持了之前的判决，并重申 Dafra 是内容服务提供商[137]，而不是信息服务提供商，属于《电子商务指令》的范围。Dafra 最终向欧洲人权法院寻求补救。欧洲人权法院被要求在《欧洲人权公约》第 10 条规定的言论自由和同一公约第 8 条规定的保护第三人人格权之间取得平衡。[138] 《欧洲

---

[130] See ECHR, Press Release ECHR 205 (2015) (16 June 2015) <http://hudoc.echr.coe.int/app/conversion/pdf/?library = ECHR&id = 003 - 5110487 - 6300958&filename = 003 - 5110487 - 6300958.pdf>.

[131] See Delfi AS (n 13) § 16.

[132] Ibid § 16 - 17.

[133] Ibid § 18.

[134] Ibid § 13 - 14.

[135] Ibid § 19.

[136] Ibid § 20.

[137] See Delfi N 3 - 2 - 1 - 43 - 09 (Riigikohus [Supreme Court], 10 June 2009) (Estonia) <http://cyberlaw.stanford.edu/page/wilmap-estonia>.

[138] Ibid § 59.

人权公约》解决了这一难题,描绘了一个狭义的场景,即责任不应干扰言论自由。[139] 在诽谤或仇恨言论风险高于平均水平的情况下[140],如果允许非注册用户发表评论[141],专业管理和基于商业的互联网新闻门户网站应行使其所掌握的全部控制权,并且必须超越基于关键字的自动过滤或事后通知和删除程序,以避免承担责任。[142] 在后来的案件中,欧洲人权法院重新审视或最好地澄清了互联网中介人的责任问题。在 MTE 案中,欧洲人权法院得出结论,"通知和撤销系统在许多情况下可以作为平衡所有相关人员权益的适当工具发挥作用"。[143] 因此,如果 Dafra 的具体内容不适用,并且被删除的评论是"冒犯性和粗俗的",而不是仇恨言论[144],法院就会认为"没有理由认为通知和删除制度不可能提供保护原告商业声誉的可行途径"。[145] 在这种情况下,匈牙利互联网服务提供商协会 MTE 发布了一篇文章,强调了一家房地产公司的不道德商业行为,引发了负面评论。[146] 在 Pihl v. Sweden 案中,欧洲人权法院驳回了一名在博客上发表诽谤性在线评论的申请人的索赔,从而证实了之前的推理和规模的重要性。法院的理由是,不应对被告实施针对 Dafra 的积极监

---

〔139〕 See, for my detailed comments of each relevant principle stated in the decision, Giancarlo Frosio, ' The European Court Of Human Rights Holds Delfi. ee Liable For Anonymous Defamation' (CIS Blog, 25 October 2013) < https://cyberlaw. stanford. edu/blog/2013/10/european-court-humanrights-holds-delfiee-liable-anonymous-defamation >.

〔140〕 See Delfi AS (n 13) § 144 – 146. A strikingly similar standard was also adopted by an older decision of the Japanese Supreme Court. See Animal Hospital Case (Supreme Court, 7 October 2005) (Japan) < https://cyberlaw. stanford. edu/page/wilmap-japan > [发现第 2 频道(一个日本公告板)承担责任的理由是,鉴于其网站上发现的帖子中存在大量诽谤和"不可靠"的内容,第 2 频道没有必要知道每个话题都是诽谤性的,但第 2 频道知道此类传输/帖子可能存在诽谤风险就足够了].

〔141〕 See Delfi AS (n 13) § 147 – 151.

〔142〕 Ibid § 152 – 159.

〔143〕 See Magyar Tartalomszolgáltatók Egyesülete and Index. Hu v Hungary N 22947/13 (ECHR, 2 May 2016) § 91.

〔144〕 Ibid § 64.

〔145〕 Ibid § 91.

〔146〕 Ibid § 11.

督,因为尽管这一评论具有攻击性,但并不构成仇恨言论或煽动暴力;它被发布在一个非营利协会运营的小型博客上;它是在申请人提出申诉的第二天被取下的;它在博客上只出现了大约9天。

尽管如此,主动和自动化的监督和过滤虽然应用范围很窄,却如前所述被欧洲人权法院列为驯服"无法驯服的怪物"或"互联网威胁"的特权工具。[147]

匿名可能代表了被屠杀的"无法驯服的怪物",而不是网络言论自由的一个特征。[148] 有趣的是,法院似乎像百度案一样,根据受欢迎程度为主动监督设定了门槛。Dafra 指出,法院在实施其"高于平均风险"的标准时,本可以意识到这篇文章可能会引起负面反应,因为读者和评论者对此事非常感兴趣,正如文章上发布的评论数量高于平均水平所示。[149] 在此过程中,自动过滤导致的过度执法对言论自由造成了挑战。[150] 中介平台的作用与有义务监管网络侵权活动主体之间相混同。但这是他们的角色吗?

四、立法

立法规定的遏制网络版权侵权的主动监督义务可能很快就会跟随主要平台和判例法已经采取的自愿措施的脚步。由于篇幅的限制,本部分仅简要提及这些建议,但为了结构的完整性,必须提及这些建议。然而,下文引用了本作者的其他著作以对这些建议进行了详细审查。

---

〔147〕 See Delfi AS (n 13) § 110; infra Untameable Monsters, Internet Threats and Value Gaps.

〔148〕 See Nicolo Zingales, 'Virtues and Perils of Anonymity: Should Intermediaries Bear the Burden?' (2014) 5(3) JIPITEC 155, 155 - 171.

〔149〕 See Delfi AS (n 13) Joint Dissenting Opinion of Judges Sajò and Tsotsoria § I.2.

〔150〕 See Martin Husovec, 'ECHR Rules on Liability of ISPs as a Restriction of Freedom of Speech' (2014) 9(2) JIPLP 108.

主动监督和过滤在美国和欧洲都在版权所有者的愿望清单之首。[151] 特别是,《数字单一市场版权指令(草案)》中最近的一项提案将要求中介平台实施有效的内容识别技术,以防止侵权内容的出现。[152] 委员会的版权提案将要求提供"大量"用户生成内容访问权限的平台纳入自动过滤系统。该提案特别提到了 YouTube 的 Contend ID 或其他自动侵权评估系统等技术。[153] 显然,该提案将迫使托管服务提供商开发和部署过滤系统,从而事实上监督其网络。[154]

通过更新视听媒体立法,主动监督和过滤义务也将体现在欧洲政策中。作为其立法干预计划的一部分,委员会将通过其更新的视听媒体服务指令提案,解决在线视频共享平台上对未成年人有害的内容和仇恨言论的扩散问题。[155] 如果视频主持人通过组织托管内容来摆脱被动托管角色,那么他们可以像广播公司一样受到监管。AVMS 指令草案列出了删除仇恨言论的新义务,并可能对仇恨言论进行监督。这项具体的行业法规将要求平台采取措施,保护未成年人免受有害内容的伤害,并保护每个人免受煽动仇恨的伤害。[156] 显然,AVMS 的修订可能会削弱《电子商务指令》对视频平台的无监督义务,要求成员国"通过适当手段确保其管辖下的媒体服务提

---

〔151〕 See Joint Supplemental Comments of American Federation of Musicians et al to U. S. Copyright Office, In the Matter of Section 512 Study: Notice and Request for Public Comment, Docket No 2015 - 7 (28 February 2017)(美国唱片业协会和其他 14 个团体呼吁制定更严格的法规,要求互联网服务提供商阻止盗版内容).

〔152〕 See Commission, 'Proposal for a Directive of the European Parliament and of the Council on Copyright in the Digital Single Market' COM(2016) 593 final (14 September 2016) art 13.

〔153〕 Ibid.

〔154〕 我把这项建议的详细分析交给我最近的两部作品。See Frosio (n 7) < https://goo. gl/HNkHZV >; Frosio (2017a) (n 8).

〔155〕 See Commission, Proposal for a Council Directive amending Directive 2010/13/EU on the coordination of certain provisions laid down by law, regulation or administrative action in Member States concerning the provision of audiovisual media services in view of changing market realities, COM(2016) 287 final.

〔156〕 Ibid art 6 and 28.

供商提供的视听媒体服务不包含任何煽动暴力或仇恨的内容”。[157]

然而，值得注意的是，欧洲议会正在就委员会建议的执行情况展开激烈辩论。最后，议会批准的改革可能与提案始终不同。[158]

五、对基本权利的影响

正如多个当局所指出的[159]，一般的过滤和监督义务将不符合

---

[157] See Proposal for a Directive of the European Parliament and the Council amending Directive 2010/13/EU on the coordination of certain provisions laid down by law, regulation or administrative action in Member States concerning the provision of audiovisual media services in view of changing market realities, COM(2016) 287 final (25 May 2016) art 6.

[158] 我把这项建议的详细分析交给我最近的两部作品。See Committee on the Internal Market and Consumer Protection (IMCO), Opinion for the Committee on Legal Affairs on the proposal for a directive of the European Parliament and of the Council on copyright in the Digital Single Market, 16 June 2017, PE 599.682v02 - 00, IMCO_AD (2017)599682. Also, the Culture and Education Committee (CULT) has a draft opinion in place to be voted on. See Culture and Education Committee (CULT), Draft opinion on the proposal for a directive of the European Parliament and of the Council on copyright in the Digital Single Market, 6 February 2017, PE 595.591v01 - 00, CULT_PA(2017)595591. Finally, the Committee on Legal Affairs (JURI) also released a draft opinion and will vote on its amendments later this year. See Committee on Legal Affairs (JURI), Draft opinion on the proposal for a directive of the European Parliament and of the Council on copyright in the Digital Single Market, 10 March 2017, PE 601.094v01 - 00, JURI_PR(2017)601094.

[159] See C-360/10 Belgische Vereniging van Auteurs, Componisten en Uitgevers CVBA (SABAM) v. Netlog NV (2012) ECLI:EU:C:2012:85. See also Christina Angelopoulos, 'On Online Platforms and the Commission's New Proposal for a Directive on Copyright in the Digital Single Market' (2017) 38 - 40 <https://juliareda.eu/wp-content/uploads/2017/03/angelopoulos_platforms_copyright_study.pdf>; Christina Angelopoulos, 'Sketching the Outline of a Ghost: the Fair Balance between Copyright and Fundamental Rights in Intermediary Third Party Liability' (2015) 17 Emerald Insight 72 (注意到，在基本权利发生冲突的情况下，公平平衡是适当的冲突解决机制，平衡不包括为了版权强制执行而对中介平台施加过滤义务，但允许阻止); Stefan Kulk and Frederik J. Zuiderveen Borgesius, 'Filtering for Copyright Enforcement in Europe after the Sabam Cases' (2012) 34 EIPR 791, 791 - 794; Darren Meale, '(Case Comment) SABAM v Scarlet: Of Course Blanket Filtering of the Internet is Unlawful, But This Isn't the End of the Story' (2012) 37 Europ Intell Prop Rev 429, 432; Evangelia Psychogiopoulou, '(Case Comment) Copyright Enforcement, Human Rights Protection and the Responsibilities of Internet Service Providers After Scarlet' (2012) 38 EIPR 552, 555.

《欧盟基本权利宪章》[160]。总的来说,在 Google v. Louis Vuitton 案中,欧盟法院总检察长指出,民事责任的一般规则是基于过失的,而不是严格责任的知识产权法规则,这最适合互联网中介平台的活动管理:

> 责任规则更为合适,……商标所有者必须指出在其商标受到非法损害的情况下,Google 承担责任的具体情况,而不是能够通过商标保护来防止任何可能的使用,包括已经观察到的许多合法甚至可取的使用。[161]

根据这一论点,基于过失的制度将为用户的基本权利服务。正如范·伊克所提到的,"通知和删除机制是《电子商务指令》在权利持有人、在线中介平台和用户利益之间实现平衡的基本机制之一"。[162] 通知和删除机制虽然不完善,但只要它迫使中介平台在最终决定是否删除材料之前实际考虑材料的侵权性质,它就嵌入了对信息自由的基本保障。默认情况下,用过滤和监督义务取代知识或通知和删除会带来寒蝉效应。

在 Netlog 案和 Scarlet Extended 案中,欧盟法院解释说,过滤措施和监督义务无法在版权和其他基本权利之间取得"公平平衡"。[163] 它们尤其会损害用户的言论自由。[164] 用户接收和传递信

---

[160] See Charter of Fundamental Rights of the European Union, C326/391 (26 October 2012) [hereinafter EU Charter].

[161] Google France SARL and Google Inc. v. Louis Vuitton Malletier SA, C – 236/08, Google France SARL v. Viaticum SA and Luteciel SARL (C – 237/08) and Google France SARL v. Centre national de recherche en relations humaines (CNRRH) SARL and Others, C – 238/08, joined cases, § 123 (CJEU, 23 March 2010) (Advocate General Opinion).

[162] Van Eecke (n 52) 1479 – 1480.

[163] See Netlog (n 5) § 55.

[164] See Charter of Fundamental Rights of the European Union, C326/391 (26 October 2012) art 8 and 11.

息的自由会受到该提案的打击。自动侵权评估系统可能会破坏用户享受例外和限制。[165] 大量文献强调了 DRM 对例外和限制的影响。[166] 类似的结论也适用于这种情况。自动化系统不能取代人类的判断,人的判断应被视作维持公平或归入例外或者限制范畴的途径。此外,某些作品的公共领域地位的复杂性可能会超出内容识别技术的识别能力。在目前的技术成熟水平上,错误的主动性可能会造成相关的寒蝉效应,并对用户的基本言论自由权产生负面影响。用欧洲法院自己的话来说,这些措施:

> 可能会损害信息自由,因为该系统可能无法充分区分非法内容和合法内容,结果是引入该系统可能导致合法通信被封锁。事实上,对传输是否合法问题的答复也取决于版权法定例外的适用,这一点没有争议,这些例外因成员国而异。此外,在一些成员国,某些作品属于公有领域,或者有关作者免费发布在网上。[167]

---

〔165〕 See Leron Solomon, 'Fair Users or Content Abusers? The Automatic Flagging of Non-Infringing Videos by Content ID on Youtube' (2015) 44 Hofstra L Rev 237; Corinne Hui Yun Tan, 'Lawrence Lessig v Liberation Music Pty Ltd-YouTube's Hand (or Bots) in the Over-zealous Enforcement of Copyright' 36(6) (2014) EIPR 347, 347 – 351; Justyna Zygmunt, To Teach a Machine a Sense of art – Problems with Automated Methods of Fighting Copyright Infringements on the Example of YouTube Content ID, Machine Ethics and Machine Law E-Proceedings, Jagiellonin University, Cracow, Poland, November 18 – 19, 2016, pp. 55 – 56; Zoe Carpou, 'Robots, Pirates, and the Rise of the Automated Takedown Regime: Using the DMCA to Fight Piracy and Protect EndUsers' (2016) 39 Colum J L & Arts 551, 564 – 582.

〔166〕 See Giancarlo F. Frosio, COMMUNIA Final Report on the Digital Public Domain (report prepared for the European Commission on behalf of the COMMUNIA Network and the NEXA Center) (2011), 99 – 103, 135 – 141 < http://www. communia-project. eu/final-report >(讨论了大多数相关文献以及技术保护措施对公平交易、特权和公平使用构成的主要威胁).

〔167〕 Netlog (n 5) § 50.

多种学术研究也强调了类似的观点。通过自动或算法过滤和公平使用来强制执行在线行为,最终确实会在基本权利和用户权利之间产生糟糕的权衡。朱莉·科恩和丹·伯克认为,公平使用不能被编程到算法中,因此总是需要机构基础设施。[168] 尽管技术变化迅速且不可预测,但由于公平使用本质上是一种公平原则,因此判断不可编程的假设可能在一段时间内仍然有效。事实上,神经网络开发许多现象的更准确模型的能力,甚至可能是一些或大多数合理使用,可能会在未来改变这些假设。总的来说,有人指出,“版权执行机器人的设计编码了平台和权利持有人作出的一系列政策选择,因此,将在线言论和文化参与置于一个新的私人秩序和私人控制层”。[169] 根据马修·萨格的说法,版权持有人和在线平台之间的私人协议所依据的自动版权过滤系统“不仅让平台回归其把关角色,而且在算法和软件中对这种角色进行编码”。[170] 反过来,自动过滤取代了安全港系统,合理使用仅在名义上适用于在线。[171] 在实践中,私人协议和自动过滤对在线行为的决定远大于“该行为是否实质上符合版权法”。[172]

剩余的批评指向了这个新制度对创新的负面外部性。欧洲法院强调了互联网服务提供商在过滤和监督义务方面的经济影响。欧洲法院认为,监督通过网络进行的所有电子通信,不受时间限制,针对所有未来侵犯现有和尚未创作的作品“将导致严重侵犯托管服务提供商开展业务的自由”。[173] 存储提供者的业务自由将受到不

---

〔168〕 See Dan Burk and Julie Cohen, 'Fair Use Infrastructure for Copyright Management Systems' (2000) Georgetown Public Law Research Paper 239731/2000 <https://ssrn.com/abstract=239731>.

〔169〕 See Matthew Sag, 'Internet Safe Harbors and the Transformation of Copyright Law' (2017) 93 Notre Dame L Rev, at 1.

〔170〕 Ibid 1.

〔171〕 Ibid.

〔172〕 Ibid.

〔173〕 Netlog (n 5) § 46.

成比例的影响,因为采用过滤技术的义务将要求 ISP 自费安装一个复杂、昂贵和永久的系统。[174] 此外,根据欧洲法院的说法,这一义务将违反《执行指令》第 3 条"确保知识产权执行所需的程序和补救措施……不应不必要地复杂或昂贵,[并且]应以避免对合法贸易造成壁垒的方式适用"[175]的规定。UPC Telekabel 公司也提出了这个问题,但在链接提供商的背景下,执行成本不太明确。它指出,对链接提供商施加成本将限制它们开展业务的自由,特别是要求"采取可能对它造成重大成本、对它的活动组织产生重大影响或需要困难和复杂的技术解决方案的措施"[176],即使它不是导致该禁令通过的侵权行为的肇事者。[177] 然而,最后,UPC Telekabel 公司给出了喜忧参半的回应,建议接入提供商"可以选择采取最适合现有资源和能力的措施"[178],尽管它们"不应该被要求做出难以忍受的牺牲"。[179] 值得注意的是,前面提到的 Allotstreaming 案中的巴黎上诉法院无视这些论点,同时仅对在线中介平台征收屏蔽和除名的费用。同样,Dafra 案和 Mosley 案也否认了 Google"技术上不可能"的辩护,并声称基于成本效益的论点反对主动监督。

最后,显然,过滤和监督义务的不合格部署也将侵犯服务用户保护个人数据的权利。在 SABAM 案中,欧洲法院已经权威地概述了在这种情况下这些针对基本权利的措施的不适当性。正如欧洲法院得出的结论:

---

〔174〕 Ibid.

〔175〕 See Directive 2004/48/EC of the European Parliament and of the Council of 29 April 2004 on the enforcement of intellectual property rights, 2004 O. J. (L 195) 16 (Corrigendum) Art. 3.

〔176〕 C-314/12 UPC Telekabel Wien GmbH v. Constantin Film Verleih GmbH et al (2014) ECLI:EU:C:2014:192 § 50.

〔177〕 Ibid § 53.

〔178〕 Ibid § 52.

〔179〕 Ibid § 53.

> 要求安装有争议的过滤系统将涉及识别、系统分析和处理与其用户在社交网络上创建的个人资料相关的信息。与这些配置文件相关的信息是受保护的个人数据，因为原则上，它允许识别这些用户。[180]

据欧洲人权法院称，据推测，通信的保密性或尊重私人生活的权利[181]也可能受到过滤技术的影响，该法院往往对拦截通信的系统持批评态度，尤其是在监督通信内容时。[182]

六、结论

本文一直在调查无监督义务的消亡，这是中介责任政策中一个明显的趋势。为了寻找罪魁祸首，这项调查将我们带到了世界各地的法院，与“无法驯服的怪物”展开了具有里程碑意义的斗争。本文探讨了即将到来的法律改革，该改革旨在废除已有20年历史的以过失为基础的中介责任制度，以保护“价值差距”。基于证据的分析也导致了私人订单强制执行主动监督和过滤义务。无监督义务的消亡，或者至少它面临的巨大危险，在所有这些因素的协同作用中找到了解释。

主动监督和过滤义务挑战了中介责任中基本权利之间的“公平平衡”，无论是水平还是垂直[183]，都有很多选择。尽管如此，转向主

---

〔180〕 Netlog（n 5）§ § 49.

〔181〕 See Charter（n 164）Art. 7.

〔182〕 See Kulk and Frederik J. Zuiderveen Borgesius, ‘Filtering for Copyright Enforcement in Europe after the Sabam Cases’（2012）34 EIPR 791, 793 –794.

〔183〕 Christina Angelopoulos and Stijn Smet, ‘Notice-and-FairBalance：How to Reach a Compromise between Fundamental Rights in European Intermediary Liability’（2016）（8（2）Journal of Media Law 266, 266（arguing that “automatic takedown and notice-and-stay-down are applicable exclusively to child pornography.”）.

动和自动化的过滤、拒绝知晓与删除似乎很难实现所需的“公平平衡”。当前的互联网政策，尤其是欧洲的互联网政策正在悄悄地偏离对用户在线基本权利的根本保障，即防止权利持有人、在线中介平台和政府之间的任何“无形的握手”。Delfi 的反对意见提醒我们，“在对控制技术基础设施的人（ISP 等）施加压力和施加责任时，[政府]创造了一种环境，在这种环境中，抵押品或私人政党审查是不可避免的结果。[184] 杰克·巴尔金教授将这种向中间人的私人秩序转变的过程称为“附带审查”，“当国家要求一个私人甲方对另一个私人乙方的言论负责，而甲方有权阻止、审查或以其他方式控制对乙方言论的访问时，就会发生这种情况”。[185] 这种责任反过来又给了甲方“过度审查的强烈动机”。[186] 从历史上看，对中介平台施加责任是为既定权力的审查机制服务的。印刷特权作为一项创新政策和贸易法规而诞生，后来发展成为一种审查工具。从这个意义上来说，网络中介责任监管可能也在走类似的道路。当然，施加责任的理由总是足够令人信服的。今天，它是网络数字化发行与“价值差距”的“无法驯服的怪物”。昨天《英国书籍出版宪章》下令，除了 97 位“受人爱戴和忠诚”的出版商外，任何人都不能行使印刷艺术，因为国王和王后显然意识到：

> 某些煽动性和异教性的书籍诗歌和条约每天由各种诽谤性的恶意分裂和异教人士负责出版和印刷，这不仅使我们的臣民叛乱，反对我们的权力和地位，而且推动异教

---

〔184〕 See Delfi AS（n 13）Joint Dissenting Opinion of Judges Sajò and TsoTsoria，§ I. 2.

〔185〕 Jack M. Balkin，‘Old-School/New-School Speech Regulation’（2014）127 Harvard Law Review 2296，2309.

〔186〕 See Delfi AS（n 13）Joint Dissenting Opinion of Judges Sajò and Tsotsoria § I. 2.

反对圣母教会的信仰和健全的天主教教义。[187]

无监督义务的消亡与将招募网络中介作为互联网警察的更广泛举措相吻合。这也是通过促进私人秩序和自愿执行计划来实现的,这是欧盟数字单一市场战略的一部分。正如作者在其他地方所谈到的,中介责任话语正在转向中介责任话语。[188] 这一过程可能正在推动一种无定形的责任概念,从而激励中介的自我干预。最后,中介责任确实转变为算法责任。主动监督义务的出现及其带来的自动化或算法强制执行将是朝着这个方向迈出的一大步。在机器中寻找机器的答案可能有助于驯服萨洛芒大法官唤起的"怪物",但代价是什么?正当程序和基本保障受到算法执法、践踏合理使用、公共领域、批评权和根据主流道德话语压制言论的破坏。即将到来的改革及其预示的更广泛的举措可能最终杀死无监督义务和基本权利,而不是"无法驯服的怪物"。最终,目前和拟议的执法策略是假设用药剂和魔法杀死"无法驯服的怪物",而不是用经验证据。

---

[187] See Stationers' Charter (1557) in I A Transcript of the Registers of the Company of Stationers of London 1557 - 1640 (E. Arber, 1875 - 94) xxviii, xxx - xxxi.

[188] See Frosio (n 8).

下篇　互联网平台中介责任对基本权利的影响

中介责任与基本权利

[意大利]克里斯托夫·盖格
吉安卡洛·弗罗西奥
埃琳娜·伊兹尤曼科*

在线服务提供商在当代信息社会中的作用所带来的伦理影响正在引发社会挑战。当然,在线服务提供商的作用是前所未有的,因为它们有能力影响信息环境和用户在其中的互动。因此,基本权利保护是任何关于网络服务提供者的政

---

* 克里斯托夫·盖格教授为罗马国际社会科学自由大学法学教授;吉安卡洛·弗罗西奥教授为作贝尔法斯特女王大学法学院教授;埃琳娜·伊兹尤曼科为欧洲人权法院律师。原文发表于牛津大学出版社2020年出版的《牛津网络中介责任手册》第7章。

策辩论的核心。[1] 事实上,这是一个涉及三重相互竞争的基本权利,相互之间存在紧张关系,从而加剧了在线中介责任监管的难题。

首先,作为信息社会的"守门人",在线服务提供商越来越多地通过算法工具进行监管选择,这将深刻影响用户基本权利的享受,如言论自由、信息自由、隐私权和数据保护权。其次,在线服务提供商将作出选择并履行义务,屏蔽和净化影响知识产权持有人和创作者的大量涉嫌侵权的在线内容。最后,对网络服务提供者施加过于严格或过于宽泛的义务,可能会限制其开展业务的自由,从而引发进一步的基本权利挑战。

特别是,在知识产权和其他权利的在线执行中,算法作出的决策反映了政策的假设和利益,这些假设和利益对整个社会产生了非常重大的影响,但人们对这些决策过程的了解有限[2]。在此背景下,算

[1] On the increasing influence of human and fundamental rights on the resolution of IP disputes, see Christophe Geiger, 'Constitutionalising Intellectual Property Law?, The Influence of Fundamental Rights on Intellectual Property in Europe' (2006) 37(4) IIC 371; 'Fundamental Rights as Common Principles of European (and International) Intellectual Property Law' in Ansgar Ohly (ed), Common Principles of European Intellectual Property Law (Mohr Siebeck 2012) 223; 'Reconceptualizing the Constitutional Dimension of Intellectual Property' in Paul Torremans (ed), Intellectual Property and Human Rights (Kluwer Law International 2015) 115; 'Implementing Intellectual Property Provisions in Human Rights Instruments: Towards a New Social Contract for the Protection of Intangibles' in Christophe Geiger (ed), Research Handbook on Human Rights and Intellectual Property (Edward Elgar 2015) 661.

[2] 这在很大程度上让人想起了2001年版权指令中出现的关于受该立法保护的技术保护措施的热烈讨论,有时会以同一指令所预见的限制和例外为代价。在这种情况下,决定什么可以使用或不可以使用的是技术,而不是法律,使版权法的平衡掌握在技术系统手中,无视用户的基本权利及其特权地位。这得到了学术界的强烈批评。历史似乎在重演。See on the issue, Christophe Geiger, 'The Answer to the Machine should not be the Machine, Safeguarding the Private Copy Exception in the Digital Environment' (2008) 30 EIPR 121; Christophe Geiger, 'Right to Copy v. Three-Step Test: The Future of the Private Copy Exception in the Digital Environment' (2005) 1 Computer L Rev Int'l 7.

法执法与《欧洲人权公约》(ECHR)和《欧盟基本权利宪章》(EC Charter)[3]之间的紧张关系凸显出来[4],特别强调过滤、屏蔽和其他监控措施,这些措施将无法在版权和其他基本权利之间取得"合理的平衡"[5]。本文将简要介绍中介责任和监管对用户、在线服务提供商和知识产权所有者相互竞争的基本权利的影响所引发的复杂难题。

一、用户权利

用户的基本权利可能会受到中介平台监管和强加给他们的义务的严重影响,这些监管和义务改变了用户享受在线服务的方式。显然,用户的信息自由和言论自由或接受和传递信息的自由可能受到主要影响,但也可能使隐私权受到影响。[6]

(一)信息和互联网访问自由

言论自由权受到《欧洲人权公约》第10条和《欧盟基本权利宪章》第11条的保护,在欧洲宪法秩序中享有特权,有时甚至被称为

〔3〕 See Joan Barata and Marco Bassini, 'Freedom of Expression in the Internet: Main Trends of the Case Law of the European Court of Human Rights' in Oreste Pollicino and Graziella Romeo, The Internet and Constitutional Law: The Protection of Fundamental Rights and Constitutional Adjudication in Europe (Rutledge 2016); Akdeniz v Turkey App no 20877/10 (ECtHR, 11 March 2014); C-314/12 UPC Telekabel Wien [2014] EU:C:2014:192; C-360/10 Belgische Vereniging van Auteurs, Componisten en Uitgevers CVBA (SABAM) v Netlog NV [2012] ECLI:EU:C:2012:85, para 36-38; Stefan Kulk and Frederik Zuiderveen Borgesius, 'Filtering for Copyright Enforcement in Europe after the Sabam Cases' (2012) 34 EIPR 791, 791-94; Evangelia Psychogiopoulou, 'Copyright enforcement, human rights protection and the responsibilities of internet service providers after Scarlet' (2012) 34 EIPR 552, 555.

〔4〕 See Charter of Fundamental Rights of the European Union 2012 OJ (C 326) 391.

〔5〕 See Chapter 29.

〔6〕 See Charter (n 4) Art 8, 11.

"欧洲《第一修正案》"。[7] 这项权利不仅保障传递信息的权利,也保障公众接受信息的权利。[8] 近年来,这项权利的内容逐渐包含真正的"上网权",并且这一权利越来越被视为一项基本权利。[9] 通过指出"互联网通过促进知识的传播,增加了言论自由和公民身份的价值",互联网链接的人权性质得以维持。[10] 美国第44任总统奥巴马在访问上海时宣称,"获取信息的自由是一项普遍权利"。[11] 欧盟委员会在回应三次罢工立法提案时特别指出,访问互联网是一项"基本权利"。[12] 例如,法国宪法委员会在2009年6月10日关于第一部HADOPI法案的决定中明确指出,"鉴于通信手段的现状,公共在线通信服务的普遍发展以及后者对参与民主和表达

---

〔7〕 Dirk Voorhoof, 'Het Europese 'First Amendment': de vrijheid van expressie en informatie en de rechtspraak van het EHRM betreffende art 10 EVRM (1994 – 1995)' (1995) Mediaforum (Amsterdam) 11. See also Dirk Voorhoof, 'Freedom of expression and the right to information: Implications for copyright', in Geiger (ed) (n 1) 331; Geiger, Droit d'auteur et droit du public à l'information, Approche de droit comparé (Paris Litec 2004) 166.

〔8〕 See, eg, Times Newspapers Ltd (nos. 1 and 2) v the United Kingdom App no 3002/03 and 23676/03, 10 March 2009, para 27; Ahmet Yildirim v Turkey App no 3111/10, 18 December 2012, para 50; Guseva v Bulgaria App no 6987/07, 17 February 2015, para 36; Cengiz and Others v Turkey App no 48226/10 and 14027/11, 1 December 2015, para 56. On the public's right to receive information, see also Christophe Geiger, 'Author's Right, Copyright and the Public's Right to Information: A Complex Relationship' in Fiona Macmillan (ed), New Directions in Copyright Law, Vol. 5 (Edward Elgar 2007) 24.

〔9〕 See on this question, Nicola Lucchi, 'Access to Network Services and Protection of Constitutional Rights: Recognizing the Essential Role of Internet Access for the Freedom of Expression' (2011) 19(3) Cardozo J of Int'l and Comp L 645; Molly Land, 'Toward an International Law of the Internet', 54(2) Harvard Int'l L J 393 (2013).

〔10〕 See Marshall Conley and Christina Patterson, 'Communication, Human Rights and Cyberspace' in Steven Hick, Edward Halpin and Eric Hoskins (eds), Human Rights and The Internet (Macmillan 2000) 211.

〔11〕 Transcript of President Barak Obama's November 16, 2009 Town Hall with Chinese students in Shanghai, as released by the White House (CBSNews, 16 November 2016) <http://www.cbsnews.com/news/transcript-obamas-town-hall-in-china>.

〔12〕 See Monika Ermert, 'Council of Europe: Access to Internet is a Fundamental Right' (IPWatch, 8 June 2009); 'Internet Access is a Fundamental Right' (BBC News, 8 March 2010) <http://news.bbc.co.uk/2/hi/technology/8548190.stm>.

思想和意见的重要性,[言论自由权]意味着获得此类服务的自由”。[13]

从那时起,一些国际和国家机构强调了互联网链接的基本权利性质,如联合国人权理事会[14]、国际电信与联合国教科文组织委员会[15]、哥斯达黎加宪法法院宣布互联网接入对行使基本权利至关重要[16],或芬兰政府正式将链接宽带定为合法权利[17]。在欧洲,欧洲人权法院对欧盟委员会20个成员国的立法进行的一项调查显示,互联网链接权在理论上受到适用于言论自由和接受思想和信息自由的宪法保障的保护。互联网链接权被认为是受国家宪法保护的信息和通信权所固有的权利,包括每个人参与信息社会的权利和国家保障其公民上网的义务。因此,从保护言论自由的所有一般保障中可以推断,不受阻碍地访问互联网的权利也应该得到承认。[18]

因此,根据《欧洲人权公约》第10条的规定,任何必然对互联网

---

〔13〕 French Constitutional Council, Decision no 2009 – 580 DC of 10 June 2009, s 12. On this decision, see Christophe Geiger, ‘Honourable Attempt but (ultimately) Disproportionate Offensive against Peer-to-peer on the Internet (HADOPI), A Critical Analysis of the Recent Anti-Filesharing Legislation in France’ (2011) 42(4) IIC 457, 467ff. This ‘right to access internet’ was based on freedom of expression of Art 11 of the French Declaration on Human Rights, the court specifying that therefore any infringement of this right must be strictly limited.

〔14〕 UN General Assembly, Human Rights Council Resolution, The Promotion, Protection and Enjoyment of Human Rights on the Internet, A/HRC/RES/20/8, twentieth session, 16 July 2012. See also UN General Assembly Human Rights Council, ‘The Promotion, Protection and Enjoyment of Human Rights on the Internet’ (Resolution) (20 June 2014) A/HRC/26/L. 24. 在此之前,联合国只是含蓄地将互联网接入权视为一项人权,因为它是“通过任何媒体、不分国界寻求、接收和传递信息和思想的自由[……]所固有的”。Universal Declaration of Human Rights (10 December 1948) 217 A (III), Art 19.

〔15〕 See Kaitlin Mara, ‘ITU-UNESCO Broadband Commission Aims at Global Internet Access’ (IPWatch, 10 May 2010).

〔16〕 ‘Acceso a Internet es un derecho fundamental’ (Nacion, 8 September 2010) <http://www.nacion.com/2010-09-08/ElPais/NotasSecundarias/ElPais2514038.aspx>.

〔17〕 ‘Finland Makes Broadband a Legal Right’ (BBC News, 1 July 1, 2010) <http://www.bbc.co.uk/news/10461048>.

〔18〕 Ahmet Yildirim v. Turkey App no 3111/10 (ECtHR, 18 December 2012) para 31.

的可访问性产生影响的措施都由国家承担责任。[19] 在本部分和相应的《欧盟基本权利宪章》第 11 条的框架内,决定网站屏蔽案件的法院必须考虑以下方面:(1)网站使用的方式;(2)屏蔽对合法通信的影响;(3)残疾人信息的公共利益;(4)是否有访问此类信息的替代方案;(5)在某些情况下,还应考虑第 10 条不仅对互联网用户的影响,而且对有关中介平台的影响。欧洲联盟委员会强调了类似的观点,指出:

> 对访问开放互联网的任何限制都可能影响终端用户的言论自由以及他们接收和传递信息的方式。尽管运营商需要管理互联网流量以确保网络的正常运行(包括管理网络拥塞、安全威胁等),但在许多情况下,会出现不合理的阻塞和节流。[20]

欧洲人权法院就受中介平台行为对公众利益的潜在影响提供了一些指导。正如阿克德尼兹的斯特拉斯堡法院所指出的,“申请人没有声称有关网站传播的信息可能会对他产生特定的兴趣,也没有声称阻止访问会剥夺他主要的通信来源”。[21] 因此,“申请人被剥夺了访问这些网站的权利,这一事实并没有阻止他参加关于普遍

---

〔19〕 Ibid para 53.

〔20〕 European Commission, ‘Staff Working Document, Impact Assessment Accompanying the Document Proposal for a Regulation of the European Parliament and of the Council laying down measures concerning the European single market for electronic communications and to achieve a Connected Continent, and amending Directives 2002/20/EC, 2002/21/EC and 2002/22/EC and Regulations (EC) No 1211/2009 and (EU) No 531/2012’ SWD (2013) 331 final, s 3.4.

〔21〕 Akdeniz (n 3) para 28. On this case (and other freedom of expression related IP cases), see Christophe Geiger and Elena Izyumenko, ‘Intellectual Property before the European Court of Human Rights’ in Christophe Geiger, Craig Nard and Xavier Seuba (eds), Intellectual Property and the Judiciary (Edward Elgar 2018) 9.

利益问题的辩论”。[22] 欧洲人权法院进一步回顾了其既定的判例法，根据该判例法，

> 虽然《欧洲人权公约》第10条第2款不允许在政治事务中限制言论自由，例如，各国在规范商业事务中的言论方面有广泛的评价余地……同时牢记，严格地说，如果不是个人“商业性”表达受限，而是基于参与普遍利益问题的辩论，那么，两者之间的界限必须限定。[23]

法院提到了其早些时候在Ashby Donald案中的调查结果，该案涉及法国对3名时尚摄影师的定性，他们在未经权利持有人同意的情况下拍摄设计师服装的照片并在网上发布，侵犯了版权。同样，有人指出，“尽管不能否认公众对一般时尚，特别是高级定制时装秀感兴趣，但不能说申请人在限制自己向公众提供时装秀照片时参与了一场普遍感兴趣的辩论”。[24] 根据该判例法，法院不相信Akdeniz案提出了一个引起普遍关注的重要问题。因此，欧洲人权法院似乎暗示，在其他公众对信息更感兴趣的情况下，根据《欧洲人权公约》第10条，阻止可能是不合理的。值得注意的是，公众对涉及政治背景的信息的普遍兴趣并没有减少。事实上，法院以前在关

---

〔22〕 Akdeniz (n 3).

〔23〕 Ibid para 28.

〔24〕 Ashby Donald and Others v France App no 36769/08 (ECtHR, 10 January 2013) para 39, translation from French published in (2014) 45 (3) IIC 354. For an extensive comment, see Christophe Geiger and Elena Izyumenko, 'Copyright on the Human Rights' Trial: Redefining the Boundaries of Exclusivity through Freedom of Expression' (2014) 45 (3) IIC 316, trying to extract guidelines of the case law of the European Court of Human Rights for an Art 10 ECHR scrutiny of copyright enforcement measures.

于体育用品[25]或表演艺术家[26]的信息中,以及当所讨论的材料与有影响力的宗教团体倡导的宗教立场有关时,都承认了这种兴趣。[27] 审查标准通常也会对艺术、文化或其他“公民”表达更加严格。[28]

在互联网上的被遗忘权和更广泛的数据保护权方面也存在类似的问题。[29] 2014 年,欧盟法院裁定,互联网搜索引擎运营商负责处理第三方发布的网页上出现的个人数据。[30] 因此,在某些情况下,可以要求搜索引擎删除指向包含个人数据的网页的链接。欧盟对所谓的“被遗忘权”的承认引发了批评性反应,指出被遗忘权将危及言论自由和获取信息。[31] 根据欧洲安全合作组织《关于开放新闻的通讯》(an OCSE Communication on open journalism),“保护隐私和其他人权的合法需要不应损害媒体自由的主要作用,以及作

---

〔25〕 See Nikowitz and Verlagsgruppe News GmbH v Austria App no 5266/03 (ECtHR, 22 February 2007) para 25 (society's attitude towards a sports star); Colaço Mestre and SIC – Sociedade Independente de Comunicação, SA v Portugal App no 11182/03 and 11319/03 (ECtHR, 26 April 2007) s 28 (an interview by the president of the sports club); Ressiot and Others v France, App no 15054/07 and 15066/07 (ECtHR, 28 June 2012) para 116(职业体育中的兴奋剂行为).

〔26〕 See Sapan v Turkey App no 44102/04 (ECtHR, 8 June 2010) para 34 (一本关于这位土耳其流行歌星的书).

〔27〕 See Verlagsgruppe News GmbH and Bobi v Austria App no 59631/09 (ECtHR, 4 December 2012) para 76.

〔28〕 See David Harris and others, Harris, O'Boyle & Warbrick: Law of the European Convention on Human Rights (OUP 2009) 457.

〔29〕 See Chapter 25.

〔30〕 See C – 131/12, Google Spain SL and Google Inc. v Agencia Española de Protección de Datos (AEPD) and Mario Costeja González [2014] ECLI:EU:C:2014:317

〔31〕 See, eg, Miquel Peguera, 'The Shaky Ground of the Right to Be Delisted', 15 Vand J Ent Tech L 507 (2015); Jeffry Rosen, 'The Right to Be Forgotten' (2015) 64 Stan L Rev Online 88; Stefan Kulk and Frederik Zuiderveen Borgesius, 'Google Spain v. González: Did the Court Forget About Freedom of Expression?' (2014) 3 European J of Risk Regulation 389 (2014); Jonathan Zittrain, 'Don't Force Google to Forget' (NYTimes, 14 May 2014) <http://www.nytimes.com/2014/05/15/opinion/dont-force-google-to-forget.html?_r=0>.

为民主和政治参与基本条件的寻求、接收和传递公共利益信息的权利”。[32] 正如弗洛里斯和塔迪奥所指出的,

> 在两者之间取得正确的平衡并不是一件简单的事情。例如,事情会发生变化,但是这取决于大西洋两边的立场。根据欧洲的做法,隐私胜过言论自由;而美国人的观点是,言论自由在隐私方面是至高无上的。因此,界定在线服务提供商在被遗忘权方面的责任被证明是相当成问题的,因为它涉及不同基本权利的平衡以及考虑关于互联网的国家与国际治理的辩论。[33]

在这方面,欧盟法院表示,个人的隐私权通常凌驾于“通常情况下,不仅包括搜索引擎运营商的经济利益,而且包括公众在搜索中发现与数据主体姓名有关的信息的利益”。[34] 然而,欧盟法院首席法官还指出,如果“出于特定原因,例如数据主体在公共生活中所扮演的角色”,公众对获取信息有极大的兴趣,则不应适用这一一般规则。[35] 2014 年 11 月 26 日,欧洲数据保护机构(DPA)在第 29 条工作组(WP29)中召集起来,通过了关于执行 CJEU 对 Google Spain v. Costeja 案判决的指南(以下简称 WP29 指南)。[36] 其中包括国家欧洲数据保护机构在处理投诉时使用的通用标准。根据 WP29

〔32〕 Organization for Security and Cooperation in Europe (OCSE) Representative on Freedom of the Media, Dunja Mijatovic, 3rd Communiqué on Open Journalism, 29 January 2016, 2 <http://www.osce.org/fom/219391? download = true>.

〔33〕 Mariarosaria Taddeo and Luciano Floridi, ‘The Debate on the Moral Responsibility of Online Service Providers’ (2015) Sci Eng Ethics 1, 18 – 19.

〔34〕 C – 131/12 (n 30) para 81.

〔35〕 Ibid.

〔36〕 See Article 29 Data Protection Working Party, Guidelines on the Implementation of the CJEU Judgment on Google Spain v. Costeja (2014) 14/EN WP 225 (hereafter WP29 Guidelines), <http://ec.europa.eu/justice/data-protection/article-29/documentation/opinion-recommendation/files/2014/wp225_en.pdf>.

指南,必须在数据的性质和敏感性与公众获取这些信息的利益之间取得平衡。[37] 然而,如果数据主体在公共生活中发挥作用,公众的利益将大大增加。[38] 因此,指导方针得出结论,除名对个人言论自由和获取信息的权利的影响将非常有限。当数据保护机构评估相关情况时,如果公众利益凌驾于数据主体的权利之上,则除名是不合适的。[39] 该指南还包含 13 项主要标准,国家欧洲数据保护机构将适用于处理搜索引擎拒绝除名后的投诉。这些标准必须根据"公众获取信息的利益"来解读。[40] 继 WP29 指南和标准之后,欧洲国家法院和隐私管理机构进一步在个人隐私利益和获取信息的公共利益之间进行了必要的平衡,指出 Costeja 的裁决不打算保护个人免受互联网上所有负面通信的影响,但只能反对"被'无关'、'过度'或'不必要的诽谤'言论长期'追求'"。[41] 相反,例如,对严重犯罪的定罪通常会提供有关个人的信息[42],用户无法获得具有相关公共利益的最近新闻搜索结果的除名内容;[43] 又如,鉴于对促进市场透明度和保护第三方的普遍兴趣,商业登记处中包含的个人数据"不能被取消、匿名化或阻止,或仅提供给有限数量的相关方"。[44]

---

〔37〕 Ibid 2.

〔38〕 Ibid.

〔39〕 Ibid.

〔40〕 Ibid 11, 13 – 19.

〔41〕 Rechtbank [District Court] Amsterdam [2014] ECLI:NL:RBAMS:2014:6118, as translated in Joran Spauwen and Jens van den Brink, 'Dutch Google Spain ruling: More Freedom of Speech, Less Right To Be Forgotten For Criminals' (Inforrm's Blog, 27 September 2014) < https://inforrm. wordpress. com/2014/09/27/dutch-google-spain-ruling-more-freedomof-speech-less-right-to-be-orgotten-for-criminals-joran-spauwen-and-jens-van-denbrink >.

〔42〕 Ibid.

〔43〕 See Garante per la Protezione dei Dati Personali [Data Protection Authority], Decision no 618 (18 December 2014) <http://www. gpdp. it/web/guest/home/docweb/-/docwebdisplay/docweb/3736353 >.

〔44〕 See C – 398/15 Camera di Commercio, Industria, Artigianato e Agricoltura di Lecce v. Salvatore Manni [2016] ECLI:EU:C:2016:652, Opinion of AG Bot.

(二)言论自由

言论自由和传递信息的自由也必须被视为在中介责任困境中必须平衡的对抗权利之一。在 Google v. Louis Vuitton 案中,欧盟法院总检察长指出,民事责任的一般规则是基于过失的,而不是严格的责任,知识产权法规则最适合互联网中介平台的活动管理。他在网上商标侵权的背景下提出的论点强调:

> 责任规则更合适,因为它们并没有从根本上改变互联网的分散性,让商标所有人对与其商标对应的关键词在网络空间的使用具有普遍的——而且几乎是绝对的——控制权。商标所有人无法通过商标保护来阻止任何可能的使用(包括已经观察到的许多合法甚至理想的用途),而是必须指出在非法损害其商标的情况下引起 Google 承担责任的特定情况。[45]

根据这一论点,基于过失的制度将更好地在保护知识产权、获取信息和言论自由之间实现微妙的平衡,而这正是网络中介责任难题所带来的。正如范·伊克所提到的,"通知和删除程序是电子商务指令在权利人、在线中介和用户的利益之间实现平衡的基本机制之一"。[46] 在这方面,《电子商务指令》第 46 条明确要求存储提供

---

〔45〕 Joined Cases C – 236, 237 & 238/08, Opinion of Advocate General, Google France, S. A. R. L. & Google Inc. v Louis Vuitton Malletier SA, Viaticum S. A., Luteciel S. A. R. L., v. Centre Bational de Recherche en Relations Humaines (CNRRH) S. A. R. L., Pierre-Alexis Thonet, Bruno Raboin, Tiger, a franchisee of Unicis, ECLI:EU:C:2009:569, para 123.

〔46〕 Patrick Van Eecke, 'Online Service Providers and Liability: A Plea for a Balanced Approach' (2011) Common Market L Rev 1455, 1479 – 80.

商在决定删除请求时尊重言论自由原则。[47] 尽管这并不完美,但通知删除机制嵌入了对信息自由的基本保障,只要它迫使中介平台在决定是否删除材料之前真正考虑材料的侵权性质。

相比之下,正如欧盟法院一贯的判例所强调的那样,在线中介平台可能会部署一种基于过滤和自动侵权评估系统的事前机制来监控潜在侵权用户的活动,这种机制可能会不成比例地偏向财产权而非其他基本权利。[48] 在目前的技术成熟水平上,误报可能会造成相关的寒蝉效应,并对用户的基本言论自由权产生负面影响。自动系统不能取代人类的判断,即应该将某一特定用途标记为公平,或标记为属于例外或限制范围,特别是因为特权用途的边界往往很模糊,需要进行个案分析来确定某一特定使用是否侵权。[49] 此外,某些作品的公有领域状态的复杂性可能会逃脱内容识别技术的辨别能力。用欧盟法院自己的话说,这些措施:

> 可能会破坏信息自由,因为该系统可能无法充分区分非法内容和合法内容,其结果是引入该系统可能会导致合法通信受阻。事实上,对传输是否合法的问题的回答也取决于对版权的法定例外的适用,这一点毋庸置疑,因为不

〔47〕 See Directive 2001/29/EC of the European Parliament and of the Council on the harmonisation of certain aspects of copyright and related rights in the information society [2001] OJ L 167, Recital 46.

〔48〕 See C－360/10（n 3）para 52.

〔49〕 此外,在欧盟,即使是同样的例外情况,成员国执行的方式也可能因国家而异。例如,报价例外在整个欧洲的范围非常不同。See Bernt Hugenholtz and Martin Senftleben, ‘Fair Use in Europe: in Search of Flexibilities’（2012）Institute for Information Law Research Paper no 2012/33, 15－17. See also in this sense Christophe Geiger and Franciska Schönherr, Frequently Asked Questions（FAQ）of Consumers in relation to Copyright, Summary Report（EUIPO 2017）<https://euipo.europa.eu/ohimportal/web/observatory/observatory-publications>（注意“整个欧盟的法律并没有对消费者的 15 个常见问题给出一致的答案……结果如下:即使可以确定一些共同的基本原则,这些原则的例外及其实施也有很大差异。该研究将版权的例外与限制列为国家版权法中存在重大分歧的领域之一。See Ibid 6－8. 50 See C－360/10（n 3）para 50.

同的成员国回答不同。此外,在一些成员国,某些作品属于公共领域,或者可能由有关作者免费发布在网上。[50]

在欧洲议会批准了《数字化单一市场版权和相关权利的指令》第17条之后[51],对某些在线服务提供商上传到在线服务上的内容的一般监控增加的影响,以及在这方面自动过滤和执行系统的使用增加,提出了与维护用户表达和信息的基本权利有关的重要问题。[52]

一些法院还承认,网站屏蔽侵犯了互联网服务提供商的言论自由。[53] 正如总检察长在Telekabel案中所指出的,"虽然实质上有关意见和信息的表达确实是网络服务提供者客户的意见和信息,但网络服务提供者可以依靠这一基本权利,因为它具有公布客户的意见表达和向他们提供信息的功能"。[54] 为了支持这一论点,总检察长提到了欧洲人权法院判例法的一个既定机构,根据该机构的规定,"第10条保障'每个人'的言论自由,其中没有根据追求的目标的性质或自然人或法人在行使自由时所起的作用进行区分"。[55] 根据欧洲人权法院的说法,尽管"出版商不一定会将自己与它们出

---

〔50〕 See C－360/10（n 3）para 50.

〔51〕 See Directive 2019/790/EU of the European Parliament and of the Council of 17 April 2019 on copyright and related rights in the Digital Single Market and amending Directives 96/9/EC and 2001/29/EC［2019］OJ L 130/92.

〔52〕 许多学者提出了这个问题。See, recently in this sense, eg Martin Senftleben, 'Bermuda Triangle – Licensing, Filtering and Privileging User-Generated Content Under the New Directive on Copyright in the Digital Single Market'（April 2019）SSRN Research Paper no. 3367219 <https://ssrn.com/abstract=3367219>.

〔53〕 See on this issue extensively Christophe Geiger and Elena Izyumenko, 'The Role of Human Rights in Copyright Enforcement Online: Elaborating a Legal Framework for Website Blocking'（2016）32(1) American U Int'l L Rev 43; and from the same authors Chapter 29 in this Handbook.

〔54〕 C－314/12 UPC Telekabel Wien［2013］EU:C:2013:781, para 82, Opinion of AG Villalón.

〔55〕 Öztürk v. Turkey App no 22479/93（ECtHR, 28 September 1999）para 49.

版的作品中表达的观点联系在一起,……通过向作者提供媒介,它们参与了言论自由的行使……”。[56] 互联网服务提供商的言论自由主张在欧洲人权法院实践中并不罕见。在 Delfi AS v. Estonia 案中,大分庭考虑了 Estonia 最大的互联网门户网站因托管其用户生成的侵权内容而承担的责任。[57] 然而,根据事实,没有发现违反第10条的行为。在最近一项关于类似问题的判决中,法院认定,追究互联网服务提供商对用户评论的责任确实侵犯了该互联网服务提供商的言论自由。[58] 在国家层面上,英国的一系列案件强调,互联网服务提供商和网站运营商的言论自由也受到网站屏蔽的影响。[59] 然而,在这些特定案件中,版权所有者的财产权明显超过了互联网服务提供商的竞争权利。[60]

(三)隐私权和数据保护

中介平台的监管和执法行动也难以在隐私和言论自由之间找到适当的平衡。一方面,法院强调了对中介平台施加责任的重要性,指出“侵犯个人和公司隐私、即决审判和公开私刑无辜者的行为经常被报道,所有这些都在互联网上实施,由于这种表达媒介的广泛性,损害大大增加”。[61] 同样,为了维护对隐私权和言论自由的保护,法院强调了这一“互联网威胁”言论,指出在互联网上,“诽谤和其他类型的明显非法言论,包括仇恨言论和煽动暴力的言论,可

[56] Ibid.

[57] See Delfi AS v Estonia, App no 64569/09 (ECtHR, 16 June 2015).

[58] See Magyar Tartalomszolgáltatók Egyesülete and Index. hu Zrt v Hungary App no 22947/13 (ECtHR, 2 February 2016).

[59] See Twentieth Century Fox Film Corp & Ors v British Telecommunications Plc [2011] EWHC 1981 (Ch), [200]; EMI Records Ltd & Ors v British Sky Broadcasting Ltd & Ors [2013] EWHC 379 (Ch), [94].

[60] See Twentieth Century Fox (n 59) [200]; EMI Records (n 59) [107].

[61] Delfi (n 57) para 110.

以在几秒钟内在全世界前所未有地传播,并且有时会在网上使用”。[62]

另一方面,法院强调,无条件地部署过滤和监控义务也可能侵犯用户保护个人数据的权利。欧盟法院首席法官概述了这些措施对用户隐私的过度影响,得出的结论是:

> 要求安装有争议的过滤系统将涉及识别、系统分析和处理与其用户在社交网络上创建的简档相关的信息。与这些档案相关的信息是受保护的个人数据,因为原则上,它允许识别这些用户。[63]

在 Scarlet 案和 Netlog 案中,欧盟法院首次确立了“保护个人数据的基本权利,当以保护知识产权的名义强加了要求系统处理个人数据的机制时,这与版权持有人的权利并不平衡”。[64] 欧洲人权法院倾向于批评截获通信的系统,据该法院称,过滤技术也可能侵犯通信的保密性或尊重私人生活的权利[65],特别是当这些系统监测通信内容时。[66]

二、网络服务提供者、商业自由和创新

除了言论自由,在对在线服务提供商施加义务时,另一项需

---

〔62〕 Google Brazil v Dafra, Special Appeal no 1306157/SP (Superior Court of Justice, 24 March 2014) <https://cyberlaw. stanford. edu/page/wilmap-brazil>.

〔63〕 C – 360/10 (n 3) para 49.

〔64〕 Gloria Gonzúlez Fuster, ‘Balancing Intellectual Property Against Data Protection: a New Right's Wavering Weight’ (2012) 14 IDP 34, 37.

〔65〕 See Charter (n 6) Art 7.

〔66〕 See Kulk and Borgesius (n 3) 793 – 794.

要平衡的基本权利是根据《欧盟基本权利宪章》第 16 条开展业务的自由。[67] 与言论自由这一悠久的宪法传统形成鲜明对比的是，除了《欧盟基本权利宪章》，任何其他国际人权文书都不知道经营企业的自由，这使得经营企业的权利也是一项相对年轻的权利。[68] 因此，"到目前为止，判例法还没有……为这种自由提供一个完整而有用的定义"。[69] 然而，第 16 条的文本背景和司法历史都表明了其非常限定的性质，允许国家有广泛的权力去干预它。[70] 可以说，这项权利[71]的这种特别"弱"的性质使欧盟法院能够作出有利于权利人的裁决，在总检察长未能找到"公平平衡"的情况下也是如此。[72]

显然，强加给在线中介平台的新义务增加了创新的障碍，使平台进入市场和竞争的成本更高。在线中介平台可能被要求开发和部署昂贵的技术，以满足法律要求和义务。欧盟法院强调了新义务对在线服务提供商的经济影响，如过滤和监控义务。欧盟法院认为，在没有任何时间限制的情况下，监控通过网络进行的所有电子通信，针对未来对现有作品和尚未创作作品的所有侵权

---

〔67〕 See Charter（n 4）Art 16. 关于这一相对较新的基本权利及其与知识产权的关系，see Gustavo Ghidini and Andrea Stazi, 'Freedom to conduct a business, competition and intellectual property' in Geiger（ed）（n 1）410.

〔68〕 然而，请注意，早在这些超国家发展之前，一些国家宪法就已经规定保护开展业务的自由 See eg Italian Constitution of 1947, Article 41; Spanish Constitution of 1978, Art 38; Croatian Constitution of 1990, Art 49; and Slovenian Constitution of 1991, Art 74.

〔69〕 C－426/11 Mark Alemo-Herron and Others v Parkwood Leisure Ltd [2013] EU:C:2013:82, Opinion of AG Villalón, para 49.

〔70〕 See C－283/11, Sky Österreich GmbH v Österreichischer Rundfunk [2013] EU:C:2013:28, para 46; T－587/13, Miriam Schwerdt v Office for Harmonisation in the Internal Market [2015] EU:T:2015:37, s 55.

〔71〕 See Xavier Groussot, Gunnar Thor Pétursson and Justin Pierce, 'Weak Right, Strong Court － The Freedom to Conduct Business and the EU Charter of Fundamental Rights'（2014）Lund U Legal Research Paper Series Paper no 1/2014; EMI Records（n 59）[107].

〔72〕 See C－314/12（n 3）para 49.

行为,"将严重侵犯存储服务提供商开展业务的自由"。[73] 存储服务提供者的商业自由将受到不成比例的影响,因为采用过滤技术的义务将要求网络服务提供者自费安装一个复杂、昂贵和永久的系统。[74] 此外,根据欧盟法院的说法,这一义务将违反《关于知识产权执行的第 2004/48 号指令》(以下简称《执行指令》)第 3 条,该条规定"确保知识产权执法所需的程序和补救措施……应用时不应造成不必要的复杂或费用,[并]应避免对合法贸易造成障碍"。[75]

三、知识产权所有者和产权

中介责任和监管所涉及的另一项重要的基本权利是知识产权持有人的财产权。这也是前文提到的权利需要平衡的权利。在欧洲,这种平衡是由《欧盟基本权利宪章》第 17 条第 2 款和《欧洲人权公约》第 1 号议定书第 1 条所规定的知识产权的基本权利、地位以及对这一基本权利的有效执行的考虑所预先决定的。监管义务则取决于欧洲立法者所认为的版权保护的有效目标。最近,欧洲人权法院指出:"鉴于对保护版权持有人利益的重视,法院将强调知识产权受益于《欧洲人权公约》第 1 号议定书第 1 条提供的保护。"[76] 因此,正如在该案中所述并进一步重申的那样,在人权层面上平衡两个相互竞争的利益时,各国得到了"特别大"的赞赏。这两个利益都受到《欧洲人权公约》的保护。[77]

---

〔73〕 C – 360/10 (n 3) para 46.

〔74〕 Ibid.

〔75〕 See Directive 2004/48/EC of the European Parliament and of the Council on the enforcement of intellectual property rights [2004] OJ L157, Art 3.

〔76〕 Neij and Sunde Kolmisoppi v Sweden App no. 40397/12 (ECtHR, 19 February 2013) para 10. See also Geiger and Izyumenko (n 24) 316.

〔77〕 Neij and Sunde Kolmisoppi (n 76) para 11. See also Akdeniz (n 3) para 28; Ashby Donald (n 24) para 40.

欧洲关于知识产权根据定义享有人权保护的立场是由先前司法和立法层面的一些事态发展预先确定的。首先,与《欧洲人权公约》不同,《欧盟基本权利宪章》在其第17条第2款规定的权利目录中明确规定了对知识产权的保护。[78] 《欧洲人权公约》虽然没有包含具体的知识产权条款,但斯特拉斯堡法院将其解释为将其第1号议定书第1条的保护范围扩大到传统上公认的所有知识产权。[79] 在这方面最具代表性的是经常被引用的 Anheuser-Bush Inc. v. Portugal 案,该案将第1号议定书第1条的保护范围扩大到"单纯"商标注册申请。[80] 因此,某些学者强调,欧洲对知识产权自主基本权利性质的这种做法可能会导致对知识产权利益的更严格保护,而不是对其他需要平衡的基本权利,包括用户的信息权和互联网服务

---

〔78〕 See Christophe Geiger, 'Intellectual 'Property' after the Treaty of Lisbon: Towards a Different Approach in the New European Legal Order?' (2010) 32(6) EIPR 255; 'Intellectual Property Shall be Protected!? Article 17(2) of the Charter of Fundamental Rights of the European Union: A Mysterious Provision with an Unclear Scope' (2009) 31(3) EIPR 113; Jonathan Griffiths and Luke McDonagh, 'Fundamental Rights and European IP Law: the Case of Art 17(2) of the EU Charter' in Christophe Geiger (ed), Constructing European Intellectual Property: Achievements and New Perspectives (Edward Elgar 2012) 75ff.

〔79〕 See in the field of copyright: Akdeniz (n 3); Neij and Sunde Kolmisoppi (n 76); Ashby Donald (n 24); Balan v Moldova, App no 19247/03 (ECtHR, 29 January 2008); Melnychuk v Ukraine, App no 28743/03 (ECtHR, 5 July 2005); Dima v Romania, App no 58472/00 (ECtHR, 26 May 2005). In the field of trademarks: Paeffgen Gmbh v Germany, App no 25379/04, 21688/05, 21722/05 and 21770/05, (ECtHR, 18 September 2007); Anheuser-Busch Inc. v Portugal, App no 73049/01 (ECtHR, 11 January 2007). In the field of patent law, see Lenzing AG v United Kingdom, App no 38817/97 (ECommHR, 9 September 1998; Smith Kline & French Lab. Ltd. v. the Netherlands, App no. 12633/87 (ECommHR, 4 October 1990). https://ssrn.com/abstract=3411633

〔80〕 See Anheuser-Busch (n 79). See also Klaus-Dieter Beiter, 'The Right to Property and the Protection of Interests in Intellectual Property - A Human Rights Perspective on the European Court of Human Right's Decision in Anheuser-Bush Inc v Portugal' (2008) 39(6) IIC714, 717.

提供商的商业自由。[81]

然而,不应高估知识产权的(人权)财产保护范围。正如欧盟法院在 Telekabel 案中指出的那样,"《欧盟基本权利宪章》第 17 条第 2 款的措辞中没有任何内容表明知识产权不可侵犯,因此必须得到绝对保护"。[82] 因此,《欧盟基本权利宪章》第 17 条第 2 款可被视为只不过是对第 17 条第 1 款的简单澄清,该条明确回顾"财产的使用得由法律在为普遍利益所必需的范围内加以规范"。[83] 同样,《欧洲人权公约》第 1 号议定书第 1 条第 1 款规定了"为了公共利益"限制该权利的可能性,而同一条款的第 2 款允许国家"执行其认为必要的法律,以根据公共利益控制财产的使用……"。[84]《欧洲人权公约》和《欧盟基本权利宪章》的起草者明确设想了财产权的这种有限性。正如《欧洲人权公约》第 1 号议定书的筹备工作所表明的那样,新引入的财产范式被视为具有"相

---

〔81〕 See, eg, for a critique of the approach towards treating IP rights and other fundamental rights 'as if they were of equal rank', see Alexander Peukert, 'The Fundamental Right to (Intellectual) Property and the Discretion of the Legislature' in Christophe Geiger (ed), Research Handbook on Human Rights and Intellectual Property (Edward Elgar 2015) 132; Robert Burrell and Dev Gangjee, 'Trade Marks and Freedom of Expression: A Call for Caution' (2010) 41(5) IIC 544; Christina Angelopoulos, 'Freedom of Expression and Copyright: The Double Balancing Act' (2008) 3 IPQ 328. See, however, Christophe Geiger, 'Fundamental Rights, a Safeguard for the Coherence of Intellectual Property Law?' (2004) 35 IIC 268; Christophe Geiger, 'Copyright's Fundamental Rights Dimension at EU Level' in Estelle Derclaye (ed), Research Handbook on the Future of EU Copyright, (Edward Elgar, 2009) 27; Christophe Geiger, 'The Social Function of Intellectual Property Rights, or How Ethics Can Influence the Shape and Use of IP Law' in Graeme Dinwoodie (ed), Methods and Perspectives in Intellectual Property (Edward Elgar 2013) 153, 强调财产方面宪法层面的保护是指一种特殊的财产,一种具有强烈社会功能的财产,因此不应等同于实物财产,因为它的范围要小得多。根据这种理解,知识产权必须被视为比实物财产权具有更有限的性质,在与其他基本权利进行平衡时应考虑到这一点。事实上,由于立法机关在界定无形资产的权利范围时有很大的判断余地,宪法对无形资产的保护相对于其他权利而言仍然相当"薄弱"。

〔82〕 C-314/12 (n 3) para 61.

〔83〕 Ibid.

〔84〕 Ibid.

对”性质,而不是拥有财产的绝对权利。[85]《欧盟基本权利宪章》的筹备文件中也有类似的逻辑,明确排除了知识产权的“绝对主义”概念,只要起草者注意规定“[第17条]第1款规定的担保应酌情适用于知识产权”,并且“第17条的含义和范围与《欧洲人权公约》第1号议定书第1条所担保的权利相同”。[86]

这种做法也符合《世界人权宣言》第27条第2款和《经济、社会、文化权利国际公约》第15条第1款丙项的传统结构,这两者都确保了作者从“保护[他们]的科学、文学或艺术作品所产生的道德和物质利益”中获益。正如联合国文化权利领域特别报告员在报告中强调的那样,尽管从这些条款的措辞中很容易推断出第15条第1款c项承认保护知识产权的人权,但“这一等式是错误和误导性的”。[87] 根据负责实施《经济、社会、文化权利国际公约》的联合国经济、社会和文化权利委员会的说法,标准知识产权与根据第15条第1款c项给予创作者的人权保护原则上存在明显的区别。[88] 因此,第15条第1款c项保证了某种保护;然而,对联合国委员会来说,这不能被解释为保障知识产权或将知识产权提升到人权制度中。[89]

---

〔85〕 See Council of Europe, 'Preparatory Work on Article 1 of the First Protocol to the European Convention on Human Rights' (13 August 1976) CDH (76) 36, 12 and 16.

〔86〕 Note from the Praesidium, Draft Charter of Fundamental Rights of the European Union, Explanations on Article 17 of the EU Charter, 19 – 20.

〔87〕 UN General Assembly, 'Report of the Special Rapporteur in the field of cultural rights, Farida Shaheed, Copyright Policy and the Right to Science and Culture, Human Rights Council' (2014) A/HRC/28/57, s 26. On this report, see Christophe Geiger (ed), Intellectual Property and Access to Science and Culture: Convergence or Conflict? (CEIPI/ICTSD 2016) (including a Foreword of the Special Rapporteur).

〔88〕 See CESCR, 'General Comment no 17 on Article 15(1)(c) of the ICESCR' (12 January 2006) E/C12/GC/17.

〔89〕 Ibid. For a detailed analysis of these documents, see Christophe Geiger, 'Implementing Intellectual Property Provisions in Human Rights Instruments: Towards a New Social Contract for the Protection of Intangibles' in Geiger (ed) (n 1) 661ff.

四、结论

在线中介平台的责任和监管的影响产生了与维护用户、外包服务提供商和知识产权持有人的基本权利有关的重要问题。相互竞争的言论自由、财产自由、隐私自由和商业权利自由之间的紧张关系导致一些权利不可避免地受到限制，而另一些权利则取决于政策选择。中介责任监管中涉及多重相互竞争的权利，利益和参与者带来的"难题"尚未找到可持续的政策解决方案。尽管到目前为止，立法者倾向于使一些相关利益相对于其他利益享有特权，越来越多地诉诸于强制性或自愿推广过滤、监测和自动执行技术，但法院往往在个案分析的基础上找到中间立场，从而在多项基本权利之间确保更好的平衡。这种灵活性需要保持，并可能导致决策者考虑通过允许司法机构适应案件具体情况的规则，同时考虑基于薪酬权利的其他法律实施机制，这将使几种侵权情况"合法化"。[90]

---

〔90〕 See Christophe Geiger, 'Challenges for the Enforcement of Copyright in the Online World: Time for a New Approach' in Paul Torremans (ed), Research Handbook on the Cross-Border Enforcement of Intellectual Property (Edward Elgar 2014) 704; Christophe Geiger, 'Promoting Creativity through Copyright Limitations, Reflections on the Concept of Exclusivity in Copyright Law' (2010) 12(3) Vanderbilt J of Entertainment & Tech L 515. More recently, see Joao Pedro Quintais, Copyright in the Age of Online Access, Alternative Compensation Systems in EU Law (Kluwer Law International 2017).

新的管理者：管理网络言论的人、规则和程序

[美]凯特·克洛尼克*

私人在线平台在言论自由和参与民主文化方面发挥着越来越重要的作用。尽管看起来任何互联网用户都可以在网上自由和即时地发布，但许多平台都会积极策划用户发布的内容。这些平台如何以及为什么运作在很大程度上缓和言论，是不透明的。

本文首次分析了这些平台在监管和《第一修正案》框架下实际为调节在线言论所做的工作。本文借鉴原始采访、存档材料和内部文件，描述了三大在线平台——Facebook、Twitter 和 YouTube——如何调节内容，并将其审核系统置于对在线治理和私人领域言论自由价值观演变的更广泛讨论中。它揭示了私人内容审核系统根据美国言论自由规范、企业责任以及创造一个反映用户期望的环境的经济必要性来策划用户内容。为了实现这一

---

* 作者为圣约翰大学法学院法学副教授。原文发表于《哈佛大学法律评论》2018 年第 131 卷第 6 期。

点，平台开发了一个植根于美国法律体系的详细系统，该系统定期修订规则，训练人类决策，并依赖外部影响系统。

本文认为，为了更好地理解网络言论，我们必须放弃传统的理论和监管类比，将这些私人内容平台理解为治理体系。这些平台现在负责塑造和允许人们参与我们新的数字和民主文化，但它们对用户几乎没有直接责任。未来的干预（如果有的话）必须考虑到这些平台如何以及为什么要监管网络言论，以便在维护互联网民主化力量和保护我们新管理者的创造力之间取得平衡。

导言

> 在很多方面，Facebook 更像是一个政府，而不是一家传统的公司。我们有这么多人，与其他科技公司相比，我们真正制定的政策更多。
>
> ——马克·扎克伯格[1]

2016 年夏天，两起历史性事件几乎同时发生：一名旁观者用手机拍摄了警察枪杀奥尔顿·斯特林的视频，另一名旁观者记录了警察枪杀菲兰多·卡斯蒂利亚的后果，并通过 Facebook Live 直播了这段视频。[2] 斯特林和卡斯蒂利亚死亡后，Facebook 创始人兼首席执行官马克·扎克伯格表示，能够立即发布卡斯蒂利亚去世的视频“提醒我们为什么团结起来建设一个更加开放和互联的世界如此

---

〔1〕 DAVID KIRKPATRICK, THE FACEBOOK EFFECT: THE INSIDE STORY OF THE COMPANY THAT IS CONNECTING THE WORLD 254 (2010).

〔2〕 Richard Fausset et al., Alton Sterling Shooting in Baton Rouge Prompts Justice Dept. Investigation, N. Y. TIMES (July 6, 2016), http://nyti.ms/2szuH6H [https://perma.cc/Q8T6-HHXE]; Manny Fernandez et al., 11 Officers Shot, 4 Fatally, at Rally Against Violence, N. Y. TIMES, July 8, 2016, at A1.

重要”。[3] 美国时任总统奥巴马发表声明称，枪击事件是“我们刑事司法系统面临更广泛挑战的症状”。[4] 司法部对斯特林枪击案展开调查，并宣布将对卡斯蒂利亚进行调查。[5] 全国各地发生了多起抗议活动。[6] 视频是一个令人难以置信的例子，说明了网络平台现在对参与民主文化至关重要。[7] 但这几乎从未实现过。

最初，媒体对这些事件的大量报道掩盖了一个关键事实：当卡斯蒂利亚的视频在流媒体上播放时，它突然从 Facebook 上消失了。[8] 几个小时后，视频再次出现，这次贴上了图形内容的警告标签。[9] 在官方声明中，Facebook 将删除归咎于“技术故障”，但没有

---

〔3〕 Mark Zuckerberg, Post, FACEBOOK (July 7, 2016), https://www.facebook.com/zuck/posts/10102948714100101 [https://perma.cc/PP9M-FRTU].

〔4〕 Press Release, White House, President Obama on the Fatal Shootings of Alton Sterling and Philando Castile (July 7, 2016), https://obamawhitehouse.archives.gov/blog/2016/07/07/presidentobama-fatal-shootings-alton-sterling-and-philando-castile [https://perma.cc/VUL4 – QT44].

〔5〕 Press Release, U. S. Dep't of Justice, Attorney General Loretta E. Lynch Delivers Statement on Dallas Shooting (July 8, 2016), https://www.justice.gov/opa/speech/attorney-general-loretta-elynch-delivers-statement-dallas-shooting [https://perma.cc/UG89-XJXW].

〔6〕 Fernandez et al., supra note 2; Liz Sawyer, Protest Results in Brief Closure of State Fair's Main Gate, STAR TRIB. (Minneapolis) (Sept. 3, 2016, 9:38 PM), http://www.startribune.com/ protesters-gather-at-site-where-castile-was-shot/392247781/ [https://perma.cc/8Y4W-VF2Z]; Mitch Smith et al., Peaceful Protests Follow Minnesota Governor's Call for Calm, N. Y. TIMES (July 8, 2016), http://nyti.ms/2CqolWM [https://perma.cc/HRQ6-CTUC].

〔7〕 See Jack M. Balkin, Digital Speech and Democratic Culture: A Theory of Freedom of Expression for the Information Society, 79 N. Y. U. L. REV. 1, 2 (2004).

〔8〕 How Did Facebook Handle the Live Video of the Police Shooting of Philando Castile?, WASH. POST (July 7, 2016, 11:45 AM), http://wapo.st/2ByazET [https://perma.cc/T6ZK-RZRC]; Mike Isaac & Sydney Ember, Live Footage of Shootings Forces Facebook to Confront New Role, N. Y. TIMES (July 8, 2016), http://nyti.ms/2CpLI37 [https://perma.cc/ZHR5-FAJE].

〔9〕 Isaac & Ember, supra note 8.

提供进一步的细节。[10] 这并不完全令人惊讶。尽管看起来任何互联网用户都可以自由和即时地在线发布,但许多内容发布平台都会积极调节[11]用户发布的协议。[12] 然而,尽管这些平台对现代言论自由和民主文化至关重要[13],但人们对这些公司如何或为什么策划用户内容却知之甚少[14]。

---

〔10〕 William Turton, Facebook Stands by Technical Glitch Claim, Says Cop Didn't Delete Philando Castile Video, GIZMODO (July 8, 2016, 1:36 PM), http://gizmodo.com/facebook-standsby-technical-glitch-claim-says-cop-did-1783349993 [https://perma.cc/3ZWP-7SM9].

〔11〕 我用"适度"、"策划",有时还用"监管"来描述这些私人平台在保留和删除用户生成的内容方面的行为。我使用这些术语,而不是使用"审查者"一词,后者唤起了只删除材料和各种文化表达纪律或控制实践的想法。See generally Robert C. Post, Project Report: Censorship and Silencing, 51 BULL. AM. ACAD. ARTS & SCI. 32, 32 (1998). 在我使用"监管"的地方,我使用的是更口语化的含义,而不是杰克·巴尔金教授使用"言论监管"一词的方式,后者涉及政府对言论或政府与私人实体的合作、胁迫或伙伴关系的监管,以反映政府的目的。See Jack M. Balkin, Old-School/New-School Speech Regulation, 127 HARV. L. REV. 2296, 2299 (2014)(还解释了"附带审查"一词是一个不受该分类法约束的艺术术语).

〔12〕 See Catherine Buni & Soraya Chemaly, The Secret Rules of the Internet: The Murky History of Moderation, and How It's Shaping the Future of Free Speech, THE VERGE (Apr. 13, 2016), https://www.theverge.com/2016/4/13/11387934/internet-moderator-history-youtube-facebook-redditcensorship-free-speech [https://perma.cc/PDM3-P6YH]; Adrian Chen, The Laborers Who Keep Dick Pics and Beheadings Out of Your Facebook Feed, WIRED (Oct. 23, 2014, 6:30 AM), https://www.wired.com/2014/10/content-moderation/ [https://perma.cc/L5ME-T4H6]; Jeffrey Rosen, Google's Gatekeepers, N. Y. TIMES MAG. (Nov. 28, 2008), http://nyti.ms/2oc9lqw [https://perma.cc/YBM8-TNXC].

〔13〕 Packingham v. North Carolina, 137 S. Ct. 1730, 1737 (2017) 肯尼迪大法官在其多数意见中写道:"尽管过去可能很难确定(在空间意义上)最重要的交换意见的地方,但今天的答案很清楚。这是网络空间——一般来说是'互联网的巨大民主论坛',尤其是社交媒体。"Id. at 1735 (citation omitted) (quoting Reno v. ACLU, 521 U.S. 844, 868 (1997)).

〔14〕 See, e. g., Marvin Ammori, The "New" New York Times: Free Speech Lawyering in the Age of Google and Twitter, 127 HARV. L. REV. 2259, 2273 – 76 (2014); Marjorie Heins, The Brave New World of Social Media Censorship, 127 HARV. L. REV. F. 325, 326 (2014) (将脸书的内部上诉程序描述为"充其量是神秘的",并指出,关于他们的内部政策,"这些规则的细节……我们不知道",审查"在社交媒体的私人世界中是秘密的").

为了响应对透明度的呼吁,本文准确地研究了这些私人平台实际上在做什么来调节用户生成的内容以及他们为什么要这样做。它认为,这些平台形式最好被认为是自我调节的[15]私人实体,通过反映其用户的民主文化和规范来管理《第一修正案》[16]范围内的言论。[17]

第一部分调查了导致这些私人基础设施的监管和宪法保护。私人平台审核内容的能力来自《通信规范法》[18](Communication Decency Act, CDA)第230条,该法案赋予在线中介平台对其网站上发布的用户生成内容的广泛豁免权。[19] 授予豁免权的目的是鼓励平台成为"好心人",并在删除攻击性内容方面发挥积极作用,同时避免附带审查的言论自由问题。[20] 除了第230条,法院一直在努力解决如何在《第一修正案》原则范围内将在线平台概念化的问题:作为国家行为者、广播公司或编辑者。此外,学者们对平台的看法在乐观和悲观之间摇摆不定,长期以来一直在争论是否或如何限

〔15〕 See generally Jody Freeman, The Private Role in Public Governance, 75 N. Y. U. L. REV. 543(2000); Douglas C. Michael, Federal Agency Use of Audited Self-Regulation as a Regulatory Technique, 47 ADMIN. L. REV. 171 (1995).

〔16〕 See generally Balkin, supra note 11; Frederick Schauer, The Boundaries of the First Amendment: A Preliminary Exploration of Constitutional Salience, 117 HARV. L. REV. 1765 (2004).

〔17〕 See generally ROBERT C. ELLICKSON, ORDER WITHOUT LAW (1991); ELINOR OSTROM, CRAFTING INSTITUTIONS FOR SELF-GOVERNING IRRIGATION SYSTEMS (1992); Balkin, supra note 7; J. M. Balkin, Populism and Progressivism as Constitutional Categories, 104 YALE L. J. 1935, 1948 – 49 (1995) (reviewing CASS R. SUNSTEIN, DEMOCRACY AND THE PROBLEM OFFREE SPEECH (1993), and defining democratic culture as popular participation in culture); Robert C. Ellickson, Of Coase and Cattle: Dispute Resolution Among Neighbors in Shasta County, 38STAN. L. REV. 623 (1986).

〔18〕 47 U. S. C. § 230 (2012).

〔19〕 Id.

〔20〕 See Zeran v. Am. Online, Inc., 129 F. 3d 327, 330 (4th Cir. 1997) (注意到, §230 中的中介豁免的目的不仅是为了激励平台删除不雅内容,还为了保护平台用户的言论自由).

制它们。

对于这一法律框架和学术辩论,本部分采用新的证据。在第二部分探讨了为什么在第230条规定的广泛豁免下,平台的内容节制如何复杂。通过对前平台架构师的采访和阅读存档材料,本文认为,平台形成了适度的内容,因为它建立在美国言论自由规范、企业责任的基础上,以及创造一个反映用户期望的环境经济必要性。因此,在第230条背景下,平台有两个激励目标,即培育乐施好意的平台和促进言论自由。

第三部分着眼于平台如何节制用户生成的内容,以及这种理解是否符合现有的《第一修正案》框架。通过内部文件、存档的材料、对平台高管的采访以及与内容审查员的对话,本文表明,平台已经开发了一个与法律或治理系统有显著相似之处的系统。这包括创建一份详细的规则清单,训练有素的人员决策来应用这些规则,以及依靠外部影响系统来更新和修改这些规则。基于这些事实,本文认为,纯粹的《第一修正案》原则下的类推应该在很大程度上被放弃。

相反,平台应该被视为网络言论的新管理者。这些新的管理者是介于州政府和言论者——出版商之间的一种新的三元言论模式的一部分。它们是私人的、自我监管的实体,在经济和规范上受到激励,以反映用户的民主文化和言论自由期望。

第四部分解释了这种将在线平台视为治理的概念如何与学术界对数字言论和民主文化未来的关注相吻合。它认为,这种私人治理体系对民主文化构成的最大威胁是失去了公平的参与机会,而该体系对用户的直接问责的缺乏又加剧了这种情况。针对该问题,第一个解决方案不应该来自对第230条的修改或对《第一修正案》的新解释,而应该来自对这些平台建立的架构和治理系统的简单修改。如果这一点失败了,需要进行监管的话,那么它应该在维护互联网的民主化力量和保护我们新管理者的创造力之间取得平衡，并充分、准确地了解这些平台是如何运作的以及为什么运作的，只有通过准确了解我们新管理者的基础设施和动机，我们才能确保对我们的民主文化至关重要的言论自由权利的保护。

一、第230条：《第一修正案》和中介平台自我监管的开始

在互联网出现之前，对言论影响及限制最深的是出版商。[21] 互联网通过允许言论者直接接触听众，结束了言论者对出版商的依赖。[22] 在过去的15年里，三家美国公司——YouTube、Facebook和Twitter——已经成为全球内容共享的主导平台。[23] 这些平台既提供了发表新言论的架构，也是管理言论的制度设计的架构师。[24] 这种私人架构是"数字时代言论自由的中心战场"。[25]

（一）第230条的历史和发展

为了理解平台用来监管用户内容的私人治理系统，有必要从允

〔21〕 LAWRENCE LESSIG, CODE 2.0, at 19 (2006).

〔22〕 Id.; Balkin, supra note 11, at 2306 - 10.

〔23〕 Facebook Grows as Dominant Content Sharing Destination, MARKETING CHARTS (Aug. 24, 2016), https://www.marketingcharts.com/digital - 70111 [https://perma.cc/VA4T-LM5Z]（将Facebook和Twitter描述为最热门的内容共享目的地）; Facebook vs. YouTube: The Dominant Video Platform of 2017, STARK CREW (Jan. 11, 2017), http://starkcrew.com/facebook-vsyoutube-the-dominant-video-platform-of-2017/ [https://perma.cc/5TTA-VJ64]（将脸书和YouTube列为在线分享视频内容的主导平台，并总结其统计数据）.

〔24〕 LESSIG, supra note 21, at 2 - 10（将互联网描述为架构）.

〔25〕 Balkin, supra note 11, at 2296.

许这种系统发展的法律基础和历史开始。互联网中介[26]塑造在线表达的广泛自由是基于 CDA 第 230 条，该条使“交互式计算机服务”的提供商免于承担用户生成内容引起的责任。[27] 有时被称为“对网络言论最重要的法律”，第 230 条的存在及其法院的解释对我们今天所知的互联网的发展至关重要。[28]

理解第 230 条重要性的核心是在条文存在之前就有的两个案例，这两个案例表明，如果中间人对冒犯性言论积极行使编辑自由的裁量权，他们将对在其网站上发布的诽谤行为承担责任。[29] 第一个案例是 Cubby, Inc. 诉 CompuServeg, Inc. 案（以下简称 Cubby 案）[30]，该案涉及在 CompuServ 论坛上发布诽谤言论。[31] 法院认定，CompuServe 不应对诽谤性内容承担责任，部分原因是中介平台没有审查论坛上发布的任何内容。[32] Cubby 案受理法院认为，CompuSserve 不积极审查其网站上内容的做法使其更像是内容的传播者，而不是出版商。[33] 在确定传播侵权责任时，这种区分很重要，因为虽然内容的发布者和传播者可以承担责任，但传播者通常

---

〔26〕 互联网中介平台被广泛定义为互联网“堆栈”各个部分的参与者。See JAMES GRIMMELMANN, INTERNET LAW 31 (2016). 其中包括互联网服务提供商、存储服务提供者、服务器、网站、社交网络、搜索引擎等。See id. at 31 - 32. Within this array, I use “platforms” to refer specifically to internet websites or apps that publish user content — these include Facebook, YouTube, and Twitter.

〔27〕 47 U. S. C. § 230(c)(2) (2012); see also Zeran v. Am. Online, Inc., 129 F. 3d 327, 330 (4th Cir. 1997)（阻止根据 § 230 对美国在线提出索赔，因为美国在线只是侵权内容的发布者，而非创造者）.

〔28〕 Emily Bazelon, How to Unmask the Internet's Vilest Characters, N. Y. TIMES MAG. (Apr. 22, 2011), http://nyti. ms/2C30ZL9 [https://perma. cc/55A3 - 6FAN].

〔29〕 See Davis S. Ardia, Free Speech Savior or Shield for Scoundrels: An Empirical Study of Intermediary Immunity Under Section 230 of the Communications Decency Act, 43 LOY. L. A. L. REV. 373, 406 - 09 (2010).

〔30〕 776 F. Supp. 135 (S. D. N. Y. 1991).

〔31〕 Id. at 138; Ardia, supra note 29, at 406 - 07. CompuServe did not dispute that the statements were defamatory. Cubby, 776 F. Supp. at 138.

〔32〕 Cubby, 776 F. Supp. at 140.

〔33〕 Id. at 139 - 41.

不承担责任,除非他们知道或应该知道存在诽谤内容。[34] 虽然传播者与出版商的区别是侵权责任中一个确定的类比,但将这种模式用于在线中介存在一定难度。Cubby 案发生 4 年后,在 Stratton Oakmont, Inc. 诉 Prodigy Services Co. 案(以下简称 Stratton Oakmont 案)中,[35] 法院裁定,中介平台 Prodigy 作为出版商,应对其网站上的所有帖子负责,因为它积极删除了一些论坛帖子。[36] 对许多人来说,Prodigy 的行为似乎与那些使 CompuServe 在 Cubby 仅仅成为传播者的行为无异,但法院认定,Prodigy 使用自动软件和发布指南是"有意识的选择,以获得编辑控制的好处"。[37] 综合来看,如果中介平台对其网站上发布的内容行使任何编辑自由裁量权,这些案件似乎会使他们面临广泛而不可预测的侵权责任。因此,这些案件对网络中介平台扩大业务或缓和攻击性内容产生了强烈的抑制作用,并威胁到互联网的发展前景。

值得庆幸的是,当 Stratton Oakmont 案的判决下来时,互联网的发展格局是国会的一个积极议程项目。同年早些时候,参议员詹姆斯·埃克森推出了 CDA,旨在通过故意发送或展示未成年人不雅在线内容来规范在线淫秽行为。[38] 针对 Stratton Oakmont 案引发的担忧,众议员克里斯·考克斯和罗恩·怀登对 CDA 提出了一项修正案,即第 230 条的前生。[39] 该法案以及考克斯 – 怀登(Cox-

---

〔34〕 RESTATEMENT (SECOND) OF TORTS § 581 (1) (AM. LAW INST. 1977).

〔35〕 1995 WL 323710 (N. Y. Sup. Ct. May 24, 1995).

〔36〕 Id. at *4.

〔37〕 Id. at *5.

〔38〕 See Robert Cannon, The Legislative History of Senator Exon's Communications Decency Act: Regulating Barbarians on the Information Superhighway, 49 FED. COMM. L. J. 52 – 53 (1996).

〔39〕 141 CONG. REC. H8469 – 70 (daily ed. Aug. 4, 1995) (statements of Reps. Cox, Wyden, and Barton).

Wyden)修正案,于1996年2月通过并签署成为法律。[40] 在其最终版本中,第230条第3款规定,“计算机交互式服务的提供商或用户不得被视为另一信息内容提供商提供的任何信息的发布者或发言人”[41],以激励和保护中介平台基于“好意者”屏蔽攻击性材料。[42] 尽管仅仅一年多后,最高法院在Reno v. ACLU[43]案(以下简称Reno案)中推翻了《刑事诉讼法》中大部分的反猥亵条款,但第230条仍然有效。[44]

不久后,第230条的意义不仅在于依旧有效,Reno案发几个月后,第四巡回法庭在Zeran v. America Online案中针对第230条作出了基础性和宽泛的解释。[45] 原告Zeran要求America Online(AOL)对第三方在AOL留言板上发布的诽谤性声明承担责任。[46] Zeran辩称,AOL有义务删除该帖子,并张贴被删除帖子虚假的通知,以屏蔽未来的诽谤材料。[47] 法院不同意,相反认为AOL根据第230条享有豁免权,并认为该条不仅排除了对出版商的严格责任,还排除了对网站运营商等传播的中介责任。[48] 这一判决也取消了AOL中介平台的通知责任。[49]

---

[40] See Pub. L. No. 104-104, tit. V, 110 Stat. 56, 133-43 (1996) (codified in scattered sections of 18 and 47 U. S. C.); see also H. R. REP. NO. 104-458, at 81-91 (1996); S. REP. NO. 104-230, at 187-93 (1996); S. REP. NO. 104-23, at 9 (1995). For a full and thorough account of the legislative history of § 230, see generally Cannon, supra note 38.

[41] 47 U. S. C. § 230(c)(1) (2012).

[42] 141 CONG. REC. H8469-70 (statement of Rep. Cox).

[43] 521 U. S. 844 (1997).

[44] Id. at 885.

[45] 129 F. 3d 327 (4th Cir. 1997).

[46] Id. at 328.

[47] Id. at 330.

[48] Id. at 332.

[49] Id. at 333.

虽然 Zeran 案的判决范围很广,有时还存在争议[50],但法院对第 230 条的目的和范围的分析才是真正塑造了这一原则的原因。在根据第 230 条给予 AOL 豁免权的肯定性辩护时,法院承认了"好的撒玛利亚人"支持互联网发展的目的,即鼓励"服务提供商对其服务中的攻击性材料的传播进行自我监管"。[51] 另外,法院并不认为第 230 条仅仅是国会对 Stratton 案的回应,而是着眼于给予网络中介法定豁免权,并在"好的撒玛利亚人"条款之外提出新的目的:

> 国会认识到基于侵权的诉讼对新兴互联网媒体中的言论自由构成的威胁。对国会来说,对他人通信的服务提供商施加侵权责任只是另一种形式的侵入性政府言论监管。[52]

因此,尽管法院认为第 230 条解除了可能"阻止服务提供商屏蔽和筛选攻击性材料"的"侵权责任幽灵",但法院发现,国会的设计也是为了保护中介平台免受任何这样做的要求。[53] 基于这些言论自由问题,法院认为,阻止中介平台监管有害内容的"侵权责任幽灵"也威胁到"如此多产的言论领域",具有"明显的寒蝉效应"。[54] "面对其服务重新发布的每条消息的潜在责任,交互式计算机服务提供商可能会选择严格限制发布消息的数量和类型。"[55] 针对 Zeran 提出的让 AOL 等出版商承担基于通知的责任的问题,法院再次提到了其对言论自由的担忧,但也承认了不信任者的实际现实:

---

[50] See Developments in the Law — The Law of Cyberspace, 112 HARV. L. REV. 1574, 1613 (1999) (referring to Zeran's holding as a "broad interpretation of § 230").

[51] Zeran, 129 F. 3d at 331。

[52] Id. at 330 (emphases added).

[53] Id. at 331.

[54] Id.

[55] Id. 引述继续说:"国会考虑了所涉及的言论利益的分量,并选择对服务提供商进行免疫,以避免任何此类限制性影响。" Id.

“每一份通知都需要对发布信息的相关情况进行仔细而迅速的调查,对信息的诽谤性质进行法律判断,并当场作出编辑决定,决定是否允许继续发布该信息以承担责任。”〔56〕

中介平台监管的内容数量之多,以及如果他们得到通知并仍在发布,那么平台几乎确定会承担责任,这将导致的最好结果是随意删除,最坏结果是大量删除相关内容。“因此,与严格责任一样,通知责任对互联网言论自由产生了寒蝉效应。”〔57〕

Zeran 案是互联网法中的一个开创性案例,不仅因为它赋予了在线中介广泛的豁免权〔58〕,还因为它对第 230 条目的的分析。法院承认根据第 230 条授予豁免的两个不同目的:(1)作为一项“好的撒玛利亚人”条款,旨在推翻 Stratton Oakmont 案,并“鼓励交互式计算机服务和此类服务的用户对互联网上的淫秽和其他冒犯性

〔56〕 Id. at 333.

〔57〕 Id. 尽管这一言论自由的目的可能没有出现在 § 230 的明文中,但 Zeran 库尔并没有发明它。See Cannon, supra note 38, at 88 – 91 (discussing the legislative history indicating that Congress debated the “contest between censorship and democratic discourse,” id. at 88).

〔58〕 出于这个原因,许多学者批评了 Zeran 及其后代的推理。See, e. g., Susan Freiwald, Comparative Institutional Analysis in Cyberspace: The Case of Intermediary Liability for Defamation, 14 HARV. J. L. & TECH. 569, 594 – 96 (2001); Sewali K. Patel, Immunizing Internet Service Providers from Third-Party Internet Defamation Claims: How Far Should Courts Go?, 55 VAND. L. REV. 647, 679 – 89 (2002); David R. Sheridan, Zeran v. AOL and the Effect of Section 230 of the Communications Decency Act upon Liability for Defamation on the Internet, 61 ALB. L. REV. 147, 169 – 70 (1997); Michael H. Spencer, Defamatory E-Mail and Employer Liability: Why Razing Zeran v. America Online Is a Good Thing, 6 RICH. J. L. & TECH. 25 (2000); Michelle J. Kane, Note, Blumenthal v. Drudge, 14 BERKELEY TECH. L. J. 483, 498 – 500 (1999); Brian C. McManus, Note, Rethinking Defamation Liability for Internet Service Providers, 35 SUFFOLK U. L. REV. 647, 667 – 68 (2001); Annemarie Pantazis, Note, Zeran v. America Online, Inc.: Insulating Internet Service Providers from Defamation Liability, 34 WAKE FOREST L. REV. 531, 547 – 50 (1999); David Wiener, Note, Negligent Publication of Statements Posted on Electronic Bulletin Boards: Is There Any Liability Left After Zeran?, 39 SANTA CLARA L. REV. 905 (1999).

材料进行自我监管"[59]；(2)作为对用户的言论自由保护，意味着"鼓励互联网上言论自由不受约束和不受管制的发展，促进电子商务的发展"。[60]

尽管 Zeran 案判决内容没有说明确切的术语，但法院对服务提供商"在接到通知后删除内容的自然动机，无论内容是否诽谤"的担忧反映了对附带审查的担忧。[61] 当一个私人方(如 Facebook)有权控制另一私人方(例如 Facebook 用户)的言论时，就会发生附带审查权。[62] 因此，如果政府威胁要根据其用户的言论追究 Facebook 的责任，而 Facebook 相应地审查其用户的言论以避免责任[63]，审理 Zeran 案的法官承认了对用户言论自由权的担忧，并将其视为根据第 230 条为平台创造豁免权的原因之一。

但是，尽管第 230 条的双重目的要求相同的解决方案，即中介平台豁免，但它们在第 230 条的应用中造成了悖论。如果第 230 条既可以被定性为政府创建的社区，以鼓励平台删除某些类型的内

[59] Batzel v. Smith, 333 F.3d 1018, 1028 (9th Cir. 2003) (first citing 47 U.S.C. § 230(b)(4) (2012); then citing 141 CONG. REC. H8469 – 70 (daily ed. Aug. 4, 1995) (statements of Reps. Cox, Wyden, and Barton); then citing Zeran, 129 F.3d at 331; and then citing Blumenthal v. Drudge, 992 F. Supp. 44, 52 (D.D.C. 1998)).

[60] Id. at 1027 – 28 (first citing § 230(b) (首先引用 § 230(b)[政策目标包括"(1)促进互联网和其他交互式计算机服务及其他交互式媒体的持续发展；(2)维护目前互联网和其他交互式计算机服务的充满活力和竞争的自由市场，不受联邦或州法规的约束"]；然后引用 Zeran，《联邦判例汇编》第三编第 129 卷第 330 页).

[61] Zeran, 129 F.3d at 333. The court also specifically cited worry about potential abuse between users. "Whenever one was displeased with the speech of another party conducted [online], the offended party could simply 'notify' the relevant service provider, claiming the information to be legally defamatory." Id.; see also Christina Mulligan, Technological Intermediaries and Freedom of the Press, 66 SMU L. REV. 157, 171 (2013); Felix T. Wu, Collateral Censorship and the Limits of Intermediary Immunity, 87 NOTRE DAME L. REV. 293, 317 – 18 (2011).

[62] "附带审查"一词是迈克尔·迈耶森教授创造的。Michael I. Meyerson, Authors, Editors, and Uncommon Carriers: Identifying the "Speaker" Within the New Media, 71 NOTRE DAME L. REV. 79, 118 (1995).

[63] Cf. J.M. Balkin, Essay, Free Speech and Hostile Environments, 99 COLUM. L. REV. 2295, 2298 (1999).

容，又可以避免随意删除某些内容以及对用户进行附带审查的危险，那么我们希望优先考虑哪些利益？是平台对其内容进行节制，还是用户的言论自由？

在过去的几年里，法院一直在努力解决这一问题，偶尔也会打破对“好的撒玛利亚人”条款的广泛解释，发现缺乏第 230 条豁免。[64] 例如，在最近在北加州地区法院审理的两起案件中，法院驳回了因原告指控 Google 行为不诚实而不能适用第 230 条提出索赔的诉讼请求。[65] 与此同时，其他法院作出了强有力的裁决，支持广泛的第 230 条豁免和出版商对内容节制权利。毫无疑问，在 Doe 诉 Backpackage. com 案中[66]，第一巡回法院明确认为，第 230 条保护网站作为言论者和出版商的选择，并指出：“国会在颁布 CDA 时并没有发出不确定的信号，而是选择对互联网出版商给予广泛的保护。表明一个网站是通过自吹自擂的商业模式运作的说法，不足以剥夺这些保护。”[67] 关于第 230 条解释的持续争论——正如当前法院对企业内容审核动机重要性的分歧所示——表明自 Zeran 案的基本裁决以来，围绕这些问题的利害关系只会增加。

---

〔64〕 For a comprehensive cataloging of § 230 cases with context and commentary, see Eric Goldman, Ten Worst Section 230 Rulings of 2016 (Plus the Five Best), TECH. & MARKETING L. BLOG (Jan. 4, 2017), http://blog.ericgoldman.org/archives/2017/01/ten-worst-section-230-rulings-of-2016-plus-the-five-best.htm [https://perma.cc/KL48-B6GJ].

〔65〕 Darnaa, LLC v. Google, Inc., No. 15-cv-03221, 2016 WL 6540452 (N.D. Cal. Nov. 2, 2016); Spy Phone Labs LLC v. Google Inc., No. 15-cv-03756, 2016 WL 6025469 (N.D. Cal. Oct. 14, 2016); see also Eric Goldman, Google Loses Two Section 230(c)(2) Rulings — Spy Phone v. Google and Darnaa v. Google, TECH. & MARKETING L. BLOG (Nov. 8, 2016), http://blog.ericgoldman.org/archives/2016/11/google-loses-two-section-230c2-rulings-spy-phone-v-google-and-darnaa-v-google.htm [https://perma.cc/TR72-9XZU].

〔66〕 817 F.3d 12 (1st Cir. 2016).

〔67〕 Id. at 29.

(二)《第一修正案》的影响

法院和学者正在就如何平衡中介平台策划平台的权利,同时根据《第一修正案》保护用户言论展开辩论。根据所涉及的中介类型,法院将平台比作《第一修正案》中已确立的理论领域,如公司园区、广播公司、编辑。平台的权利和义务,取决于应用哪种类比。

第一个类比解释了平台表现得像国家的原因,因此《第一修正案》直接限制了它们。虽然法院已经确定,根据《第一修正案》,只有国家行为才能产生平权义务,但确定私人当事人的行为何时构成国家行动是一个更困难的问题。[68] 为了实现《第一修正案》的目的,最高法院在 Marsh v. Alabama 案(以下简称 Marsh 案)中从根本上解决了私人和国家行为者之间的这种区别。[69] 在 Marsh 案中,一名(基督教)耶和华见证人因在一家公司全资拥有的公司园区的人行道上分发图书资料而被捕。[70] 法院认为,除了由私人公司所有的城镇具有任何其他美国城镇的所有特征。[71] 因此,法院认为该镇在功能上等同于国家行为者,并有义务保证《第一修正案》的权利。[72]

自 Marsh 案以来的几年里,法院一直在继续探索私人财产被视为公共财产所必需的"公共职能"情况。这些案件中许多情形都发生在购物中心的背景下,法院一直在努力建立一致逻辑,以确定个

---

〔68〕 See Hudgens v. NLRB, 424 U. S. 507, 513 - 21 (1976).

〔69〕 326 U. S. 501 (1946).

〔70〕 Id. at 502 - 03.

〔71〕 Id. at 502.

〔72〕 Id. at 508 - 09.

人的《第一修正案》权利何时凌驾于私人平台所有者的权利之上。[73] 其中最熟知的是 Amalgmated Food Employees Union Local 590 诉 Logan Valley Plaza, Inc. 案,[74] Logan Valley Plaza 拥有一个购物中心,相当于 Marsh 的公司园区,因此允许纠察队员在那里抗议。[75] 在 Hudgens 诉 NLRB 案中[76],法院推翻了 Logan Valley Plaza 案的判决,修改了对购物中心作为公共广场的评价,并指出企业仅仅因为向公众开放,就没有资格履行公共职能。[77] 相反,为了符合组建公共职能的资格,一家企业必须实际完成工作,而不是由政府恶意完成,就像 Marsh 的公司园区一样。[78]

长期以来,声称在线中介平台是国家行为者或是在履行公共职能,因此必须提供言论自由保障的说法一直是不成立的。在将平台建立为非国家行为者时,法院区分了 Marsh 及其后续案的事实,指出提供电子邮件、托管或搜索引擎等服务的中介平台没有上升到"执行任何市政权力或基本公共服务的水平,因此不会站在国家的

---

〔73〕 See, e. g. , Amalgamated Food Emps. Union Local 590 v. Logan Valley Plaza, Inc. , 391 U. S. 308, 318 (1968) (将私人购物中心等同于商业区,并确认在商业区内设置纠察队的权利), narrowed by Lloyd Corp. v. Tanner, 407 U. S. 551, 563 – 64 (1972) (holding speech in a mall is not constitutionally protected unless there are no other means of communication), overruled by Hudgens, 424 U. S. at 518. The California Supreme Court granted more expansive free speech guarantees than those provided by the First Amendment in Fashion Valley Mall, LLC v. NLRB, 172 P. 3d 742, 749 (Cal. 2007), and Robins v. PruneYard Shopping Center, 592 P. 2d 341, 344, 347 (Cal. 1979). See also Developments in the Law — State Action and the Public/Private Distinction, 123 HARV. L. REV. 1248, 1303 – 07 (2010).

〔74〕 391 U. S. 308.

〔75〕 Id. at 318.

〔76〕 424 U. S. 507.

〔77〕 Id. at 519 (quoting Lloyd Corp. , 407 U. S. at 568 – 69).

〔78〕 Id.

立场上”。[79] 虽然这些案件尚未明确移交,但法院最近在 Packingham 诉 North Corolina 案[80](以下简称 Packingham 案)中的裁决可能会为国家诉讼原则在互联网平台上的应用注入新的活力。

在 Packingham 案中,最高法院推翻了北卡罗纳州一项禁止登记在册的性犯罪者使用 Facebook 和 Twitter 等平台的法规。[81] 在法院的意见中,肯尼迪大法官认为,完全禁止“访问社交媒体,就是阻止用户行使《第一修正案》赋予的合法权利。”[82] 肯尼迪大法官将这类服务描述为“现代公共广场”,也承认了它们对言论的重要性,称它们是“私人发声最有力的机制之一”。[83] 肯尼迪大法官将此类服务描述为“现代公共广场”,并承认其对言论的本质,称其为“可能是普通公民发出声音的最强大机制”。[84] 尽管该决定的局限性在于它只适用于完全排除登记的性犯罪者使用 Facebook 和 Twitter 等平台的权利,但笼统的措辞使访问私人在线平台成为《第一修正案》的一项权利,因此,留下了一个悬而未决的问题,必须实现多大程度的访问,以及互联网传输中的哪个阻塞点能够缩减《第一修正案》赋予的权利。未来的诉讼可能会利用 Packingham 案中对《第一修正案》中社交媒体访问权的承认作为新的依据,来证明这些平台履行着准市政职能。

除了国家行动问题,Packingham 承认平台是私人论坛,会对其

---

〔79〕 Cyber Promotions, Inc. v. Am. Online, Inc., 948 F. Supp. 436, 442 (E. D. Pa. 1996)(将 AOL 的电子邮件服务与私营公司园区提供的“市政权力或公共服务”区分开来,后者使其成为沼泽地区的国家行为体); see also Green v. Am. Online, 318 F. 3d 465, 472 (3d Cir. 2003) (holding that, as a private company and not a state actor, AOL is not subject to constitutional free speech requirements); Langdon v. Google, Inc., 474 F. Supp. 2d 622, 631 (D. Del. 2007)(发现出于宪法言论自由保障的目的,谷歌、雅虎和微软是私营公司,尽管它们与公立大学等国家行为体合作).

〔80〕 137 S. Ct. 1730 (2017).

〔81〕 Id. at 1733,1738.

〔82〕 Id. at 1737. 。

〔83〕 Id.

〔84〕 See, e. g., Red Lion Broad. Co. v. FCC, 395 U. S. 367 (1969).

他私人方的明示行为产生重大影响,这也涉及与《第一修正案》一致的其他监管领域。这可以从围绕其他类型的言论渠道的学说中看出,比如广播和电视广播公司。在这些案件中,法院维持了对无线电广播的监管,尽管广播电台声称该监管违反了宪法,侵犯了其编辑性批判和言论的权利。[85] 公众有权"适当地获取"思想和稀缺的无线电频谱,这证明了机构规则的合理性,即要求广播公司提出公共问题,并对这些问题的每一方进行公平的报道。[86] 在随后的几年里,法院限制了这一指控,同时在 Turner Broadcasting System, Inc 诉 FCC 案(以下简称 Turner 案)中将其扩展到广播电视领域[87]。

审理 Reno 案的法院解决了互联网中介平台是否与广播或广播电视属于同一类的问题。法院认定,证明电视和广播监管正当性的因素,如媒体的"侵入性"性质、广泛监管的历史以及频率的稀缺性,"在网络空间中不存在",并明确豁免了互联网受 Red Lion Broadcasting Co. 诉 FCC 案(以下简称 Red Lion 案)[88]和 Turner 案中确立的原则的约束。[89] 虽然目前尚不清楚法院将如何在 Reno 令人担忧的互联网功能与社交媒体平台的发展之间划清界限,但

---

〔85〕 Id. at 400 - 01 ("鉴于广播频率的稀缺性,政府在分配这些频率方面的作用,以及那些在没有政府协助的情况下无法访问这些频率以表达意见的人的合法主张,我们认为这里有争议的法规和裁决是法规和宪法授权的。").

〔86〕 See, e. g. , FCC v. League of Women Voters, 468 U. S. 364, 402 (1984)(认为公共资助的广播公司享有《第一修正案》的编辑保护); FCC v. Pacifica Found. , 438 U. S. 726, 741 n. 17 (1978) (stating "it is well settled that the First Amendment has a special meaning in the broadcasting context" and citing Red Lion); Columbia Broad. Sys. , Inc. v. Democratic Nat'l Comm. , 412 U. S. 94, 120 - 21 (1973) (holding broadcasters are not under an obligation to sell advertising time to a political party).

〔87〕 Turner Broad. Sys. , Inc. v. FCC (Turner II), 520 U. S. 180, 185 (1997); Turner Broad. Sys. , Inc. v. FCC (Turner I), 512 U. S. 622, 638 - 39 (1994). 在这些案件中,法院处理了 FCC 对有线电视公司实施的"必须携带"规定。在 TurnerI 案中,法院认定有线电视公司确实是《第一修正案》的发言人,《美国法典》第 512 卷第 656 页,但在 TurnerI 案中,它认为联邦通信委员会的"必须携带"条款没有侵犯这些权利,《美国宪法》第 520 卷第 224 - 25 页。

〔88〕 395 U. S. 367

〔89〕 Reno v. ACLU, 521 U. S. 844, 868 - 70 (1997).

Packingham 对平台访问权的强调可能会再次引发这些案件引发的对稀缺性的担忧。

与网络言论相关的《第一修正案》的最后一个类比是,平台本身在世界上发挥着重要的表达作用,因此《第一修正案》要积极保护它们免受国家干预。这借鉴了 Miami Herald Publishing Co. 诉 Tornillo 案(以下简称 Tornillo 案)赋予报纸特殊《第一修正案》保护的原则。[90] 在一致裁决中,法院认定佛罗里达州一项赋予政治候选人在当地报纸上"回复权"的法规违反了《第一修正案》的自由新闻条款。[91] 尽管"回复权"立法类似于 Red Lion 案中支持联邦通信委员会公平规定,但托尼洛法院认定该法规违宪。[92] 法院的理由是,该法规是"对编辑职能的侵犯"[93],并且"新闻责任不是宪法规定的,而且……不能立法"。[94] 随着互联网中介对言论越来越重要,《第一修正案》的倡导者敦促法院将 Tornillo 案的判决适用于平台,赋予他们自己的言论权。[95] 然而,法院在 Packingham 案中对在线言论平台作为论坛的新定义,可能会威胁到这些公司作为言论者拥有自己的《第一修正案》权利的论点的可行性。

---

〔90〕 418 U. S. 241 (1974).

〔91〕 Id. at 247, 258.

〔92〕 Id. at 258.

〔93〕 Id.

〔94〕 Id. at 256.

〔95〕 See Eric Goldman, Revisiting Search Engine Bias, 38 WM. MITCHELL L. REV. 96, 108 - 10(2011); Eugene Volokh & Donald M. Falk, First Amendment Protection for Search Engine Search Results, VOLOKH CONSPIRACY (Apr. 20, 2012), http://www. volokh. com/wp-content/uploads/2012/05/SearchEngineFirstAmendment. pdf [https://perma. cc/U27F-MA6U]. But see James Grimmelmann, Some Skepticism About Search Neutrality, in THE NEXT DIGITAL DECADE: ESSAYS ON THE FUTURE OF THE INTERNET 435 (Berin Szoka & Adam Marcus eds., 2010); Frank Pasquale, Platform Neutrality: Enhancing Freedom of Expression in Spheres of Private Power, 17 THEORETICAL INQUIRIES L. 487, 502 - 03 (2016) (驳斥将 tornillo 应用于互联网中介平台的努力).

(三)网络悲观主义者、乐观主义者和现实主义者

与法院一样，学者们一直在努力解决如何平衡用户的《第一修正案》言论权与中介平台权利的问题。许多人将平台视为一个新的言论和思想市场。在互联网的早期，杰克·巴尔金教授可以被认为是一位互联网乐观主义者。他认为，互联网及其丰富的出版工具增强了“民主文化的可能性”。[96] 最近，他认识到，私人控制这些工具对言论自由和民主构成了威胁。[97] 约柴·本克勒教授也可能被认为是一个乐观主义者，尽管他更为谨慎。他认为，将互联网视为信息生产的新方法，以及从传统的工业主导市场向更具协作性的同行生产的转变。[98] 劳伦斯·莱西格教授承认，虽然互联网创造了令人兴奋的通过代码进行监管的新手段，但他担心公司和平台在监管互联网和所有属于第230条豁免范围的相对性方面拥有巨大的不受约束的权力。[99] 詹姆斯·博伊尔、杰克·戈德史密斯和蒂姆·吴教授对国家选择私人在线中介平台进行执法也有类似的担忧。[100] 大卫·波斯特教授认为，市场将解决企业对言论的垄断问题。他表示，个人在线平台之间的这种企业通信请愿将导致“规则市场”，这将允许用户寻求拥有自己喜欢的言论和行为“规则集合”

---

〔96〕 Balkin, supra note 7, at 45 –46.

〔97〕 See Balkin, supra note 11, at 2300 –01.

〔98〕 See generally YOCHAI BENKLER, THE WEALTH OF NETWORKS (2006); Yochai Benkler, Through the Looking Glass: Alice and the Constitutional Foundations of the Public Domain, 66LAW & CONTEMP. PROBS. 173, 181 –82 (2003).

〔99〕 See generally LESSIG, supra note 21; Lawrence Lessig, Commentary, The Law of the Horse: What Cyberlaw Might Teach, 113 HARV. L. REV. 501 (1999).

〔100〕 See generally JACK GOLDSMITH & TIM WU, WHO CONTROLS THE INTERNET? (2006); James Boyle, Foucault in Cyberspace: Surveillance, Sovereignty, and Hardwired Censors, 66 U. CIN. L. REV. 177 (1997); see also Rory Van Loo, Rise of the Digital Regulator, 66 DUKE L. J. 1267, 1267 (2017) (讨论国家如何利用在线平台来加强消费者保护，并取代法律规则来普遍监管市场).

的网络。[101]

许多互联网学者并不是乐观主义者或悲观主义者,他们的工作重点是互联网的现实、它造成和可能造成的危害以及解决这些危害的最佳方法。丹妮尔·济慈·塞德隆教授是这种方法的早期倡导者。他主张承认网络公民权利,以在不剥夺其保护利益的情况下规避第230条豁免。[102] 玛丽·安妮·弗兰克斯教授延续了这一策略,并认为网络空间的性质会放大言论伤害,尤其是在性骚扰的背景下。[103] 在这些模型中,网络仇恨言论、骚扰、欺凌和报复性色情的解决方案略有不同。塞德隆和海伦·诺顿教授都认为,仇恨言论现在是主流,应该由最有能力遏制仇恨言论的平台积极解决。[104] 艾米丽·巴泽隆认为,网络欺凌的兴起要求对第230条[105]进行更狭义的解读。塞德隆和弗兰克斯分别建议,要么通过修正案,要么由法院对托管报复性色情的网站缩小第230条的范围。[106]

这就是我们今天理解互联网中介的立场:在第230条的困境中(这是为了让平台能够编辑其网站,还是为了保护用户免受附带审查?),《第一修正案》的谜团(什么是以言论为目的的在线平台——

---

〔101〕 David G. Post, Anarchy, State, and the Internet: An Essay on Law-Making in Cyberspace, 1995 J. ONLINE L. art. 3, para. 42. But see Frank Pasquale, Privacy, Antitrust, and Power, 20GEO. MASON L. REV. 1009 (2013) (arguing that platforms like Facebook, Twitter, LinkedIn, and Instagram are complements, not substitutes, for one another).

〔102〕 See DANIELLE KEATS CITRON, HATE CRIMES IN CYBERSPACE (2014); Danielle Keats Citron, Cyber Civil Rights, 89 B. U. L. REV. 61, 115 - 25 (2009).

〔103〕 Mary Anne Franks, Sexual Harassment 2.0, 71 MD. L. REV. 655, 678, 681 - 83 (2012).

〔104〕 Danielle Keats Citron & Helen Norton, Intermediaries and Hate Speech: Fostering Digital Citizenship for Our Information Age, 91 B. U. L. REV. 1435, 1456 - 68 (2011).

〔105〕 See generally EMILY BAZELON, STICKS AND STONES: DEFEATING THE CULTURE OFBULLYING AND REDISCOVERING THE POWER OF CHARACTER AND EMPATHY (2013); Bazelon, supra note 28.

〔106〕 Danielle Keats Citron & Mary Anne Franks, Criminalizing Revenge Porn, 49 WAKE FOREST L. REV. 345, 359 n. 86 (2014).

是公司园区、广播公司还是编辑者?)以及关于如何最好地理解互联网言论的相互矛盾的学术理论。

围绕第230条的辩论中遗漏了一个简单问题的答案:既然这些平台拥有第230条规定的豁免权,那么它们为什么要费心编辑?行政法学术讨论了激励私人行为者自愿自我规范的力量。[107] 一些公司或行业在政府监管的同时发展了自我监管。[108] 其他公司或行业将自我监管视为企业和公司管理的最佳形式。[109] 一些人决定进行自我监管,以此来抢先实施最终的政府监管。[110] 其中一些原因与平台动机有关,但由于第230条规定的豁免权,大多数都无关紧要。相反,通过历史访谈和存档材料,本文第二部分认为,平台已经建立了一个自愿的自我监管系统,因为它们受经济激励为用户创造一个友好的环境,以提高参与度。[111] 这种自我监管既包括反映用户对言论的规范,也包括尽可能多地保持言论。网络平台也出于社会和企业责任的原因进行自我监管,这反过来又反映了言论自由规范。[112] 这些动机既反映了"好的撒玛利亚人"的动机,也反映了第230条背后的附带审查问题。

关于如何根据《第一修正案》原则对平台进行分类的辩论中也缺少一个问题:主要的在线中介平台实际上通过什么来监管其网站

---

〔107〕 See Freeman, supra note 15, at 644 - 49; Michael, supra note 15, at 203 - 40.

〔108〕 See, e. g., JOSEPH V. REES, HOSTAGES OF EACH OTHER: THE TRANSFORMATION OFNUCLEAR SAFETY SINCE THREE MILE ISLAND 1 - 2 (1994)(记录灾难发生后工业区私人使用自我管制).

〔109〕 See generally DENNIS C. KINLAW, CONTINUOUS IMPROVEMENT AND MEASUREMENT FOR TOTAL QUALITY (1992)(描述自我监管,特别是通过使用全面质量管理和自我审计,作为企业管理的最佳技术和实现客户满意度的手段).

〔110〕 See RICHARD L. ABEL, AMERICAN LAWYERS 142 - 57 (1989)(讨论私人行为者为了避免潜在的政府监管而做出的自我监管的决定).

〔111〕 See Citron & Norton, supra note 104, at 1454(讨论一些中介平台如何监管仇恨言论,因为他们认为仇恨言论是对利润的威胁).

〔112〕 Id. at 1455(讨论如何一些中介平台规范仇恨言论,因为他们认为是公司或社会责任).

上的内容？后文讨论了为什么平台会作出如此精细的调整决定，展示了平台如何通过一套详细的规则、训练有素的人类决策和类比推理来节制内容，以及所受的内部和外部参与者的多元体系的影响。

二、为什么要管理好？言论自由的作用规范、企业文化和内容节制发展中的经济激励

在互联网的早期，有关网络空间的实质和结构的法规是"由研究人员和黑客组成的非商业部门建立的，专注于建立网络"。[113] 技术的进步以及根据第 230 条为互联网中介平台创造的豁免权催生了新一代网络空间。它包括维基百科等合作公共平台[114]，但也主要由私人商业平台组成[115]。

随着这个在线空间的发展，学者们考虑了互联网基础设施中正在构建的规范价值观。莱西格将宪法架构归因于互联网"不是为了描述百日计划，[而是]为了确定一个空间应该保证的价值观……[我们]只是在问：哪里应该保护哪些价值观？空间应该建立什么样的价值观来鼓励时代——什么样的生活形式？"[116] 5 年后的 2004 年，巴尔金撰文[117]认为，网络空间的价值观本质上是民主

---

[113] LESSIG, supra note 21, at 7.

[114] See generally Yochai Benkler, Yochai Benkler on Wikipedia's 10th Anniversary, THE ATLANTIC (Jan. 15, 2011), https://www.theatlantic.com/technology/archive/2011/01/yochaibenkler-on-wikipedias-10th-anniversary/69642/ [https://perma.cc/2W32-4EFV].

[115] LESSIG, supra note 21, at 7 (describing the second generation of the internet as being "built by commerce").

[116] Id. at 6.

[117] As calculated from the first distribution of Lessig's book, LAWRENCE LESSIG, CODE AND OTHER LAWS OF CYBERSPACE (1999).

的，由言论自由、个人自由和参与的理想所决定。[118] 莱西格和巴尔金都将“言论自由价值观”[119] 和“网络空间的自由和控制”[120] 的命运交给了在线代码和架构。[121] 莱西格写道：“将建立一个定义网络空间自由和控制的网络空间代码。”[122]“关于这一点，没有任何争论。但由谁来做，以什么价值观来做，这是我们唯一要做的选择。”[123]

尽管没有太多选择，但在过去的 15 年里，3 家美国公司——YouTube、Facebook 和 Twitter——已经确立了自己在全球内容共享和在线言论领域的主导平台的地位。[124] 这些平台既是发布新言论的架构，也是管理新言论的制度设计的建筑师。由于第 230 条赋予了广泛的豁免权，这些平台可以自由选择它们想要保护的价值观，或者根本不保护任何价值观。那么，它们为什么选择将价值观融入自己的平台呢？整合了哪些价值观？

首先，阐述“治理”在平台中有哪些益处。“‘治理’一词很流

---

〔118〕 See Balkin, supra note 7, at 45 – 49.

〔119〕 Id. at 54.

〔120〕 LESSIG, supra note 21, at 6.

〔121〕 具体来说，巴尔金预测，言论自由的价值是“参与、访问、互动、民主控制，以及四处游荡的能力……不一定会通过司法创造宪法权利来保护和执行。相反，它们将通过技术系统的设计——代码——以及通过立法和行政监管计划得到保护和执行。Balkin, supra note 7, at 54.

〔122〕 LESSIG, supra note 21, at 6.

〔123〕 Id.

〔124〕 当然，这些平台中的每一个都可以有不同的想法。Facebook is primarily categorized as a social network site, see danah m. boyd & Nicole B. Ellison, Social Network Sites: Definition, History, and Scholarship, 13 J. COMPUTER-MEDIATED COMM. 210, 210 (2008); YouTube is seen as video-sharing; and Twitter is seen as both a social network and an RSS newsfeed. 但所有这些网站都有一个共同点：它们托管、发布和审核用户生成的内容。本文将仅以这种身份研究这些平台。

行,但并不准确,现代用法并不认为“治理是政府的同义词。”[125]相反,“新治理模型”确定了几个准确描述用户和平台之间相互作用的特征:“动态”和“迭代”的“法律制定过程”[126];“范数生成”“个体”[127];“过程和结果的趋同”[128]。这就是本文使用“治理”一词的方式。然而,用户—平台关系甚至偏离了这一定义,因为它虽具有私有和集中但也具有多元网络化的性质。它甚至进一步偏离了“治理”一词的其他用法,包括“公司治理”(将其描述为集中管理)和“良好政府”的公共服务定义(描述具有“独立司法系统和法律框架”的国家)。[129]

本部分通过存档材料和对负责为 YouTube、Facebook 创建审核系统的政策执行官的一系列采访来探讨这个问题。它的结论是,三个主要因素影响了这些平台审核系统的发展:(1)对言论自由规范的基本信念;(2)企业责任感;(3)满足用户经济可行性规范的必要性。

(一)平台在言论自由方面的基线

通过与负责在这些平台创建内容审核制度的人的对话表明,他

---

〔125〕 R. A. W. Rhodes, The New Governance: Governing Without Government, 44 POL. STUD. 652, 652 (1996). Indeed, the idea of Facebook as a nation-state or government, in the traditional sense, has been analyzed and dismissed. Anupam Chander, Facebookistan, 90 N.C. L. REV. 1807, 1807(2012)(结论是“[对 Facebook 的]监管权力事实上分散在广泛的国际参与者中”). Professor Frank Pasquale has described these platforms as “feudal” or “sovereigns,” FRANK PASQUALE, THE BLACK BOX SOCIETY 140 – 68, 187 – 218 (2015)(认为服务条款或合同在本质上是“封建”领域中不适当或无效的补救措施, id. at 144, and arguing that platforms act as “sovereign[s]” over realms of life, id. at 163, 189), while Professor Rory Van Loo has called them “digital regulators,” Van Loo, supra note 100, at 1267.

〔126〕 Orly Lobel, The Renew Deal: The Fall of Regulation and the Rise of Governance in Contemporary Legal Thought, 89 MINN. L. REV. 342, 405 (2004).

〔127〕 Id. at 406.

〔128〕 Id.

〔129〕 Adrian Leftwich, Governance, Democracy and Development in the Third World, 14 THIRD WORLD Q. 605, 610 (1993).

们实际上受到了 Zeran 案在对用户言论自由和附带审查方面的担忧的影响。

1. 言论自由规范

对于那些密切关注网络监管发展的人来说,第 230 条和 Zeran 案显然是互联网言论的重要节点。但当时,许多在线商业平台根本不认为自己与言论有关。作为湾区一名年轻的《第一修正案》方面的律师,妮可·王积极见证了私营互联网公司言论政策的发展。[130] 在互联网广泛使用的最初几年,妮可·王再次指出,很少有律师专注于商业网络公司和平台在规范言论方面可能承担的责任。[131] 但是,在 1996 年至 1998 年间随着大多数主要的印刷报纸开始在网站上发布内容,言论和互联网之间的交集变得更加明显。[132] 同样,正如更多传统的言论发布平台在互联网上找到了自己的位置一样,新的互联网公司发现,他们不仅是软件公司,而且是发布平台。[133] 起初,妮可·王的客户认为言论只会对他们主营业务产生间接影响,就像硅谷投资者的情况一样。硅谷投资者是一家日间交易网站,其留言板上发布的内容会存在问题。[134] 其他公司,如 Yahoo,正在积极重新认识在线言论是他们商业模式中棘手的一部分。[135] 尽管如此,将自己视为言论平台的转变仍然很缓慢。妮可·王在谈到她早期代表 Yahoo 时说,"它们刚刚上市","它们的法律部门只有 2 名律师……2 人都没有任何《第一修正案》法律或内容审核或隐私的背景。他们只

---

〔130〕 Telephone Interview with Nicole Wong, Former Emp., Google (Apr. 2, 2016).

〔131〕 Id.

〔132〕 David Shedden, New Media Timeline (1996), POYNTER. (Dec. 16, 2004), http://www.poynter.org/2004/new-media-timeline-1996/28775/ [https://perma.cc/M37E-AJHE](列出 1996 年"在网络上"推出的新媒体网站的例子,包括纽约时报,多伦多星报,芝加哥论坛报,迈阿密先驱报和华盛顿邮报).

〔133〕 Telephone Interview with Nicole Wong, supra note 130.

〔134〕 Id.

〔135〕 Id.

是公司律师。"[136] 妮可·王指出的问题是,这些新的互联网公司仍然认为自己是软件公司,它们没有考虑"言论的挥之不去的影响正在成为他们手中工作的一部分"。[137] 面对这些新的挑战,妮可·王凭借其在《第一修正案》原则、通信和电子隐私方面的背景,成为不仅在硅谷,而且在美国为数不多的能够就这些挑战提供建议的人之一。[138]

妮可·王的专业知识使她在 2004 年全职加入 Google。2006 年 10 月,Google 收购了流行的在线视频网站 YouTube,妮可·王被任命负责制订和实施内容审核政策。[139] 制订关于 YouTube 可接受内容的政策有一个重要的言论自由基准:合法内容不会被删除,除非它违反了网站规则。[140] 妮可·王和她的内容审核团队积极努力,确保这些规则不会导致对用户言论的过度审查。其中一个时刻发生在 2006 年 12 月底,萨达姆·侯赛因死后不久,YouTube 上出现了 2 段被绞死的视频。其中一段视频包含了上吊的模糊画面;另一段是侯赛因尸体在停尸房的录像。这两个视频都违反了 YouTube 当时的社区准则——尽管原因略有不同。"问题是是否要保留其中一个。"妮可·王说,"我们决定保留其中的一个,因为从历史的角度来看,我们觉得它有真正的价值"。[141] 第二段视频被视为"无端暴力",并从网站上删除。[142] 2009 年 6 月也出现了类似的重大例外,1 名伊朗绿色运动抗议者胸部中弹、眼睛流血的视频最终因其政治意义而被保留在 YouTube 上。[143] YouTube 关于暴力的

---

〔136〕 Id.

〔137〕 Id.

〔138〕 For an example of Wong's insight into these issues, see ELECTRONIC MEDIA AND PRIVACY LAW HANDBOOK (Nicole Wong et al. eds., 2003).

〔139〕 Telephone Interview with Nicole Wong, supra note 130; Rosen, supra note 12.

〔140〕 网站规则不允许的内容与禁止内容有关,否则是合法的,但包含图形暴力或公开性活动等内容。Buni & Chemaly, supra note 12; see also infra pp. 1632 – 33.

〔141〕 Telephone Interview with Nicole Wong, supra note 130.

〔142〕 Id.

〔143〕 Buni & Chemaly, supra note 12.

政策和内部指导方针被修改,以允许出现例外。[144] 2007 年,一段视频被上传到 YouTube,视频中 1 名男子在一个牢房里被 4 名男子残酷殴打,并因违反 YouTube 社区准则的无端暴力而被移除。[145] 然而,不久之后,记者和抗议者联系 YouTube 解释说,这段视频是由埃及人权活动家瓦埃尔·阿巴斯发布的,目的是向国际社会通报埃及警方侵犯人权的情况。[146]

Facebook 在组织平台用户言论政策方面也有类似的缓慢举措。直到 2009 年 11 月,也就是该网站成立 5 年后,Facebook 才成立了一个约 12 人的团队,专门从事内容审核。[147] 与 YouTube 一样,Facebook 聘请了一位名叫贾德·霍夫曼的律师,作为全球政策经理领导其在线运营团队。霍夫曼回忆说,"当我到达那里时,我的角色并不存在"。[148] 霍夫曼负责创建一个与运营部门分离的小组,该小组将正式制订并合并一份临时规则草案,并通过发布一套"社区标准"确保 Facebook 对用户透明。[149] 除了霍夫曼,该团队还包括6 个人,特别是戴夫·威尔纳,他起草了这些"包罗万象"的规则的初稿,其中包含大约 15000 字。[150]

---

[144] Id. 重要的是要区分"策略"和网站用来审核言论的内部"规则",前者是向用户发布的关于允许哪些内容的公共规则。正如下文所示,平台审核内容的内部规则是在公共政策发布之前几年制定的。内部规则也更加详细。

[145] Neal Ungerleider, Why This Ex-White House Tech Honcho Is Now Working on Human Rights, FAST COMPANY (June 18, 2015), https://www. fastcompany. com/3046409/why-thisex-white-house-tech-honcho-is-now-working-on-human-rights [https://perma. cc/52F4-JWD8].

[146] Telephone Interview with Nicole Wong, supra note 130.

[147] Telephone Interview with Dave Willner, Former Head of Content Policy, Facebook & Charlotte Willner, Former Safety Manager, User Operations, Facebook (Mar. 23, 2016).

[148] Telephone Interview with Jud Hoffman, Former Glob. Policy Manager, Facebook (Jan. 22, 2016).

[149] Id."社区标准"是 Facebook 对其公共内容审核政策的称呼。值得注意的是,Dave Willner 创建的内部规则早于该站点的公共社区标准。这些内部规则在一定程度上为 Facebook 公共政策的制定和实质提供了信息。

[150] Id.

Twitter 早期制订了一项政策，除非在特定情况下，否则不对用户内容进行监管，并严格捍卫这一权利。[151] 对这种精神的坚持导致 Twitter 早期在社交媒体平台中享有"言论自由党的言论自由翼"的声誉。[152] 这也意味着，与 YouTube 和 Facebook 不同，YouTube 和 Facebook 主动对用户的内容进行内容审核，Twitter 没有开发内部内容审核流程来删除和重新观看内容。对基本言论自由标准的执着不仅体现在 Twitter 没有对用户内容进行监管，还体现在它对用户内容的保护。亚历山大 · 迈吉里弗雷于 2009 年 9 月加入 Twitter，担任总法律顾问一职 4 年。[153] 在那段时间里，迈吉里弗雷经常拒绝政府关于提供用户信息和删除用户的要求。迈吉里弗雷在 2012 年表示："我们重视捍卫和尊重用户声音的声誉。[154] 与其他服务相比，我们认为这对我们的公司以及用户思考是否使用 Twitter 的方式很重要。"[155]

---

〔151〕 Sarah Jeong, The History of Twitter's Rules, MOTHERBOARD (Jan. 14, 2016, 10:00 AM), http://motherboard. vice. com/read/the-history-of-twitters-rules [https://perma. cc/X34U-HF4A]; see also The Twitter Rules, TWITTER SUPPORT (Jan. 18, 2009), https://web. archive. org/web/ 20090118211301/ttp://twitter. zendesk. com/forums/26257/entries/18311 [https://perma. cc/SMM6-NZEU]. 其规则的简朴本质是对公司核心原则和使命的有目的的反映。2009 年至 2016 年《推特规则》的序言中写道：

我们的目标是提供一项服务，使您能够从您感兴趣的来源发现和接收内容，并与他人共享您的内容。我们尊重用户共享内容的所有权，每个用户对其提供的内容负责。Id. "由于这些原则，我们不会主动监控用户的内容，也不会审查用户内容，除非在有限的情况下……" Id.

〔152〕 Josh Halliday, Twitter's Tony Wang: "We Are the Free Speech Wing of the Free Speech Party, "THE GUARDIAN (Mar. 22, 2012, 11:57 AM), http://www. theguardian. com/media/2012/mar/22/twitter-tony-wang-free-speech [https://perma. cc/QR8B-CW74].

〔153〕 Somini Sengupta, Twitter's Free Speech Defender, N. Y. TIMES (Sept. 2, 2012) [hereinafter Sengupta, Twitter's Free Speech Defender], http://nyti. ms/2GlWiKy [https://perma. cc/VM7K - 99RJ]; Somini Sengupta, Twitter General Counsel Leaves as Company Prepares to Go Public, N. Y. TIMES: BITS (Aug. 30, 2013, 3:52 PM), https://bits. blogs. nytimes. com/2013/08/30/twitter-general-counselleaves-as-company-prepares-to-go-public/ [https://perma. cc/97RM-EB2W].

〔154〕 Sengupta, Twitter's Free Speech Defender, supra note 153.

〔155〕 Id.

这三个平台在历史上都存在一个共同的主题：在美国言论自由规范和《第一修正案》法律中接受过培训和熏陶的美国律师，监督了公司内容管理政策的发展。尽管它们可能没有“直接引用《第一修正案》原则”，但言论自由的规范背景对它们的政策结构产生了直接影响。[156] 妮可·王、霍夫曼和威尔纳都描述了他们敏锐地意识到自己对美国民主文化的倾向，这在很大程度上强调了言论自由和美国文化规范。与此同时，试图在一家全球公司内实施这些美国民主文化规范也有着复杂的含义。霍夫曼说：“我们真的意识到，不仅仅是大规模地采用一种美国式的自由表达方式。”[157] “[我们会]努力后退一步，专注于[公司的]使命。”[158] Facebook 的使命是“赋予人们建立社区的力量，让世界更紧密地团结在一起”。[159] 但即便如此，威尔纳也承认，“不是一个文化中立的使命……例如，朝鲜并不同意世界应该更加开放和互联的想法。”[160]

2. 政府要求和附带审查问题

除了对用户言论自由权持有普遍信念，这些平台还实施了保护用户言论免受政府要求和附带审查威胁的政策。[161]

Twitter 早期对与用户内容相关的政府请求的抵制是有据可查

[156] Telephone Interview with Jud Hoffman, supra note 148.

[157] Id.

[158] Id.

[159] About, FACEBOOK, https://www.facebook.com/pg/facebook/about/ [https://perma.cc/3ZV5-MECX].

[160] Telephone Interview with Dave Willner & Charlotte Willner, supra note 147.

[161] 这并不是说附属审查问题不是私人平台内容审核系统的问题。相反，还有许多有据可查的例子表明，平台配合政府的下架请求，并引发了严重的附带审查问题。本节只是试图概述平台何时主动寻求避免这些担忧，尽管这样做成本高昂且根据 § 230 没有必要。See Balkin, supra note 11, at 2298 – 99（解释政府如何提供胡萝卜加大棒，以吸引私人实体在言论监管方面与其合作）；see also, e. g., Emma Llansó, German Proposal Threatens Censorship on Wide Array of Online Services, CTR. FOR DEMOCRACY & TECH.: BLOG (Apr. 7, 2017), https://cdt.org/blog/german-proposal-threatens-censorshipon-wide-array-of-online-services/ [https://perma.cc/W9QT-5MP9]（讨论允许政府部门使用私人内容审核平台标记要删除的问题的危险）.

的。在担任总法律顾问期间,迈吉里弗雷经常拒绝政府提供用户信息和删除用户的要求。2011 年 1 月,在对维基解密的大陪审团调查中,他成功地抵制了联邦禁言令。[162] “当政府和公司敲门寻找用户数据或揭露匿名评论者对公司或当地治安官说刻薄的话时,还没有公司为用户挺身而出的文化”,《连线》杂志谈到 Twitter 对禁言令的抵制[163],“Twitter 坚持《第一修正案》精神的原则值得肯定”[164]。尽管在禁言令上取得了胜利,但 Twitter 在穷尽所有诉讼途径,最终被迫将数据移交给司法部。[165] 类似的情况在纽约发生,一名法官命令 Twitter 停止发布马尔科姆・哈里斯的所有 Twitter 帖子。哈里斯是“占领华尔街”运动的支持者,被控扰乱治安。[166] 在那里,Twitter 也输了,但在完全诉诸上诉程序之前。[167]

妮可・王还描述了经常与政府要求删除某些内容、附带审查以及在全球范围内遵守美国言论自由规范的问题作斗争。例如,2006 年 11 月,泰国政府宣布,除非 Google 从网站上删除 20 个攻击性视频,否则将屏蔽任何使用泰国 IP 地址的人使用 YouTube。[168] 虽然其中一些视频“明显违反了 YouTube 的服务条款”,但其他视频只是以泰国国王的脚放在头上的 PS 图像为特色。[169] 在泰国,侮辱国

---

〔162〕 Ryan Singel, Twitter's Response to WikiLeaks Subpoena Should Be the Industry Standard, WIRED (Jan. 10, 2011, 7:56 PM), https://www.wired.com/2011/01/twitter-2/ [https://perma.cc/5DV4-6JPN].

〔163〕 Id.

〔164〕 Id.

〔165〕 Sengupta, Twitter's Free Speech Defender, supra note 153.

〔166〕 Id.

〔167〕 Naomi Gilens, Twitter Forced to Hand Over Occupy Wall Street Protester Info, ACLU: FREEFUTURE (Sept. 14, 2012, 5:28 PM), https://www.aclu.org/blog/national-security/twitter-forcedhand-over-occupy-wall-street-protester-info [https://perma.cc/9UUT-F56Y].

〔168〕 Rosen, supra note 12.

〔169〕 Id.

王是非法的,最高可判处 15 年监禁。[170] 妮可·王很难发现这些内容令人反感。“我的第一直觉是这是一部动画片。这是一个愚蠢的PS。”她说,“但后来它突然成为我学习国际言论标准与《第一修正案》言论标准的差异时刻,而且[在这个领域]美国《第一修正案》的例外主义比以前多得多”。[171] 妮可·王前往泰国解决争端,她被泰国人民对国王的普遍喜爱淹没。“你甚至无法想象[他们对国王的爱]”,她回忆起这次旅行:

> 每周一,85%的人都穿着金色或黄色的衬衫和连衣裙[172]来上班,是有历史原因的:这个国家稳定的唯一来源是这位国王。他们绝对尊敬他们的国王。美国大使馆的一个人形容他是“乔治·华盛顿、耶稣和猫王的混合体”。当有些人谈到对国王的侮辱以及这对他们的冒犯时,眼泪夺眶而出。这就是让我感到沮丧的部分。一位加利福尼亚州的美国律师告诉他们:“不,我们不会把它拿下来。你必须接受它。”[173]

访问结束后,妮可·王和她的同事同意在泰国的地理边界内删除这些视频,但对军方批评的内容除外。[174]

几个月后,类似于泰国的事件出现了,但最终以不同的结果结束。2007 年 3 月,土耳其根据法官的命令,禁止所有土耳其用户访

---

[170] Lese-Majeste Explained: How Thailand Forbids Insult of Its Royalty, BBC NEWS (Oct. 6, 2017), http://www.bbc.com/news/world-asia-29628191 [https://perma.cc/58GZ-X7YZ].

[171] Telephone Interview with Nicole Wong, supra note 130.

[172] 黄色是泰国与国王相关的颜色。Profile: Thailand's Reds and Yellows, BBC NEWS (July 13, 2012), http://www.bbc.com/news/world-asia-pacific-13294268 [https://perma.cc/K79R-5AWP] (calling yellow "the king's colour").

[173] Telephone Interview with Nicole Wong, supra note 130.

[174] Id.

问 YouTube。[175] 该判决是对一个新闻广播模仿的回应,该广播开玩笑地打趣说现代土耳其的创始人穆斯塔法·凯末尔·阿塔图尔克是同性恋。[176] 与泰国国王一样,对阿塔图尔克的嘲笑或侮辱在土耳其是非法的。尽管该视频已经被大量删除,但土耳其已经搜索并向 Google 提供了数十个类似攻击性视频的列表,并要求将其删除。[177] 妮可·王和她在 Google 的同事们不愿意满足这一笼统的要求,他们发现自己在分析土耳其关于阿塔图尔克诽谤的复杂法律,根据土耳其政府认为具有攻击性的视频来衡量这些标准,然后提出妥协,只禁止那些他们认为实际上违反土耳其法律的视频。[178] 这似乎在一段时间内达成了协议。[179] 然而,一年多后的 2007 年 6 月,土耳其政府要求 Google 不仅在土耳其,而且在全球范围内禁止访问所有此类视频。[180] Google 拒绝了,土耳其随后在其全境屏蔽了 YouTube。[181]

当一段名为《穆斯林的无辜》的视频被加载到 YouTube 上时,这三个平台都面临言论自由问题,而不是直接通过平台规则进行审查,或者根据政府要求进行附带审查。[182] 这段视频的副标题为“穆罕默德的真实生活”,描绘了穆斯林焚烧埃及基督徒的家园,然后切换到“卡通化”的图像,将穆罕默德描绘成一个混蛋、好色之徒、花

---

[175] Rosen, Supra note 12.

[176] Jeffrey Rosen, The Delete Squad, NEW REPUBLIC (Apr. 29, 2013), https://newrepublic. com/article/113045/free-speech-internet-silicon-valley-making-rules [https://perma. cc/XB7Q-BSBA].

[177] Rosen, supra note 12.

[178] Id.

[179] Id.

[180] Id.

[181] Id.

[182] The Anti-Islam-Film Riots: A Timeline, THE WEEK (Sept. 18, 2012), http://theweek. com/articles/472285/antiislamfilm-riots-timeline [https://perma. cc/V6TK-N8M3].

花公子和暴力欺凌者。[183] 该视频对穆斯林信仰的负面描述在伊斯兰世界引发了愤怒的风暴,并助长了反西方情绪。[184] 随着暴力从利比亚转移到埃及,YouTube 发表声明称,尽管视频将继续发布在网站上,因为内容“显然在[其]指导方针范围内”,但在利比亚和埃及,对视频的访问将暂时受到限制。[185]

在 Facebook,违反平台准则与对附带审查的担忧之间的辩论也展开了。到视频发布时,Facebook 在仇恨言论方面的许多困难已被提炼成一条规则:对机构(例如,贵族、宗教或领导人)的攻击将被视为允许的内容并持续下去,但对团体(特定宗教、种族或国家的人)的攻击将被删除。[186] 在应用中,这意味着像“我恨伊斯兰教”这样的声明在 Facebook 上是允许的,而“我恨穆斯林”则不允许。霍夫曼、威尔纳和他们的团队观看了视频,没有发现针对穆斯林的违规言论,并决定将其保留在网站上。[187] 几周后,奥巴马政府呼吁 YouTube 重新考虑保留视频,部分原因是为了平息国外的暴力事件。[188] YouTube 和 Facebook 都坚持自己的决定。[189] 重新审视这一历史时刻,杰弗里·罗森教授谈到了他们的决定对附带审查的重要性:“在这种情况下……暴徒完全不在美国的管辖范围内,视频与潜在暴力之间的联系也不清楚……如果 YouTube 作出了不同的决

[183] David D. Kirkpatrick, Anger over a Film Fuels Anti-American Attacks in Libya and Egypt, N. Y. TIMES (Sept. 11, 2012), http://nyti.ms/2BxU77K [https://perma.cc/JZJ8-5QUD].

[184] Id.

[185] Eva Galperin, YouTube Blocks Access to Controversial Video in Egypt and Libya, ELECTRONIC FRONTIER FOUND.: DEEPLINKS BLOG (Sept. 12, 2012), https://www.eff.org/deeplinks/2012/09/youtube-blocks-access-controversial-video-egypt-and-libya [https://perma.cc/Y25N-PESU].

[186] Rosen, supra note 176.

[187] Id.

[188] Claire Cain Miller, Google Has No Plans to Rethink Video Status, N. Y. TIMES (Sept. 14, 2012), http://nyti.ms/2swdwTK [https://perma.cc/DKJ8-VBG4].

[189] Id.

定……全球数百万观众[会被拒绝]获得有新闻价值的故事,并有机会形成自己的观点。"[190]

这些公司的早期历史和人员表明,美国的言论自由规范和对审查制度的担忧是如何在这些公司的言论政策中停滞不前的。但他们也提出了一个新的问题:如果这三家公司都有第230条的豁免权,并且都重视用户的言论自由权,那么它们为什么要费心去策划呢?

(二)为什么要内容节制?

在线平台在塑造网络表达方面拥有广泛的自由,并在运营中体现出了对言论自由价值的重视和尊重。那么,他们为什么要创建复杂的内容审核系统来删除言论呢?[191] 为什么要不厌其烦地删除并恢复妮可·王所描述的暴力视频?为什么不把它们放在首位?这些问题的答案引出了第230条"好的撒玛利亚人"条款对平台的激励,以最大限度地减少网络淫秽内容。出于企业社会责任感,平台创建了规则和系统来策划言论,但更重要的是,因为它们的经济生存能力取决于满足用户的言论和社区规范。

1. 企业责任和身份

一些平台出于企业责任感选择审核淫秽、暴力或仇恨言论的内容。[192] 妮可·王在制定YouTube内容审核方法时,除了美国的言论自由规范,还考虑了公司的价值观。[193] 她说:"并不是每个人都必须是一个自由、言论自由的平台,即左翼政党的左翼。"她指的是

[190] Rosen, supra note 176.

[191] These systems are discussed in detail in Part III, infra pp. 1630-62.

[192] See Citron & Norton, supra note 104, at 1455 n.119 ("根据公司的社会实体理论,这种决定可以作为公司法问题而合理,该理论允许公司决策者考虑并服务于受公司运营影响的所有不同选区的利益。") (citing Lisa M. Fairfax, Doing Well While Doing Good: Reassessing the Scope of Directors' Fiduciary Obligations in For-Profit Corporations with Non-Shareholder Beneficiaries, 59 WASH. & LEE L. REV. 409, 412 (2002))).

[193] Telephone Interview with Nicole Wong, supra note 130.

Twitter 的非官方内容审核政策:

> 但你可以决定你的纲领的基调,这本身就是《第一修正案》的权利。Yahoo 或 Google 对言论自由有着强烈的导向,并且对广泛的想法和这些想法的表达方式更加宽容,它们制订了社区指导方针来设定[用户]来这里的目的,因为它们希望尽可能多的受众加入。[194]

和妮可·王一样,霍夫曼和威尔纳考虑了 Facebook 的使命——"让世界更加开放和互联"[195]——并发现它往往与美国更大的言论自由和民主价值观相一致。[196] 这些理念与用户安全、对用户的伤害、Facebook 的公共关系问题以及某些内容对广告收入的影响等相互竞争的原则相平衡。[197] 这种平衡往往有利于言论自由的理想,即"保留内容",同时试图找出新的方法或规则,仍然能让相关用户满意,并鼓励他们在平台上建立联系和互动。[198] 霍夫曼说:"我们觉得 Facebook 是这种交流最重要的平台,我们觉得我们有责任找到答案。"[199]

同样,Twitter 言论自由的企业哲学也证明了其未能缓和内

---

〔194〕 Id.

〔195〕 See Note from Mark Zuckerberg, FACEBOOK (Apr. 27, 2016), https://newsroom.fb.com/news/2016/04/marknote/ [https://perma.cc/E7P5-SZZX]. Facebook changed its mission statement last year to "giv[ing] people the power to build community and bring[ing] the world closer together." Mark Zuckerberg, Post, FACEBOOK (June 22, 2017), https://www.facebook.com/zuck/posts/10154944663901634 [https://perma.cc/3PCE-KN9H]; FAQs, FACEBOOK: INV. REL., https://investor.fb.com/resources/default.aspx [https://perma.cc/AF3Q-WNFX].

〔196〕 See Telephone Interview with Jud Hoffman, supra note 148; see also Telephone Interview with Dave Willner & Charlotte Willner, supra note 147.

〔197〕 Telephone Interview with Jud Hoffman, supra note 148.

〔198〕 Id.

〔199〕 Id.

容。[200] 近年来,Twitter 的做法开始发生变化。在《华盛顿邮报》的一篇社论中,Twitter 的新任总法律顾问维杰亚·加德使用了与前任法律顾问截然不同的措辞:"如果我们继续允许声音被压制,言论自由作为我们的基本哲学意义不大,因为他们害怕说出来"。[201] "我们需要在打击虐待行为方面做得更好,而不让言论变得寒心或沉默。"[202] 在过去 2 年里,该公司慢慢兑现了承诺,制订了一系列政策和工具,让用户更容易过滤和隐藏他们不想看到的内容。[203]

2. 经济原因

尽管企业责任是一个崇高的目标,但公司删除淫秽和暴力材料的主要原因是,允许此类材料对基于广告收入的潜在利润构成威胁。[204] 平台"对解决仇恨言论的底线利益的认识可能会受到消费者(即用户)期望的影响"。[205] 如果一个平台创建了一个符合我们期望的网站,用户将在网站上花费更多时间,广告收入也将

[200] See supra pp. 1620 – 21.

[201] Vijaya Gadde, Editorial, Twitter Executive: Here's How We're Trying to Stop Abuse While Preserving Free Speech, WASH. POST (Apr. 16, 2015), http://wapo.st/1VyRio4 [https://perma.cc/G4BD-BLNC].

[202] Id.

[203] Kate Klonick, Here's What It Would Take for Twitter to Get Serious About Its Harassment Problem, VOX (Oct. 25, 2016, 10:50 AM), http://www.vox.com/new-money/2016/10/25/13386648/twitter-harassment-explained [https://perma.cc/VA7M-TRTH]. It is important to note that these methods used by Twitter to maximize free speech by shielding the viewer are really just a type of shadow censorship.

[204] See Citron & Norton, supra note 104, at 1454 n. 113 ("[T]he traditional 'shareholder primacy' view . . . understands the corporation's primary (and perhaps exclusive) objective as maximizing shareholder wealth." (first citing Mark J. Roe, The Shareholder Wealth Maximization Norm and Industrial Organization, 149 U. PA. L. REV. 2063, 2065 (2001); then citing A. A. Berle, Jr., For Whom Corporate Managers Are Trustees: A Note, 45 HARV. L. REV. 1365, 1367 – 69 (1932))).

[205] Id.

增加。[206] 删除过多内容,失去的不仅是互动的机会,还有用户的潜在信任。同样,保留网站上的所有内容可能会让用户感到不舒服,并失去页面浏览量和收入。根据威尔纳和霍夫曼的说法,这一理论是 Facebook 广泛的节制政策背后的大部分经济理由的基础。[207] 正如威尔纳所说,“Facebook 之所以盈利,只是因为当你把许多微不足道的价值加在一起时,它们的价值就会突然达到数十亿美元”。[208] 妮可 · 王谈到在线满足用户期望的挑战时略有不同:作为平台试图赶上不断变化的在线社会规范。[209] 妮可 · 王说,人们对言论的期望正在发生变化,这既发生在平台层面,也发生在社会层面。她将过去 20 年的在线言论称为正在经历一个“规范制定过程”,与任何其他类型的出版平台相比,这个过程发展得很快。[210] 妮可 · 王说:“我们仍处于中间的是,当适当的行为准则不断被重申时,我们该如何思考……”[211] “如果你把技术变化和文化、种族、民族、从全球来看,一切都在急剧变化。很难弄清楚这些规范,更不用说制订反映这些规范的政策了。”[212] 然而,反映这些快速变化的规范,并相应地鼓励和促进平台互动——用户发布、交流、点赞和分享内容——是 Facebook 和 YouTube 等平台保持业务的方式,也是

---

〔206〕 Paul Alan Levy, Stanley Fish Leads the Charge Against Immunity for Internet Hosts — But Ignores the Costs, PUB. CITIZEN: CONSUMER L. & POL'Y BLOG (Jan. 8, 2011), http://pubcit. typepad. com/clpblog/2011/01/stanley-fish-leads-the-charge-against-immunity-for-internet-hosts-butignores-the-costs. html [https://perma. cc/APS9-49BC] [认为未能提供防止滥用保护的网站会发现“他们希望服务的普通消费者会发现花时间在他们的网站上太不舒服了,他们的网站将失去社会效用(也许更愤世嫉俗的是,他们知道他们将失去有助于其广告收入的页面浏览量)”]; see also Citron & Norton, supra note 104, at 1454(讨论“数字仇恨是对利润的潜在威胁”).

〔207〕 Telephone Interview with Jud Hoffman, supra note 148; Telephone Interview with Dave Willner & Charlotte Willner, supra note 147.

〔208〕 Telephone Interview with Dave Willner & Charlotte Willner, supra note 147.

〔209〕 Telephone Interview with Nicole Wong, supra note 130.

〔210〕 Id.

〔211〕 Id.

〔212〕 Id.

Twitter 等平台陷入困境的方面。

Twitter 从全面拒绝监管用户内容的网络英雄转变为网络恶棍的速度相对较快。尽管公众对网络仇恨言论和骚扰的认识已经在提高，但 2014 年 GamerGate 的争议提高了全球对这一问题的认识。[213] 作为监管或规则最少的平台，Twitter 受到很大指责。[214] 到 2015 年，文化价值观和期望的变化开始反映在 Twitter 的新公共标准和政策中。该网站在 Twitter 规则中添加了新的禁止语言，禁止“基于种族、民族、国籍、宗教、性取向、性别、性别认同、年龄或残疾等原因宣传针对他人的暴力”，并禁止报复性色情。[215] 2015 年 12 月 30 日，Twitter 发布了一套新的规则，这些规则基本上并不是什么新鲜事，而是将单独的页面和政策正式合并在一个地方。[216] 2016 年 1 月，一位 Twitter 发言人描述了这些变化：“在过去的一年里，我们澄清并收紧了减少虐待的政策，包括禁止间接威胁和非感官裸体图片。

---

[213] In August of that year, anonymous users targeted a number of women in the gaming industry — including game developers Zoë Quinn, Brianna Wu, and critic Anita Sarkeesian — in a series of harassment campaigns across multiple platforms, including Twitter. Jason Schreier, Thousands Rally Online Against Gamergate, KOTAKU (Oct. 15, 2014, 10:48 AM), https://kotaku.com/thousands-rally-online-against-gamergate-1646500492 [https://perma.cc/7E49-9KJA]. The harassment efforts included doxing, as well as rape and death threats. Sarah Kaplan, With #GamerGate, the Video-Game Industry's Growing Pains Go Viral, WASH. POST (Sept. 12, 2014), http://wapo.st/2EvoOJ7 [https://perma.cc/C4YH-B7J6]. The widespread and graphic nature of the controversy shifted norms and led to many calls on social media platforms to take a more proactive stance against online harassment and hate speech. Schreier, supra.

[214] Charlie Warzel, "A Honeypot for Assholes": Inside Twitter's 10-Year Failure to Stop Harassment, BUZZFEED: NEWS (Aug. 11, 2016, 9:43 AM), https://www.buzzfeed.com/charliewarzel/ahoneypot-for-assholes-inside-twitters-10-year-failure-to-s [https://perma.cc/GQD5-XX97].

[215] Jeong, supra note 151 (alterations in original); see also Issie Lapowsky, Why Twitter Is Finally Taking a Stand Against Trolls, WIRED (Apr. 21, 2015, 2:14 PM), https://www.wired.com/2015/04/twitter-abuse/ [https://perma.cc/4V7R-43VK].

[216] See @megancristina, Fighting Abuse to Protect Freedom of Expression, TWITTER: BLOG (Dec. 30, 2015), https://blog.twitter.com/official/en_au/a/2015/fighting-abuse-to-protect-freedom-ofexpression-au.html [https://perma.cc/PP5E-KKAE].

取得适当的平衡将不可避免地造成紧张,但用户安全对我们 Twitter 的使命和我们对言论自由的坚定支持至关重要。”[217]

在 20 世纪 90 年代中期,Post 很有先见之明地写到,用户对在线平台的言论和内容的规范之间的相互作用将如何发挥作用。Post 表示,各个在线平台之间的竞争将形成一个“规则市场”,这将允许用户寻找有自己喜欢的“规则集合”网络。[218] 至少就 Twitter 而言,这种退出平台的预测基本上是准确的。在过去的几年里,许多对 Twitter 政策不满的用户离开了该平台,转而青睐 Facebook、Instagram 和 Snapchat 等其他平台。[219] 由于 Twitter 的用户增长停滞不前,许多人将下滑归咎于该网站无力监管其网站上的骚扰、仇恨言论和恶意攻击。[220] 2016 年末,Twitter 宣布了一系列新服务,供用户控制自己的在线体验,屏蔽仇恨言论和骚扰。[221] 《华盛顿邮报》提出“规则市场”的概念,在做出两处小的改变后,成为理解网络内容管理历史的一人极有用的启发式方法。(1)Twitter 的历史揭示了一个《华盛顿邮报》没有完全预测到的细微差别,即一些用户不会退出平台,而是希望平台根据用户压力被动地改变规则集合和政策;(2)“规则市场”范式错误地将在线平台中的利害关系商品

---

[217] Jeong, supra note 151.

[218] Post, supra note 101, at para. 42.

[219] See Jeff Dunn, Here's How Slowly Twitter Has Grown Compared to Facebook, Instagram, and Snapchat, BUS. INSIDER (Feb. 10, 2017, 6:14 PM), http://www.businessinsider. com/twitter-vsfacebook-snapchat-user-growth-chart - 2017 - 2 [https://perma. cc/PF6U-GGPC](假设与 Snapchat,Instagram 和 Facebook 等社交媒体平台上的用户增长相比,仅靠市场增长无法解释 Twitter 用户增长缓慢的原因).

[220] See, e. g., Sarah Frier, Twitter Fails to Grow Its Audience, Again, BLOOMBERG TECH. (July 27, 2017, 7:00 AM), https://bloom. bg/2uFyz3B [https://perma. cc/XN9N-74BH]; Umair Haque, The Reason Twitter's Losing Active Users, HARV. BUS. REV. (Feb. 12, 2016), https://hbr. org/2016/02/thereason-twitters-losing-active-users [https://perma. cc/KH4W-MK7P]; Joshua Topolsky, The End of Twitter, NEW YORKER (Jan. 29, 2016), https://www. newyorker. com/tech/elements/the-end-oftwitter [https://perma. cc/VZH3-V94L].

[221] Klonick, supra note 203.

错误化。商品不仅是用户，还是用户文化创造和参与的内容。[222]在这个意义上，正如《华盛顿邮报》所说，社交媒体平台之间没有竞争、不是替代品因为它们是互补的。[223]

无论是植根于企业社会责任还是利润，平台内容审核系统发展都旨在反映用户的规范性期望，这正是第 230 条中"好的撒玛利亚人"条款的创建所寻求的。此外，对这些系统进行仔细监控以确保用户言论受到保护，可以追溯到 Zeran 案中针对第 230 条中言论自由的担忧。针对第 230 条所要保护的对象的答案，似乎并不是非此即彼的，即是对在网上创作行为体面的好用户（actors）的豁免权，还是对附带审查的保护。相反，这两个目的似乎在私人节制网络言论的平衡中发挥着至关重要的作用。

有了这些关于平台内容审核系统背后动机的新知识，我们就可以在关于互联网中介的辩论中提出下一个问题：平台实际上是如何进行内容节制的？下文将探讨这个问题的答案，这对于理解平台应如何——或不应——在《第一修正案》框架下的理解至关重要。

三、平台如何治理？内容审核系统的规则、流程和修订

大部分关于如何根据《第一修正案》对在线平台进行分类的分析都没有深入了解这些平台实际上在做什么以及它们是如何做的。

---

〔222〕 See Balkin, supra note 7, at 4 – 6.

〔223〕 此外，Post 的用户退出的自由市场理念也受到当前研究的挑战。在一个正在进行的项目中，电子前沿基金会（Electronic Frontier Foundation）致力于记录和提供证据，证明离开某些社交媒体平台（无论是选择还是禁止）可能对用户产生的负面心理影响。See Submit Report, ONLINECENSORSHIP. ORG, https://onlinecensorship.org/submit-report [https://perma.cc/25NK-LGA2]（为用户提供报告错误或不公正帐户停用的平台）. These studies support the theory Lessig describes in Code: Version 2.0, in which he proffers that leaving an internet platform is more difficult and costly than expected. See LESSIG, supra note 21, at 288 – 90.

部分原因是,Facebook、Twitter 和 YouTube 等主要平台的私人内容审核系统在历史上是不透明的。本部分旨在展示这些系统如何实际工作来缓和在线言论。在这样做的过程中,第三部分着眼于内容审核系统如何从标准系统转变为规则系统的历史,平台如何执行这些规则,以及这些规则会如何发生变化。其中许多特征与法律决策中熟悉的启发式和结构非常相似。尽管有这些相似之处,但平台功能最好不是从《第一修正案》原则的角度来考虑——反映国家行为者、广播员或报纸编辑的角色——而是从管理在线言论的私人监管系统的角度。

(一)内容节制的发展:从标准到规则

当戴夫·威尔纳在 2009 年 11 月加入一个小团队专门从事内容修改时,Facebook 上还没有公开的"社区标准"。相反,所有内容审核都基于一页内部"规则",这些"规则"在全球范围内应用于所有用户。威尔纳回忆说,审核政策和执行它们的指导是有限的。[224]"[政策]指导只有一页纸内容;一张你应该删除的东西列表:是希特勒和裸体人之类的东西。这些事情都没有错,但没有明确的框架来解释为什么这些事情会出现在名单上。"[225]威尔纳现在的妻子夏洛特也在 Facebook 做客户服务和内容审核工作,在威尔纳加入之前她已经在那里工作了一年。[226] 她将 2008 年之前的内容节制指南的精神描述为"如果它让你感觉不好,那就把它拿下来"。[227] 她回忆说,"感觉不好?"在 2008 年底威尔纳的团队成立之前,"把它拿下来"的规则是她节制训练的主要内容。[228] 妮可·王描述了早期在

---

[224] Telephone Interview with Dave Willner & Charlotte Willner, supra note 147.

[225] Id.

[226] Id.

[227] Id.

[228] Id.

YouTube 上的类似风气，尤其是在知道何时从网站上删除图形暴力方面。谈到 2007 年埃及抗议者被残忍殴打的视频[229]，妮可·王说："上面没有标题。这不是他发布的……我不知道这是什么，我把一些作为人权文件具有真正意义的东西拿了下来。""所以我们把它放回原处。然后，我们不得不为禁止暴力规则创造另一个例外。"[230]

尽管妮可·王和威尔纳夫妇在描述这些解决方法时都使用了"规则"一词，但这些早期指南的一个更准确的术语可能是"标准"。在法律理论中，"规则—标准冲突"表明了两种正式的法律纠纷解决方案之间的斗争。[231] 标准的一个例子是"不要开得太快"。规则的一个例子是将速度限制设置为每小时 65 英里。选择一个作为正式解决方案而不是另一个是有权衡的。标准通常是"目的或价值观的重述"[232]，但由于它们往往是模糊和开放式的，它们可能会受到决策者的"武断和/或偏见的执行"[233]。然而，一方面，这种有目的的方法也意味着标准得到了准确有效的执行，并且可以更适应不断变化的环境。另一方面，规则的问题与标准的问题相反。规则相对便宜且易于执行，但它们可能过于包容，也可能不够包容，因此可能导致不公平的结果。[234] 规则几乎不允许自由裁量权，在这个意义上限制了决

---

[229] See supra pp. 1619 – 20.

[230] Telephone Interview with Nicole Wong, supra note 130.

[231] See generally MARK KELMAN, A GUIDE TO CRITICAL LEGAL STUDIES 40 – 45 (1987); Pierre Schlag, Rules and Standards, 33 UCLA L. REV. 379, 381 – 83 (1985); Anthony J. Casey & Anthony Niblett, The Death of Rules and Standards 7 – 10 (Univ. of Chi. Coase-Sandor Inst. for Law & Econ., Paper No. 738, 2015), https://ssrn.com/abstract=2693826 [https://perma.cc/4WJV-43RM]; Lawrence Solum, Legal Theory Lexicon: Rules, Standards, and Principles, LEGAL THEORY BLOG (Sept. 6, 2009, 9:40 AM), http://lsolum.typepad.com/legaltheory/2009/09/legal-theory-lexicon-rulesstandards-and-principles.html [https://perma.cc/XR4C-9QT3]

[232] KELMAN, supra note 231, at 40 (emphasis omitted).

[233] Id. at 41.

[234] Id. at 40.

策者的突发奇想,但它们也可能包含漏洞和冲突,造成混乱和诉讼。[235]

无论使用哪种方法,一个中心点是,规则和标准中形式化的原则植根于社区的社会规范和价值观。[236] 标准更直接地类似于价值或目的,但"要求执行社区……就价值术语的含义达成某种共识"。[237] 规则与它们所基于的规范相距甚远,"不依赖于持续的对话来获得维度或内容……即使是与同伴没有共同意识的人"。[238]

YouTube 和 Facebook 从标准到内容审核规则的发展反映了这些权衡。一个反对无端暴力等行为的简单标准能够达到一个更为明确和精确的正义衡量标准,反映社区的规范,但它是模糊的、反复无常的、取决于事实的,执行起来成本高昂。

这一点可以在 YouTube 上看到,该公司在 2006 年年中只雇佣了 60 名员工来审查所有被用户标记的视频。[239] 对于违反服务条款的行为,一个名为安全、质量和用户倡导部的十人小组"24 小时"轮休工作,以防止 YouTube 成为一个令人震惊的网站。[240] 该团队收到了一份长达 1 页的标准要点清单,其中指示删除虐待动物、血腥视频、色情等内容。[241] 几个月后,在 2006 年秋天,由 SQUAD、妮可 · 王和其他 YouTube 律师和政策主管起草,YouTube 列表变成了一本 6 页的小册子。[242] 5 年后的 2011 年,上传到 YouTube 的视频

---

[235] See id. at 40 – 47.

[236] See Eric A. Posner, Standards, Rules, and Social Norms, 21 HARV. J. L. & PUB. POL'Y 101, 107 – 11 (1997).

[237] KELMAN, supra note 231, at 61.

[238] Id. at 62.

[239] Buni & Chemaly, supra note 12.

[240] Id.

[241] Id.

[242] Id.

量增加了一倍多,这使得微妙、精确的人为决策变得不那么可行。[243] 此外,内容审核团队已经扩大并外包。因此,针对无端暴力的更为个人化的标准慢慢被更容易执行、成本更低的精确规则取代。同时审查员收到了一本小册子,里面有内容审核的内部规则。这本小册子定期进行注释,并随着操作政策和规则的变化而重新出版。[244] 其中许多新规则是作为规则的"例外"起草的。最终,一个更详细的规则及其例外的迭代列表在很大程度上取代了前几年基于标准的方法。

与 YouTube 的经历类似,随着用户生成内容的数量增加,用户基础多样化,内容审查员全球化,Facebook 最终采用了基于标准的方法。威尔纳是这一转变的掌舵人。虽然 Facebook 已经向全球开放多年,但威尔纳的描述他早期在 Facebook 的大部分用户基础仍然是相对同质化的,"主要是美国大学生",但随着移动技术的进步和该网站的国际访问的增加,这种情况正在迅速改变。[245] 继续从单一的禁止内容列表中进行内容审核似乎是站不住脚和笨拙的。相反,威尔纳开始改变整个方法:

> 在早期的草案中,我们有很多政策是这样的:"删除所有不好的东西。删除刻薄、种族主义或欺凌的东西。"这些都是重要的概念,但它们是价值判断。你必须更加细致,不要那么抽象。因为如果你对 40 名大学生[内容审查员]说,"删除所有种族主义言论",他们就不会同意什么是种

---

[243] On May 1, 2009, YouTube had twenty hours of video upload per minute; by May 1, 2011, forty-eight hours of video were uploaded per minute. See Mark R. Robertson, 500 Hours of Video Uploaded to YouTube Every Minute [Forecast], TUBULAR INSIGHTS (Nov. 13, 2015), http://tubularinsights.com/hours-minute-uploaded-youtube/ [https://perma.cc/A9Q7-N3VM].

[244] Buni & Chemaly, supra note 12.

[245] Telephone Interview with Dave Willner & Charlotte Willner, supra note 147; see also Buni & Chemaly, supra note 12.

族主义。”[246]

消除唤起不可观察的价值观、感觉或其他主观反应的标准是威尔纳新的节制规则手册的核心。他专注于现有内部准则表面的隐含逻辑和他的经验,并从中推断出客观规则。[247] 这些“包罗万象”规则的初稿主要由威尔纳在 2009 年撰写,包含大约 15000 字。[248] 最终目标是形成一致性:对一条内容作出相同的判断,而不管是谁在对内容进行审核。[249]

2009 年 1 月,Facebook 在都柏林开设了办事处,并首次开始通过咨询公司外包其内容审核业务。在此之前,大多数审查员都在帕洛阿尔托工作,与 Facebook 的主要用户群——“同质大学生”相似。[250] 当一个新的社区运营团队在印度海得拉巴成立时,向外包审查员的转变仍在继续。[251] 大约在同一时间,霍夫曼作为全球政策经理加入了 Facebook 的团队,目的是正式化和整合威尔纳开始起草的规则,并通过发布一套“社区标准”形式的公共规则来确保 Facebook 对用户透明。[252]

霍夫曼和威尔纳共同努力,将早期的临时滥用标准转变为内容审查员的内部操作规则,这份文件如今有 80 多页。[253] 这种从标准到规则的运动“最终是一种技术写作形式”,正如威尔纳所说,[254] “你不能告诉人们删除穿着难看的照片。你必须说‘删除戴橙色帽

[246] Telephone Interview with Dave Willner & Charlotte Willner, supra note 147.

[247] Id.

[248] Id.

[249] Id.

[250] Id.

[251] Id.

[252] Id. “社区标准”是 Facebook 对其公共内容审核政策的术语。需要注意的是,Willner 制定的内部规则早于网站的公共社群标准。事实上,正是内部规则在一定程度上影响了 Facebook 公共政策的制定和实质内容。

[253] Id.

[254] Id.

子的照片'"。[255] 对威尔纳来说,定义类别、元素在艺术和裸体之间也有区别。[256] 对霍夫曼来说,围绕仇恨言论制订规则更为困难。"我们不能制定一项政策,说'根本不使用对黑人的蔑称'",他再次呼吁、描述了监管种族诽谤的困难。[257] "尽管这可能对美国的非裔美国人社区完全不敏感。但你也不希望它被用作仇恨言论。"因此,几乎不可能将其转化为客观的决定,因为背景非常重要。[258] 为此,需要将上下文变成一套形容词规则。例如,在评估言论是否可能引发暴力时,霍夫曼和他的团队开发了一个由四部分组成的测试来评估可信的威胁:时间、地点、方法和目标。[259] 如果帖子指定了其中任何三个因素,内容将被删除,并在适当的情况下通知政府。[260]

YouTube 和 Facebook 的内容审核从早期的标准体系发展为复

---

[255] Id.

[256] "艺术不是作为图像的属性而存在的。在我们认为优雅、美丽或令人振奋的图像中,没有艺术像素可以找到。但是我们意识到,关于艺术的[适度]问题不是关于艺术本身,而是关于艺术是现有限制的例外。绝大多数艺术都很好。当你谈论可能符合裸体、种族主义或暴力定义的事情时,人们认为这些事情很重要。" Id.

[257] Telephone Interview with Jud Hoffman, supra note 148.

[258] Id.

[259] Univ. ofHous. LawCtr., UHLawCenterandtheADLPresentRacists, Bigotsandthe Lawonthe Internet, YOUTUBE (Oct. 10, 2012), https://youtu.be/aqqvYPyr6cI? list = UU3rht1s6oKV8PnW1ds47_KQ [https://perma.cc/Q7SF-TYNM] (recording of Jud Hoffman, Glob. Policy Manager, Facebook).

[260] Id. 然而,许多情况缺乏背景。在线欺凌是背景不足经常出现的问题类型。正如霍夫曼所描述的:

欺凌有一个传统的定义——两个人之间的社会权力差异,接触的历史——有一些元素。但是当你收到欺凌的报告时,你只是不知道。你无法访问这些东西。所以你必须决定是假设其中一些东西的存在,还是假设其中一些东西的存在。最终,我们通常决定的是,"如果你告诉我们这是关于你的,你不喜欢它,而且你是一个私人而不是公众人物,我们会把它拿下来。因为我们无法知道所有这些其他事情是否发生了,我们仍然必须打这些电话。但我肯定人们正在使用该功能来玩弄系统。我只是不知道我们打了正确的电话还是错误的电话,或者在什么时间。

Telephone Interview with Jud Hoffman, supra note 148. 霍夫曼的描述还展示了使用规则而不是标准的两大缺点。针对欺凌的一揽子规则可能同时导致人们操纵规则以"走线",还会导致允许的内容被错误地删除。Id.

杂的规则体系,原因如下:(1)用户和内容量的快速增长;(2)网络社区的全球化和多样性;(3)越来越依赖具有不同背景的人类审查员团队。下文讨论这些规则的实施。

(二)规则是如何执行的:训练有素的人类决策

内容审核发生在许多层面。它可能发生在内容实际发布在网站上之前,如事前审核;也可能发生在发布内容之后,如事后审核。这些方法既可以是被动的,即审查员被动地评估内容,只有在其他人注意到内容后才更新软件;也可以是主动的,即审查员团队主动寻找已发布的内容进行删除。此外,这些决策可以由软件自动作出,也可以由人类手动作出。[261] 本部分内容侧重于事后反应式内容审核,特别是有关人类决策、模式识别和判断专业化的规则的实施。

1. 事前内容审核

当用户将视频上传到 Facebook 时,会显示一条消息:"正在处理您帖子中的视频。完成后,我们会向您发送通知,您的帖子可供查看。"[262] 事前内容审核是"上传"和发布之间这一时刻发生的过

---

[261] See James Grimmelmann, The Virtues of Moderation, 17 YALE J. L. & TECH. 42, 63 - 70 (2015)(描述审核系统如何在几条线上以不同的方式运作 - 自动或手动,透明或秘密,事前或事后,集中式或分散式)。詹姆斯·格里梅尔曼(James Grimmelmann)教授的分类法虽然是基础性的,但更普遍地适用于所有互联网审核,而不是专门针对内容发布平台。在言语方面,事前和事后之间的区别尤其重要,因为它决定了审核是在出版之前还是之后发生的。次要问题是内容是通过被动还是主动措施进行审核。最后,无论是通过软件还是人类,做出决定的最终手段在描述上是有帮助的,但在法律上意义不大。

[262] Videos, FACEBOOK: HELP CTR., https://www.facebook.com/help/154271141375595/ [https://perma.cc/FHD2-4RAY].

程。[263] 这种审核绝大多数是一个自动过程,主要通过算法筛选运行,而无须主动使用人工决策。

可以通过这些方法调节的内容的一个例子是儿童色情,它可以在上传时通过一种名为 PhotoDNA 的图片识别算法可靠地识别。[264] 根据联邦法律,制作、分发、接收和拥有儿童色情图像是非法的,因此,网站有义务删除它。[265] 一个已知的儿童色情世界——大约 72 万张非法图片——存在于网上。[266] 通过将这些图像转换为灰度,覆盖网格,并为每个方块分配数值,研究人员能够创建一个"哈希"或签名,即使图像被更改,该签名也会被保留。[267] 因此,平台可以在上传和发布之间的微秒内确定图像是否包含儿童色情。[268] 地理屏蔽(geoblocking)是事前自动调节的另一种形式。与 PhotoDNA 不同的是,PhotoDNA 会预先阻止非法内容的发布,地理屏蔽会根据用户的位置阻止某些内容的发布和查看。正如穆斯林

[263] 因为先验内容节制发生在出版之前,所以巴尔金等学者所关注的先验克制类型。See generally Balkin, supra note 11. 在审查和审查内容的两种自动手段——算法和地理封锁——中,出于附带审查和事先限制的目的,地理封锁更受关注。相比之下,算法目前用于删除儿童色情或侵犯版权等非法内容。But see Rebecca Tushnet, Power Without Responsibility: Intermediaries and the First Amendment, 76 GEO. WASH. L. REV. 986, 1003 - 05 (2008) (noting that the Digital Millennium Copyright Act's notice-and-takedown provisions give platforms no incentive to investigate and therefore "suppress critical speech as well as copyright infringement," id. at 1003).

[264] Tracy Ith, Microsoft's PhotoDNA: Protecting Children and Businesses in the Cloud, MICROSOFT: NEWS (July 15, 2015), https://news.microsoft.com/features/microsofts-photodnaprotecting-children-and-businesses-in-the-cloud/ [https://perma.cc/H7F7-KSB7].

[265] See 18 U.S.C. § § 2251 - 2252A (2012). 重要的是要记住, § 230 明确规定,任何互联网实体都没有联邦刑法、知识产权法或通信隐私法的豁免权。47 U.S.C. § 230(e) (2012). 这意味着每个互联网服务提供商、搜索引擎、社交网络平台和网站都受到数千条法律的约束,包括儿童色情法、淫秽法、跟踪法和版权法。Id.

[266] 这个"已知的宇宙"的儿童色情由国际失踪和受剥削儿童中心和美国国土安全部在一个名为 Project Vic. Mark Ward 的计划中维护和更新,基于云的存档工具,以帮助抓住虐待儿童者。BBC NEWS (Mar. 24, 2014), http://www.bbc.com/news/technology-26612059 [https://perma.cc/KX6EC5R6].

[267] Id.

[268] Ith, supra note 264.

无辜视频引发的争议所发生的那样,地理屏蔽通常是在政府通知平台某种类型的发布内容违反当地法律的要求下进行的。[269]

当然,算法并不能自己决定应该阻止发布哪种内容。自动屏蔽的内容通常是可以通过软件可靠识别的内容,在平台上是非法的或以其他方式被禁止的。这种预先自动节制内容系统通过迭代软件更新和机器学习定期进行评估和更新。例如,以与 PhotoDNA 类似的方式,可以通过 Content ID 等软件主动调节潜在的版权冲突。由 YouTube 开发,Contend ID 允许创作者给他们的内容一个“数字指纹”,以便将其与其他上传的内容进行比较。[270] 版权持有人也可以通过通知和删除来标记已经发布的侵犯版权行为。[271] 这两个系统协同工作,最终将用户标记的受版权保护的材料添加到 Content ID 数据库中,以供未来的主动审查。[272] 这种主动、手动审核和知情、自动事前修改的结合在垃圾邮件的控制中也很明显。这三个平台(以及大多数互联网公司)都在努力控制其网站上的垃圾邮件。如今,垃圾邮件大多是通过软件自动阻止发布的。然而,Facebook、Twitter 和 YouTube 的所有功能机制都允许用户手动报告垃圾邮件。[273] 事前筛选软件会反复更新,以反映这些标记的垃圾邮件来源。

---

[269] See supra pp. 1624 – 25; see also, e. g., Telephone Interview with Nicole Wong, supra note 130.

[270] How Content ID Works, YOUTUBE: HELP, https://support. google. com/youtube/answer/2797370? hl = en [https://perma. cc/RZ5T-9UPN].

[271] See, e. g., Submit a Copyright Takedown Notice, YOUTUBE: HELP, https://support. google. com/youtube/answer/2807622 [https://perma. cc/DAS6-8G3R].

[272] How Content ID Works, supra note 270.

[273] See, e. g., How Twitter Aims to Prevent Your Timeline from Filling Up with Spam, PANDA MEDIACENTER (Sept. 12, 2014), http://www. pandasecurity. com/mediacenter/social-media/twitterspam/[https://perma. cc/8HM8-G63Z]; James Parsons, Facebook's War Continues Against Fake Profiles and Bots, HUFFINGTON POST (Mar. 22, 2015, 5: 03 PM), http://www. huffingtonpost. com/james-parsons/facebooks-war-continues-against-fake-profiles-and-bots_b_6914282. html [https://perma. cc/3X6E-7AJ7]

2. 事后主动手动内容审核

最近，一种类似于早期 AOL 聊天室时代的内容审核形式再次出现：平台主动查找并删除已发布的内容。目前，这种方法在很大程度上仅限于缓和极端主义和恐怖主义言论。截至 2016 年 2 月，Facebook 的相关团队已主动删除了所有与恐怖活动有关的帖子或个人资料。[274] 恐怖袭击发生后，这些努力增加了一倍。[275] 这是一个影响内容审核的重要新进展，它寻求在相互竞争的利益之间取得不断发展的平衡：确保国家安全和维护个人自由和言论自由。虽然这是一个值得深入讨论的话题，但它并不是本文的重点。[276]

3. 事后反应式手动内容审核

鉴于上述对恐怖主义的主动审核，几乎所有发布的用户生成内容都是被动审核的，即通过其他用户的事后标记和人工内容审核人员根据内部准则进行的审核。标记（也称为报告）是平台提供的一种机制，允许用户表达对潜在攻击性内容的担忧。[277] 社交媒体平台采用标记系统有两个主要功能：（1）它是审查大量内容的“实用”手段；（2）当平台因审查或禁止内容而受到质疑时，它对用户的依赖有助于使该系统合法化。[278]

---

〔274〕 Natalie Andrews & Deepa Seetharaman, Facebook Steps Up Efforts Against Terrorism, WALLST. J. (Feb. 11, 2016, 7:39 PM), http://on.wsj.com/1TVJNse [https://perma.cc/9CY7-BYD9]. 正如稍后将要讨论的，企业在政府的要求或鼓励下对言论进行审查提出了附带审查和国家行动理论的问题。See infra pp. 1658-62.

〔275〕 Andrews & Seetharaman, supra note 274.

〔276〕 For an excellent, thorough, and cutting-edge discussion of this issue, see Danielle Keats Citron, Extremist Speech and Compelled Conformity, 93 NOTRE DAME L. REV. (forthcoming 2018), https://ssrn.com/abstract=2941880 [https://perma.cc/6WM2-H8PY].

〔277〕 Kate Crawford & Tarleton Gillespie, What Is a Flag For? Social Media Reporting Tools and the Vocabulary of Complaint, 18 NEW MEDIA & SOC'Y 410, 411 (2016).

〔278〕 Id. at 412.

Facebook 用户每天在全球范围内标记超过 100 万条内容。[279] 由于各种原因,标记内容绝大多数都没有违反脸书的社区标准。相反,内容标记通常反映了团队内部的冲突或意见分歧。[280] 为了解决这个问题,Facebook 创建了一个新的报告"流程"——这个行业术语描述了用户在作出选择时所经历的屏幕顺序——鼓励我们自己解决问题,而不是向 Facebook 报告问题以供审查。[281] 报告内容的用户首先点击一个按钮"转发/标记为垃圾邮件",然后快速引导用户用"仇恨言论""暴力或有害行为"或"我不喜欢这篇帖子"等术语描述他们的报告。[282] 针对某些类型的报告,如骚扰或自残,可引导用户选择"社交报告"。这是一种"使人们不仅可以向 Facebook 报告有问题的内容,还可以直接向朋友报告,以帮助解决冲突"的工具。[283] 为了提高内容审核的响应时间,报告流程还有一个重要目的,即对标记的内容进行审查。[284] 这使得 Facebook 可以立即优先考虑某些内容进行审查,如自杀、迫在眉睫的暴力威胁、恐怖主义或自残,并在必要时通知当局。其他内容,如可能的仇恨言论、裸体、色情或骚扰,可以排队进入不太紧急的数据库进行一般审查。[285]

在内容被标记到平台上进行审查后,决策过程的确切机制变得

---

〔279〕 See Buni & Chemaly, supra note 12; Telephone Interview with Monika Bickert, Head of Glob. Policy Mgmt. , Facebook & Peter Stern, Head of Policy Risk Team, Facebook (Jan. 19, 2016).

〔280〕 The Trust Engineers, RADIOLAB (Feb. 9, 2015, 8:01 PM), https://www.radiolab.org/story/ trust-engineers/ [https://perma.cc/9C4N-SJDW].

〔281〕 Id.

〔282〕 Alexei Oreskovic, Facebook Reporting Guide Shows How Site Is Policed (Infographic), HUFFINGTON POST (June 19, 2012, 9:38 PM), https://www.huffingtonpost.com/2012/06/20/facebook-reporting-guide_n_1610917.html [https://perma.cc/4LHU-BLGD].

〔283〕 Id.

〔284〕 Univ. of Hous. Law Ctr., supra note 259 (Jud Hoffman speaking).

〔285〕 Id.

模糊不清。凯瑟琳·布尼和索拉亚·切马利写道,内容审核者的"大军"和"审核实践的细节被公众完全掩盖了"。[286] "社交媒体公司不公布其内部内容审核准则的细节;没有一个主要平台公开此类准则。"[287] 这些内部准则的变化也比公共服务条款或社区标准频繁得多。除特别说明外,下文主要关注 Facebook,通过将之前发布的信息与内容审查员的采访和平台内部指导方针相结合,试图阐明这一过程。将首先审查决策人员的制度,然后审查为决策过程提供信息的内部指导方针。

第一,谁执行规则?

当内容被标记或报告时,它会被发送到服务器,在那里等待人工内容管理员的审查。[288] Facebook 有三类基本的内容审查员:三级内容审查员,他们负责大部分日常审查内容;二级内容审查员,监督三级审查员并审查优先或升级的内容;一级审查员,他们通常是公司总部的律师或政策制定者。[289]

早期,旧金山湾区的新近大学毕业生做了很多"第三级"内容审查工作。[290] 如今,包括 Facebook 在内的大多数平台要么直接雇佣内容建模团队,要么将大部分内容建模工作外包给 oDesk(现为

[286] Buni & Chemaly, supra note 12.

[287] Id.

[288] Skype Interviews with Kumar S. (Jan. 29 – Mar. 9, 2016); Skype Interviews with Selahattin T. (Mar. 2 – Mar. 11, 2016); Skype Interview with Jagruti (Jan. 26, 2016) [hereinafter Content Moderator Interviews]. 这些内容审查员是印度和东欧的三级工作人员,他们从内容审查员的角度提供了流程的背景知识。

[289] Telephone Interview with J. L., Tier 2 Moderator, Facebook (Mar. 11, 2016). J. L. was a Tier 2 moderator based in the Eastern United States.

[290] Telephone Interview with Dave Willner & Charlotte Willner, supra note 147; Telephone Interview with Sasha Rosse, Manager of Glob. Outsourcing, Facebook (May 16, 2016); Buni & Chemaly, supra note 12.

Upwork)、Sutherland 和 Deloitte 等公司。[291] 2009 年,Facebook 在爱尔兰都柏林开设了办事处,拥有 20 名专职支持和用户操作人员。[292] 2010 年,Facebook 与一家外包公司合作,在印度海得拉巴开设了一个新的办公室,以提供用户支持。[293]

迄今为止,三级内容审查员通常在菲律宾、爱尔兰、墨西哥、土耳其、印度或东欧的“呼叫中心”[294] 工作。[295] 在 Facebook 内,这些工作人员被称为“社区支持”或“用户支持团队”。[296] 工作时,内容审查员将登录计算机并访问标记内容等待审查的服务器。[297] 三级内容审查员通常会审查被报告流程标记为较低优先级的材料。例如,在 Facebook 上,这在一定程度上包括裸体或色情,基于宗教、种族或性取向的侮辱或攻击、不恰当或反对的内容、羞辱性的内容或主张对人或动物施暴的内容。[298]

二级内容审查员通常是三级内容审查员的主管或具有内容评判经验的专业审查员。他们既可以远程工作(许多人住在美国,并监督国际团体),也可以在当地的呼叫中心工作。[299] 二级内容审查员已优先考虑的内容,例如迫在眉睫的暴力、自残、恐怖主义或自杀

---

[291] Telephone Interview with Sasha Rosse, supra note 290; Adrian Chen, Inside Facebook's Outsourced Anti-Porn and Gore Brigade, Where “Camel Toes” Are More Offensive than “Crushed Heads,” GAWKER (Feb. 16, 2012, 3:45 PM), http://gawker.com/5885714/inside-facebooks-outsourced-antiporn-and-gore-brigade-where-camel-toes-are-more-offensive-than-crushed-heads [https://perma.cc/HU7H-972C]; Chen, supra note 12.

[292] Telephone Interview with Sasha Rosse, supra note 290.

[293] Id.

[294] Buni & Chemaly, supra note 12.

[295] Content Moderator Interviews, supra note 288; Telephone Interview with Sasha Rosse, supra note 290; Chen, supra note 291; Chen, supra note 12.

[296] Telephone Interview with Dave Willner & Charlotte Willner, supra note 147; Telephone Interview with Jud Hoffman, supra note 148.

[297] Content Moderator Interviews, supra note 288; Telephone Interview with Sasha Rosse, supra note 290.

[298] Telephone Interview with J. L., supra note 289

[299] Id.; Telephone Interview with Dave Willner & Charlotte Willner, supra note 147.

威胁。此内容通过报告流程直接进入二级,或由三级内容审查员识别并上报至二级。二级内容审查员还审查三级内容审查员调节决策的某些随机样本。为了确保审核的准确性,Facebook 和其他平台有一定数量的内置冗余:同一条内容通常提供给多个三级员工。如果对内容的判断不同,则由二级内容审查员重新评估内容。[300]

一级审核主要在平台的法律或政策总部执行。例如,Facebook 的三级员工可以驻扎在海得拉巴;二级主管可以驻扎于海得拉巴德,也可以远程驻扎在都柏林等地;但一级联系人将驻扎在德克萨斯州奥斯汀或旧金山湾区。一位曾在 Facebook 工作到 2012 年的前二级主管在匿名的情况下表示:“现场审查员和门罗公园(Menlo Park)之间没有太多层级区别”[301],“如果我对某件事有疑问,我会把它发送到链上”。[302]

最近,扩展这种模式的问题导致平台尝试由谁来执行规则的新方法。YouTube 在 2016 年末推出了一项名为“英雄计划”的新举措,该计划授权用户积极参与内容审核过程,以换取“独家研讨会和预览产品发布”等福利。[303] 同样,在一段一名克利夫兰老人被谋杀的视频在 Facebook 上停留了一个多小时后,扎克伯格宣布公司将额外雇佣 3000 名内容管理员,使内容审核团队的规模增加

[300] Telephone Interview with J. L., supra note 289.

[301] Id.

[302] Id.

[303] Sarah Perez, YouTube Enlists Volunteers to Moderate Its Site via a New "YouTube Heroes" Program, TECHCRUNCH (Sept. 21, 2016), https://techcrunch.com/2016/09/21/youtube-enlistsvolunteers-to-moderate-its-site-via-a-new-youtube-heroes-program/ [https://perma.cc/5HJN-K8E2]. See generally Get Involved with YouTube Contributors, YOUTUBE: HELP, https://support.google.com/youtube/answer/7124236 [https://perma.cc/6G72-ZUFT].

2/3。[304]

第二，规则是如何执行的？

如前所述，向公众提供的外部政策或社区标准与审查员在评估内容是否违反平台服务条款时使用的内部规则手册不同。对内部准则的分析揭示了一种结构，该结构在许多方面复制了现代司法中的决策过程。内容审查员的行为与法官非常相似：审查员接受培训，对平台内部规则的应用进行专业判断，在应用这些规则时，审查员应使用法律概念，如相关性、通过示例和类比推理，并应用多因素测试。

一是培训。威尔纳和霍夫曼在 Facebook 制订客观内部规则的项目成为 2010 年初向内容审核外包转变的一个重要组成部分。[305] 尽管 Facebook 的社区标准在全球范围内应用，没有文化或国家边界的差异[306]，但相比之下，却伴随着他们自己的文化倾向和偏见。为了确保社区标准得到统一执行，有必要在审查内容时尽量减少内容审查员对其自身文化价值观和规范的应用，而不是强加给 Facebook。[307] 所有这一切的关键是提供关于应用内部规则的强化培训。“这一切都归结于训练。”萨莎·罗斯说，她曾与维尔纳一起

---

〔304〕 Alex Heath, Facebook Will Hire 3000 More Moderators to Keep Deaths and Crimes from Being Streamed, BUS. INSIDER (May 3, 2017, 10:35 AM), http://www.businessinsider. com/facebook-to-hire-3000-moderators-to-keep-suicides-from-being-streamed-2017-5 [https://perma. cc/5LCM-QG59].

〔305〕 Facebook 在 2010 年只外包了一小部分报告。大部分内容审核工作仍由海得拉巴、奥斯汀和帕洛阿尔托的全职员工和承包商执行。Email from Jud Hoffman, Former Glob. Policy Manager, Facebook (Aug. 18, 2016) (on file with author).

〔306〕 值得注意的是，Facebook 为什么有这项政策。根据 Willner 的说法，在编写内部规则和社区标准时，Facebook 意识到产品的性质使区域规则站不住脚。Facebook 中没有“地方”——只有不同国籍的人，都在许多共享论坛中互动。区域规则将使跨境互动和社区在很大程度上变得不连贯，即使不是不可能，也很难进行节制。例如，如果希腊用户侮辱阿塔图尔克，而土耳其用户举报，则适用谁的规则？Telephone Interview with Dave Willner & Charlotte Willner, supra note 147.

〔307〕 虽然 Facebook 的价值观和规范通常被称为“中立”，但它的价值观和规范——以及试图反映它们的规则——显然是美国的。See supra section II. A, pp. 1618-25.

在海得拉巴训练一线队：

> 我喜欢说，我们的目标是[建立一个培训系统和规则]，这样我就可以深入亚马逊最深处，但如果我制订了足够清晰的参数，我就可以教那些在村外没有接触过任何东西的人如何做这项工作。[308]

在将规则应用于事实方面，培训审查员克服文化偏见或情绪反应可以比作培训律师或法官。在法律方面，通过法学院和实践培训律师和法官，可以赋予他们一种“特殊形式的认知感知——卡尔·卢埃林所说的‘情境感知’——可靠地将他们的注意力集中在与其有效解决方案相关的案件特征上”。[309] 丹·卡汉教授称之为“专业判断”，但它也可能被称为“模式识别”，因为霍华德·马戈利斯教授研究了专家和外行对风险的评估[310]，甚至可以被比作小鸡性别

---

[308] Telephone Interview with Sasha Rosse, supra note 290. 。尽管有内部规则和培训，但文化偏见仍然悄悄进入适度状态，尤其是在判断主观内容时。例如，在 2010 年和 2011 年，Facebook 内容政策团队仍在努力完善其指导方针，同时开始在印度培训审查员。关于裸体的规则相对明确，因为裸体在很大程度上可以简化为可观察的特征，这些特征要么存在，要么在内容中不存在。但是，关于 Facebook 禁止某些类型的色情内容的规则，出现了更棘手的问题：一个人可以完全穿着衣服，但处于高度性的位置。在印度培训过程中的某个时刻，一群工人得到了一份关于一张图片的可观察规则清单，这些规则使它变得不被允许的性行为，但在规则的底部有一个更普遍的“感觉不好”标准：如果你觉得某件事是性或色情的，那就接受它下。当一小群审查员将这一标准应用于全球内容时，可以预见的是，该标准过于严格。“在一两天内，我们看到了一系列不正确的决定，”霍夫曼说，“印度这个团队的人正在删除描绘张嘴接吻的标记内容。Telephone Interview with Jud Hoffman, supra note 148.

[309] Dan M. Kahan et al., “Ideology” or “Situation Sense”? An Experimental Investigation of Motivated Reasoning and Professional Judgment, 164 U. PA. L. REV. 349, 354 – 55 (2016) (quoting KARL N. LLEWELLYN, THE COMMON LAW TRADITION: DECIDING APPEALS 59 – 61, 121 – 57, 206 – 08 (1960)).

[310] See id. at 372 (citing HOWARD MARGOLIS, DEALING WITH RISK: WHY THE PUBLIC AND THE EXPERTS DISAGREE ON ENVIRONMENTAL ISSUES (1996)).

鉴定员所使用的快速、本能的分类,这些专业工作者的全部工作就是在小鸡孵化后一两天内确定小鸡的性别[311]。无论标签如何,培训内容审查员都涉及一个重复的过程,以"推翻"文化或情感反应,并用理性的"有效"解决方案取代它们。[312]

最近的研究表明,除了增加对相关信息的关注和对规则的可靠应用,专业化的判断还可以阻止认知偏见。[313] 在一系列实验中,卡汉要求法官、律师和有各种政治倾向的法律系学生评估"旨在引发公众无意识政治偏见"的法律问题。[314] 尽管存在不相关但两极分化的事实,但法官以及在较小程度上的律师,在决定研究中提交给他们的法律案件时基本上是一致的。[315] 相比之下,法学院学生和普通公众在收到政治两极分化的信息时,可靠地作出了符合他们个人政治观点的决定。[316] 该研究的复制将这些发现从单纯的政治意识形态扩展到更普遍的"文化认知",即"个人群体承诺对他们对法律后果事实的看法的无意识影响"。[317]

卡汉和他的合著者的实验生动地展示了 Facebook 通过经验学到的东西:人们可以在特定领域接受培训,以克服他们的文化偏见,并中立地应用规则。正如这一事实是法律体系的重要组成部分一样,它也是 Facebook 审核体系的重要部分。

二是与美国法律和法律推理的相似之处,在将法律适用于事实之前,法官必须首先确定哪些事实是相关的。《联邦证据规则》等

---

[311] See RICHARD HORSEY, THE ART OF CHICKEN SEXING (2002), http://cogprints.org/3255/1/chicken.pdf [https://perma.cc/K8J4-GJSV].

[312] Kahan et al., supra note 309, at 372.

[313] Id. at 374. See generally Dan M. Kahan et al., "They Saw a Protest": Cognitive Illiberalism and the Speech-Conduct Distinction, 64 STAN. L. REV. 851 (2012) (解释文化认知如何影响对法律相关事实的解释).

[314] Kahan et al., supra note 309, at 354.

[315] Id.

[316] Id.

[317] Kahan et al., supra note 313, at 851.

程序规则承认,纳入某些信息可能会不公平地利用决策者的偏见和情绪,从而为如何将信息排除在审查之外提供指导。[318] Facebook 内容审查员使用的内部规则,即"滥用标准",同样包含了关于审查员在评估报告时应审查哪些"相关"内容的广泛指导。[319]

一旦审查员遵循程序规则缩小了要审查的相关内容,就必须适用实际的滥用标准或规则。这些从禁止内容本身的列表开始。[320] 在滥用标准 6.2 中,这些禁止内容本身是一系列规则,它可分为 9 个稍微重叠的类别。[321] 但作为典型的基于规则的方法,这些列表包含与规则一样多的例外。在"血腥内容"中,列出的违规行为包括任何"偷猎动物"、"显示内脏、骨骼、肌肉、肌腱等的照片和数字图像",而"粉碎的头部、四肢等;只要不显示内脏就可以"。[322] 同样,"仅仅描述"某些类型的内容,如纳粹标记等"仇恨符号"或对希特勒或本·拉登的描述,是自动违反规定的,"除非标题(或其他相

---

[318] See Kahan et al., supra note 309, at 365.

[319] ODESK, ABUSE STANDARDS 6.1, https://www.scribd.com/doc/81863464/oDeskStandards [https://perma.cc/P6ZV-V9ZA] [hereinafter AS 6.1]; ODESK, ABUSE STANDARDS 6.2, https://www.scribd.com/doc/81877124/Abuse-Standards-6-2-Operation-Manual [https://perma.cc/2JQF-AWMY] [hereinafter AS 6.2]. 这些是从 oDesk(现在的 Upwork)为 Facebook 进行内容审查的内容审查员那里泄露的文件副本。它们不是 Facebook 的实际规则,但它们是 oDesk 对 Facebook 规则的近似。Charles Arthur, Facebook's Nudity and Violence Guidelines Are Laid Bare, THE GUARDIAN (Feb. 21, 2012, 4:36 PM), https://www.theguardian.com/technology/2012/feb/21/facebook-nudity-violence-censorshipguidelines [https://perma.cc/9LNL-L4C6]. 有关通过内容审查员培训文档表达的这些政策的最新但非常相似的版本,see Nick Hopkins, Revealed: Facebook's Internal Rulebook on Sex, Terrorism and Violence, THE GUARDIAN (May 21, 2017, 1:00 PM), https://www.theguardian.com/news/2017/may/21/revealed-facebook-internal-rulebooksex-terrorism-violence [https://perma.cc/U7DY-5VHE]。

[320] AS 6.1, supra note 319; AS 6.2, supra note 319.

[321] 这些类别是"性和裸露""非法吸毒""盗窃破坏和欺诈""仇恨内容""血腥内容""知识产权封锁和国际合规""自我伤害""欺凌和骚扰"和"可信威胁"。AS 6.2, supra note 319, at 4. Id.

[322] Id.

关内容)表明用户不支持、鼓励或美化这些符号”。[323]

一些更复杂的言论类型借用了美国法学来构建其规则在“仇恨内容”下,提供了“受保护类别”的示例,并建议审查员标记“基于……保护类别“作为违规行为。[324] 页面展示了普通人、公众人物、执法人员和国家元首这类人的身份以及他们在受保护群体中的成员身份将如何影响内容的允许性。[325] 无论“人的类型”如何,所有可信的威胁都将升级。[326] 这些例子表明了美国法学对这些规则发展的影响。对“受保护类别”的提及类似于1961年《民权法》中的受保护类别。[327] 公共和私人之间的区别让人想起《第一修正案》、诽谤和侵犯隐私法。[328] 对威胁可信度的强调指向了言论自由和刑法之间的平衡。[329]

除了从本质上借鉴法律,“滥用标准”还借鉴了法律的适用方式,提供了示例和类比来帮助版主应用规则。类比法律推理是法官

---

[323] Id. at 8.

[324] Id. at 5(包括种族、民族、国籍、宗教、性别、性别认同、性取向、残疾和严重疾病作为受保护类别).

[325] Id. 对保罗·麦卡特尼(Paul McCartney)这样的公众人物的空洞威胁是允许的,但对巴拉克·奥巴马(Barack Obama)总统这样的国家元首的空洞威胁应该被取消。关于执法人员的任何类型的内容——空洞的威胁、可信的威胁、负面的参考、网络欺凌和带有仇恨符号的攻击——都违反了虐待标准,任何形式的基于性侵犯受害者的攻击也是如此。Id.

[326] “出于安全和法律原因,我们考虑威胁可信,如果他们:1. 针对国家元首或特定执法人员......;2. 包含3/4细节:时间,地点,方法,具体目标(并非无法执行);3. 针对有暗杀未遂历史的人;4. 包括非政府赏金(承诺对目标的死亡给予世俗和天上的奖励)。”Id. at 7.

[327] Pub. L. No. 88-352, §§ 201-202, 703, 78 Stat. 241, 243-44, 255-57(禁止基于种族、肤色、宗教、性别或国籍的歧视).

[328] See RESTATEMENT (SECOND) OF TORTS § 558 (AM. LAW INST. 1977); see also Gertz v. Robert Welch, Inc., 418 U.S. 323, 351 (1974) (refusing to extend the N.Y. Times Co. v. Sullivan, 376 U.S. 254 (1964), standard for public officials' defamation claims to private individuals).

[329] See, e.g., Brett A. Sokolow et al., The Intersection of Free Speech and Harassment Rules, 38 HUM. RTS. 19, 19 (2011).

通过案件之间的类比推理得出结论的方法,是法学理论的基础。[330] 尽管检验和类比的使用在整个"滥用标准"中发挥着核心作用[331],但是在内容审核中,法律规则和范例的结合似乎包含了基于规则的法律推理和类比法律推理的元素。例如,在说明了评估可信度的规则后,"滥用标准"给出了一系列建立可信或不可预测威胁的实例。[332] "我要在兄弟会聚会(地点)刺伤(方法)丽莎(目标)",《虐待标准》6.2 指出。这表明了一种应该升级的可信威胁。[333] "我将在今年除夕引爆地球"是一个不可预测威胁的例子。[334] 因此,内容审查员不应该像普通法那样直接从之前的内容决定中推理,但他们在规则手册中给出的公共政策、内部规则、示例和类比都是根据过去的评估得出的。

在许多方面,平台从"直觉检查"标准到更具体规则的演变沿袭了最高法院定义淫秽学说的演变。在 Jacobellis 诉 Ohio 案中[335],斯图尔特大法官写道,他无法"理解"淫秽的定义,但有一句名言,

---

〔330〕 See LLOYD L. WEINREB, LEGAL REASON: THE USE OF ANALOGY IN LEGAL ARGUMENT (2005); Edward H. Levi, An Introduction to Legal Reasoning, 15 U. CHI. L. REV. 501 (1948). 在哲学家和法律理论家之间,可以对"纯粹的"类比法律推理和"纯粹的"基于规则的法律推理进行重要的区分,前者只关注不使用法律规则的案例之间的异同,后者完全从规则中推断,而不进行案例比较。See generally LARRY ALEXANDER & EMILY SHERWIN, DEMYSTIFYING LEGAL REASONING 64 – 103 (2008); Cass R. Sunstein, Commentary, On Analogical Reasoning, 106 HARV. L. REV. 741 (1993). 滥用标准没有明确指出这两种推理方法的"纯粹"版本。

〔331〕 在向审查员引入新规则或政策的情况下尤其如此。For example, Abuse Standards 6.2 introduces a "fresh policy" on sexually explicit language and sexual solicitation, and lists thirteen examples of content that should be removed or kept up under the policy. AS 6.2, supra note 319, at 6. 在滥用标准 6.1 中,整个页面专门用于查看属于或不属于各种禁止性与裸体、卡通兽交、血腥暴力、虐待动物或经过照片处理的图像的图片样本。AS 6.1, supra note 319, at 4.

〔332〕 AS 6.2, supra note 319.

〔333〕 Id. at 7.

〔334〕 Id.

〔335〕 378 U.S. 184 (1964).

“当我看到它时，我就知道了”。[336] Facebook 的夏洛特·威尔纳和 Google 的妮可·王都描述了在平台内容审核政策的早期删除材料的类似直觉精神。[337] 最终，Facebook 和 YouTube 的审核标准从这些标准转变为规则。同样，在一系列裁决中，法院试图使淫秽的标准更加具体——在 Miller California 案中，加利福尼亚州[338]法院发布了一项由三部分组成的测试，以评估旨在规范淫秽材料的州法规是否足够有限。[339] 然而，法院发布的任何测试都无法接近当今平台使用的事实和例外情况的具体性。

总之，关于内容审查员培训和“滥用标准”6.1 和 6.2 的知识告诉了我们很多关于如何在内容建模决策中实施规则的信息。内容审查员的行为与法官的行为非常相似：(1) 与法官一样，审查员接受的培训是对平台内部规则的应用进行专业判断；(2) 在应用这些规则时，审查员应使用相关性、通过检验和类比推理等法律概念，并应用多因素检验。

4. 决定、升级和上诉

Facebook 的三级内容审查员有三个关于内容的决策选项：他们可以“确认”内容违反社区标准并重新移动；“取消确认”内容违背社区标准并将其搁置；将内容审查上报给二级内容审查员或主管。[340] “滥用标准”描述了需要强制升级的某些类型的内容，例如儿童裸体或色情、兽交、可信的威胁、自残、偷猎濒危动物、否认大屠杀、对阿塔图尔克的所有袭击、库尔德斯坦地图和焚烧土耳其国旗。[341] 如果审查员决定禁止内容，Facebook 用户的内容将被删除，

---

[336] Id. at 197 (Stewart, J., concurring).

[337] Telephone Interview with Dave Willner & Charlotte Willner, supra note 147; Telephone Interview with Nicole Wong, supra note 130.

[338] 413 U.S. 15 (1973).

[339] Id. at 24.

[340] AS 6.1, supra note 319; AS 6.2, supra note 319.

[341] AS 6.2, supra note 319, at 4.

他将自动注销 Facebook。当用户下次尝试登录时,他将收到以下消息:“我们删除了下面的帖子,因为它不符合 Facebook 社区标准。”[342] 当他点击“继续”时,用户被告知:“请查看社区标准:我们创建了 Facebook 社区标准,以帮助人们将 Facebook 打造成一个安全的地方,与周围的世界建立联系。请阅读 Facebook 社区标准了解 Facebook 上允许哪些类型的帖子。”[343] 然后,用户点击“OK”并被允许重新登录。在 Facebook,重复删除内容的用户将面临逐渐加重的惩罚。例如,在一定时间内两条被重新移动的帖子可能意味着你的账户将被暂停 24 小时。进一步违反社区标准可能导致全面禁止。在 YouTube 上,审查员对每条内容的选项略有不同:“批准”代表让视频保留;“蕾西”代表给了该视频 18 + 岁的评分;“拒绝”代表允许在不惩罚海报的情况下删除视频;“罢工”代表将删除视频并对发帖人的账户进行处罚。[344]

个人用户对内容移除、账号暂停或账号删除决定提出申诉的能力在三大平台之间差异很大。Facebook 仅允许对删除个人主页或页面(而不允许对单个帖子或内容)提出申诉。[345] 要启动申诉流程,用户的账户必须已被暂停。[346] 上诉由社区运营团队滚动审查,并发送给特别审查员。[347] 相比之下,在 YouTube 上,账户停封、账户上的“违规记录”和内容删除都是可以上诉的。[348] 账户上的“违

---

〔342〕 Screenshot of Facebook Removal Notice, ME. ME (June 13, 2017, 5:38 AM), https://me. me/i/29-21-01-am-facebook-we-removed-something-you-posted-we-15347765 [https://perma. cc/2BHA-936B].

〔343〕 Screenshot of Facebook Community Standards Notice, ME. ME (May 1, 2017, 1: 09 PM), https://me. me/i/7-20-am-pao-94-facebook-please-review-the-community-standards-13463100[https://perma. cc/LNQ9-HHRV].

〔344〕 Buni & Chemaly, supra note 12.

〔345〕 How to Appeal, ONLINECENSORSHIP. ORG, https://onlinecensorship. org/resources/how-toappeal [https://perma. cc/YM9B-Q2KF].

〔346〕 Id.

〔347〕 Telephone Interview with J. L. , supra note 289.

〔348〕 How to Appeal, supra note 345.

规记录”只能上诉一次,如果违规记录决定得到支持,对任何额外违规记录的上诉有 60 天的暂停期。[349] 如果账户因多次违规而被终止,也可以提出上诉。[350] 在 Twitter 上,与 Twitter 规则相关的任何形式的行动都可能出现。[351] 用户遵循应用程序本身的说明,或通过发送电子邮件通知用户内容已被删除。[352] Twitter 还包括一个中间级别的删除,称为对可能敏感的内容的“媒体过滤器”。[353] 而不是完全删除内容,该平台要求用户点击警告才能看到内容。[354] 申诉由支持团队处理,在可能的情况下,支持团队将使用专门的团队成员来审查特定文化的内容。[355]

(三)体系修正与多元影响体系

Facebook 的“滥用标准”不仅揭示了言论的实质性规则或决策背后的机制。它们还表明,内容审核的内部规则正在不断地进行修订,而且比面向公众的外部政策更频繁。这可以在“滥用标准”6.1 的第一页上看到,标题为“自‘滥用标准’6.0 以来的重大变化”,其中包含对上一组规则的修订和更改的项目符号列表。[356] 该清单分为大致相关的政策变化的组别。[357] 第一个项目指出“增加了性语言和教唆政策”,[358] 在“性与裸体问题澄清”之后的页面中间有一个

[349] Id.
[350] Id.
[351] Id.
[352] Id.
[353] Id.
[354] Id.
[355] Id.
[356] AS 6.1, supra note 319, at 2.
[357] Id.
[358] Id.

项目开头是“图形暴力政策更新如下”。[359] 在“虐待标准”6.2 中，更新较少，概括为“政策变化”：

> 与动物内部有关的图形内容
> 可信威胁的阈值和考虑因素
> 受保护类别的漫画
> 描述体液
> 截图或其他显示个人信息的内容
> 库尔德工人党与库尔德斯坦旗帜
> 更新了照片购买图像的政策[360]

这两个版本之间的差异表明，内部策略和反映它们的规则在不断更新。这是因为 Facebook 在很大程度上试图迅速反映其用户的规范和期望。

但是，平台是如何意识到这些“急剧变化”的[361]全球规范，从而能够改变规则？本部分讨论了平台的内容审核政策受到外部影响的四种主要方式：(1)政府请求；(2)媒体报道；(3)第三方民间社会团体；(4)个人用户对审核过程的使用。

这种多输入内容审核系统是一种多元系统。[362] 在理想理论

---

[359] Id. “对于图形图像描述的新闻或与意识相关的背景没有例外[–]确认所有此类内容；[h]uman/动物虐待须经发帖人明确参与/享受/支持/鼓励[应予以确认]；[e]图形内容的假/数字图像应该得到确认，但手绘/卡通/艺术图像是可以的”Id.

[360] AS 6.2, supra note 319, at 2.

[361] Telephone Interview with Nicole Wong, supra note 130.

[362] See Jack M. Balkin, Free Speech in the Algorithmic Society: Big Data, Private Governance, and New School Speech Regulation, U. C. DAVIS L. REV. (forthcoming 2018), https://ssrn.com/abstract = 3038939 [https://perma.cc/9HJS-NUZT]; cf. ROBERT A. DAHL, WHO GOVERNS? 197 – 99 (1961); DAVID HELD, MODELS OF DEMOCRACY 57 – 64 (2006); Freeman, supra note 15, at 559 – 60 (“在行政法的多元化‘利益代表’模式中，行政程序和司法审查促进了本质上的政治决策过程：它们确保利益集团享有一个发表意见的论坛，并确保各机构在做出政策选择时充分考虑这些观点。”).

下,多元体系由许多实力相当的外部派别组成,竞相影响新政府。[363] 在一个完美的世界里,这些少数派别利益之间的竞争有助于在民主社会中保持思想的平衡和表达。[364] 但在实践中,多元化可能远非理想。[365] 本部分讨论这些利益及其在外部影响平台内容审核政策的背景下的潜在民主冲突。

1. 政府请求[366]。

莱西格将互联网的架构描述为由"政府和商业推动的无形之手"构建的。[367] 莱西格并没有将这两种力量描述为相互独立,而是将其效果描述为相互协同的。到目前为止,本文主要关注这种动态的商业方面,但平台架构也受到政府的影响。这种干预可能是由于更直接地需要遵守当地法律和司法管辖区,也可能是由于政府游说和要求的更微妙的影响。

泰国国王、阿塔图尔克和穆斯林无辜者[368]之前的例子说明了平台是如何根据政府的要求遵守其政策、修改其政策或拒绝政策变

---

[363] HELD, supra note 362, at 57 - 64.

[364] Freeman, supra note 15, at 560("尽管意识到被俘虏,但该理论设想这种病态仅限于机构,并且可以纠正,大概是通过使机构决策过程民主化以包括众多利益集团。从这个意义上说,利益代表揭示了对多元主义的民主潜力的挥之不去的乐观情绪,如果结构得当。"). But see Richard B. Stewart, The Reformation of American Administrative Law, 88 HARV. L. REV. 1667, 1713 (1975)(讨论一些利益,如受监管政党的利益,如何在机构政府中得到过多的代表性).

[365] See Freeman, supra note 15, at 560 (讨论捕获对多元民主理想构成的威胁); see also Margot E. Kaminski, When the Default Is No Penalty: Negotiating Privacy at the NTIA, 93 DENV. L. REV. 925 (2016)(审查利益集团对参与的开放性不会导致有意义参与的情况); David Thaw, Enlightened Regulatory Capture, 89 WASH. L. REV. 329 (2014)(审查集中利益集团的监管捕获可能有益的实例).

[366] 对政府要求对在线平台和言论自由的潜在影响进行了更深入的讨论. see Llansó, supra note 161.

[367] LESSIG, supra note 21, at 4.

[368] See section II. A. 1 - 2, supra pp. 1618 - 25[详述黄如何在泰国境内对某些类型的内容(由 YouTube 确定)建立地理封锁,这些内容嘲笑国王;黄如何在土耳其境内对某些类型的内容(由 YouTube 确定)建立地理封锁,贬低阿塔图尔克;以及 Facebook 和 YouTube 如何拒绝政府删除穆斯林纯真要求,而是根据自己的审核规则和标准将其保持宽容].

化的。在 YouTube 上,只有在违反该国法律的情况下,材料才会在该国境内被删除——是否违反由 YouTube 自己的律师决定。[369] 如果发现内容违反某个国家/地区的法律,平台将发布新政策并实施地理封锁,以防止在该国家/地区访问该内容。[370] 关于阿塔图尔克在土耳其的描绘也达成了类似的协议。[371] 然而,在 Facebook 上,如果按照国际合规要求,内容不会被地理屏蔽,而是在全球范围内被删除。[372] 这方面的例子包括对库尔德工人党(PKK)的支持或对阿卜杜拉·奥贾兰的支持内容。[373] 其他类型的具有特定地理敏感性的内容,如因仇恨言论而否认大屠杀、袭击阿塔图尔克、库尔德斯坦地图和焚烧土耳其国旗,都需要升级审核要求。[374]

Twitter 坚持一项政策,即只有在请求违反国家法律的情况下才会删除帖子。[375] 这项政策有时与 Twitter 大力保护言论自由的非官方策略不一致。[376] 然而,在没有牺牲任何一方的情况下达成了妥协:2012 年,当印度要求 Twitter 删除一些助长宗教异议的账户时,该公司删除了大约一半的有问题的账户,但这样做的理由是这些账户违反了 Twitter 自己的"冒名"政策。[377] 在其他情况下,例如在埃及和土耳其的革命特别时期,Twitter 拒绝向任何政府要求屈服,政府因此屏蔽了该平台。[378]

---

[369] Telephone Interview with Nicole Wong, supra note 130.

[370] Id.

[371] Id.

[372] Telephone Interview with Dave Willner & Charlotte Willner, supra note 147.

[373] AS 6.2, supra note 319, at 4.

[374] Id.

[375] Sengupta, Twitter's Free Speech Defender, supra note 153.

[376] Id.

[377] Id.

[378] See id.; Sebnem Arsu, Turkish Officials Block Twitter in Leak Inquiry, N. Y. TIMES (Mar. 20, 2014), http://nyti.ms/2CpSGoI [https://perma.cc/RJN5-ULWT]; Erick Schonfeld, Twitter Is Blocked in Egypt Amidst Rising Protests, TECHCRUNCH (Jan. 25, 2011), https://techcrunch.com/2011/01/25/twitter-blocked-egypt/ [https://perma.cc/P8YD-QQ86].

然而,最近,平台因越来越多地响应政府请求,尤其是在向警方披露用户信息方面,而受到批评。[379] 平台也开始更积极地合作,以应对伊拉克和叙利亚"伊斯兰国"(ISIS)越来越多地使用社交媒体招募成员和鼓励恐怖主义。在过去几年里,这三个网站都同意了美国和联合国的一般要求,即删除与ISIS或恐怖主义有关的内容。[380] 正如第三部分之(二)所简要讨论的那样,Facebook现在维持着一个专注于与恐怖主义有关的内容的团队,并帮助促进针对这些团体的"反言论"。[381] 该团队积极管理网站上的恐怖分子网站和朋友网络,不允许存在任何已知恐怖分子的帖子,即使这些帖子与恐怖主义无关。Facebook全球政策管理负责人莫妮卡·比克特说:"如果是博科圣地(Boko Halam)的领导人,他想发布他2岁和一些小猫的照片,那是不允许的。"[382] 随着Facebook越来越擅长并致力于删除此类与恐怖主义有关的内容,致使这些内容转移到Twitter等限制较少的平台。2014年,在短短4个月的时间里,ISIS的支持者使用了大约4.6万个Twitter账户,尽管并非所有账户都同时活跃。[383] 就在美国记者詹姆斯·福利被斩首的照片被曝光之前,平台就在

---

[379] See, e. g., John Herrman, Here's How Facebook Gives You Up to the Police, BUZZFEED:NEWS (Apr. 6, 2012, 5:08 PM), https://www.buzzfeed.com/jwherrman/how-cops-see-your-facebookaccount [https://perma.cc/GDK6-KPLT]; Dave Maass & Dia Kayyali, Cops Need to Obey Facebook's Rules, ELECTRONIC FRONTIER FOUND.: DEEPLINKS BLOG (Oct. 24, 2014), https://www.eff.org/deeplinks/2014/10/cops-need-obey-facebooks-rules [https://perma.cc/2RTA-8YZS].

[380] See Andrews & Seetharaman, supra note 274; Joseph Menn & Dustin Volz, Google, Facebook Quietly Move Toward Automatic Blocking of Extremist Videos, REUTERS (June 24, 2016, 8:26 PM), https://www.reuters.com/article/us-internet-extremism-video-exclusive/exclusive-google-facebookquietly-move-toward-automatic-blocking-of-extremist-videos-idUSKCN0ZB00M [https://perma.cc/G3AT-J5K6].

[381] Andrews & Seetharaman, supra note 274.

[382] Telephone Interview with Monika Bickert & Peter Stern, supra note 279.

[383] Julia Greenberg, Why Facebook and Twitter Can't Just Wipe Out ISIS Online, WIRED (Nov. 21, 2015, 7:00 AM), http://www.wired.com/2015/11/facebook-and-twitter-face-tough-choices-asisis-exploits-social-media/ [https://perma.cc/QFU9-2N5V].

2015 年开始采取不同的方法在审核内容。[384] 2016 年初,Twitter 报告称,它已经暂停了12.5万个与 ISIS 有关的账户。[385]

2. 媒体报道。

媒体在改变平台政策中并没有发挥主要作用,但当媒体报道与用户的集体行动或公众人物的参与相结合时,平台历来都会作出回应。

媒体催化集体行动的早期高调例子发生在 Facebook 的裸体政策与用户发布的母乳喂养照片之间的冲突上。早在 2008 年,Facebook 就因删除描述一名妇女哺乳的帖子而受到批评。[386] 引发删除的细节随着时间的推移而发生了变化。[387] 这些变化在一定程度上是在媒体和 Facebook 网站的一场运动之后发生的,部分原因是女性删除了自己的内容。[388] 在公众对 Facebook 的"实名"政策的强烈抗议[389]、删除同性恋之吻[390]、审查 1886 年描绘裸体女性的画

---

[384] J. M. Berger, The Evolution of Terrorist Propaganda: The Paris Attack and Social Media, BROOKINGS INST.: TESTIMONY (Jan. 27, 2015), http://www.brookings.edu/research/testimony/2015/01/27-terrorist-propaganda-social-media-berger [https://perma.cc/28QK-HUJU].

[385] Andrews & Seetharaman, supra note 274.

[386] Mark Sweney, Mums Furious as Facebook Removes Breastfeeding Photos, THE GUARDIAN (Dec. 30, 2008, 8:17 AM), https://www.theguardian.com/media/2008/dec/30/facebook-breastfeedingban [https://perma.cc/Y3V4-X4EG].

[387] See Soraya Chemaly, #FreeTheNipple: Facebook Changes Breastfeeding Mothers Photo Policy, HUFFINGTON POST (June 9, 2014, 6:48 PM), http://www.huffingtonpost.com/sorayachemaly/freethenipple-facebook-changes_b_5473467.html [https://perma.cc/8TPP-JEGT].

[388] Id.

[389] Amanda Holpuch, Facebook Adjusts Controversial 'Real Name' Policy in Wake of Criticism, THE GUARDIAN (Dec. 15, 2015, 1:15 PM), https://www.theguardian.com/us-news/2015/dec/15/facebook-change-controversial-real-name-policy [https://perma.cc/6H9Q-GF7B].

[390] Amy Lee, Facebook Apologizes for Censoring Gay Kiss Photo, HUFFINGTON POST (Apr. 19, 2011, 10:36 AM), http://www.huffingtonpost.com/2011/04/19/facebook-gay-kiss_n_850941.html [https://perma.cc/9VNK-HECL].

作[391]、发布斩首视频[392]、和删除描绘娃娃的照片之后,也发生了类似的政策变化。[393]

平台对通过媒体的公众集体行为的易受攻击性,是对平台民主合法性的一个重要声明。[394] 媒体可以为个人言论提供"文明",并使其更有能力实现变革。[395] 当然,尽管 Facebook、Twitter 和 YouTube 不是民主机构,但它们产生于民主文化。因此,用户认为这些平台会对集体公开的投诉作出回应,这会影响他们对公司的信任和使用。在最近一项针对从社交媒体上收到一些新闻的美国人的调查中,87%的人使用 Facebook,并且比起 YouTube 和 Twitter 他们更信任 Facebook。[396] 甚至在有报道称即使 Facebook 在其"趋势

---

[391] Facebook Account Suspended over Nude Courbet Painting as Profile Picture, THETELEGRAPH (Apr. 13, 2011, 4:20 PM), http://www.telegraph.co.uk/technology/facebook/8448274/Facebook-account-suspended-over-nude-Courbet-painting-as-profile-picture.html [https://perma.cc/UTS6-YVGA].

[392] Alexei Oreskovic, Facebook Removes Beheading Video, Updates Violent Images Standards, HUFFINGTON POST (Oct. 22, 2013, 8: 40 PM), http://www.huffingtonpost.com/2013/10/22/facebook-removes-beheading_n_4145970.html [https://perma.cc/Z457-LHUR].

[393] Asher Moses, Facebook Relents on Doll Nipples Ban, SYDNEY MORNING HERALD (July 12, 2010), http://www.smh.com.au/technology/technology-news/facebook-relents-on-doll-nipplesban-20100712-106f6.html [https://perma.cc/2PY8-SD7A].

[394] Jürgen Habermas, Political Communication in Media Society: Does Democracy Still Enjoy an Epistemic Dimension? The Impact of Normative Theory on Media Research, 16 COMM. THEORY 411, 419 (2006).

[395] See Miami Herald Publ'g Co. v. Tornillo, 418 U.S. 241, 249 (1974) (描述如何新闻"在操纵民意和改变事件进程方面具有巨大的力量和影响力"); Robert Post, Participatory Democracy as a Theory of Free Speech: A Reply, 97 VA. L. REV. 617, 624 (2011) ("如果公众舆论只是最响亮或最暴力的声音,它就无法创造民主合法性……因此,只有当公众舆论至少部分地按照构成理性和辩论的文明规则形成时,它才能为民主合法性的事业服务").

[396] How People Decide What News to Trust on Digital Platforms and Social Media, AM. PRESS INST. (Apr. 17, 2016, 10:30 AM), https://www.americanpressinstitute.org/publications/reports/survey-research/news-trust-digital-social-media/ [https://perma.cc/SUZ8-4X9D].

话题"中使用带有政治偏见的算法发布新闻后,这些数字仍然存在。[397] 虽然不可能将 Facebook 的高用户群和信任完全归因于其对媒体强烈抗议的响应能力,但该平台改变其政策以重新应对此类投诉的独特历史可能培养了其用户群。

尽管理想情况下媒体是民主的,但媒体可以在这个多元化的体系中工作,不成比例地偏袒有权力的人[398]而不是个人用户。最近发生的一系列事件证明了这一概念。2016 年 9 月,挪威著名作家汤姆·埃格兰在他的 Facebook 页面上发布了一张著名的历史图片——一名 9 岁的越南女孩在凝固汽油弹袭击后裸体奔跑的照片("凝固汽油弹女孩"),这是越南战争中一张生动但重要的新闻图片。[399] 但这也违反了 Facebook 的服务条款,[400]导致这张照片被删除,埃格兰的账户被封禁。[401] 挪威报纸《晚邮报》的主编兼首席执行官埃尔纳·索尔贝格在报道这张照片时,也将其删除了。[402] 挪

[397] Russell Brandom, After Trending Topics Scandal, Users Still Mostly Trust Facebook, THE VERGE (May 18, 2016, 6:00 AM), http://www.theverge.com/2016/5/18/11692882/facebook-publicopinion-poll-trending-topics-bias-news [https://perma.cc/768D-4PP6]

[398] 我的意思是各种意义上的权力:来自金钱、政治影响力、媒体访问、接触在平台上工作的人、名人地位、大量追随者或朋友,或作为经过验证的用户的权力。

[399] Kate Klonick, Facebook Under Pressure, SLATE (Sept. 12, 2016, 2:48 PM), http://www.slate.com/articles/technology/future_tense/2016/09/facebook_erred_by_taking_down_the_napalm_girl_photo_what_happens_next.html [https://perma.cc/6A4U-UYC5].

[400] 这张照片可能因为裸露而被删除,而不是因为它是儿童色情制品。See Kjetil Malkenes Hovland & Deepa Seetharaman, Facebook Backs Down on Censoring "Napalm Girl" Photo, WALL ST. J. (Sept. 9, 2016, 3:07 PM), http://on.wsj.com/2bYZtNR [https://perma.cc/SP8M-UQ5D].

[401] Id.

[402] See Espen Egil Hansen, Dear Mark. I Am Writing This to Inform You that I Shall Not Comply with Your Requirement to Remove This Picture., AFTENPOSTEN (Sept. 8, 2016, 9:33 PM), https://www.aftenposten.no/meninger/kommentar/i/G892Q/Dear-Mark-I-am-writing-this-to-informyou-that-I-shall-not-comply-with-your-requirement-to-remove-this-picture [https://perma.cc/49QWEDUT].

威首相埃尔娜·索尔伯格也发布了这张照片，随后并将其删除了。[403] 作为回应，汉森在《晚邮报》的头版发表了一封致扎克伯格的“信”。这封信呼吁 Facebook 建立一个更好的系统来防止审查。[404] 几小时后，首席运营官谢丽尔·桑德伯格表示，公司犯了一个错误，并承诺将改写规则，允许拍摄这张照片。[405] 如果这是“凝固汽油弹女孩”照片首次在该网站上遭到审查，Facebook 的反应会更加令人钦佩。但相反，这可能只是照片被删除数千次中的一次。[406] 然而，据我所知，以前所有的事例都没发生在著名作家、政治领袖或报纸主编身上——因此，内容从未恢复过。

有时，有权势的人的言论不仅仅是在下台后恢复的；尽管该政策打破了平台政策，但仍存续。2016 年 10 月下旬，Facebook 的一位消息人士透露，扎克伯格与员工举行了一次市政厅会议，讨论为什么当时的候选人唐纳德·特朗普的许多更有争议的言论尽管违反了公司的仇恨言论政策，但没有从网站上删除。[407] Facebook 政策团队的高级成员在一篇公开帖子中写道：“在未来几周，我们将开始允许更多人们认为有新闻价值、重要或对公众利益重要的项目留存/发布，即使它们可能违反我们的标准。”[408] 尽管如此，许多员工仍继续抗议 Facebook 不平等、不公平地应用其服务条款和内容审核规则。

---

[403] Hovland & Seetharaman, supra note 400.

[404] See Hansen, supra note 402.

[405] Claire Zillman, Sheryl Sandberg Apologizes for Facebook's "Napalm Girl" Incident, TIME (Sept. 13, 2016), http://time.com/4489370/sheryl-sandberg-napalm-girl-apology [https://perma.cc/Z7N4-WA2P].

[406] Online Chat with Dave Willner, Former Head of Content Policy, Facebook (Sept. 10, 2016).

[407] Deepa Seetharaman, Facebook Employees Pushed to Remove Trump's Posts as Hate Speech, WALL ST. J. (Oct. 21, 2016, 7:43 PM), http://on.wsj.com/2ePTsoh [https://perma.cc/CH3B-TXF2].

[408] Id.

3. 第三方影响

多年来,平台一直与外部团体合作,讨论如何最好地构建内容审核政策。第一次这样的会议发生在 2012 年,当时斯坦福法学院邀请了许多这样的平台参与关于网络仇恨言论的讨论。[409] 同年 4 月,包括 Askfm、Facebook、Google、Microsoft、Quizlet、Soundcloud、Twitter、Whisper、Yahoo 和 YouTube[410] 在内的大约 20 多家公司举行了会议,讨论了在"'对什么对网络最有利'有着截然不同想法"的平台之间"执行……社区言论自由准则的挑战"。[411] 这些会议得出的最佳做法是在网络仇恨问题工作组数月会议结束时发布的,并于 2014 年 9 月在反诽谤联盟网站上的一个名为"应对网络仇恨的最佳做法"的新页面上发布。[412] 该页面"敦促互联网社区的成员,包括提供商、民间社会、法律界和学术界,表达他们对这一努力的支持,并宣传他们自己为打击网络仇恨所作的独立性工作"。[413]

民间社会和第三方团体曾经并将继续对主要社交媒体平台的政策和做法产生影响。ADL 等组织发起的静坐抗议和对话推动了行业最佳实践的创建,与此同时,其影响也发生在较小的范围内。一个匿名的第三方反仇恨言论团体的成员表示:"我们与他们有一种关系,如果我们为他们标记一些东西,他们往往会知道这是严重的,他们应该尽早查看。"[414] 但这种关系并不仅仅局限于有组织的倡导者或老牌团体。记者和女权主义者索拉亚·切马利讲述了

[409] Rosen, supra note 176.

[410] 尽管匿名,但可以从那些在研讨会高潮时签署最佳实践的行业成员中估计。See Best Practices for Responding to Cyberhate, ANTI-DEFAMATION LEAGUE, http://www.adl.org/combating-hate/cyber-safety/best-practices/ [https://perma.cc/KHS4-PZKE].

[411] Rosen, supra note 176.

[412] Press Release, Anti-Defamation League, ADL Releases "Best Practices" for Challenging Cyberhate (Sept. 23, 2014), https://www.adl.org/news/press-releases/adl-releases-best-practices-forchallenging-cyberhate [https://perma.cc/XU3D-MAPZ].

[413] Best Practices for Responding to Cyberhate, supra note 410.

[414] Telephone Interview with T. K. (Jan. 26, 2016) (on file with author).

2012 年直接给桑德伯格发电子邮件,内容是关于强奸和殴打女性的 Facebook 图片页面。切马利说:“她立即作出了回应,并让我们与全球政策负责人取得了联系。”[415] Facebook 积极鼓励与民间社会团体、政府官员和记者进行这种接触。比克特说:“如果媒体、政府部长或其他团体看到他们报道了什么,而我们还没有把它删除,我们想听听。”[416]“我们一直非常积极地与世界各地的民间社会团体接触,以便更好地了解影响他们的问题。”[417]

在影响政策方面,2012 年由各国议会反犹太主义联盟和斯坦福大学的行业领袖和利益相关者组成的网络仇恨问题工作组[418]继续对平台施加影响。该组织定期开会,试图制订平台指南,以在言论自由和用户安全之间取得正确的平衡。[419] 其他团体,如电子前沿基金会(EFF),与这些平台和前者的工作关系稍微不那么友好,更像是监督者而不是政策合作者。电子前沿基金会的网站 onlinecrevisionship. org 于 2012 年推出,通过提供用户可以报告此类事件的在线工具,记录用户内容何时被屏蔽或删除。[420] 该网站的“关于页面”表示,“Onlinecensorship. org 旨在鼓励公司在作出规范言论的决定时,以更高的透明度和对用户负责的方式运营”。[421]

---

[415] Telephone Interview with Soraya Chemaly, Director, Women's Media Ctr. Speech Project (May 28, 2016); see also Christopher Zara, Facebook Rape Campaign Ignites Twitter: Boycott Threats from #FBrape Get Advertisers' Attention, INT'L BUS. TIMES (May 24, 2013, 4:26 PM), http://www. ibtimes. com/facebook-rape-campaign-ignites-twitter-boycott-threats-fbrape-getadvertisers-1278999 [https://perma. cc/A5VT-TKCA].

[416] Telephone Interview with Monika Bickert & Peter Stern, supra note 279.

[417] Id.

[418] Best Practices for Responding to Cyberhate, supra note 410.

[419] ABRAHAM H. FOXMAN & CHRISTOPHER WOLF, VIRAL HATE: CONTAINING ITS SPREAD ON THE INTERNET 120 - 21 (2013).

[420] Who We Are, ONLINECENSORHSHIP. ORG, https://onlinecensorship. org/about/who-we-are [https://perma. cc/F2L2-YQH6].

[421] What We Do, ONLINECENSORSHIP. ORG, https://onlinecensorship. org/about/what-we-do [https://perma. cc/8AJK-AV4R].

"通过收集这些报告,我们……希望……了解删除内容如何影响用户的生活。通常……被审查的人也是最不可能被听到的人。我们的目标是扩大这些声音,帮助他们倡导变革。"[422] 内容平台和政府之间最近正在进行的、在很大程度上不透明的、有关恐怖主义言论的监管合作,这也是电子前沿基金会关注的一个问题,该基金会敦促这些团体"不要'成为政府的代理人'"。[423] 电子前沿基金会的国际言论自由主管吉利安·约克说:"我认为我们必须问,这是否是民主国家的适当回应。"[424] "虽然公司确实可以在法律上限制他们认为合适的言论,但这并不意味着让提供我们日常言论平台的公司承担这种权力,是对社会有好处。"[425]

4. 通过流程进行变更

除了外部影响,大部分温和政策和指导方针的变化只是来自内容审核的过程。在监管过程中遇到新情况时,平台将微调现有政策并制定新规则。贾德·霍夫曼说:"人们会在互联网上做任何事情。"[426] "每天你都会遇到新的事情……困难在于确保我们[反应]足够快,能够解决导致我们考虑[改变我们方法]的紧迫情况,但也要足够深思熟虑,不会每周都在这个特定问题上摇摆不定。"[427] 一旦该团队就新政策的"权衡"得出结论,这些补充内容将在新的指导方针中传播,然后作为最新信息分发给决策者。[428] 其中许多判断仍然很难作出,例如,妮可·王从 YouTube 上删除了一名埃及持不同政见者被殴打的故事。一旦了解了其政治意义,视频就可以恢复。Facebook 政策风险小组负责人彼得·斯特恩说:"你可能会看

〔422〕 Id.

〔423〕 Andrews & Seetharaman, supra note 274.

〔424〕 Greenberg, supra note 383.

〔425〕 Id.

〔426〕 Telephone Interview with Jud Hoffman, supra note 148.

〔427〕 Id.

〔428〕 Id.

到一张乍看起来令人不安的图片,但在许多情况下,正是这种权力形象可以提高人们的意识,促使人们采取行动,因此,我们想非常、非常认真地考虑放弃它的可能性。”[429]“我们希望人们在 Facebook 上感到安全,但这并不总是意味着他们会感到舒适,因为他们可能会接触到挑衅甚至令人不安的图像。我们也希望为这个角色留下空间。”[430]

近年来,Facebook 改变政策的方法已经不再是被动地等待新类型的内容在系统中过滤。斯特恩说:“我们正在努力超越受到批评的个别事件,从更广泛的角度看待我们的政策结构,并确保我们尽可能地减轻政策带来的风险。”[431]“这意味着要关注趋势……公司内部的人在说什么……无论是观众还是与其他国家的政府官员打交道的人。我们定期收集和处理这些信息,并考虑政策的变化。”[432]

(四)介于《第一修正案》的范畴

鉴于这些关于平台运作新信息的机理,《第一修正案》将如何对在线内容平台进行分类:它们是“马什诉阿拉巴马州案”(Marsh 案)中的国家行为者,还是“红狮广播公司案”(Red Lion 案)和“特纳广播公司案”(Tumer 案)中的广播公司,又或者是“托尔尼略案”(Tornillo 案)中的报纸编辑?

其中,只有找到国家行为者的平台才能赋予《第一修正案》义务——这一结果既不太可能,也不太可取。在裁定州诉讼时,“Marsh”案的法官特别关注谁监管市政权力、公共服务和公司镇的基础设施,如街道、下水道、警察和邮政服务。[433] 随后的法院得出结论,

---

[429] Telephone Interview with Monika Bickert & Peter Stern, supra note 279.

[430] Id.

[431] Id.

[432] Id.

[433] Marsh v. Alabama, 326 U. S. 501, 502 –03 (1946).

这些事实关系到“私人实体是否行使了‘传统上属于国家专属特权’的权力”。[434] 本文详细地介绍了平台如何开发类似的基础设施，通过详细的规则、主动和被动模式、经过训练的人类决策、类比推理以及内部和外部来源的输入来规范用户的言论。然而，这种相似性虽然可能有朝一日朝着“Marsh”案的方向发展，但还不足以将在线平台转变为国家行动原则下的国家行为者。[435] 部分原因是，尽管平台有一个令人难以置信的管理系统来调节内容，并提供大量其他服务，这些服务有朝一日可能会被视为“市政”，但它们对这些权利的控制远非“排他性”。[436] 正如发布这些内容的三个主要网站的存在所表明的那样，Facebook、YouTube 和 Twitter 通常对言论没有唯一的控制权，只对他们网站上的言论有控制的能力。[437]

然而，法院最近对 Packingham 案的裁决可能标志着一种转变，可能会改变这种计算规则。如果法院关注行使受宪法保护权利的

---

[434] Blum v. Yaretsky, 457 U. S. 991, 1005 (1982) (quoting Jackson v. Metro. Edison Co., 419 U. S. 345, 353 (1974)). 该测试称为排他性公共功能测试。如果私人实体不行使此类权力，法院必须考虑“私人方是否在国家官员的帮助下或与国家官员协同行动”。McKeesport Hosp. v. Accreditation Council for Graduate Med. Educ., 24 F. 3d 519, 524 (3d Cir. 1994). 最后一个因素是，“国家迄今是否暗示自己处于与[行为方]相互依存的地位，以至于必须承认它是受到质疑的活动的共同参与者。Krynicky v. Univ. of Pittsburgh, 742 F. 2d 94, 98 (3d Cir. 1984) (quoting Burton v. Wilmington Parking Auth., 365 U. S. 715, 725 (1961)).

[435] See, e. g., Cable Invs., Inc. v. Woolley, 867 F. 2d 151, 162 (3d Cir. 1989) (注意 Marsh 被“狭义地解释”).

[436] 有关社交媒体和内容提供商在用户生活中发挥的广泛作用的列表，see Brief for Petitioner at 18 – 19, Packingham v. North Carolina, 137 S. Ct. 1730 (2017) (No. 15-1194)，认为访问在线言论受到《第一修正案》活动的保护，因为用户依靠网站来行使宗教信仰，联系政府官员，接收公告，集会，通过音乐和艺术表达自己. id. at 19 关于“获得社交网络服务对于充分参与国家的交流生活是必不可少的”的说法，see Amicus Curiae Brief of Electronic Frontier Foundation, Public Knowledge, and Center for Democracy & Technology in Support of Petitioner at 8, Packingham, 137 S. Ct. 1730 (No. 15-1194) (capitalization omitted).

[437] Cf. Cyber Promotions, Inc. v. Am. Online, Inc., 948 F. Supp. 436, 443 – 44 (E. D. Pa. 1996) (注意，为了国家行动的目的，被禁止使用 AOL 的广告商仍然可以接触到“竞争性商业在线服务的成员”, id. at 443).

准入问题,那么这些网站在缺乏相关程序或透明度情况下,有消除言论者的能力,而可能至关重要。尽管如此,要找到成为国家行为者的平台似乎还有很长的路要走,需要对当下 Marsh 案中原理予以详细解释。即使实现这一解释所必需的事实得以实现,这种结果的规范含义也使其不太可能实现。将在线平台解释为国家行为者,从而使其有义务预先服务于其用户的《第一修正案》权利,这不仅与第 230 条的目的有明显冲突,而且可能会创造一个无人想要的互联网。平台将不再能够删除淫秽或暴力内容。除了最低级的言论,所有言论都将被明确允许和保护,这使得许多活动家和学者所关注的当前网络仇恨言论、欺凌和恐怖主义问题变得难以想象的糟糕。[438] 仅此一点就可能是防止平台被归类为国家行为者所需要的全部。

如果这些平台不是国家行为者,那么根据《第一修正案》对其进行定义的问题就会变得更加复杂。例如,将在线内容提供商视为像 Tornillo 案那样的编辑者,将给予他们特殊的《第一修正案》保护。虽然平台无处不在的角色似乎使它们超越了"编辑者"的世界,但 Parkingham 案将平台新标记为"论坛"使驳斥这种分类变得稍微困难一些。在 Tornillo 案中,法院认为报纸"不仅仅是新闻、评论和广告的被动容器或渠道"。选择进入报纸的材料,决定对报纸的大小和内容的限制,以及处理公共问题和公众问题——无论是公平的还是不公平的——都构成了编辑控制和判断的行使。[439] 因此,为了不"挫伤公众辩论的活力和限制公众辩论的多样性"[440],法院认定 Tornillo 案中新闻报纸拥有相当于《第一修正案》规定的言论者的权利。[441] 乍一看,这个比喻似乎很吸引人。如上所述,与《迈

---

〔438〕 See generally BAZELON, supra note 105; CITRON, supra note 102; Citron & Franks, supra note 106; Citron & Norton, supra note 104; Franks, supra note 103. This consequence is of course conditioned on the continued legality of this type of content.

〔439〕 Miami Herald Publ'g Co. v. Tornillo, 418 U. S. 241, 258 (1974).

〔440〕 Id. at 257 (citing N. Y. Times Co. v. Sullivan, 376 U. S. 254, 279 (1964)).

〔441〕 Id. at 258.

阿密先驱报》一样，Facebook、YouTube 和 Twitter 并不是“被动的……新闻、评论和广告渠道”。这些平台有复杂的系统来控制其网站上的内容。对于那些保持不变的内容，比如报纸决定为某些问题分配什么空间，平台也有复杂的算法来确定用户想看什么材料，以及在新闻推送、主页或流转中应该尽量减少什么内容。但与编辑部相比，缺少了一个核心部分：平台不会主动征求特定类型的内容，这与编辑部如何征求报道或新闻报道不同。相反，用户使用该网站独立发布或共享内容。此外，平台在确定内容是真是假、报道是公平还是不公平方面没有发挥重要作用。[442] 正如威尔纳总结的那样：“这就像丰田工厂，而不是新闻编辑室。”[443] 令人欣慰的是，尽管随着平台在网络话语中的影响力不断扩大，它们可能越来越多地被比作编辑者，但它们仍远未成为 Tornillo 案下的编辑者。[444]

尽管 Reno 案受理法院明确排除了这一点——也许越来越恰当的类比是将平台与广播公司进行比较，然后甚至可能与公共事业或普通运营商进行比较。[445] 在 Reno 案中，法院明确将互联网与广播媒体区分开来，因为前者缺乏稀缺性、侵入性和政府监管的历史。[446] 除了缺乏对互联网的历史监管，自 1998 年以来，网络在互联网稀缺性和入侵性方面发生了很大变化。在 Reno 案之后的几年里，某些平台的控制造成了稀缺性，那么毫无疑问，这些平台提供的

---

〔442〕 See, e. g., Shannon Liao, Facebook Now Blocks Ads from Pages that Spread Fake News, THE VERGE (Aug. 28, 2017, 2:11 PM), https://www.theverge.com/2017/8/28/16215780/facebook-falseviral-hoaxes-trump-malicious-suspicious [https://perma.cc/UZ3D-2BL6].

〔443〕 Klonick, supra note 399.

〔444〕 值得注意的是，Wong 和其他人经常提到平台拥有自己的《第一修正案》权利来创建他们想要的平台类型。这一论点源于 Tornillo，但它比目前该学说中反映的任何权利都更加雄心勃勃。

〔445〕 See Kate Klonick, Opinion, The Terrifying Power of Internet Censors, N. Y. TIMES (Sept. 13, 2017), http://nyti.ms/2vU9gu9 [https://perma.cc/3V23-2XHV].

〔446〕 Reno v. ACLU, 521 U. S. 844, 868 (1997).

某些言论媒介也会稀缺。当然,互联网现在在日常生活中的侵入性比电视更大——事实上,今天,互联网正积极威胁着电视和广播[447],智能手机和便携式电子技术的兴起使互联网及其平台无处不在。也许最令人信服的是,在 Red Lion 案的基本裁决中,最高法院辩称,"如果没有政府的控制,媒体将毫无用处,因为相互竞争的声音都很刺耳,没有一个声音能被清晰和可预测地听到"。[448] 最近网络假新闻、诈骗和垃圾邮件的祸害使这一看似不合时宜的担忧变得更加重要。

至于公用事业或公共运营商监管的论点,长期以来一直适用于互联网的最基本层面,以回答人们对充当内容中立的言论渠道的互联网服务提供商可能政治化的担忧[449]。但这一论点对平台来说是失败的,因为它们天生就不是中立的——事实上,"内容节制"的定义本身就掩盖了内容中立的概念。尽管如此,这些私人服务对公共权利的"本质"性质,以及占据越来越强大市场份额的少数平台的突出地位,表明了与主张监管电话或宽带服务的人类似的担忧。

涉及《第一修正案》的其他一些类比可能也适用,但它们都与网络平台上言论的范围和规模不匹配。平台使用规则集合来管理言论,让人想起大学用来约束学生群体言论权利的"言论准则"。但私立大学并不是真正成熟的论坛——既不像加利福尼亚州和新泽西州对待购物中心的方式[450],也不像平台成为全球公共演讲的

---

[447] See, e. g., Cutting the Cord, THE ECONOMIST (July 16, 2016), https://www.economist.com/news/business/21702177-television-last-having-its-digital-revolution-moment-cutting-cord [https://perma.cc/N6HC-QE7K].

[448] Red Lion Broad. Co. v. FCC, 395 U. S. 367, 376 (1969).

[449] GOLDSMITH & WU, supra note 100, at 72 – 74.

[450] See, e. g., PruneYard Shopping Ctr. v. Robins, 447 U. S. 74, 78 (1980).

论坛[451]。论坛是作为教育机构的大学主要作用的附带功能。[452] 在审查业主协会或专业组织吸收成员或个人言论的能力时也是如此。[453] 大学、专业组织或业主协会的特殊目的——传授知识、保护专业身份或创建独特的视觉社区——与在线言论平台的动机是不同的。此外,网络言论私人治理的全球规模和本质将其与这些孤立组织中管理个人的限制区分开来。

基于类比的法律推理,与公共言论权的私人节制的类比似乎都既不符合网络平台的描述性质,也不符合我们希望它们成为什么样的规范结果。第五部分提出了一种新的理解,即将这些平台对言论的监管视为治理。

四、新的管理者

从《第一修正案》判例中已经列出的类别中思考在线平台,如作为公司园区、广播公司或编辑者,都忽略了这些私人空间中实际发生的事情。相反,对网络言论的分析最好从私人治理和自我监管

---

[451] Packingham v. North Carolina, 137 S. Ct. 1730, 1735 (2017).

[452] 有关大学在言论自由中的作用的精彩讨论,see generally ROBERT C. POST, DEMOCRACY, EXPERTISE, AND ACADEMIC FREEDOM: A FIRST AMENDMENT JURISPRUDENCE FOR THE MODERN STATE (2012); J. Peter Byrne, Academic Freedom: A "Special Concern of the First Amendment," 99 YALE L. J. 251 (1989); and Robert Post, The Classic First Amendment Tradition Under Stress: Freedom of Speech and the University (Yale Law Sch., Public Law Research Paper No. 619, 2017), https://ssrn.com/abstract=3044434 [https://perma.cc/B9NHYFN6].

[453] See Claudia E. Haupt, Professional Speech, 125 YALE L. J. 1238, 1241 – 42 (2016).

的角度考虑。[454]

从治理的角度分析在线平台,在为这个不断发展的私人空间的基础设施做广告时,既更具描述性的准确性,也更具规范性。平台治理并不完全适合任何现有治理模型,但它确实具有支持其分类为治理的现有治理模型的功能。正如第二部分和第三部分所示,平台有一个集中的机构,一套既定的法律或规则,对违反规则的内容进行裁决的事前和事后程序,以及民主价值观和文化;通过外部输入修改和更新政策和规则;平台在经济上受公民用户的规范影响,也与政府和第三方团体等外部网络机构进行合作。另一种概念化平台对网络言论治理的方法来自行政法,该法长期以来一直涉及私人行为者以反映社区规范的方式进行自我监管的动机和制度。[455] 也许最重要的是,治理的理念抓住了这些私人平台通过其内容节制制度行使的权力和范围,赋予了它们在民主文化中的重要作用。[456] 技术的变化和互联网的发展导致了"言论自由基础设施的革命"。[457] 创建和控制基础设施的私人平台是数字时代的新管理者。

私人平台管理者这一新概念如何规范地融入我们对互联网的希望和担忧?几十年来,法律学者对网络言论的未来持乐观和悲观

---

〔454〕 See, e. g., PASQUALE, supra note 125, at 140 – 68, 187 – 218(认为服务条款或合同在本质上是"封建"领域是不适当或无效的补救措施同上,第 144 页,并且平台充当"主权[s]"关于生活领域,同上,第 163、189 页); Freeman, supra note 15, at 636 – 64(描述了私营企业在有和没有政府影响的情况下在公共利益领域进行自我监管的能力); Michael P. Vandenbergh, The Private Life of Public Law, 105 COLUM. L. REV. 2029, 2037 – 41 (2005)(讨论私人行为者如何通过合同和私人协议在传统的政府标准制定、实施和执行职能中发挥越来越大的作用). 关于私人行为者自愿自我监管的作用, see NEIL GUNNINGHAMET AL., SMART REGULATION: DESIGNING ENVIRONMENTAL POLICY 167 – 70 (1998),其中分析了自我监管的缺点,包括缺乏透明度和独立审计,关注这种表现没有得到评估,并且没有对顽固者进行真正的惩罚。

〔455〕 See Freeman, supra note 15, at 666; Michael, supra note 15, at 175 – 76; Michael P. Vandenbergh, Order Without Social Norms: How Personal Norm Activation Can Protect the Environment, 99NW. U. L. REV. 1101, 1116 – 29 (2005).

〔456〕 Balkin, supra note 11, at 2296.

〔457〕 Id.

的看法,并就如何或是否限制网络言论进行了长期的辩论。[458] 但网络言论的私人基础设施的细节在很大程度上是不透明的。这种新的信息和概念是否减轻或增强了学术界对数字言论和民主文化未来的担忧?

这些平台的现实既突出又缓解了其中的一些担忧。对乐观主义者来说,对这些平台内容审核系统的架构师的采访表明,内容审核的规则和过程是如何由美国言论自由规范和民主文化支撑起来的。[459] 这些理念也是他们企业文化和社会责任感的一部分。但也许更令人信服的是,平台在经济上对用户的期望和规范作出了回应。为了实现这种响应能力,他们开发了一个复杂的系统,既可以删除用户不想看到的内容,又可以保留尽可能多的内容。这样做也意味着他们经常会拒绝政府的删除要求。[460] 从程序上讲,平台内容审核系统与法律系统有很多相似之处。最后,平台拥有一个多元化的力量群体,为其内容审核政策和程序的更新提供信息。

治理不仅是理解平台内容节制的正确方式,而且在修辞和规范上也是正确的。从历史上看,言论监管遵循的是一种二元模式:一

---

〔458〕 莱斯格早期对互联网的未来持悲观态度,认为它是一种潜在的监管手段。他特别担心可能被国家操纵和控制的商业力量对互联网的统治。LESSIG, supra note 21, at 71. Boyle、Goldsmith 和 Wu 对国家选择私人在线中介平台进行执法也有类似的担忧。See GOLDSMITH & WU, supra note 100; Boyle, supra note 100, at 202 – 04. 相比之下,巴尔金在很大程度上对互联网的发展、平台的发展以及这些新的言论基础设施增强"民主文化的可能性"的能力持乐观态度。Balkin, supra note 7, at 46. 但最近,他也开始关注网络言论和民主的未来,认为私人平台和政府可以共同监管网络言论,而透明度、破坏性和强制性比以往任何时候都要低。See Balkin, supra note 11, at 2342. Citron、Norton 和 Franks 等学者长期以来一直主张与私人平台合作,以改变他们的政策。See BAZELON, supra note 105, at 279 – 89; Citron, supra note 102, at 121 – 25; Citron & Norton, supra note 104, at 1468 – 84; Franks, supranote 103, at 681 – 88; cf. Citron & Franks, supra note 106, at 386 – 90(讨论制定禁止出版报复性色情作品的刑事法规的必要性).

〔459〕 考虑到他们的担忧,这对 Lessig、Balkin 和 Benkler 来说是个好消息。

〔460〕 果这一趋势继续下去,巴尔金对《旧学校/新学校言论条例》附带审查的担忧将大大减轻。See Balkin, supra note 11.

个拥有所有权力的地方政府,控制个人言论者或出版商。[461] 新管理者是一种新的自由表达模式的一部分,属于一种三元模式。[462] 在这种新模式中,在线言论平台位于国家、言论者或出版商之间。它们的作用是赋予个人发言者和出版商权力(也可以说是最大限度地减少出版商言论和放大的必要性),它们的跨国私人基础设施限制了国家的审查权力。这些新管理者极大地平等了言论出版的机会,集中了分散的社区,开辟了大量新的社区知识资源,并创造了传播文化的无限途径。数字言论创造了一种全球民主文化[463],新管理者是管理它的治理结构的建筑师。

这些公司为满足用户的期望和自我监管而建立的系统令人印象深刻且反应迅速。但这种制度也带来了一些毫无疑问的负面影响,这些负面影响越来越明显。这可以从两个主要因素中看出:(1)担心在这些平台上失去平等的发言权和参与权;(2)平台对用户直接问责的缺乏。

(一)平等访问

这些私人平台几乎没有透明度,这使得我们很难准确评估我们应该在多大程度上关注言论监管、审查和附带审查。[464] 但是,除了政府秘密干预或勾结的问题,私人平台越来越多地围绕内容审核做出自己的选择,这些内容审核对一些美国人给予了比其他人更优惠

〔461〕 Balkin, supra note 362 (manuscript at 4, 41).

〔462〕 Id. (manuscript at 41 - 44). 巴尔金将其称为"多元"模型(手稿第4页),虽然这个词对整个互联网言论世界来说可能更准确,但就我在这里的重点而言,我更喜欢使用"三元"一词。

〔463〕 Id. (manuscript at 41 - 44).

〔464〕 这些是Balkin,Lessig,Tushnet和Wu表达的担忧。See Balkin, supra note 11, at 2308 - 14; LESSIG, supra note 21, at 327 - 29; Tushnet, supra note 263, at 1002 - 15; Wu, supranote 61, at 317 - 18.

的待遇。[465] 针对公众人物或有新闻价值的事件的特殊规则的威胁,[466] 明确了我们在这种私人治理结构中需要保护的主要价值观,以维护民主文化:公平的参与机会。

在某些方面,理想的解决方案是让这些平台在没有监管干预的情况下,利用其复杂的自我监管系统自己解决这个问题。但缺乏针对个人用户的申诉系统,以及公开承认强大用户与其他用户不同的待遇和规则集合,这表明公平的参与机会目前并不是平台审核系统的优先考虑部分。从有限的意义上说,这些问题并不是什么新鲜事——它们与强大而富有的精英所捕捉到的大众媒体对民主的担忧非常相似。[467] 在互联网出现之前,为确保言论自由和健康的民主,这些担忧是通过对大众媒体公司实施政府监管来解决的。[468] 但与大众媒体不同的是,互联网自成立以来一直是言论自由和民主参与的力量。[469] 互联网也使演讲比以往任何时候都更便宜、更容易访问、更具创造性、更具互动性。巴尔金写道,网络言论的这些方面导致了民主文化的促进和发展,"一种社会生活形式,在这种社会生活中,等级和特权的不公正障碍被消除,普通人对塑造他们和未来的机构和实践有了更大的发言权。因此,使一种文化民主的不是

[465] 2017 年 9 月,推特宣布,它为删除特朗普总统的推文制定了不同的内容审核规则。Arjun Kharpal, Why Twitter Won't Take Down Donald Trump's Tweet Which North Korea Called a "Declaration of War," CNBC (Sept. 26, 2017, 2:56 AM), https://www.cnbc.com/2017/09/26/donald-trump-north-korea-twitter-tweet.html [https://perma.cc/LXQ6-LXB9]. 2015 年 12 月,脸书同样披露,与其他用户相比,它有一套不同的规则来删除当时候选人特朗普的演讲。Doug Bolton, This Is Why Facebook Isn't Removing Donald Trump's "Hate Speech" from the Site, INDEPENDENT (Dec. 15, 2015, 6:39 PM), http://www.independent.co.uk/life-style/gadgets-and-tech/news/donaldtrump-muslim-hate-speech-facebook-a6774676.html [https://perma.cc/XX4B-CX3V].

[466] 值得注意的是,"公众人物"和"新闻价值"在这里的用法与其在通信或隐私侵权意义上的含义不同。

[467] Balkin, supra note 7, at 30.

[468] Id. at 31.

[469] See BENKLER, supra note 98; LESSIG, supra note 21; Balkin, supra note 7, at 3–6.

民主治理,而是民主参与”。[470]

因此,平等访问平台既是自我监管和开放互联网的结果,也是其原因,这使得对这一问题的监管变得特别困难和矛盾。为所有人制订一个用户规则不仅在逻辑上存在问题,而且可能会降低平台的激励措施,使其适度发挥作用。这样的立法,如果在宪法上有效,那些担心任何可能遏制第 230 条豁免强大力量的法规的人肯定会提出许多担忧。这就是为什么任何拟议的法规——无论是全新的法律还是对第 230 条[471]的适度修改——都应该仔细研究新管理者实际上是如何以及为什么缓和言论的。这样的监管(如果有的话)应该在理解已经存在的复杂自律结构的情况下发挥作用,以便对用户最有效。

(二)问责制

即使没有平等参与的问题,简单地允许这些系统以考虑到用户价值观和权利的方式进行自我监管的核心困难在于,它让用户基本上无能为力。对私营公司在网络平台和言论中的范围和影响不再有任何幻想。[472] 这些平台受制于它们的企业价值观、美国言论自由的基本规范,以及创造一个用户想要参与的平台。这三种节制内容的方式中只有最后一种给了用户任何“权力”,并且只是以间接和无定形的方式。

此外,尽管这些系统对用户规范的间接民主响应最初似乎是问

---

[470] Balkin, supra note 7, at 35.

[471] See, e. g., Danielle Keats Citron & Benjamin Wittes, The Internet Will Not Break: Denying Bad Samaritans § 230 Immunity, 86 FORDHAM L. REV. 401, 414 - 19 (2017)(建议对第 230 条进行有限和狭义的修订,以“不破坏”互联网).

[472] 这是 Lessig 的一个核心担忧——互联网将被大型公司占领。See generally LESSIG, supra note 21.

责的积极来源,但它也造成了固有的不民主后果。[473] 起初,适应性似乎是系统的一个积极属性:它能够快速调整规则和代码,以反映用户的标准和价值观。但这个功能有两个缺陷:(1)为了吸引最多的用户,不允许出现反信息的内容;(2)鼓励创建完美的过滤机制,只向用户展示符合他兴趣的内容。这些问题被称为所谓的回音室效应,它创造了一个反民主的空间,在这个空间里,人们看到了他们已经认同的东西,导致了非解放性的两极分化。"至少在宪法上,我们从来没有理想过民主能完美地反映人民当前的温度。"[474] 无论是通过算法过滤还是新的内容规则,随着平台回归到规范均值,用户不仅会接触到不太多样化的内容,而且随着外部和内部内容审核策略跨平台标准化,他们发布反规范内容的能力也会降低。

自 2016 年美国总统大选以来,这些网站在监管假新闻[475]、商业言论[476]、政治言论[477]方面缺乏对用户和政府的责任,这已成为公众意识的焦点。在特朗普当选总统后的直接声明中,扎克伯格坚

---

[473] 有关企业权力,不公平市场以及公民和用户的民主能力之间相互作用的精彩讨论,see generally K. SABEEL RAHMAN, DEMOCRACY AGAINST DOMINATION (2017)。

[474] LESSIG, supra note 21, at 331.

[475] 假新闻有多种形式,而且一直难以界定。See Claire Wardle, Fake News. It's Complicated., MEDIUM: FIRST DRAFT (Feb. 16, 2017), http://medium.com/1st-draft/fake-news-its-complicated-d0f773766c79 [http://perma.cc/EJ9Y-EP6V].

[476] 最值得注意的是,2017 年末,据透露,选举期间在脸书上投放的数十万美元广告实际上来自与俄罗斯有关的团体。See Mike Isaac & Scott Shane, Facebook's Russia-Linked Ads Came in Many Disguises, N. Y. TIMES (Oct. 2, 2017), http://nyti.ms/2g4eVIj [https://perma.cc/SES8-X72P]; Carol D. Leonnig et al., Russian Firm Tied to Pro-Kremlin Propaganda Advertised on Facebook During Election, WASH. POST (Sept. 6, 2017), http://wapo.st/2C4pdoH [https://perma.cc/BFK8-HSPW].

[477] 继与俄罗斯有关的广告之后,许多平台开始对所有与政治言论重要问题有关的广告内容进行更严格的监管。See, e. g., Erik Schelzig, Twitter Shuts Down Blackburn Campaign Announcement Video, AP NEWS (Oct. 9, 2017), https://apnews.com/0d8828bd7d204b40af61172628d0a7f6 [https://perma.cc/U97N-37E5](描述了推特如何屏蔽共和党众议员玛莎·布莱克本的一则广告,她正在竞选田纳西州参议员鲍勃·科克退休后开设的席位,在广告中她吹嘘自己"停止销售婴儿身体部位",并报道了推特代表的声明,即该广告"被认为是一种煽动性的言论,可能会引起强烈的负面反应").

决否认假新闻在选举结果中的作用。[478] 但由于这里讨论的许多因素——媒体压力、企业责任和用户期望——Facebook 被迫开始解决这个问题。[479] 然而,这些新威胁“如此迅速地传播并如此有效地说服”的力量可能会使这些间接问责制在处理这些新出现的威胁和问题方面出乎意料地缓慢。[480] 它还清楚地表明,一些传统政府机构职能的插入,如商业言论的监管,如果与对这些平台目前如何缓和内容的准确理解相匹配,可以为此类问责问题提供潜在的答案。[481]

缺乏问责制也令人不安,因为它暴露了我们对这些私人平台行使公共权利的依赖。无论是退出还是利用政府、媒体或第三方游说团体,用户都只是依赖于这些公司的奇思妙想。虽然平台可以说也容易受到美国消费者的奇思妙想的影响,但这完全是间接的——通过广告观点,而不是通过任何形式的直接市场授权。一种监管可能性可能是股东模式,但这失败了,不仅因为扎克伯格拥有 Facebook 的控股权,而且因为股东最大化公司利润的价值可能与用户对平等

---

[478] See, e. g., Olivia Solon, Facebook's Fake News: Mark Zuckerberg Rejects “Crazy Idea” that It Swayed Voters, THE GUARDIAN (Nov. 10, 2016, 10:01 PM), https://www. theguardian. com/technology/2016/nov/10/facebook-fake-news-us-election-mark-zuckerberg-donald-trump [https://perma. cc/PKD5-BHRW].

[479] JEN WEEDON ET AL., INFORMATION OPERATIONS AND FACEBOOK (2017), https://fbnewsroomus. files. wordpress. com/2017/04/facebook-and-information-operations-v1. pdf [https://perma. cc/H9DY-MLHH]; see also Carla Herreria, Mark Zuckerberg: “I Regret” Rejecting Idea that Facebook Fake News Altered Election, HUFFINGTON POST (Sept. 27, 2017, 8:53 PM), https://www. huffingtonpost. com/entry/mark-zuckerberg-regrets-fake-news-facebook _ us _ 59cc2039e4b05063fe0eed9d [https://perma. cc/EY7W-PSNA].

[480] Nabiha Syed, Real Talk About Fake News: Towards a Better Theory for Platform Governance, 127 YALE L. J. F. 337, 337 (2017).

[481] 到目前为止,私人非政府组织一直专注于此。For example, ProPublica has launched a browser attachment to help monitor political ads on online platforms. See Julia Angwin & Jeff Larson, Help Us Monitor Political Ads Online, PROPUBLICA (Sept. 7, 2017, 10:00 AM), https://www. propublica. org/article/help-us-monitor-political-ads-online [https://perma. cc/A35RWHHR]. 关于潜在的监管或变革应如何考虑平台和节制的现实的精彩而完整的讨论,see Syed, supra note 480.

访问和民主问责制的担忧不匹配。这个问题的一个潜在的非监管解决方案是,这些公司注册为公益公司,这将使公益成为传统利润最大化目标之外的一个章程目的。[482]

另一个途径是平台自愿接受"技术正当程序"的概念。[483] 在这个机构使用技术的最佳实践的开创性模型中,Citron 倡导一种了解"自动化和人类自由裁量权"权衡的模型,保护个人的通知和听证权,并为规则制定和裁决提供透明度。[484] 当然,这些私人平台没有动力像公益公司那样交出权力,也没有动力采用香橼技术(Cifron's technology)正当程序要求的规则和透明度理念——但如果他们担心替代方案会导致更严格的监管,他们可能会这样做。[485] 如果这些平台受到机构监管,Citron 的技术正当程序概念所详述的担忧,再加上对这些公司如何自我监管的准确理解,对于制定回应和准确的监督至关重要。

---

〔482〕 Kickstarter did this in 2015 in order to make its terms, service, and site more transparent, easier to understand, and easier to access. See Yancey Strickler et al., Kickstarter Is Now a Benefit Corporation, KICKSTARTER: BLOG (Sept. 21, 2015), https://www. kickstarter. com/blog/kickstarteris-now-a-benefit-corporation [https://perma. cc/TJ8V-SQT9]. See generally David A. Hoffman, Relational Contracts of Adhesion, U. CHI. L. REV. (forthcoming 2018), https://ssrn. com/ abstract = 3008687 [https:// perma. cc/NVG9-SHMH] (describing Kickstarter's reincorporation as a public benefit corporation).

〔483〕 Danielle Keats Citron, Technological Due Process, 85 WASH. U. L. REV. 1249, 1301 (2008); see also id. at 1301 – 13.

〔484〕 Id. at 1301.

〔485〕 利用政府威胁产生自愿结果的窗口可能正在关闭,因为这些公司的范围和权力使它们越来越难以监管。See, for example, Google's lengthy and robust attempts to push back at the European Court of Justice judgment mandating the "Right to Be Forgotten." The Right to Be Forgotten (Google v. Spain), ELECTRONIC PRIVACY INFO. CTR., https:// epic. org/privacy/right-to-be-forgotten/ [https://perma. cc/G3XT-AWR4].

五、结论

正如菲兰多·卡斯蒂利亚的 Facebook 直播视频所言,平台上发布的内容涉及社会政策、法律、文化和世界。[486] 然而,尽管这些平台对现代言论自由和民主文化具有本质意义,但人们对这些平台如何或为什么筛选用户内容知之甚少。本部分旨在回答这些问题。它首先概述了私人平台对内容节制的广泛豁免背后的法律框架。该框架来自第 230 条,其目的是通过在删除攻击性内容方面发挥积极作用,鼓励平台成为"好的撒玛利亚人",并通过避免附带审查的言论自由问题来保护用户的权利。在这种背景下,本文探讨了为什么尽管第 230 条具有广泛的免疫性,但平台仍保持内容节制。通过对前平台架构师的采访和存档材料,本文认为,平台节制内容的部分原因是美国的言论自由规范和企业责任,但最重要的是,创造一个反映用户期望的环境的经济必要性。

除了第 230 条,法院一直在努力解决如何在《第一修正案》原则范围内将在线平台概念化的问题:作为公司园区、广播公司或编辑者。本文认为,如何最好地将平台概念化的答案不在《第一修正案》原则的当前类别之内。通过内部文件、存档材料、对平台高管的采访以及与内容审查员的对话,本文表明,平台已经开发了一个治理体系,其中包括详细的规则列表,培训了应用这些规则的决策人员,并依赖外部影响系统来更新和修改这些规则。平台是网络言论的新管理者。这些新管理者是私人的自我调节实体,在经济和规范

---

[486] 虽然卡斯蒂利亚的直播死亡使人们对美国警察暴行和种族主义的讨论更加清晰,但有必要注意的是,枪杀他的警察最终被无罪释放。See Mitch Smith, Minnesota Officer Acquitted in Killing of Philando Castile, N. Y. TIMES (June 16, 2017), http://nyti. ms/2C1MkjF [https://perma. cc/8ETE-LLZE].

上都有动力，以反映其用户的民主文化和言论自由期望。但这些激励措施可能已经不够。

菲兰多·卡斯蒂利亚视频的影响、公众对“凝固汽油弹女孩”的强烈抗议、扎克伯格市政厅会议上表达的警报，以及特朗普单独的 Twitter 规则，都反映了一个核心问题：需要平等参与，并对用户进行更直接的平台问责。这些新管理者在言论自由方面发挥着重要的新作用。这些平台是自我监管和开放的互联网的产物，但它们的民主程度取决于其中所反映的民主文化和民主参与。任何拟议的法规——无论是全新的法律还是对第 230 条的适度修改——都应该仔细研究新管理者实际上是如何以及为什么缓和言论的。如果有的话，这样的监管，应该在理解已经存在的复杂自律结构的基础上进行，以便对用户最有效，并保持在线平台的民主化力量。

缩略语表

缩略语	中文含义	缩略语	中文含义
ISP	互联网服务提供商	CDA	《通信规范法》
DMCA	《数字千年版权法》	PI	支付中介平台
TCP/IP	传输控制协议/ 互联网协议	E2E	端到端
P2P	点对点	FDA	美国食品药品 监督管理局
URL	统一资源定位符	COC	产品符合性证书
DSMS	数字单一市场战略	AVMS	视听媒体服务指令
《OP&DSM 通信》	在线平台和数字 单一市场的通信	UGC	用户原创内容
EDRi	信息产业部电子 第十一设计研究院	DNS	私人域名系统
OSP /OSPs	在线服务提供者	GNI	全球网络倡议
DSA	数字服务法案	ECHR	《欧洲人权公约》
CoCs	行为准则	ccTLD	国家代码顶级域
gTLD	通用顶级域	ICANN	互联网名称与数字 地址分配机构
IWF	互联网观察基金会	ISPA	互联网服务提供商协会
CAS	版权警报系统	ACMA	澳大利亚通信 和媒体管理局
IACC	国际反假冒联盟	IPR	知识产权

续表

缩略语	中文含义	缩略语	中文含义
ToS	私人服务条款	TPB	“海盗湾”
DRM	数字版权管理	DSM	数字单一市场
ECHR	欧洲人权法院	MTE	匈牙利互联网服务提供商协会
DPA	欧洲数据保护机构	WP29	第 29 条工作组
AOL	美国在线	PKK	库尔德工人党
ISIS	伊斯兰国	EFF	电子前沿基金会